엑스포지멘터리

예레미야Ⅱ 예레미야애가

Jeremiah

Lamentations

엑스포지멘터리 예레미야 Ⅱ · 예레미야애가

초판 1쇄 발행 2016년 7월 30일
2쇄 발행 2021년 5월 30일

지은이 송병현

펴낸곳 도서출판 이엠
등록번호 제25100-2015-000063
주소 서울시 강서구 공항대로 220, 601호
전화 070-8832-4671
E-mail empublisher@gmail.com

내용 및 세미나 문의 스타선교회: 02-520-0877 / EMail: starofkorea@gmail.com / www.star123.kr

ISBN 979-11-86880-36-4 93230

「이 도서의 국립중앙도서관 출판시도서목록(CIP)은 서지정보유통지원시스템 홈페이지(http://seoji.nl.go.kr)와 국가자료공동목록시스템(http://www.nl.go.kr/kolisnet)에서 이용하실 수 있습니다. (CIP제어번호:CIP2015000753)」

엑스포지멘터리

예레미야Ⅱ · 예레미야애가

| 송병현 지음 |

EXPOSItory comMENTARY

EM Exposi Mentary

한국 교회를 위한 하나의 희망

저의 서재에는 성경 본문 연구에 관한 많은 책이 있습니다. 그중에는 주석서들도 있고 강해서들도 있습니다. 그러나 그중에 송병현 교수가 시도한 이런 책은 없습니다. 엑스포지멘터리, 듣기만 해도 가슴이 뛰는 책입니다. 설교자와 진지한 성경 학도 모두에게 꿈의 책이 아닐 수 없습니다. 이런 책이 좀 더 일찍 나올 수 있었다면 한국 교회가 어떠했을까를 생각해 봅니다. 저는 이 책을 꼼꼼히 읽어 보면서 가슴 깊은 곳에서 큰 자긍심을 느꼈습니다.

이 책은 지금까지 복음주의 교회가 쌓아 온 모든 학문적 업적을 망라하고 있을 뿐만 아니라 한국 교회 강단이 목말라하는 모든 실용적 갈망에 해답을 던져 줍니다. 이 책에서는 실제로 활용할 수 있는 충실한 신학적 정보가 일목요연하게 제시됩니다. 그러면서도 또한 위트와 감탄을 자아내는 감동적인 적용들도 제공됩니다. 얼마나 큰 축복이며 얼마나 신나는 일이며 얼마나 큰 은총인지요. 저의 사역에 좀 더 일찍 이런 학문적 효과를 활용하지 못한 것이 아쉽기만 합니다. 진실로 한국 교회의 내일을 위해 너무나 소중한 기여라고 생각합니다.

일찍이 한국 교회 1세대를 위해 박윤선 목사님과 이상근 목사님의 기여가 컸습니다. 그러나 이제 한국 교회는 새 시대의 리더십을 열어야 하는 교차로에 서 있습니다. 저는 송병현 교수가 이런 시점을 위해 준비된 선물이라고 생각합니다. 진지한 강해 설교를 시도하고자 하는 모든 이와 진지한 성경 강의를 준비하고자 하는 모든 성경공부 지도자에게 어떤 대가를 지불하고서라도 우선 이 책을 소장하고 성경을 연구하는 책상 가까운 곳에 두라고 권면하고 싶습니다. 앞으로 계속 출판될 책들이 참으로 기다려집니다.

한국 교회는 다행스럽게 말씀과 더불어 그 기초를 놓을 수 있었습니다. 이제는 그 말씀으로 어떻게 미래의 집을 지을 것인가를 고민하고 있습니다. 이 〈엑스포지멘터리 시리즈〉는 분명한 하나의 해답, 하나의 희망입니다. 이 책과 함께 성숙의 길을 걸어갈 한국 교회의 미래가 벌써 성급하게 기다려집니다. 더 나아가 한국 교회 역사의 성과물 중의 하나인 이 책이 다른 열방에도 나누어졌으면 합니다. 이제 우리는 복음에 빚진 자로서 열방을 학문적으로도 섬겨야 하기 때문입니다. 이 책을 한국 교회에 허락하신 우리 주님께 감사와 찬양을 드립니다.

이동원 | 지구촌교회 원로목사

총체적 변화를 가져다줄 영적 선물

교회사를 돌이켜 볼 때, 교회가 위기에 처해 있었다면 결국 강단에서 하나님의 말씀이 제대로 선포되지 못한 데서 그 근본 원인을 찾을 수 있습니다. 영적 분별력이 있는 사람이라면 모두 이에 대해 동의할 것입니다. 사회가 아무리 암울할지라도 강단에서 선포되는 말씀이 살아 있는 한, 교회는 교회로서의 기능이 약화되지 않고 오히려 사회를 선도하고 국민들의 가슴에 희망을 안겨 주었습니다. 백 년 전 영적 부흥이 일어났던 한국의 초대교회가 그 좋은 예입니다. 이러한 영적 부흥은 살아 있는 하나님의 말씀이 강단에서 영적 권위를 가지고 "하나님께서 이렇게 말씀하셨다"라고 선포되었을 때 나타났던 현상입니다.

오늘날에는 날이 갈수록 강단에서 선포되는 말씀이 약화되거나 축소되고 있습니다. 이런 상황 속에서 출간되는 송병현 교수의 〈엑스포지멘터리 시리즈〉는 한국 교회와 전 세계에 흩어진 7백만 한인 디아스포라에게 주는 커다란 영적 선물이 아닐 수 없습니다. 이 시리즈는 하나님의 말씀을 쉽게 이해할 수 있도록 풀이한 것으로, 목회자와 선교사는 물론이고 평신도들의 경건생활과 사역에도 큰 도움이 될 것입니다. 무엇보다도 저는 이 시리즈가 강단에서 원 저자이신 성령님의 의도대로 하나님 나라 복음이 선포되게 하여 믿는 이들에게 총체적 변화(total transformation)를 다시 경험할 수 있는 계기를 마련해 주리라 확신합니다.

송병현 교수는 지금까지 구약학계에서 토의된 학설 중 본문을 석의하는 데 불필요한 내용들은 걸러내는 한편, 철저하게 원 저자가 전하고자 하는 메시지를 현대인들이 가장 잘 이해할 수 있도록 전하고자 부단히 애를 썼습니다. 이 시리즈를 이용하는 모든 이에게 저자의 이런 수고와 노력에 걸맞은 하나님의 축복과 기쁨과 능력이 함께하실 것을 기대하면서 이 시리즈를 적극 추천합니다.

이태웅 | GMTC 초대 원장, 글로벌리더십포커스 원장

주석과 강해의 적절한 조화를 이뤄낸 시리즈

한국 교회는 성경 전체를 속독하는 '성경통독' 운동과 매일 짧은 본문을 읽는 '말씀 묵상'(QT) 운동이 세계 어느 나라 교회보다 활성화되어 있습니다. 얼마나 감사한 일인지 모릅니다. 그러나 상대적으로 책별 성경연구는 심각하게 결핍되어 있는 것이 사실입니다. 때때로 교회 지도자들 중에도 성경해석의 기본이 제대로 갖춰져 있지 않아 성경 저자가 말하려는 의도와 상관없이 본문을 인용해서 자신이 하고 싶은 말을 하는 분들이 적지 않음을 보고 충격을 받은 일도 있습니다. 앞으로 한국 교회가 풀어야 할 과제가 '진정한 말씀의 회복'이라면 이를 위해 가장 중요한 것은 바른 말씀의 세계로 인도해 줄 좋은 주석서와 강해서를 만나는 일일 것입니다.

좋은 주석서는 지금까지 축적된 다른 성경학자들의 연구 결과가 잘 정돈되어 있을 뿐 아니라 저자의 새로운 영적 • 신학적 통찰이 번뜩이는 책이어야 합니다. 또한 좋은 강해서는 자기 견해를 독자들에게 강요하는(impose) 책이 아니라, 철저한 본문 석의 과정을 거친 후에 추출되는 신학적 • 사회과학적 연구가 배어 있는 책이어야 할 것이며, 글의 표현이 현학적이지 않은, 독자들에게 친절한 저술이어야 할 것입니다.

그러나 솔직히 말씀드리면, 저는 서점에서 한국인 저자의 주석서나 강해서를 만나면 한참을 망설이다가 내려놓게 됩니다. 또 주석서를 시리즈로 사는 것은 어리석은 행동이라는 말을 신학교 교수들에게 들은 뒤로 여간해서 시리즈로 책을 사지 않습니다. 이는 아마도 풍성한 말씀의 보고(寶庫) 가운데로 이끌어 주는 만족스러운 주석서를 아직까지 발견하지 못했기 때문일 것입니다. 그러나 제가 처음으로 시리즈로 산 한국인 저자의 책이 있는데, 바로 송병현 교수의 〈엑스포지멘터리 시리즈〉입니다.

송병현 교수의 〈엑스포지멘터리 시리즈〉야말로 제가 가졌던 좋은 주석서와 강해서에 대한 모든 염원을 실현해 내고 있습니다. 이 주석서는 분명 한국 교회 목회자들과 평신도 성경 교사들의 고민을 해결해 줄 하나님의 값진 선물입니다. 지금까지 없었던, 주석서와 강해서의 적절한 조화를 이뤄낸 신개념의 해설주석이라는 점도 매우 신선하게 다가옵니다. 또한 쉽고 친절한 글이면서도 우물 깊은 곳에서 퍼 올린 생수와 같은 깊이가 느껴집니다. 이 같은 주석 시리즈가 한국에서 나왔다는 사실에 저는 감격하지 않을 수 없습니다. 이 땅에서 말씀으로 세상에 도전하고자 하는 모든 목회자와 평신도에게 이 주석 시리즈를 적극 추천합니다.

이승장 | 예수마을교회 목사, 성서한국 공동대표

시리즈 서문

"너는 50세까지는 좋은 선생이 되려고 노력하고, 그 이후에는 좋은 저자가 되려고 노력해라." 내가 시카고 근교에 위치한 트리니티 신학교(Trinity Evangelical Divinity School) 박사과정을 시작할 즘에 지금은 고인이 되신 스승 맥코미스키(Thomas E. McComiskey)와 아처(Gleason L. Archer) 두 교수님께서 주신 조언이었다. 너무 일찍 책을 쓰면 훗날 아쉬움이 많이 남는다며 하신 말씀이었다. 박사학위를 마치고 1997년에 한국에 들어와 신대원에서 가르치기 시작하면서 나는 이 조언을 마음에 새겼다. 사실 이 조언과 상관없이 내가 당시에 당장 책을 출판한다는 일은 불가능한 일이었다. 중학교를 다니던 70년대 중반에 캐나다로 이민을 갔다가 20여 년 만에 귀국하여 우리말로 강의하는 일 자체가 당시 나에게는 매우 큰 도전이었으며, 책을 출판하는 일은 사치로 느껴졌기 때문이다.

세월이 지나 어느덧 나는 선생님들이 말씀하신 50을 눈앞에 두었다. 1997년에 귀국한 후 지난 10여 년 동안 나는 구약 전체에 대한 강의안을 만드는 일을 목표로 삼았다. 내 자신에게 동기를 부여하기 위하여 내가 몸담고 있는 신대원 학생들에게 매 학기마다 새로운 구약 강해

과목을 개설해 주었다. 감사한 것은 지혜문헌을 제외한 구약 모든 책의 본문관찰을 중심으로 한 강의안을 13년 만에 완성할 수 있었다는 점이다. 앞으로 수 년에 거쳐 이 강의안들을 대폭 수정하여 매년 2–3권씩을 책으로 출판하려 한다. 지혜문헌은 잠시 미루어두었다. 시편 1권(1–41편)에 대하여 강의안을 만든 적이 있었는데, 본문관찰과 주해는 얼마든지 할 수 있었지만, 무언가 아쉬움이 남았다. 삶의 연륜이 가미되지 않은 데서 비롯된 부족함이었다. 그래서 나는 지혜문헌에 대한 주석은 60을 바라볼 때쯤 집필하기로 작정했다. 삶을 조금 더 경험한 후로 미루어 놓은 것이다. 아마도 이 시리즈가 완성될 때쯤이면, 자연스럽게 지혜문헌에 대한 책들을 출판할 때가 되지 않을까 싶다.

이 시리즈는 설교를 하고 성경공부를 인도해야 하는 중견목회자들과 평신도 지도자들을 마음에 두고 집필한 책들이다. 나는 이 시리즈의 성향을 exposimentary('해설주석')이라고 부르고 싶다. Exposimentary라는 단어는 내가 만들어낸 용어이다. 해설/설명을 뜻하는 expository라는 단어와 주석을 뜻하는 commentary를 합성하였다. 대체적으로 expository는 본문과 별 연관성이 없는 주제와 묵상으로 치우치기 쉽고, commentary는 필요이상으로 논쟁적이고 기술적일 수 있다는 한계를 의식해서 이러한 상황을 의도적으로 피하고 가르치는 사역에 조금이나마 실용적이고 도움이 되는 교재를 만들기 위하여 만들어낸 개념이다. 나는 본문의 다양한 요소와 이슈들에 대하여 정확하게 석의하면서도 전후 문맥과 책 전체의 문형(文形; literary shape)을 최대한 고려하여 텍스트의 의미를 설명하고 우리의 삶과 연결하려고 노력했다. 또한 히브리어 사용은 최소화했다.

이 시리즈를 내 놓으면서 감사할 사람이 참 많다. 먼저, 지난 25년 동안 나의 인생의 동반자가 되어 아낌없는 후원과 격려를 해주었던 아내 임우민에게 감사한다. 아내를 생각할 때마다 참으로 현숙한 여인을(cf. 잠 31:10–31) 배필로 주신 하나님께 감사할 뿐이다. 아빠의 사역을 기도와 격려로 도와준 지혜, 은혜, 한빛에게도 고마운 마음을 표한다. 평생 기도와 후원을 아끼지 않은 친가와 처가 친척들에게도 감사하다는 말을 전하고 싶다. 항상 옆에서 돕고 격려해준 평생친구 장병환·윤인옥, 박선철·송주연 부부들에게도 고마움을 표하는 바이며, 시카고 유학시절에 큰 힘이 되어주셨던 이선구 장로님·최화자 권사님 부부에게도 이 자리를 빌려 평생 빚진 마음을 표하고 싶다. 우리 가족이 20여 년 만에 귀국하여 정착할 수 있도록 배려를 아끼지 않으신 백석학원 설립자 장종현 목사님에게도 감사하는 바이다. 우리 부부의 영원한 담임목자이신 이동원 목사님에게도 고마움을 표하고 싶다.

2009년 겨울 방배동에서

감사의 글

스타선교회의 사역에 물심양면으로 헌신하여 오늘도 하나님의 말씀이 온 세상에 선포되는 일에 기쁜 마음으로 동참하시는 김형국, 백영걸, 정진성, 장병환, 임우민, 정채훈, 송은혜, 강숙희 이사님들께 감사의 마음을 전하고 싶습니다. 이사님들의 헌신이 있기에 세상은 조금 더 살맛 나는 곳이 되고 있습니다.

2016년 여름이 시작된 방배동에서

일러두기

엑스포지멘터리(exposimentary)는 '해설/설명'을 뜻하는 엑스포지토리(expository)라는 단어와 '주석'을 뜻하는 코멘터리(commentary)를 합성한 단어이다. 본문의 뜻과 저자의 의도와는 별 연관성이 없는 주제와 묵상으로 치우치기 쉬운 엑스포지토리(expository)의 한계와 필요이상으로 논쟁적이고 기술적일 수 있는 코멘터리(commentary)의 한계를 극복하여 목회현장에서 가르치고 선포하는 사역에 실질적으로 도움이 되도록 하는 새로운 장르이다. 본문의 다양한 요소와 이슈들에 대하여 정확하게 석의하면서도 전후 문맥과 책 전체의 문형(文形; literary shape)을 최대한 고려하여 텍스트의 의미를 설명하고 성도의 삶과 연결하려고 노력하는 설명서이다. 엑스포지멘터리는 다음과 같은 원칙을 바탕으로 인용한 정보를 표기한다.

1. 참고문헌을 모두 표기하지 않고 선별된 참고문헌으로 대신한다.
2. 출처를 표기할 때 각주(foot note) 처리는 하지 않는다.
3. 출처 표기는 괄호 안에 하되 페이지는 밝히지 않는다.
4. 여러 학자들이 동일하게 해석할 때 모든 학자들을 표기하지 않고

일부만 표기한다.

5. 한 출처를 인용하여 설명할 때, 설명이 길어지더라도 각 문장마다 출처를 표기하지 않는다.

주석은 목적과 주 대상에 따라 인용하는 정보 출처와 참고문헌 표기가 매우 탄력적으로 제시되는 장르이다. 참고문헌이 없이 출판되는 주석들도 있고, 각주가 전혀 없이 출판되는 주석들도 있다. 또한 각주와 참고문헌이 없이 출판되는 주석들도 있다. 엑스포지멘터리 시리즈는 이 같은 장르의 탄력적인 성향을 고려하여 제작된 주석이다.

선별된 약어표

개역	개역성경
개역개정	개역성경개정판
공동	공동번역
새번역	표준새번역 개정판
현대	현대인의 성경
아가페	아가페 쉬운성경
BHK	Biblica Hebraica Kittel
BHS	Biblica Hebraica Stuttgartensia
ESV	English Standard Version
CSB	Nashville: Broadman & Holman, Christian Standard Bible
KJV	King James Version
LXX	칠십인역(Septuaginta)
MT	마소라 사본
NAB	New American Bible
NAS	New American Standard Bible
NEB	New English Bible

NIV	New International Version
NRS	New Revised Standard Bible
TNK	Jewish Publication Society Tanakh
TNIV	Today's New International Version
AAR	American Academy of Religion
AB	Anchor Bible
ABCPT	A Bible Commentary for Preaching and Teaching
ABD	The Anchor Bible Dictionary
ABR	Australian Biblical Review
ABRL	Anchor Bible Reference Library
ACCS	Ancient Christian Commentary on Scripture
AJSLL	American Journal of Semitic Languages and Literature
AJT	Asia Journal of Theology
ANET	J. B. Pritchard, ed., The Ancient Near Eastern Texts Relating to the Old Testament. 3rd ed Princeton: Princeton University Press, 1969
ANETS	Ancient Near Eastern Texts and Studies
AOTC	Abingdon Old Testament Commentary
ASORDS	American Schools of Oriental Research Dissertation Series
ASTI	Annual of Swedish Theological Institute
BA	Biblical Archaeologist
BAR	Biblical Archaeology Review
BASOR	Bulletin of the American Schools of Oriental Research
BBR	Bulletin for Biblical Research
BCBC	Believers Church Bible Commentary
BCL	Biblical Classics Library
BDB	F. Brown, S. R. Driver & C. A. Briggs, A Hebrew and

	English Lexicon of the Old Testament Oxford: Clarendon Press, 1907
BETL	Bibliotheca Ephemeridum Theoloicarum Lovaniensium
BETS	Bulletin of the Evangelical Theological Society
BibOr	Biblia et Orientalia
BibSac	Bibliotheca Sacra
BibInt	Biblical Interpretation
BJRL	Bulletin of the John Rylands Library
BJS	Brown Judaic Studies
BLS	Bible and Literature Series
BN	Biblische Notizen
BO	Berit Olam: Studies in Hebrew Narrative & Poetry
BR	Bible Review
BRS	The Biblical Relevancy Series
BSC	Bible Student Commentary
BT	The Bible Today
BTCB	Brazos Theological Commentary on the Bible
BV	Biblical Viewpoint
BZAW	Beihefte zur Zeitschrift für die alttestamentliche
CAD	Chicago Assyrian Dictionary
CBC	Cambridge Bible Commentary
CBSC	Cambridge Bible for Schools and Colleges
CBQ	Catholic Biblical Quarterly
CBQMS	Catholic Biblical Quarterly Monograph Series
CB	Communicator's Bible
CHANE	Culture and History of the Ancient Near East
CJ	Concordia Journal

DSB	Daily Study Bible
EBC	Expositor's Bible Commentary
ECC	Eerdmans Critical Commentary
EncJud	Encyclopedia Judaica
EvJ	Evangelical Journal
EvQ	Evangelical Quarterly
ET	Expository Times
ETL	Ephemerides Theologicae Lovanienses
FCB	Feminist Companion to the Bible
FOTL	Forms of Old Testament Literature
GCA	Gratz College Annual of Jewish Studies
GKC	E. Kautszch and A. E. Cowley, Gesenius' Hebrew Grammar. Second English edition. Oxford: Clarendon Press, 1910
GPT	Growing Points in Theology
GTJ	Grace Theological Journal
HALOT	L. Koehler and W. Baumgartner, The Hebrew and Aramaic Lexicon of the Old Testament. Trans. by M. E. J. Richardson. Leiden: E. J. Brill, 1994–2000
HBT	Horizon in Biblical Theology
HMS	Hearing the Message of Scripture: A Commentary on the Old Testament
HSM	Harvard Semitic Monographs
HOTC	Holman Old Testament Commentary
HR	History of Religions
HUCA	Hebrew Union College Annual
IB	Interpreter's Bible

IBC	Interpretation Bible Commentary
IBS	Irish Biblical Studies
ICC	International Critical Commentary
IDB	Interpreter's Dictionary of the Bible
ISBE	G. W. Bromiley (ed.), The International Standard Bible Encyclopedia. 4 vols. Grand Rapids: 1979–88
ITC	International Theological Commentary
J–M	P. Joüon–T. Muraoka, A Grammar of Biblical Hebrew. Part One: Orthography and Phonetics. Part Two: Morphology. Part Three: Syntax. Subsidia Biblica 14/I–II. Rome: Editrice Pontificio Istituto Biblico, 1991
JAAR	Journal of the American Academy of Religion
JANES	Journal of Ancient Near Eastern Society
JNES	Journal of Near Eastern Studies
JBL	Journal of Biblical Literature
JBQ	Jewish Bible Quarterly
JESOT	Journal for the Evangelical Study of the Old Testament
JJS	Journal of Jewish Studies
JSJ	Journal for the Study of Judaism
JNES	Journal of Near Eastern Studies
JSOT	Journal for the Study of the Old Testament
JSOTSup	Journal for the Study of the Old Testament Supplement Series
JPSTC	JPS Torah Commentary
LB	Linguistica Biblica
LCBI	Literary Currents in Biblical Interpretation
LJRC	Listening: Journal of Religion and Culture

MHUC	Monographs of the Hebrew Union College
MJT	Midwestern Journal of Theology
MOT	Mastering the Old Testament
MSG	Mercer Student Guide
MSJ	The Master's Seminary Journal
NAC	New American Commentary
NCB	New Century Bible Commentary
NCBC	New Collegeville Bible Commentary
NEAEHL	E. Stern (ed.), The New Encyclopedia of Archaeological Excavations in the Holy Land. 4 vols. Jerusalem: Israel Exploration Society & Carta, 1993
NIB	New Interpreter's Bible
NIBC	New International Biblical Commentary
NICOT	New International Commentary on the Old Testament
NIDOTTE	W. A. Van Gemeren, ed., The New International Dictionary of Old Testament Theology and Exegesis. Grand Rapids: Zondervan, 1996
NIVAC	New International Version Application Commentary
OBC	Oxford Bible Commentary
Or	Orientalia
OTA	Old Testament Abstracts
OTE	Old Testament Essays
OTEv	Old Testament for Everyone
OTG	Old Testament Guides
OTL	Old Testament Library
OTM	Old Testament Message
OTS	Oudtestamentische Studiën

OTWAS	Ou–Testamentiese Werkgemeenskap in Suid–Afrika
PBC	People's Bible Commentary
PEQ	Palestine Exploration Quarterly
PRR	The Presbyterian and Reformed Review
PSB	Princeton Seminary Bulletin
RevExp	Review and Expositor
RTR	Reformed Theological Review
SBJT	Southern Baptist Journal of Theology
SBLDS	Society of Biblical Literature Dissertation Series
SBLMS	Society of Biblical Literature Monograph Series
SBLSymS	Society of Biblical Literature Symposium Series
SHBC	Smyth & Helwys Bible Commentary
SJOT	Scandinavian Journal of the Old Testament
SJT	Scottish Journal of Theology
SSN	Studia Semitica Neerlandica
TBC	Torch Bible Commentary
TynBul	Tyndale Bulletin
TD	Theology Digest
TDOT	G. J. Botterweck and H. Ringgren (eds.), Theological Dictionary of the Old Testament. Vol. I–. Grand Rapids: Eerdmans, 1974–
TGUOS	Transactions of the Glasgow University Oriental Society
THAT	Theologisches Handwörterbuch zum Alten Testament. 2 vols. Munich: Chr. Kaiser, 1971–1976.
TJ	Trinity Journal
TOTC	Tyndale Old Testament Commentaries
TS	Theological Studies

TWAT	Theologisches Wörterbuch zum Alten Testament. Stuttgart: W. Kohlhammer, 1970–
TWBC	The Westminster Bible Companion
TWOT	R. L. Harris, G. L. Archer, Jr., and B. K. Waltke (eds.), Theological Wordbook of the Old Testament, 2 vols. Chicago: Moody, 1980
TZ	Theologische Zeitschrift
UBT	Understanding Biblical Themes
VE	Vox Evangelica
VT	Vetus Testament
VTSup	Vetus Testament Supplement Series
W–O	B. K. Waltke and M. O'Connor, An Introduction to Biblical Hebrew Syntax. Winona Lake: Eisenbrauns, 1990
WBC	Word Biblical Commentary
WBCom	Westminster Bible Companion
WCS	Welwyn Commentary Series
WEC	Wycliffe Exegetical Commentary
WTJ	The Westminster Theological Journal
ZAW	Zeitschrift für die alttestamentliche Wissenschaft

차례

예레미야애가

엑스포지멘터리
예레미야 II

Jeremiah

EXPOSItory comMENTARY

선별된 참고문헌

(Select Bibliography)

Ackerman, S. *Under Every Green Tree: Popular Religion in Sixth-Century Judah*. Atlanta: Scholars Press, 1992.

______. "'And the Women Knead Dough': The Worship of the Queen of Heaven in Sixth-Century Judah." Pp. 109-24 in *Gender and Difference in Ancient Israel*. Ed. by P. L. Day. Philadelphia: Fortress, 1989.

Ackroyd, P. *Exile and Restoration. A Study of Hebrew Thought of the Sixth Century B. C.* London: SCM Press, 1968.

Albright, W. F. *Archaeology of Palestine*. Baltimore: Penguin, 1960.

Allen, L. C. *Jeremiah. A Commentary*. OTL. Louisville: John Knox Press, 2008.

Baldwin, J. G. "Semah as a Technical Term in the Prophets." *VT* 14 (1964): 93-97.

Balentine, S. *Prayer in the Hebrew Bible: The Drama of the Divine-Human Dialogue*. Minneapolis: Fortress, 1993.

Begin, B. Z. "Dose Lachish Letter 4 Contradict Jeremiah XXXIV 7?"

VT 52 (2002): 166–74.

Bergmann, M. S. *In the Shadow of Moloch: The Sacrifice of Children and Its Impact on Western Religions*. New York: Columbia University Press, 1992.

Berrigan, D. *Jeremiah: The World, the Wound of God*. Minneapolis: Fortress, 1999.

Bewer, J. A. *The Book of Jeremiah*. 2 vols. New York: Harper and Brothers, 1951, 52.

Blank, S. H. *Jeremiah: Man and Prophet*. Cincinnati: Hebrew Union College, 1961.

Boadt, L. *Jeremiah 1–25*. OTM 9. Wilmington, Del.: Michael Glazier, 1982.

______. *Jeremiah 26–52. Habakkuk, Zephaniah, Nahum*. OTM 10. Wilmington, Del.: Michael Glazier, 1982.

Bozak, B. *Life Anew: A Literary-Theological Study of Jer. 30–31*. AnBib. Rome: Pontifical Biblical Institute, 1991.

Bracke, J. M. *Jeremiah 1–29*. WBCom. Louisville: John Knox Press, 2000.

______. *Jeremiah 30–52 and Lamentations*. WBCom. Louisville: John Knox Press, 2000.

Bright, J. *Jeremiah*. AB 21. Garden City, NY: Doubleday and Co., 1965.

Brown, M. L. "Jeremiah." Pp. 21–572 in *The Expositor's Bible Commentary Revised Edition*, vol. 7. Ed. by Tremper Longman III & David E. Garland. Grand Rapids: Zondervan, 2010.

Brueggemann, W. *To Pluck and To Tear Down: A Commentary on Jeremiah 1–25*. Grand Rapids: Eerdmans, 1988.

_____. *To Build and To Plant: A Commentary on Jeremiah 26–52*. Grand Rapids: Eerdmans, 1991.

_____. "Jeremiah's Use of Rhetorical Questions." *JBL* 92 (1973): 358–74.

Calvin, J. *Jeremiah and Lamentations*. 5 vols. Trans. from Latin and edited by John Owen. Repr. Grand Rapids: Eerdmans, 1950.

Carroll, R. *Jeremiah: A Commentary*. OTL. Philadelphia: Westminster, 1986.

_____. *Jeremiah*. OTG. Sheffield: JSOT Press, 1989.

Childs, B. S. *The Book of Exodus. A Critical Theological Commen*tary. OTL. Philadelphia: Westminster Press, 1974.

_____. *Introduction to the Old Testament as Scripture*. Philadelphia: Fortress, 1979.

Christensen, D. L. "In Quest of the Autograph of the Book of Jeremiah: A Study of Jeremiah 25 in Relation to Jeremiah 46–51." *JETS* 33 (1990): 145–53.

Clements, R. *Jeremiah*. Interpretation. Atlanta: John Knox, 1988.

Craigie, P. ; P. Kelley; F. Drinkard. *Jeremiah 1–25*. WBC 26. Dallas: Word Books, 1991.

Cunliffe–Jones, H. *The Book of Jeremiah*. TBC. London: SCM Press, 1960.

Curtis, A. H.; T. Römer. *The Book of Jeremiah and Its Reception*. Leuven: Leuven University Press, 1997.

Davidson, R. *Jeremiah: Volume 1*. DBS. Philadelphia: Westminster, 1983.

_____. *Jeremiah: Volume 2, and Lamentations*. DBS. Philadelphia: Westminster, 1985.

Dearman, A. "My Servants the Scribes: Composition and Context in Jeremiah 36." *JBL* 109 (1990): 403–21.

______. *Jeremiah/Lamentations*. NIVAC. Grand Rapids: Zondervan, 2002.

Dearman W. J. *A Handbook on Jeremiah*. Textual Criticism and the Translator 2. Winnona Lake, Ind.: Eisenbrauns, 2003.

DeRoche, M. "Jeremiah 2:2–3 and Israel's Love for God during the Wilderness Wanderings." *CBQ* 45 (1983): 364–76.

Diamond, A; M. O'Connor; L. Stulman. *Troubling Jeremiah*. Sheffield: Sheffield Academic Press, 1990.

Driver, S. R. *The Book of the Prophet Jeremiah*. London: Hodder and Stoughton, 1906.

Dubbink, J. "Jeremiah: Hero of Faith or Defeatist? Concerning the Place and Function of Jeremiah 20:14–18." *JSOT* 86 (1999): 67–84.

Duhm, B. *Der Prophet Jeremia*. Kurzgefasstes exegestisches Handbuch zom Alten Testament 11. Leipzig: Weidmannsche Buchhandlung, 1901.

Even–Shoshan, A. *A New Concordance of the Bible*. Jerusalem: Kiryath Sefer, 1990.

Epstein, V. "The Day of Yahweh in Jeremiah 4:23–38." *JBL* 87 (1968): 93–97.

Feinberg, C. L. "Jeremiah." Pp. 357–694 in *The Expositor's Commentary*. Ed. by F. C. Gabelein. Grand Rapids: Zondervan, 1983.

Fishbane, M. "Jeremiah iv 23–26 and Job iii 3–13: A Recovered Use of the Creation Pattern." *VT* 21 (1971): 151–67.

Freedman, H. *Jeremiah*. Soncino Books of the Bible. London: Soncino, 1949.

Fretheim, T. E. *Jeremiah*. Smyth & Helwys. Macon, Georgia: Smyth & Helwys Publishing Incorporated, 2002.

Gladson, J. A. "Jeremiah 17:19–27: A Rewriting of the Sinaitic Code?" *CBQ* 62 (2000): 33–40.

Guest, J. *Jeremiah, Lamentations*. CCom. Waco, Tex.: Word, 1988.

Habel, N. "The Form and Significance of the Call Narratives." *ZAW* 77 (1965): 297–323.

Harrison, R. K. *Jeremiah and Lamentations*. TOTC. Downers Grove, Ill.: InterVarsity Press, 1973.

Henderson, J. M. "Who Weeps in Jeremiah viii 23 (ix 1)? Identifying Dramatic Speakers in the Poetry of Jeremiah." *VT* 52 (2002): 191–206.

Heschel, A. J. *The Prophets*, 2 vols. Repr. Peabody, Mass.: Prince, 1999.

Hicks, R. L. "*Delet* and *megillah*: A Fresh Approach to Jer 36." *VT* 33 (1983): 46–66.

Hill, J. *Friend or Foe? The Figure of Babylon in the Book of Jeremiah MT*. Leiden: Brill, 1999.

Holladay, W. *Jeremiah*. 2 vols. Hermenia. Philadelphia: Fortress, 1986, 89.

Holt, E. K. "Word of Jeremiah—Word of God: Structures of Authority in the Book of Jeremiah." Pp. 172–89 in *Uprooting and Planting: Essays on Jeremiah for Leslie Allen*. Ed. by J. Goldingay. New York: T & T Clark, 2007.

Huey, F. C. *Jeremiah, Lamentations*. NAC. Nashville: Broadman & Holman, 1993.

Hyatt, J. P. "Jeremiah." Pp. 777–1142 in *The Interpreter's Bible*, vol. 5. New York: Abingdon Press, 1956.

Janzen, J. G. *Studies in the Text of Jeremiah*. HSM. Cambridge: Harvard University Press, 1973.

Jones, D. R. *Jeremiah*. NCBC. Grand Rapids: Eerdmans, 1992.

Kaiser, W. *Hard Sayings of the Bible*. Downers Grove, Ill.: InterVarsity Press, 1997.

Keil, C. F. *Jeremiah, Lamentations*. Trans. by David Patrick and James Kennedy. Repr. Grand Rapids: Eerdmans, 1986.

Keown, G.; P. Scalise; T. Smothers. *Jeremiah 26–52*. WBC. Waco, Tex.: Word, 1994.

Kessler, M. "The Formation of Chapters 25 and 50–52 in the Book of Jeremiah." Pp. 64–74 in *Troubling Jeremiah*. Ed. by P. Diamond et al. Sheffield: Sheffield Academic Press, 1999.

Kessler, M., ed. *Reading the Book of Jeremiah: A Search for Coherence*. Winnona Lake, Ind.: Eisenbrauns, 2004.

Kidner, D. *The Message of Jeremiah: Against Wind and Tide*. Downers Grove, Ill.: InterVarsity, 1987.

King, Philip J. *Jeremiah: An Archaeological Companion*. Louisville: Westminster John Knox, 1993.

Kitchen, K. A. *The Third Intermediate Period in Egypt(1100–650BC)*. Warminster: Aris and Phillips, 1996.

Lemke, W. E. "The Near and Distant God: A Study of Jeremiah 23:23–24 in its Biblical Theological Context." *JBL* 100 (1981): 541–55.

Long, B. "Reports of Visions Among the Prophets." *JBL* 94 (1976): 353–65.

_____. "Two Question and Answer Schemata in the Prophets." *JBL* 90 (1971): 129–39.

_____. "The Stylistic Components of Jeremiah 3:1–5." *ZAW* 88 (1976):

386–90.

Lundbom, J. R. "Baruch, Seraiah, and Expanded Colophons in the Book of Jeremiah." *JSOT* 36 (1986): 89–114.

______. *Jeremiah 1–20*. AB. New York: Doubleday, 1999.

______. *Jeremiah 21–36*. AB. New York: Doubleday, 2004.

______. *Jeremiah 37–52*. AB. AB. New York: Doubleday, 2004.

McCarthy, D. J. *Treaty and Covenant*. Rome: Pontifical Biblical Institute, 1963.

Mackay, J. L. *Jeremiah: Volume 2: Chapters 21–52*. Mentor. Scotland: Mentor, 2004.

Martens, E. A. *Jeremiah*. BCBC. Scottdale, Pa.: Herald Press, 1986.

Martini, C. M. *A Prophetic Voice in the City: Mediations on the Prophet Jeremiah*. Collegeville, MN: Liturgical Press, 1997.

McConville, J. G. *Judgment and Promise: An Interpretation of the Book of Jeremiah*. Winnona Lake, Ind.: Eisenbrauns, 1993.

McKane, W. *A Critical and Exegetical Commentary on Jeremiah i–xxv*. Edinburgh: T. & T. Clark, 1986.

______. *A Critical and Exegetical Commentary on Jeremiah xxvi–lii*. Edinburgh: T. & T. Clark, 1996.

Milgrom, J. "Concerning Jeremiah's Repudiation of Sacrifice." *ZAW* 89 (1977): 273–75.

Miller, P. D. "The Book of Jeremiah: Introduction, Commentary, and Reflections." Pp.553–926 in *The New Interpreter's Bible*, vol. 6. Ed. by Leander E. Keck. Nashville: Abingdon Press, 2001.

Mowinckel, S. *The Psalms in Israel's Worship*, 2 vols. Tr. by D. R. Ap–Thomas. Nashville: Abingdon Press, 1963.

Nelson, R. D. *Raising Up a Faithful Priest*. Louisville: Westminster/John

Knox, 1993.

Neuwirth, Y. Y. *Sheirath Shabbath: A Guide to the Practical Observance of the Sabbath*. 3 vols. New York: Feldheim, 2000.

Nicholson, E. *Preaching to the Exiles: A Study of the Prose Tradition in the Book of Jeremiah*. Oxford: Basil Blackwell, 1970.

______. *The Book of the Prophet Jeremiah Chapters 1-25*. CBC. Cambridge: Cambridge University Press, 1973.

______. *The Book of the Prophet Jeremiah Chapters 26-52*. CBC. Cambridge: Cambridge University Press, 1975.

O'Connor, K. M. "The Tears of God and Divine Character in Jeremiah 2-9." Pp. 387-401 in *Troubling Jeremiah*. Ed. by P. Diamond et al. Sheffield: Sheffield Academic Press, 1999.

______. *The Confession of Jeremiah: Their Interpretation and Role in Chapters 1-25*. SBLDS. Atlanta: Scholars Press, 1988.

O'Day, G. R. "Jer. 9:22-23 and I Cogan. 1:26-31: A Study in Intertextuality." *JBL* 109 (1990): 259-67.

Olyan, S. M. *Biblical Mourning: Ritual and Social Dimensions*. Oxford: Oxford University Press, 2004.

Ortlund, R. C. *Whoredom: God's Unfaithful Wife in Biblical Theology*. Grand Rapids: Eerdmans, 1997.

Overholt, T. W. "Some Reflections on the Date of Jeremiah's Call." *CBQ* 33 (1971): 165-84.

______. *The Threat of Falsehood of Idolatry: A Study in the Theology of the Book of Jeremiah*. Naperville, Ill.: Allenson, 1970.

Parke-Taylor, G. H. *The Formation of the Book of Jeremiah: Doublets and Recurring Phrases*. Atlanta: Society of Biblical Literature, 2000.

Peake, A. S. *Jeremiah I*. CB. New York: H. Frowde and Edinburgh: T. C.

& E. C. Jack, 1910.

_____. *Jeremiah II*. CB. New York: H. Frowde and Edinburgh: T. C. & E. C. Jack, 1911.

Perdue, L. *The Collapse of History: Reconstructing Old Testament Theology*. Minneapolis: Fortress, 1994.

Perdue, L.; B. Kovacs, eds. *A Prophet to the Nations: Essays in Jeremiah Studies*. Winona Lake, Ind.: Eisenbrauns, 1984.

Pixley, Jorge V. *Jeremiah*. Chalice Commentaries for Today. St. Louis: Chalice, 2004.

Polk, T. *The Prophetic Persona: Jeremiah and the Language of the Self*. JSOTSS. Sheffield: Sheffield University Press, 1984.

Rashi (Rabbi Shlomo Yitzchaki; 1040–1105AD). *Jeremiah I–II*. Trans. by A. J. Rosenberg. New York: Judaica, 1985).

Reventlow, H. G. *Liturgie und prophetische Ich bei Jeremiah*. Gutersloh: Mohn, 1963.

Roberts, J. J. M. "The Motif of the Weeping God in Jeremiah and Its Background in the Lament Tradition of the Ancient Near East." *OTE* 5 (1992): 361–74.

Rosenberg, A. J. *Jeremiah I–II*. New York: Judaica Press, 1985.

Rowley, H. H. "The Early Prophecies of Jeremiah in Their Setting." *BJRL* 45 (1962–63): 198–234.

Schiffman, L. H. The Halakhah at Qumran. Leiden: Leiden: E. J. Brill,, 1975.

Seitz, C. "The Prophet *Moses* and the Canonical Shape of *Jeremiah*", *ZAW* 101 (1989): 3–27.

_____. *Theology in Conflict: Reactions to the Exile in the Book of Jeremiah*. BZAW. Berlin: de Gruter, 1989.

Skinner, J. *Prophecy and Religion: Studies in the Life of Jeremiah*. Cambridge: Cambridge UniversityPress, 1922.

Smith, M. S. *The Laments of Jeremiah and Their Contexts: A Literary Redactional Study of Jer 11–20*. Atlanta: Scholars Press, 1990.

Steiner, R. C. "Incomplete Circumcision in Egypt and Edom: Jeremiah (9:24–25) in the Light of Josephus and Jonckheere." JBL 118 (1999): 497–505.

Streane, A. W. *The Book of the Prophet Jeremiah Together with The Lamentations*. CBSC. Cambridge: Cambridge University Press, 1952.

Stulman, L. *Jeremiah*. AOTC. Nashville: Abingdon Press, 2005.

Thompson, J. A. *The Book of Jeremiah*. NICOT. Grand Rapids: Eerdmans, 1980.

Tov, E. "The Jeremiah Scrolls from Cave 4." *RevQ* 2 (1989): 189–206.

Tucker, G. W. "Prophetic Superscriptions and the Growth of a Canon." Pp. 56–70 in *Canon and Authority*. Ed. by G. W. Coats and B. O. Long. Philadelphia: Fortress, 1977.

Untermann, J. *From Repentance to Redemption: Jeremiah's Thought in Transition*. JSOTSS. Sheffield: Sheffield Academic Press, 1987.

Valentino, T. R. "Couriered Hope: The Textual Integrity of Jeremiah's Prophetic Letters to the Exiles in Babylon (Jer. 29:1–23)." *EvJ* 19(2001): 68–73.

Van den Eynde, S. "Taking Broken Cisterns for the Fountain of Living Water: On the Background of the Metaphor of the Whore in Jeremiah." BN 110 (2001): 86–96.

Van Keulen, P. S. F. *Manasseh through the Eyes of the Deuteronomists: The Manasseh Account (2 Kings 21:1–18) and the Final Chapters of D*

History. Leiden: Leiden: E. J. Brill,, 1996.

VanGemeren, W. A. *Interpreting the Prophetic Words*. Grand Rapids: Zondervan, 1996.

Viviano, P. A. *Jeremiah/Lamentations*. BO. Collegeville, MN: Liturgical Press, 2004.

Von Rad, G. "The Confession of Jeremiah." Pp. 339–48 in *A Prophet to the Nations: Essays in Jeremiah Studies*. Ed. by L. Purdue and B. W. Kovacs. Winnona Lake, Ind.: Eisenbrauns, 1984.

Waldman, N. M. "Parents Have Eaten Sour Grapes." *Dor le Dor* 18 (1989): 1–5.

Weinfeld, M. "Jeremiah and the Spiritual Metamorphosis of Israel." *ZAW* 88 (1976): 17–56.

Wood, P. S. "Jeremiah's Figure of the Almond Rod." JBL 61 (1942): 99–103.

Zimmerli, W. "Visionary Experience in Jeremiah." Pp. 95–118 in *Israel's Prophetic Tradition: Essays in Honour of Peter R. Ackroyd*. Ed. by R. Coggins et al. Cambridge: University Press, 1982.

VII. 거짓 메신저들
(26:1–29:32)

예레미야서 전반부의 결론 역할을 한 25장과 미래에 대한 새로운 소망을 노래하는 30장 사이에 위치한 이 섹션은 유다–바빌론 관계의 미래에 대한 두 개의 상반된 입장이 빚어내는 갈등을 묘사한다. 예루살렘 종교 무대의 중심을 이루는 하나냐 같은 [거짓] 선지자들이 인준하고 정치인들이 후원하는 당시 여호와 종교의 공식적인 입장은, 여호와의 말씀으로 예루살렘의 안전은 보장되었다는 것이다. 또한 만일 하나님의 성전이 있는 예루살렘이 적들의 공격을 받으면 성전에 거하는 여호와께서 자기 성전을 지키기 위해서라도 가만히 계시지 않을 것이라고 확신했다. 더 나아가 주의 백성이 지은 죄에 대한 벌은 이미 주전 605년과 주전 597년에 바빌론에 끌려간 사람들을 통해 모두 해결되었다고 믿었다. 그래서 예루살렘에 남아 있는 사람은 하나님이 주의 백성을 재건하는 데 사용하실 남은 자들이라고 믿었다. 그들은 잠시 동안 바빌론의 간섭은 받겠지만, 머지않아 모든 것이 원상태로 회복될 것이며 유다 땅에 다시 평안이 임할 것이라고 확신했다.

반면에 예레미야는 예루살렘의 안전은 주의 백성이 여호와의 율법과 말씀을 지키겠다는 강력한 의지가 보이지 않는 한 결코 보장될 수 없다고 말한다. 선지자는 바빌론의 위협은 예루살렘과 주의 백성의 불신에 대한 신학적인 심판으로, 그들의 간섭은 매우 오래 혹독하게 지속될 것이라는 메시지를 선포한다. 이처럼 극적인 대립을 형성하고 있는 두 입장이 예루살렘의 정치 무대에서 충돌하는 것은 마치 골리앗과 다윗의 갈등처럼 보였을 것이다. 그러나 옛적에 다윗이 승리했던 것처럼, 예레미야의 메시지의 진실성이 곧 드러났다. 또한 이사야 시대에 사역했던 선지자 미가도 이미 이 같은 메시지를 전한 적이 있고(26:18), 예레미야 시대에 사역했던 선지자 우리야는 예레미야와 동일한 메시지를 전하다가 순교했다(26:20-23). 비록 많은 수는 아니었지만, 참 선지자들은 옛적이나(viz., 미가) 현재에나(viz., 우리야) 예레미야가 선포한 것과 동일한 메시지를 전함으로써 자신이 참 선지자임을 드러냈다. 본문은 다음과 같이 구분될 수 있다.

A. 성전 설교와 반응(26:1-24)
B. 여호와의 멍에(27:1-28:17)
C. 포로민들에게 보낸 편지(29:1-32)

VII. 거짓 메신저들(26:1-29:32)

A. 성전 설교와 반응(26:1-24)

대부분의 학자들은 이곳에 기록된 설교와 7:1-15에 기록된 설교를 동일한 것으로 간주한다(Lundbom; McKane; Holladay). 실제로 본문은 7장에 기록된 메시지가 어떤 정황에서 선포되었고 어떤 반응을 유발했는가를 회고한다. 본문은 7장에 기록된 예레미야의 성전 설교의 역사적 정황을 회고한다(Miller). 그렇다 보니 이 동일한 설교의 강조점은 서로 다른 것에 맞추어져 있다. 7장의 설교는 예레미야를 통해 선포되는 메시지의 내용에, 26장은 메시지에 대한 백성의 반응에 초점을 맞추고 있다. 그래서 본문은 설교 내용보다는 그 후에 사람들의 반응이 어떠했는가를 더 자세하게 묘사한다. 예레미야가 성전에서 설교한 내용과 그에 대한 백성의 반응을 기록하고 있는 본문은 다음과 같이 구분된다.

A. 설교 요약(26:1–6)
B. 예레미야 체포(26:7–9)
C. 예레미야 재판(26:10–19)
D. 선지자 우리야 처형(26:20–23)
E. 예레미야 석방(26:24)

VII. 거짓 메신저들(26:1–29:32)
A. 성전 설교와 반응(26:1–24)

1. 설교 요약(26:1–6)

1 유다의 왕 요시야의 아들 여호야김이 다스리기 시작한 때에 여호와께로부
터 이 말씀이 임하여 이르시되 2 여호와께서 이와 같이 말씀하시니라 너는
여호와의 성전 뜰에 서서 유다 모든 성읍에서 여호와의 성전에 와서 예배하
는 자에게 내가 네게 명령하여 이르게 한 모든 말을 전하되 한 마디도 감하
지 말라 3 그들이 듣고 혹시 각각 그 악한 길에서 돌아오리라 그리하면 내가
그들의 악행으로 말미암아 그들에게 재앙을 내리려 하던 뜻을 돌이키리라 4
너는 그들에게 이와 같이 이르라 여호와의 말씀에 너희가 나를 순종하지 아
니하며 내가 너희 앞에 둔 내 율법을 행하지 아니하며 5 내가 너희에게 나의
종 선지자들을 꾸준히 보내 그들의 말을 순종하라고 하였으나 너희는 순종
하지 아니하였느니라 6 내가 이 성전을 실로같이 되게 하고 이 성을 세계 모
든 민족의 저줏거리가 되게 하리라 하셨느니라

"여호야김이 다스리기 시작한 때"(בְּרֵאשִׁית מַמְלְכוּת יְהוֹיָקִים)에 예레미야에게 하나님의 말씀이 임했다(1절). 학자들은 이 표현을 즉위 첫해로 이해한다(Begrich; Lundbom; Holladay). 이때가 주전 609년 8월-주전 608년 3월 즈음이 된다(Bright; Holladay). 예레미야가 자신의 저서에서 밝히고 있는 날짜 중 두 번째로 오래되었다(cf. 1:2). 므깃도에서 요시야가 이집트 왕 느고에 의해 저격된 다음 그의 아들 여호아하스가 왕이 되었지만, 3개월 만에 포로가 되어 이집트로 끌려가고 그의 형제 여호야김이 왕이 되었던 해이기도 하다. 여호야김이 즉위하자마자 예레미야가 이 같은 메시지를 전했다는 것은 선지자가 여호야김 왕과 처음부터 끝까지 갈등했음을 암시한다(Brown).

하나님은 예레미야에게 성전으로 가서 예배하기 위해 성전을 찾은 유다의 '모든' 사람에게 하나님이 선지자에게 주신 '모든' 말씀을 선포하라고 명령하셨다(2절). '모든'(כֹּל)이라는 단어는 이 장에서만 20차례나 사용되는 중요한 단어다(Brown). 26장에 기록된 메시지는 유다의 한 계층이 아니라, 모든 사람에 관한 것임을 강조한다. 또한 하나님은 "한 마디도 감하지 말고"(2절) 예레미야에게 전한 모든 메시지를 전하라는 말씀을 더하신다. 선지자는 주님이 주신 말씀에 더하지도, 감하지도 않고 있는 그대로 전해야 하는데, 그것이 얼마나 어려운 일인지 하나님은 잘 아신다. 그래서 한 번 더 받은 대로만 전할 것을 권면하신다. 옛적에 예레미야의 조상 엘리 제사장도 어린 사무엘에게 하나님께 받은 말씀을 그대로 말할 것을 요구한 적이 있다(삼상 3:17-21). 오늘날에도 정말 필요한 사람은 하나님의 말씀에 더하지도, 감하지도 않고 그대로 전하는 사람이다.

말씀을 전하는 예레미야는 메시지의 효과를 극대화하기 위해 가능한 한 최고로 많은 사람이 성전을 찾았던 종교적인 절기에 이 메시지를 선포했을 것이다(Huey; cf Miller). 가장 유력한 절기는 가을 추수가 끝날 무렵인 장막절(Feast of Tabernacle)이다(Fretheim). 레위기 23:39은 장막절을 "여호와의 절기"(חַג־יְהוָה)라고 부르며 이 절기의 중요성을 강조한다. 장막절에는 이스라엘의 성인 남자들이 모두 성전을 찾아가 여호와께 예배를 드려야 한다. 예레미야는 이 절기를 이용해 성전을 찾아온 예배자들에게 당시 제사장들과 선지자들이 선포하던 메시지와 전혀 다른 말씀을 선포한다.

예레미야가 선포한 핵심 메시지는 만일 이스라엘이 죄의 길에서 돌이켜 율법대로 살지 않으면, 또한 주님이 이때까지 보내신 참 선지자들의 메시지를 듣지 않으면, 하나님이 예루살렘 성전을 옛적 예레미야의 조상이었던 엘리 제사장 시대의 실로처럼 만드실 것이라는 경고다(5–6절). 예레미야는 자기 집안의 아픈 과거사를 회상하면서 메시지를 전하고 있다. 선지자가 전하는 메시지는 하나님이 주신 것임을 강조하기 위해 전적으로 신적(神的) 일인칭을 사용한다. 이스라엘은 선지자(들)가 아니라 하나님의 말씀에 귀를 기울여야 하는 것이다(Fretheim). 예레미야는 이스라엘이 하나님께 귀를 기울이는 일을 두 가지로 정리하고 있다. (1) 율법대로 사는 것; (2) 하나님이 보내신 선지자들의 메시지를 듣는 것(4–5절).

하나님이 선지자를 보내 다시 한 번 회개를 호소하시는 이유는 "그들이 듣고 혹시 각각 그 악한 길에서 돌아오지 않을까?" 해서다(3절). 하나님은 아직도 주의 백성을 포기하지 않으셨다. 만일 그들이 돌아오기만 하면 지금이라도 그들에게 내리기로 결정한 재앙을 거두어 들일 것을 약속하신다(3절). 아직도 구원은 가능하다. 문제는 참 선지자에게 귀를 기울이기를 거부하고 거짓을 말하는 자들을 선지자로 알고 좋아한 이스라엘이 이 기회를 살리지 못하는 데 있다. 자세한 내용은 7장을 참고하라.

VII. 거짓 메신저들(26:1–29:32)
A. 성전 설교와 반응(26:1–24)

2. 예레미야 체포(26:7–9)

**7 예레미야가 여호와의 성전에서 이 말을 하매 제사장들과 선지자들과 모든
백성이 듣더라 8 예레미야가 여호와께서 명령하신 말씀을 모든 백성에게 전
하기를 마치매 제사장들과 선지자들과 모든 백성이 그를 붙잡고 이르되 네
가 반드시 죽어야 하리라 9 어찌하여 네가 여호와의 이름을 의지하고 예언하
여 이르기를 이 성전이 실로같이 되겠고 이 성이 황폐하여 주민이 없으리라
하느냐 하며 그 모든 백성이 여호와의 성전에서 예레미야를 향하여 모여드
니라**

예레미야의 메시지를 들은 사람들이 분노해 그를 붙잡았다. 선지자의 메시지가 큰 동요를 일으킨 것이다. 물론 제사장들과 선지자들이 앞장서서 예레미야를 체포했다. 그들은 예레미야가 하나님의 이름으로 외치는 메시지를 도저히 수용할 수 없다(9절). 더욱이 그들은 예레미야가 여호와의 이름으로 여호와의 거처인 성전을 상대로 이런 메시지를 전한다는 것을 용납할 수 없다.

선지자의 메시지에 대한 종교 지도자들과 백성의 반응은 다음과 같이 표현할 수 있다. "감히 너 같은 놈이 어찌 여호와의 거룩한 처소가 파괴될 것이라는 망언을 하고도 살아남기를 원하느냐? 너만 선지자냐? 우리도 선지자고 제사장이다. 여호와께서 우리에게 주신 신학, 믿음, 전통에 의하면 네가 하는 말은 당치도 않는 말이다!" 하나님께 범죄하고 있는 모든 주의 백성 중에 선지자와 제사장 등 종교적 지도자들이 가장 큰 죄를 짓고 있다(Brown). 안타깝지만, 이러한 역사는 몇 백 년 후 예수님 시대에도 반복된다. 예수님의 말씀과 사역을 가장 반대했던 사람들이 바로 당시 종교적 지도자들이 아니었던가!

본문은 구약 시대의 재판 단계를 가장 상세하게 기록하고 있는 텍스트에 속한다. (1) 체포(8절); (2) 피고에 대한 기소(9절); (3) 피고의 변론(10-15절); (4) 판결(16절). 예레미야가 처음 체포되었을 때의 상황을 보면 모든 사람이 그를 대적하고 있다(cf. 8-9, 11-12, 16절). 한 개인 대 온 세상의 재판이 되어버린 것이다. 뿐만 아니라 그들의 감정은 격렬했다. "네가 반드시 죽으리라"(מוֹת תָּמוּת; 공동 = "이 죽일 놈아!"; 8절). 만일 예레미야가 이들의 손에 머물게 되면 죽음은 뻔한 것이다.

VII. 거짓 메신저들(26:1-29:32)
A. 성전 설교와 반응(26:1-24)

3. 예레미야 재판(26:10-19)

10 유다의 고관들이 이 말을 듣고 왕궁에서 여호와의 성전으로 올라가 여호
와의 성전 새 대문의 입구에 앉으매 11 제사장들과 선지자들이 고관들과 모
든 백성에게 말하여 이르되 이 사람은 죽는 것이 합당하니 너희 귀로 들음
같이 이 성에 관하여 예언하였음이라 12 예레미야가 모든 고관과 백성에게
말하여 이르되 여호와께서 나를 보내사 너희가 들은 바 모든 말로 이 성전
과 이 성을 향하여 예언하게 하셨느니라 13 그런즉 너희는 너희 길과 행위를
고치고 너희 하나님 여호와의 목소리를 청종하라 그리하면 여호와께서 너희
에게 선언하신 재앙에 대하여 뜻을 돌이키시리라 14 보라 나는 너희 손에 있
으니 너희 의견에 좋은 대로, 옳은 대로 하려니와 15 너희는 분명히 알아라
너희가 나를 죽이면 반드시 무죄한 피를 너희 몸과 이 성과 이 성 주민에게
돌리는 것이니라 이는 여호와께서 진실로 나를 보내사 이 모든 말을 너희
귀에 말하게 하셨음이라 16 고관들과 모든 백성이 제사장들과 선지자들에게
이르되 이 사람이 우리 하나님 여호와의 이름으로 우리에게 말하였으니 죽
일 만한 이유가 없느니라 17 그러자 그 지방의 장로 중 몇 사람이 일어나 백
성의 온 회중에게 말하여 이르기를 18 유다의 왕 히스기야 시대에 모레셋 사

람 미가가 유다의 모든 백성에게 예언하여 이르되
만군의 여호와께서 이와 같이 말씀하셨느니라
시온은 밭같이 경작지가 될 것이며
예루살렘은 돌무더기가 되며
이 성전의 산은 산당의 숲과 같이 되리라
하였으나 19 유다의 왕 히스기야와 모든 유다가 그를 죽였느냐 히스기야가 여호와를 두려워하여 여호와께 간구하매 여호와께서 그들에게 선언한 재앙에 대하여 뜻을 돌이키지 아니하셨느냐 우리가 이같이 하면 우리의 생명을 스스로 심히 해롭게 하는 것이니라

유다의 방백들/관료들(שָׂרֵי יְהוּדָה)이 소식을 듣고 예레미야를 정식 재판에 회부했다(10절). 아직도 분노를 삭이지 못한 제사장들과 선지자들은 예레미야를 사형에 처해야 한다고 주장한다(11절). 이 거짓 선지자들과 제사장들은 예레미야가 거짓 선지자라는 주장을 펼치고 있다. 신명기 18:20은 거짓 선지자는 죽이라고 명령하기 때문이다. 죄목은 다름 아닌 "이 도성이 멸망한다고 예언했기 때문"이다(11절). 이 종교 지도자들은 예레미야를 매국노로 몰아가고 있다(Fretheim). 우리는 거짓 선지자들이 어떤 메시지를 전했는지를 상상할 수 있다. 그들이 이처럼 예레미야의 심판 메시지에 강력하게 반발한 것을 보면 그들이 일상적으로 전한 메시지는 모두 다 "잘될 것, 하나님의 축복이 임할 것"이며 심판과는 거리가 먼 메시지임이 확실하다(cf. Bright). 이 종교 지도자들의 주장은 순식간에 모여든 사람들의 지지를 받았을 것이다(Brown). 그러나 우리는 그들이 얼마나 하나님의 말씀에서 멀어져 있는가를 깨달아야 한다. 대다수/주류가 항상 옳은 것은 아니라는 사실도 마음에 새겨야 한다.

이 종교 지도자들은 하나님이 말씀하거나 약속하신 적이 없는 예루살렘은 절대 침략자들의 손에 무너지지 않는다는 시온의 불가침설을

그대로 믿고 고수하고 있다(cf. Miller; Fretheim). 성경의 그 어디를 보아도 하나님은 예루살렘이 영원히 망하지 않을 것이라는 말씀을 하신 적이 없다. 오히려 이 도성의 장래는 거주민들의 순종/불순종에 의해 결정된다는 것을 거듭 강조하셨다. 그런데 이들은 시온 불가침설을 하나님보다도 더 확고하게 믿고 있다! 예레미야의 발언은 그들의 정서에 찬물을 끼얹었다. 하나님이 직접 시온 불가침설은 허구에 불과하다고 말씀하셔도 그들은 믿지 않았을 것이다. 이미 그들에게는 전통과 관습이 진실보다 더 중요한 것이 되었기 때문이다. 우리도 이 부분에 대해 항상 근신해야 할 것이다. 인간이 세운 전통이 결코 하나님의 말씀과 진리를 앞서서는 안 된다.

예레미야는 분개해 자신을 고발하는 선지자들과 제사장들에 아랑곳하지 않고 매우 차분하고 냉정한 자세를 취한다. 그는 하나님이 주신 말씀을 그대로 전했을 뿐이며, 만일 그들이 회개하지 않는다면 분명히 심판이 그들에게 임할 것을 다시 한 번 선언한다(12-13절). 그리고 덧붙여 말하기를 "나의 생명은 당신들의 손에 있습니다. 그러니 죽이려면 죽이십시오. 그러나 나를 죽인다고 해서 진실이 은폐될 수는 없으며, 당신들은 무고한 피를 흘린다는 것을 기억해야 할 것입니다"라고 말한다(14-15절). 무고한 피를 흘린다는 것은 매우 무서운 저주를 자기 머리 위에 임하게 하는 행위다(신 19:10; 21:8; 욘 1:14; 렘 7:6; 22:3). 아마도 법정 공방을 지켜보고 있던 모든 사람이 예레미야의 당당함에 위축되기 시작했을 것이다.

예레미야의 변호를 듣고 있던 관료들과 백성들이 예레미야를 죽여야 한다고 주장하는 선지자들과 제사장들에게 반론을 시작했다. "이 사람에게는 사형 선고를 받아야 할 만한 죄가 없습니다. 그는 주 우리 하나님의 이름으로 우리에게 말씀을 전하였기 때문입니다"(16절; 새번역). 예레미야를 죽여야 할 더 확실한 증거가 없는 한 이들의 주장을 수용하지 않겠다는 의미다. 예레미야 재판의 분위기가 순식간에 바뀌고 있다. 그러나 이 관료들과 백성들이 예레미야의 메시지를 듣고 회개하고 하나님을 찾았다고 하는 말은 본문 어디에도 없다. 그들은 선지자의 주장과 그가 죽을죄를 짓지 않았다는 사실에 동의할 뿐 회개하지는 않은 것이다(Brown). 안타깝지만 오늘날에도 이런 사람들이 교회에 있지 않은가? 성경의 가르침에 동의하지만 여호와가 하나님이고 예수님이 그분이 보내신 우리의 유일한 구세주라는 고백까지는 하지 않는 사람들 말이다.

어떤 '장로/노인들'(זְקֵנִים)이 말을 시작했다. 예레미야서에서 이 단어가 사용되는 것은 이곳이 처음이며, 사회 지도자/유지를 뜻하는 단어가 아니라, 나이가 지긋해 연륜이 많고 지혜로워 사람들의 존경을 받는 노인을 뜻한다(HALOT; Brown). 이 노인들은 히스기야 왕 시대 때(viz., 예레미야 시대로부터 약 100년 전) 활동했던 미가 선지자의 선례를 떠올렸다(17-19절). 그때에도 미가가 예루살렘과 성전 파괴에 대하여 말씀을 선포한 적이 있었지만(cf. 미 3:12), 히스기야는 그를 처형하기는커녕 오히려 하나님 앞에 근신함으로써 그 진노를 돌렸다는 사실을 강조했다.[1] 그리고 만일 예레미야를 처형한다면 "우리는 그 큰 재앙을 우리 자신들에게 불러들이는 것"이라고 주장한다(19절). 예레미야에게 변호인단이 생긴 것이다! 장로들과 백성들이 들고 일어나자 상황이 순식간에 역전되었다. 예레미야는 죽음의 위기를 모면했다. 예레미야가 살겠다고 발버둥쳤다면 상황은 많이 달랐을 수도 있다. 그러나 그가 모든 것을 포기하고 냉정하게 자신의 입장을 정리해 선포할 때, 그 누구도 모방할 수 없는 위엄과 권위가 드러났고, 사람들은 이 권위와 위엄이 하나님께로부터 온 것임을 인정했다.

1 많은 학자들이 이 일을 계기로 히스기야가 회심한 것으로 생각한다.

VII. 거짓 메신저들(26:1-29:32)
A. 성전 설교와 반응(26:1-24)

4. 선지자 우리야 처형(26:20-23)

[20] 또 여호와의 이름으로 예언한 사람이 있었는데 곧 기럇여아림 스마야의
아들 우리야라 그가 예레미야의 모든 말과 같이 이 성과 이 땅에 경고하여
예언하매 [21] 여호야김 왕과 그의 모든 용사와 모든 고관이 그의 말을 듣고서
왕이 그를 죽이려 하매 우리야가 그 말을 듣고 두려워 애굽으로 도망하여
간지라 [22] 여호야김 왕이 사람을 애굽으로 보내되 곧 악볼의 아들 엘라단과
몇 사람을 함께 애굽으로 보냈더니 [23] 그들이 우리야를 애굽에서 연행하여
여호야김 왕에게로 그를 데려오매 왕이 칼로 그를 죽이고 그의 시체를 평민
의 묘지에 던지게 하니라

이야기 진행에 있어서 본문은 19절과 24절의 맥을 끊어놓고 있는 듯하다. 그래서 새번역은 본문 주변에 괄호를 삽입하여 문맥과는 상관없음을 암시한다. 그러나 본문의 내용은 이곳에 꼭 필요한 정보다. 하나님의 말씀을 선포하다가 순교한 선지자의 이야기를 이곳에 회고함으로써 저자는 예레미야가 위기를 모면한 것은 매우 예외적인 사건이었음을 강조하고자 한다.

기럇여아림 스마야의 아들 우리야라는 선지자가 예레미야와 같은 내용의 메시지를 선포했다. 우리야 선지자에 대한 언급은 성경에서 이곳이 유일하다. 그는 분명 하나님이 그동안 수없이 보내셨던 참 선지자들 중 하나다(5절; cf. 7:2-3, 12-15). 안타깝게도 악한 여호야김은 선한 히스기야가 아니었다(Brown). 여호야김 왕과 관료들은 우리야를 죽이기를 원했고, 소식을 들은 선지자는 이집트로 도망쳤다. 그러나 결국 관료들이 그를 이집트까지 추격해 잡아와서 처형했다. 비록 선지자 우리야는 자기가 전한 메시지 때문에 순교했지만, 그가 선포한 메시지는 이처럼 성경에 기록되어 아직도 남아 있다는 사실은 시사하는 바가 크다(Fretheim).

선지자 우리야를 체포하려고 이집트로 사람들을 끌고 간 자는 악볼의 아들 엘라단이었다. 만일 이 엘라단이 열왕기하 24:8에 기록된 엘라단과 같은 인물이라면, 그는 여호야김의 장인이다. 여호와를 두려워하지 않는 장인이 사위의 정권 유지를 위해서 못할 일이 뭐가 있으랴! 우리야의 메시지는 그가 참 선지자임을 보여준다. 참 선지자가 거짓을 선호하는 정치인들에게 순교를 당한 것이다. 이 일로 여호야김은 자신과 자기 정권을 죄 없는 사람의 피로 물들였다(Dearman). 이제 하나님은 왕에게 피 값을 요구하실 것이다.

여호야김이 우리야 선지자를 죽인 일로 선지자와 왕이 대립하고 있다(Miller). 신정 통치를 지향하는 이스라엘에서는 하나님의 대변자인 선지자가, 이스라엘의 왕이신 하나님의 권위를 위임받아 주의 백성을 통치하는 인간 왕보다 한 수 위라고 할 수 있다. 그래서 이스라엘의 초대 왕들은 모두 선지자들에 의해 인준되었다. 사무엘은 사울과 다윗을, 나단은 솔로몬을 왕으로 세운 선지자들이다. 왕들은 주님의 뜻을 알려주는 선지자들의 말씀에 귀를 기울여야 한다. 그러나 하나님의 권세를 인정하지 않는 인간 왕에게 선지자는 귀찮고 불편한 존재일 뿐이다. 그래서 세상 권세를 상징하는 인간 왕은 하나님의 권위를 대표하는 선지자를 살해하기도 한다. 여로보암이 선지자 우리야를 죽인 것도 이 같은 맥락에서 이해해야 한다.

우리야는 같은 메시지를 선포하고도 살아남은 예레미야와는 굉장히 대조적인 운명을 맞이했다. 무엇이 이들의 운명을 갈라놓은 것일까? 왜 예레미야는 '원수들의 소굴'인 예루살렘에서도 살 수 있었고, 우리야는 도피한 곳에서도 살 수 없었을까? 우리야는 아마도 생명에 대한 애착이 너무 강했던 것으로 생각된다. 그가 이집트로 도망가지 않았더라면 살아남았을지도 모른다. 반면에 예레미야는 자신이 선포한 메시지를 들고 유다 사람들에게 당당하게 맞섰다. "나를 따르려거든 자신을 부인하라"는 예수님의 말씀이 생각난다. 이런 각오로 선지자 사역을 한 예레미야에게 하나님은 아히감이라는 사람을 보내 그를 보호하셨다(cf. 24절).

VII. 거짓 메신저들(26:1-29:32)
A. 성전 설교와 반응(26:1-24)

5. 예레미야 석방(26:24)

24 사반의 아들 아히감의 손이 예레미야를 도와주어 그를 백성의 손에 내어 주지 아니하여 죽이지 못하게 하니라

비록 장로들과 상당수의 시민들이 예레미야의 무죄를 주장했지만, 정치적인 권력과 종교적인 권위를 등에 업고 그를 고소하는 선지자들과 제사장들의 반대가 만만치 않았을 것이다. 저자는 예레미야가 위기를 모면하는 데 결정적인 역할을 한 사람으로 사반의 아들 아히감을 언급한다. 비록 예레미야가 대다수 사람들의 지탄을 받고 있지만, 그래도 예레미야를 귀하게 여기는 사람이 있었던 것이다.

열왕기하 22:12은 아히감이, 요시야 왕이 여선지자 훌다에게 하나님의 뜻을 구하기 위해 보낸 다섯 사람 중 하나였음을 기록하고 있다. 아히감은 유다와 요시야 왕에 대한 훌다의 메시지를 직접 들었다. 그는 또한 요시야가 종교개혁을 단행하기 위해 얼마나 노력했는지를 옆에서 지켜보았다. 그러므로 예루살렘 사람들 중 예레미야가 선포한 메시지의 진실성을 인정할 수 있는 사람이 남아 있다면, 분명 아히감이다(Brown). 그는 또한 느부갓네살이 유다의 총독으로 임명했던 그달리야의 아버지였다(29:14; cf. 40:1-12; 왕하 25:22).

VII. 거짓 메신저들(26:1-29:32)

B. 여호와의 멍에(27:1-28:17)

27장은 여호와의 말씀 선포를 중심으로, 28장은 하나냐와 예레미야의 만남에 대한 이야기로 구성되어 있지만, 멍에(מוֹטָה)라는 주제로 통일성을 유지하고 있다. 또한 28:1이 '같은 해/그해'에 있었던 일이라며 27장과 연관을 짓는다. 따라서 27-28장에 기록된 사건들은 시대적으로도 같은 해에 있었던 일로 보는 것이 바람직하다(Fretheim). 28:1에 의하면 이 때는 시드기야 즉위 4년째 되던 해다. 오늘날 달력으로 하면 주전 594년쯤 된다. 기록에 의하면 주전 595년 12월에서 다음 해 1월 바빌론에 쿠데타가 있었다(Brown; cf. Lundbom; McKane). 느부갓네살은 이 쿠데타를 신속하게 제압했지만, 이 기회에 바빌론의 가나안 정책에 변화를 요구하자는 취지로 주변 국가의 사절단들이 예루살렘에 모였다.

27장과 28장의 공통점은 예레미야가 바빌론에 반역하려는 시드기야와 유다 사람들의 계획을 반대하고 있다는 것이다. 선지자는 유다가 바빌론의 멍에를 지는 것이 하나님의 뜻이라고 선언한다. 본문은 다음과 같이 두 부분으로 구분된다.

A. 예레미야의 멍에(27:1-22)
B. 하나냐의 거짓 예언(28:1-17)

VII. 거짓 메신저들(26:1-29:32)
B. 여호와의 멍에(27:1-28:17)

1. 예레미야의 멍에(27:1-22)

주전 605년에 고대 근동의 군주였던 아시리아가 완전히 멸망하고 바빌론이 그 자리를 차지했다. 그동안 아시리아를 군주로 섬겼던 가나안 지역의 약소국가들은 예루살렘에 사절단을 보냈다(cf. 3절). 이때가 주전 594년이다(Holladay; Brown). 그들이 예루살렘에 모이기 바로 얼마 전에 바빌론은 쿠데타를 경험했다. 이런 상황에서 이 약소국가들은 바빌론과 협상의 여지가 있다고 생각해 그것을 논의하기 위해 예루살렘에 모인 것이다. 선지자는 그들에게 바빌론의 멍에를 거부하지 말라고 했는데, 그들은 연합해 바빌론에게 반역하는 것을 하나의 대안으로 논의했던 것 같다.

이때 하나님의 말씀이 '열방의 선지자'(1:5) 예레미야에게 임했다. 하나님은 그에게 이 나라들이 희망하는 것과는 전혀 반대되는 미래를 선포하라고 하신다. 예레미야는 이 나라들에게 외치고 있다. "살고 싶은가? 바빌론의 왕과 그의 백성을 섬기라!" 당분간 온 근동 지역이 바빌론을 군주로 섬기는 것은 피할 수 없는 여호와 하나님의 뜻이라는 말씀이다. 본문은 다음과 같이 구분된다. 바빌론의 멍에를 지는 일이 온 열방에서 성전에 이르도록 단계적으로 강조되고 있다.

A. 열방이 바빌론을 섬길 것(27:1-11)
B. 유다도 바빌론을 섬길 것(27:12-15)
C. 제사장과 백성도 바빌론을 섬길 것(27:16-18)
D. 성전 도구들도 바빌론을 섬길 것(27:19-22)

VII. 거짓 메신저들(26:1-29:32)
B. 여호와의 멍에(27:1-28:17)
1. 예레미야의 멍에(27:1-22)

(1) 열방이 바빌론을 섬길 것(27:1-11)

[1] 유다의 왕 요시야의 아들 여호야김이 다스리기 시작할 때에 여호와께서 말씀으로 예레미야에게 임하시니라 [2] 여호와께서 이와 같이 내게 말씀하시되 너는 줄과 멍에를 만들어 네 목에 걸고 [3] 유다의 왕 시드기야를 보러 예루살

렘에 온 사신들의 손에도 그것을 주어 에돔의 왕과 모압의 왕과 암몬 자손
의 왕과 두로의 왕과 시돈의 왕에게 보내며 4 그들에게 명령하여 그들의 주
에게 말하게 하기를 만군의 여호와 이스라엘의 하나님께서 이와 같이 말씀
하시되 너희는 너희의 주에게 이같이 전하라 5 나는 내 큰 능력과 나의 쳐든
팔로 땅과 지상에 있는 사람과 짐승들을 만들고 내가 보기에 옳은 사람에게
그것을 주었노라 6 이제 내가 이 모든 땅을 내 종 바벨론의 왕 느부갓네살의
손에 주고 또 들짐승들을 그에게 주어서 섬기게 하였나니 7 모든 나라가 그
와 그의 아들과 손자를 그 땅의 기한이 이르기까지 섬기리라 또한 많은 나
라들과 큰 왕들이 그 자신을 섬기리라 8 여호와의 말씀이니라 바벨론의 왕
느부갓네살을 섬기지 아니하며 그 목으로 바벨론의 왕의 멍에를 메지 아니
하는 백성과 나라는 내가 그들이 멸망하기까지 칼과 기근과 전염병으로 그
민족을 벌하리라 9 너희는 너희 선지자나 복술가나 꿈꾸는 자나 술사나 요술
자가 이르기를 너희가 바벨론의 왕을 섬기게 되지 아니하리라 하여도 너희
는 듣지 말라 10 그들은 너희에게 거짓을 예언하여 너희가 너희 땅에서 멀리
떠나게 하며 또 내가 너희를 몰아내게 하며 너희를 멸망하게 하느니라 11 그
러나 그 목으로 바벨론의 왕의 멍에를 메고 그를 섬기는 나라는 내가 그들
을 그 땅에 머물러 밭을 갈며 거기서 살게 하리라 하셨다 하라 여호와의 말
씀이니라 하시니라

이 말씀이 여호야김 시대에 임한 것인지(cf. 1절), 아니면 시드기야 시대에 임한 것인지(cf. 3절)가 혼란스럽다(Holladay; McKane). 대부분의 마소라 사본(MT)들은 1절에서 여호야김 시대에 임한 말씀이라고 본문을 소개한다. 그러나 내용은 분명 시드기야 시대에 임한 말씀이다(3절). 그래서 한 주석가는 이 두 날짜를 근거로 예레미야가 15년 동안 멍에를 지고 다녔다고 한다(Rashi). 그러나 칠십인역(LXX)에는 아예 1절이 없다. 대부분의 우리말 번역본과 영어 번역본은 소수 마소라 사본(MT)과 문맥을 근거로 1절을 시드기야 시대에 임한 말씀으로 여긴다(새번

역; 공동; 현대인; NIV; NRS; NAS; TNK). 문맥을 고려할 때 바람직한 대안이다(Lundbom; Miller).[2]

바빌론의 지배에서 벗어나지는 못하더라도 그들의 간섭을 최소화하는 방법을 모색하기 위해 에돔, 모압, 암몬, 두로와 시돈의 대표들이 예루살렘에 모였다(3절). 시드기야 즉위 초기 시대의 일이다(3절). 한 가지 이해하기 힘든 것은 바빌론 왕 느부갓네살이 주전 597년에 여호야긴을 바빌론으로 인질로 잡아가면서 세운 바빌론의 꼭두각시 왕인 시드기야가 바빌론에 반역할 방안을 모색하고 있다는 것이다. 시드기야는 역사의식을 가지고 하나님께 매달리는 매우 신앙이 좋은 사람이었거나, 그를 왕으로 세운 자들도 전혀 믿을 수 없는 형편없는 사람이었을 것이다. 역사는 그가 후자의 경우였음을 입증한다. 그는 주전 587년에 이집트의 약속을 믿고 바빌론에 반역을 꾀했다. 사실을 알게 된 바빌론은 곧바로 그를 토벌하기 위한 원정에 나섰다. 결국 온 나라가 몰락했다. 시드기야는 리블라로 잡혀가 자기 아들들이 처형되는 것을 지켜보아야 했고, 그 후 눈이 뽑혀 바빌론으로 끌려가는 도중에, 혹은 바빌론에서 비참한 죽음을 맞게 되었다.

하나님은 예레미야에게 멍에를 메고 예루살렘에 온 국가들의 사절단을 만나서 그 국가들에게도 말씀을 전하게 하셨다. 하나님은 그들에게 바빌론도 망할 날이 올 것이라고 분명히 말씀하셨다(7절). 그러나 그날이 오기 전까지는 그들이 바빌론을 상대로 싸우지 말고 그 나라와 왕을 섬겨야 살 수 있다고 경고하셨다. 여호와께서 어떤 자격으로 이방인들에게 순종을 요구하실 수 있는가? 여호와께서는 "내가 손을 뻗어 있는 힘을 다하여 땅을 만들고 그 위에 사람과 짐승을 만들었으니, 아무나 내 눈에 드는 사람에게 천하를 맡길 권한이 나에게 있다"(5절; 공동)라고 말씀하면서 창조주의 절대적인 권한으로 이들에게 이런 요구

2 본문과 28장의 내용에 대한 또 하나의 문제가 있다. 본문에 기록된 사건이 시드기야의 통치 원년(주전 597년)에 있었던 일인지(27:1), 시드기야 즉위 4년째 되던 해(주전 594년)에 있었던 일인지(28:1)에 대해 혼란이 있다. 이 부분은 28:1 주해를 참조하라.

를 할 수 있음을 선언하신다. 창조주 하나님은 느부갓네살을 자기 종으로 삼아 당분간 고대 근동의 정치를 주도하실 것이다(6절). 왜 하필이면 느부갓네살인가? 창조주의 권한으로 이렇게 결정했으므로 모든 피조물은 여호와의 결정을 따라야 한다(7절). 하나님이 자신의 뜻을 밝히셨기 때문에, 주님의 뜻을 거역하는 것은 영적 자살 행위(spiritual suicide)다(Feinberg).

만일 이 나라들 중 하나가 바빌론과 느부갓네살을 섬기지 않겠다고 하면 어떻게 될 것인가? 하나님이 그 나라를 '칼과 기근과 염병'으로 치실 것이다(7절). 뿐만 아니라 그 누가 어떤 방법을 통해서라도 바빌론을 섬기지 말라고 종용하더라도 결코 그들의 충고에 귀를 기울이지 말라는 경고도 첨부하신다. "너희는 너희 선지자나 복술가나 꿈꾸는 자나 술사나 요술자가 이르기를 너희가 바벨론의 왕을 섬기게 되지 아니하리라 하여도 너희는 듣지 말라"(9절). 왜인가? 느부갓네살의 통치를 거역하는 것은 여호와의 권위를 거역하는 행위가 되기 때문이다. 창조주 하나님인 여호와께서는 결코 그 어느 피조물의 대항도 용납하지 않으실 것이다.

반면에 하나님의 말씀에 따라 바빌론을 섬기기로 작정하고 그대로 행동으로 옮긴다면, 그 나라는 결코 자치권을 잃지 않고 살게 될 거라고 약속하신다(11절). 바빌론을 도구로 사용하는 하나님이 약속하신 일이니 분명 그렇게 될 것이다. 만일 시드기야가 믿음의 눈으로 이 약속만 바라보았어도 주전 586년의 유다 멸망은 오지 않았을 것이다.

VII. 거짓 메신저들(26:1–29:32)
B. 여호와의 멍에(27:1–28:17)
1. 예레미야의 멍에(27:1–22)

(2) 유다도 바빌론을 섬길 것(27:12–15)

[12] 내가 이 모든 말씀대로 유다의 왕 시드기야에게 전하여 이르되 왕과 백성

은 바벨론 왕의 멍에를 목에 메고 그와 그의 백성을 섬기소서 그리하면 사
시리라 13 어찌하여 당신과 당신의 백성이 여호와께서 바벨론의 왕을 섬기지
아니하는 나라에 대하여 하신 말씀과 같이 칼과 기근과 전염병에 죽으려 하
나이까 14 그러므로 당신들은 바벨론의 왕을 섬기게 되지 아니하리라 하는
선지자의 말을 듣지 마소서 그들은 거짓을 예언함이니이다 15 이는 여호와의
말씀이니라 내가 그들을 보내지 아니하였거늘 그들이 내 이름으로 거짓을
예언하니 내가 너희를 몰아내리니 너희와 너희에게 예언하는 선지자들이 멸
망하리라

예루살렘에 모인 각국의 사절단들에게 전달된 메시지가 시드기야에게도 선포되고 있다. 살고 싶으면 바빌론의 왕을 섬기라는 권면이다. 당시 사람들은 이렇게 말하는 예레미야를 매국노나 정치적 기회주의자로 생각했을 것이다(Brown). 그러나 들을 귀가 있는 사람에게는 분명 하나님의 음성이었다. 예레미야는 시드기야에게 거짓을 예언하는 선지자들의 말을 듣지 말고(14절) 하나님의 말씀을 들으라고 한다(15절). 그들이 하나님의 말씀을 전하지는 않고 거짓을 하나님의 말씀인 것처럼 선언하며 사람들을 현혹하기 때문이다.

유다의 왕인 시드기야가 어떠한 결정을 내리는가는 주의 백성의 운명에 매우 중요할 수밖에 없다. 만일 그가 잘못된 선택을 하면, 모든 사람이 그의 잘못된 결정에 대한 대가를 치러야 하기 때문이다. 그러나 이러한 간곡한 권고와 경고에도 불구하고 시드기야는 훗날 바빌론에 반기를 듦으로써 유다의 운명을 결정지었다. 유다는 더 이상 독립국가로 존재할 수 없어 바빌론의 주로 편입되었으며, 주민들은 포로가 되어 바빌론으로 끌려갔다. 리더의 잘못된 판단이 혹독한 결과를 초래한 것이다.

VII. 거짓 메신저들(26:1-29:32)
B. 여호와의 멍에(27:1-28:17)
1. 예레미야의 멍에(27:1-22)

(3) 제사장과 백성도 바빌론을 섬길 것(27:16-18)

16 내가 또 제사장들과 그 모든 백성에게 전하여 이르되 여호와께서 이와 같
이 말씀하시기를 보라 여호와의 성전의 기구를 이제 바벨론에서 속히 돌려
오리라고 너희에게 예언하는 선지자들의 말을 듣지 말라 이는 그들이 거짓
을 예언함이니라 하셨나니 17 너희는 그들의 말을 듣지 말고 바벨론의 왕을
섬기라 그리하면 살리라 어찌하여 이 성을 황무지가 되게 하려느냐 18 만일
그들이 선지자이고 여호와의 말씀을 가지고 있다면 그들이 여호와의 성전에
와 유다의 왕의 궁전에와 예루살렘에 남아 있는 기구를 바벨론으로 옮겨가
지 못하도록 만군의 여호와께 구하여야 할 것이니라

열방의 사절단들에게, 시드기야에게 선포된 메시지가 유다의 제사장들과 백성들에게 반복되고 있다. 반복적인 메시지를 선포하는 예레미야서에서 한 가지 공통점은 각 섹션이 모두 거짓 선지자에 대한 경고를 담고 있다는 점이다. 열방을 향해 외치며 예레미야는 "너희는 너희 선지자나 복술가나 꿈꾸는 자나 술사나 요술자가 이르기를 너희가 바벨론의 왕을 섬기게 되지 아니하리라 하여도 너희는 듣지 말라 그들은 너희에게 거짓을 예언하여 너희가 너희 땅에서 멀리 떠나게 하며 또 내가 너희를 몰아내게 하며 너희를 멸망하게 하느니라"(9-10절)라고 했다.

시드기야에게는 "그러므로 당신들은 바벨론의 왕을 섬기게 되지 아니하리라 하는 선지자의 말을 듣지 마소서 그들은 거짓을 예언함이니이다 이는 여호와의 말씀이니라 내가 그들을 보내지 아니하였거늘 그들이 내 이름으로 거짓을 예언하니 내가 너희를 몰아내리니 너희와 너희에게 예언하는 선지자들이 멸망하리라"(14-15절)라고 권고했다.

제사장들과 백성들에게도 "내가 또 제사장들과 그 모든 백성에게 전하여 이르되 여호와께서 이와 같이 말씀하시기를 보라 여호와의 성전의 기구를 이제 바벨론에서 속히 돌려오리라고 너희에게 예언하는 선지자들의 말을 듣지 말라 이는 그들이 거짓을 예언함이니라 하셨나니 너희는 그들의 말을 듣지 말고 바벨론의 왕을 섬기라 그리하면 살리라 어찌하여 이 성을 황무지가 되게 하려느냐"(16-17절)라고 경고한다. 백성들의 어리석음과 동요는 자신들의 무지함과 한쪽으로 치우친 생각도 한몫했겠지만, 근본적으로 그들은 하나님의 종을 사칭하는 자들에게 현혹되었다. 결과적으로 그들은 이 '종들'을 통해 생명의 길을 찾으려 했지만 결국 '죽음의 길'로 들어서게 되었다.

VII. 거짓 메신저들(26:1-29:32)
B. 여호와의 멍에(27:1-28:17)
1. 예레미야의 멍에(27:1-22)

(4) 성전 도구들도 바빌론을 섬길 것(27:19-22)

[19] 만군의 여호와께서 기둥들과 큰 대야와 받침들과 이 성에 남아 있는 기구
에 대하여 이같이 말씀하시나니 [20] 이것은 바벨론의 왕 느부갓네살이 유다의
왕 여호야김의 아들 여고니야와 유다와 예루살렘 모든 귀인을 예루살렘에서
바벨론으로 사로잡아 옮길 때에 가져가지 아니하였던 것이라 [21] 만군의 여호
와 이스라엘의 하나님께서 여호와의 성전과 유다의 왕의 궁전과 예루살렘
에 남아 있는 그 기구에 대하여 이와 같이 말씀하셨느니라 [22] 그것들이 바벨
론으로 옮겨지고 내가 이것을 돌보는 날까지 거기에 있을 것이니라 그 후에
내가 그것을 올려와 이곳에 그것들을 되돌려두리라 여호와의 말씀이니라

거짓 선지자들은 주전 597년에 느부갓네살이 빼앗아간 성전 도구들이 잠시 후 바빌론에서 다시 돌아올 것이라고 예언했다(cf. 16절). 그러나 하나님은 느부갓네살이 아직 가져가지 않은 도구들마저도 바빌론으로 옮겨갈 것이라고 선언하신다. 선지자들의 예언과 완전히 상반된 말씀이다. 물론 예레미야를 통해 선포된 이 말씀을 백성은 듣지 않았다. 그러나 역사는 증명한다. 이 말씀이 얼마나 진실이었는지를!

다행히 모든 것이 절망적인 것은 아니다. 시간이 지나면 바빌론으로 옮겨진 도구들이 다시 예루살렘으로 돌아올 것이기 때문이다(22절). 비록 이 마지막 말씀은 선지자에게 위로가 되었겠지만, "바빌론을 섬기는 것만이 너희의 살길이다"라고 외쳐야 하는 예레미야의 심정은 어땠을까? 상상이 가는가? 그에게 '눈물의 선지자'라는 별명이 붙여진 데는 그럴 만한 이유가 있다. 예레미야는 참으로 비통한 마음으로 사역을 했고 그의 눈에는 항상 눈물이 고여 있었다.

VII. 거짓 메신저들(26:1-29:32) B. 여호와의 멍에(27:1-28:17)

2. 하나냐의 거짓 예언(28:1-17)

예레미야는 멍에를 지고 다니며 유다를 포함한 온 가나안 지역이 바빌론을 군주로 섬기는 것이 창조주 하나님의 뜻이라고 선포했다. 선지자는 그렇게 하는 민족들만이 살 수 있다는 말씀을 더했다. 예레미야가 이런 말씀을 선포하며 사람들 앞에서 멍에를 지고 시위하고 있을 때, 그의 적이 나타났다. 하나냐라는 거짓 선지자였다.

예레미야서에서 거짓 선지자에 대한 언급은 지금까지 몇 차례 있었다(14:13-16; 23:9-40; 27장). 그러나 어떤 특정한 인물의 이름이 거론되기는 처음이다. 본문은 예레미야와 하나냐의 상반되는 예언과 그들의 영적 대결을 회고하고 있으며 이 대결이 어떤 결과를 초래했는가를 기록하고 있다. 거짓을 전한 하나냐가 하나님의 심판을 받아 죽은 것이다. 본문은 다음과 같이 구분될 수 있다.

A. 하나냐의 예언(28:1-4)

B. 예레미야의 반응(28:5-9)
C. 하나냐의 행동적 예언(28:10-11)
D. 하나냐에 대한 심판(28:12-17)

VII. 거짓 메신저들(26:1-29:32)
B. 여호와의 멍에(27:1-28:17)
2. 하나냐의 거짓 예언(28:1-17)

(1) 하나냐의 예언(28:1-4)

[1] 그해 곧 유다 왕 시드기야가 다스리기 시작한 지 사 년 다섯째 달 기브온 앗술의 아들 선지자 하나냐가 여호와의 성전에서 제사장들과 모든 백성이 보는 앞에서 내게 말하여 이르되 [2] 만군의 여호와 이스라엘의 하나님이 이같이 일러 말씀하시기를 내가 바벨론의 왕의 멍에를 꺾었느니라 [3] 내가 바벨론의 왕 느부갓네살이 이곳에서 빼앗아 바벨론으로 옮겨간 여호와의 성전 모든 기구를 이 년 안에 다시 이 곳으로 되돌려오리라 [4] 내가 또 유다의 왕 여호야김의 아들 여고니야와 바벨론으로 간 유다 모든 포로를 다시 이곳으로 돌아오게 하리니 이는 내가 바벨론의 왕의 멍에를 꺾을 것임이라 여호와의 말씀이니라 하시니라

본문에 기록된 사건은 시드기야 즉위 4년 다섯째 달(ca. 594년 7/8월)에 일어난 일이다. 그러나 이미 언급한 것처럼 27:1은 이 해가 시드기야 통치 원년이라고 한다(cf. 27:1 주해). 이 문제에 대해 학자들은 다양한 설명을 내놓지만 흡족할 만한 대안은 없다(cf. McKane; Lundbom; Holladay). 아마도 원본을 필사하는 과정에서 실수한 것으로 생각되며, 고대 근동의 역사적 자료를 살펴보면 시드기야 즉위 4년째 되던 해에 일어난 일이 확실하다(McKane; Lundbom).

하나냐(חֲנַנְיָה)라는 선지자가 제사장들이 모여 있는 성전에서 예레미야의 주장과 상반되는 예언을 했다. 성경이 다시는 하나냐에 대하여 언급하지 않기 때문에 그에 대한 정보는 본문이 유일하다. 그의 이름은 '여호와는 자비로우시다'라는 뜻을 지니고(HALOT) 있으며 베냐민 지파에 속한 제사장들에게 기업으로 주어졌던 기브온 사람이었다(cf. 수 21:17). 하나냐가 제사장의 마을인 기브온 출신이라는 사실이 사람들의 신임을 얻는 데 도움이 되었을 것이다(Huey). 기브온은 이스라엘의 역사에서 매우 유서 깊은 곳이기도 하다(수 9:1-26; 10:1-14; 삼하 2:12-17; 20:8-13; 왕상 3:4-15). 유다를 현혹한 거짓 선지자가 이처럼 유서 깊은 지역 출신이라는 사실은 다소 당황스럽다. 경우에 따라서는 역사와 전통은 진리와 별 상관이 없다는 것을 의미하는 것일까?

하나냐가 참 선지자들처럼 여호와의 이름을 빙자해 예언했다. "만군의 여호와 이스라엘의 하나님이 이같이 일러 말씀하시기를…"(2절). 하나님의 말씀이 그에게 임하지 않았는데도 그는 여호와께로부터 예언을 받은 것처럼 행세하고 있다. 그는 2년 안에 바빌론의 모든 간섭이 끝나며, 바빌론으로 끌려갔던 여고니야(여호야긴)와 사람들과 모든 성전 도구들이 다시 돌아올 것이라고 예언했다(3절). 여호와께서 2년 안에 바빌론의 멍에를 부수실 것을 확신하고 있는 것이다. 하나냐는 주전 597년에 여호야긴 일행이 바빌론으로 끌려간 일로 그동안 이스라엘이 하나님께 범죄한 모든 대가를 적절하게 치렀다고 생각했기 때문에 이런 말을 할 수 있다(Fretheim). 선지자라는 사람이 하나님이 말씀하시지 않은 내용을 하나님께로부터 받았다고 선포하는 것이 황당하다고 생각될 수도 있지만, 우리 주변에도 하나님을 운운하면서 거짓을 선포하는 목회자들이 있지 않은가?

VII. 거짓 메신저들(26:1-29:32)
B. 여호와의 멍에(27:1-28:17)
2. 하나냐의 거짓 예언(28:1-17)

(2) 예레미야의 반응(28:5-9)

5 선지자 예레미야가 여호와의 성전에 서 있는 제사장들과 모든 백성들이 보
는 앞에서 선지자 하나냐에게 말하니라 6 선지자 예레미야가 말하니라 아멘,
여호와는 이같이 하옵소서 여호와께서 네가 예언한 말대로 이루사 여호와의
성전 기구와 모든 포로를 바벨론에서 이곳으로 되돌려오시기를 원하노라 7
그러나 너는 내가 네 귀와 모든 백성의 귀에 이르는 이 말을 잘 들으라 8 나
와 너 이전의 선지자들이 예로부터 많은 땅들과 큰 나라들에 대하여 전쟁과
재앙과 전염병을 예언하였느니라 9 평화를 예언하는 선지자는 그 예언자의
말이 응한 후에야 그가 진실로 여호와께서 보내신 선지자로 인정받게 되리라

예레미야는 하나냐의 '잠시 후 구원이 임할 것'이라는 예언에 '아멘!'(אָמֵן)이라고 대꾸한다. 많은 학자들이 예레미야의 '아멘!'을 빈정대는 투로 해석한다(Brueggemann). "그래, 너 잘났다!" 그러나 예레미야는 마음속으로 자신이 비난을 받더라도 이 백성을 위해서는 하나냐의 말이 진실이기를 간절히 바랐을 것이다. 유다를 향한 그의 애정은 매우 각별했다. 그래서 간절한 소망을 담아 '아멘!'을 외치고 있다(Miller; cf. Calvin).

그런데 하나냐의 '예언'에는 두 가지 문제가 있다. 첫째, 하나냐의 이러한 발언은 그동안 모든 선지자들을 통해 선포된 하나님의 말씀을 역행한다. 그러므로 예레미야는 하나냐와 백성들에게 "선지자들이 예로부터 많은 땅들과 큰 나라들에 대하여 전쟁과 재앙과 전염병을 예언하였느니라"는 사실을 상기시킨다(8절). 만일 하나냐가 진실을 말하고 있다면, 이때까지 이스라엘의 파멸을 선언했던 모든 선지자들은 거짓을 말한 게 된다.

둘째, 오직 시간만이 하나냐가 참 선지자인지 입증할 수 있다. "평화를 예언하는 예언자는, 그가 예언한 말이 성취된 뒤에야, 비로소 사람들이 그를 주께서 보내신 참 예언자로 인정하게 될 것이오"(9절; 새번역). 이 말씀은 신명기 18:20-22의 내용을 상기시키고 있다. 예레미야는 "여호와께서 내게 말씀하시기를 당신은 거짓을 말하고 있다!"라고 하나냐를 직설적으로 비난하지 않는다. 예레미야는 선지자가 거짓인지 참인지는 그의 예언이 성취되는지 안 되는지로 판단해야 한다며 선지자의 능력은 말에 있는 것이 아니라, 그 말의 성취(실현)에 있음을 강조한다. 하나냐와 예레미야가 갈등하던 때 사람들은 이 둘 중 누가 참 선지자인지 혼란스러웠을 수도 있다(Miller). 그러나 이 책을 읽는 우리는 누가 참 선지자고 누가 거짓 선지자였는지 정확히 안다. 예레미야의 말씀은 이스라엘 역사에 현실로 드러났고, 하나냐의 말은 성취되지 않았기 때문이다.

VII. 거짓 메신저들(26:1-29:32) B. 여호와의 멍에(27:1-28:17) 2. 하나냐의 거짓 예언(28:1-17)

(3) 하나냐의 행동적 예언(28:10-11)

[10] 선지자 하나냐가 선지자 예레미야의 목에서 멍에를 빼앗아 꺾고 [11] 모든 백성 앞에서 하나냐가 말하여 이르되 여호와께서 이와 같이 말씀하시니라 내가 이 년 안에 모든 민족의 목에서 바벨론의 왕 느부갓네살의 멍에를 이와 같이 꺾어버리리라 하셨느니라 하매 선지자 예레미야가 자기의 길을 가니라

예레미야가 정면 대결을 피하자 하나냐는 더욱더 확신을 가지고 거짓을 여호와께서 주신 예언이라며 선포했다. 하나냐는 자신의 메시지에 매우 드라마틱한 행동도 더했다. 예레미야 선지자가 목에 메고 있던 멍에를 빼앗아 꺾으면서 2년 내에 이처럼 유다가 지고 있는 바빌론의 멍에가 부서져 나갈 것이라고 말한다(11절). 그는 이스라엘이 이미 죗값을 모두 치렀기 때문에 더 이상 고통을 당할 이유가 없다고 확신한다(Fretheim). 하나냐의 거짓 예언을 들은 예레미야는 조용히 그 자리를 떴다.

예레미야는 왜 아무 말도 하지 않고 그 자리를 뜬 것일까? 두 사람의 대결을 지켜보고 있는 사람들에게는 예레미야가 하나냐의 신탁을 인정하는 것으로 보일 수도 있었다. 혹시 예레미야는 하나냐 같은 사람은 절대로 이성과 논리로 설득이 되지 않는 사람임을 안 것일까? 아마도 순간적으로 예레미야는 혼란을 빚은 것 같다(cf. Dearman). 여태까지 선지자들은 한결같이 심판을 선언해 왔고, 그동안 하나님이 예레미야에게 주신 것도 심판의 말씀이었다. 그러나 너무 강력하고 확고하게 여호와의 이름으로 구원을 외치는 하나냐의 예언에 예레미야 선지자는 혼란을 느꼈을 것이다. 그래서 더 신중하게 상황을 판단하고 메시지를 전하기 위해 그 자리를 조용히 빠져나와 하나님의 뜻을 구했다(Fretheim). 예레미야가 하나님께 기도하기 시작한 지 며칠 만에 하나님은 하나냐가 거짓말을 하고 있다고 말씀하셨다. 그래서 그 일이 있은 지 며칠 만에 예레미야는 다시 하나냐를 찾아가 심판을 선언한다.

예레미야는 비슷한 경험을 한 번 더 한다. 훗날 바빌론은 유다의 총독으로 아히감의 아들 그달랴를 임명했다. 그런데 이스마엘이라는 자가 그달랴를 암살하고, 바빌론 주둔군들까지 죽이고 도망갔다(41장). 이 사실이 바빌론에 전해지면 누가 이런 일을 했는가와 상관없이 바빌론의 보복이 유다에 임할 거라고 생각했던 예루살렘 사람들은 이집트로 피신하기로 결정했다(41:17-18). 이미 이집트로 내려갈 계획을 세운 상황에서 그들은 예레미야를 찾아가 자신들은 어찌해야 할지 결정을 못하고 있으니 하나님께 여쭈어달라고 했다. 예레미야는 그들이 아직 아무런 결정을 하지 않은 상황에 하나님의 뜻을 구하는 것으로 생각해서 그들을 위해 기도했다. 드디어 열흘 만에 하나님의 말씀이 예레미야에게 임했는데, 선지자는 하나님의 말씀을 통해 그들이 이미 이집트로 내려가기로 결정한 사실을 알게 되었다. 그는 자기에게 기도를 부탁했던 사람들을 맹렬하게 비난한다(42:20-22).

VII. 거짓 메신저들(26:1-29:32) B. 여호와의 멍에(27:1-28:17) 2. 하나냐의 거짓 예언(28:1-17)

(4) 하나냐에 대한 심판(28:12-17)

12 선지자 하나냐가 선지자 예레미야의 목에서 멍에를 꺾어버린 후에 여호와
의 말씀이 예레미야에게 임하니라 이르시기를 13 너는 가서 하나냐에게 말하
여 이르기를 여호와의 말씀에 네가 나무 멍에들을 꺾었으나 그 대신 쇠 멍
에들을 만들었느니라 14 만군의 여호와 이스라엘의 하나님께서 이와 같이 말
씀하시니라 내가 쇠 멍에로 이 모든 나라의 목에 메워 바벨론의 왕 느부갓
네살을 섬기게 하였으니 그들이 그를 섬기리라 내가 들짐승도 그에게 주었
느니라 하라 15 선지자 예레미야가 선지자 하나냐에게 이르되 하나냐여 들으
라 여호와께서 너를 보내지 아니하셨거늘 네가 이 백성에게 거짓을 믿게 하
는도다 16 그러므로 여호와께서 이와 같이 말씀하시되 내가 너를 지면에서
제하리니 네가 여호와께 패역한 말을 하였음이라 네가 금년에 죽으리라 하
셨느니라 하더니 17 선지자 하나냐가 그해 일곱째 달에 죽었더라

며칠의 시간이 흘렀을까? 하나냐에 대한 하나님의 말씀이 예레미야에게 임했다. 하나냐가 거짓 예언을 선포하며 꺾은 멍에는 나무였지만, 하나님이 그와 백성에게 주실 멍에는 그 누구도 꺾을 수 없는 쇠로 된 것이라고 하셨다. 예레미야는 원래 나무로 만든 멍에를 지고 시위를 했었는데, 쇠로 만든 멍에를 지는 것은 거짓 선지자 하나냐 때문에 유다가 감당해야 할 벌이 더 가혹해졌음을 의미한다(Fretheim). 하나냐의 말은 모두 거짓이며, 이스라엘과 모든 열방은 바빌론을 섬길 수밖에 없다는 것을 다시 한 번 확인하셨다. 심지어는 들짐승들도 느부갓네살을 섬겨야 한다는 과장법을 사용하고 있다(14절).

그렇다면 거짓 메시지를 전한 하나냐는 어떻게 될 것인가? 사람들에게 허황된 희망을 갖게 한 책임을 결코 면할 수 없다. 그는 죽음을 당할 것이다. 그것도 바로 그가 거짓 예언을 했던 그해 안에 말이다(16절). 예레미야는 하나냐와 성전에서 만난 지 두 달 만에 그가 죽었다고 기록하고 있다(17절; cf. 1절). 하나냐는 2년 안에 바빌론이 망할 것이라고 했다. 분노한 하나님은 그가 예언한 2년을 살지 못하도록 두 달 만에 그를 죽이셨다. 거짓 선지자들을 죽이라는 신명기 13:8 말씀이 실현되었다. 차이점이라면 본문에서는 하나님이 직접 거짓 선지자를 죽이셨고, 신명기는 주의 백성에게 거짓 선지자를 처형하라고 명령하셨다는 점이다.

이 거짓 선지자의 죽음은 그의 메시지의 최후이기도 했다. 그가 예언이랍시고 떠들어댄 말은 모두 거짓으로 드러났다. 예레미야가 예언한 대로 하나냐가 두 달 만에 죽자 사람들은 예레미야가 참 선지자라는 사실을 알게 되었을 것이다. 그럼에도 불구하고 그들은 선지자의 말을 들으려 하지 않았다.

이 사건에서도 그렇고, 위 섹션에서 언급했던 그달랴 암살 사건에서도 예레미야는 며칠 동안 기도한 후에야 비로소 하나님의 말씀을 받을 수 있었다. 참 선지자인데도 말이다. 많은 사람들이 구약의 선지자들에 대해 착각한다. 하나님의 대변인들인 선지자들이 하루 24시간 하나님께 직통 계시를 받는다고 생각한다. 그러나 실상은 그렇지 않다. 구약의 선지자들은 경우에 따라서는 예레미야처럼 며칠, 심지어는 몇 달을 기도해야 겨우 하나님의 말씀을 받을 수 있었다. 나단 선지자는 다윗이 성전을 짓겠다고 했을 때 하나님의 복을 빌어주었다가 하나님께 다윗이 성전을 짓지 못하게 하라는 말씀을 듣고 다시 돌아와 자신이 했던 말을 번복해야 했다. 그 역시 하나님의 '직통 계시'와는 거리가 먼 선지자였다. 구약의 선지자들도 하루 24시간 하나님과 교통하는 '직통 계시'는 누리지 못했는데, 우리 주변에는 매 순간마다 하나님이 자기에게 말씀하셨다고 주장하는 사람들이 왜 이렇게 많은 것일까? 게다가 하나님께로부터 받은 '계시'가 왜 그렇게 틀릴까? 그것은 그들이 잘못된 사람들이기 때문이다. 그들은 하나님의 이름을 빙자해 점을 치는 자들이지, 하나님이 세우신 예언자들이 아니다. 오늘날에도 분명 예언의 은사는 있다. 그러나 예언의 은사는 우리가 주변에서 목격하는 것처럼 그렇게 흔하지는 않다.

예레미야는 자기 시대에 참 선지자의 대접을 받지 못했다. 자신들이 듣고자 하는 메시지만을 진실로 여겼던 세대에서는 당연한 일이다. 그러나 그의 저서는 정경에 포함되어 오늘날까지 전수되었다. 세월이 지나 그의 예언이 진실로 밝혀진 다음에서야 비로소 선지자는 역사적으로 재평가를 받게 된 것이다. "선지자는 고향에서 인정을 받지 못한다"고 하셨던 예수님의 탄식이 들려오는 듯하다.

VII. 거짓 메신저들(26:1-29:32)

C. 포로민들에게 보낸 편지(29:1-32)

본문은 예루살렘과 바빌론 사이를 왕래한 서신들을 중심으로 구성되어 있다. 예레미야는 거짓 선지자들이 바빌론으로 끌려간 유다 사람들을 현혹시키고 있다는 소식을 접했다. 그들은 예레미야의 '70년 포로 생활'(25:11)과는 달리, 머지않아 바빌론의 멍에가 부수어져 유다 사람들이 다시 본국으로 돌아갈 것이라는 예언을 했다. 거짓 선지자 하나냐 같은 사람들이 곳곳에서 주의 백성을 현혹하고 있었다. 그러므로 포로로 끌려간 사람들은 바빌론에서 정착하려는 계획을 접고 다시 예루살렘으로 돌아올 생각에 들떠 있었다.

이러한 상황에서 예레미야는 포로로 끌려간 사람들에게 이런 거짓 선지자들의 가르침에 현혹되지 말라고 편지를 보냈다. 하나님이 계획하신 때가 이르지 않으면 그들은 절대 바빌론을 떠날 수 없다는 것이다. 예레미야가 예언한 70년이 지나야 하나님은 그들을 다시 가나안 땅으로 인도하실 것이다. 그러므로 포로로 끌려간 이스라엘 사람들은 귀향을 포기하고 바빌론에 정착해 살아야 한다고 권면한다.

그동안 거짓 선지자들의 일방적인 예언들만 있었다면, 이번에는 참 선지자가 하나님의 참 음성을 들려준다. 바빌론으로 끌려간 사람들은 과연 어떤 반응을 보일까?

예레미야가 바빌론 포로민들에게 보낸 편지가 몇 개로 구성되어 있는지에 대해서는 학자들이 서로 다른 견해를 갖고 있다. 하나의 편지일 수도 있고, 두 개의 편지일 수도 있고, 아니면 세 개의 편지로 구성되어 있을 수도 있다(cf. Lundbom). 본문이 선지자의 두 편지를 반영하고 있다고 생각하는 사람들은 15-19절(혹은 15-23절)이 첫 번째 편지이며, 24-28절(혹은 30-32절)이 두 번째 편지라고 주장한다. 세 개의 편지를 논하는 사람들은 15-23절이 첫 번째 편지를, 24-28절이 두 번째 편지를, 30-32절이 세 번째 편지를 반영하고 있다고 주장한다(Valentino; cf. 새번역; 공동; 개역개정). 필자는 본문이 예레미야가 포로민들에게 보낸 두 개의 편지를 반영하고 있으며, 이 장의 거의 모든 부분이 첫 번째 편지를 배경으로 하고 있고, 스마야에 대한 심판을 선언하는 31-32절이 두 번째 편지를 반영하고 있다고 생각한다(cf. Fretheim). 학자들이 두 번째 편지로 지목하는 24-28절은 예레미야의 서신에 대한 스마야의 반응을 기록하고 있으며, 그가 예루살렘 제사장들에게 보낸 것으로 간주한다. 이렇게 생각하면 24절과 25절의 연결성이 다소 혼란스럽기는 하지만, 마소라 사본이 보존되어온 과정에서 빚어진 혼란으로 간주하는 것이 바람직하다(cf. Fretheim). 본문은 다음과 같이 구분될 수 있다.

A. 예레미야가 바빌론으로 편지를 보냄(29:1-3)
B. 바빌론에 정착하라는 권면(29:4-7)
C. 거짓 선지자에 대한 경고(29:8-9)
D. 포로민에 대한 하나님의 계획(29:10-14)
E. 예루살렘에 임할 심판(29:15-19)
F. 거짓 선지자에 임할 심판(29:20-23)
G. 스마야의 편지와 그에게 임할 심판(29:24-32)

VII. 거짓 메신저들(26:1-29:32) C. 포로민들에게 보낸 편지(29:1-32)

1. 예레미야가 바빌론으로 편지를 보냄(29:1-3)

**1 선지자 예레미야가 예루살렘에서 이 같은 편지를 느부갓네살이 예루살렘
에서 바벨론으로 끌고 간 포로 중 남아 있는 장로들과 제사장들과 선지자들
과 모든 백성에게 보냈는데 2 그때는 여고니야 왕과 왕후와 궁중 내시들과
유다와 예루살렘의 고관들과 기능공과 토공들이 예루살렘에서 떠난 후라 3
유다의 왕 시드기야가 바벨론으로 보내어 바벨론의 왕 느부갓네살에게로 가
게 한 사반의 아들 엘라사와 힐기야의 아들 그마랴 편으로 말하되**

바빌론 왕 느부갓네살이 주전 597년에 유다 사람들(52:28은 3,023명으로 밝히고 있음)을 포로로 끌고 가고 얼마 후에 이 편지가 보내졌다. 3절이 "사반의 아들 엘라사와 힐기야의 아들 그마랴 편으로 말하되"라는 말로 되어 있어 자칫 예레미야가 이 사람들을 통해 구두(口頭)로 말씀을 전한 것으로 오해할 수 있다. 그러나 1절은 분명 '편지/책'(סֵפֶר)이라

는 단어를 사용해 선지자가 문서로 된 편지를 보낸 사실을 확인해준다. 느부갓네살이 끌고 간 사람들은 어떤 사람들이었는가? 1-2절은 그들을 장로들과 제사장들과 선지자들과 백성들로 밝히고 있으며 이들 중에는 '여고니야 왕과 국모와 환관들과 및 유다와 예루살렘 방백들과 목공들과 철공들'이 끼여 있었다. 이러한 회고는 그 당시 바빌론의 외교정책을 잘 반영하고 있다. 바빌론 사람들은 정복한 나라에서 아무나 끌고 가지 않고 자기 나라의 경제, 교육, 문화에 기여할 수 있는 사람들을 선별해 데리고 갔다. 여고니야는 여호야긴의 다른 이름이며 그와 함께 끌려간 왕후는 그의 어머니 느후스다였다(왕하 24:8).

예레미야는 자기 서신을 두 사람을 통해 바빌론으로 보냈다. 시드기야가 바빌론의 왕 느부갓네살에게 친서를 보냈는데 사반의 아들 엘라사와 힐기야의 아들 그마랴가 그 편지를 가지고 갔다. 엘라사는 아히감의 형제였으며(cf. 26:24) 그의 아버지 사반은 아마도 요시야 왕의 서기관이었을 것이다(왕하 22:8). 그마랴는 36:10-12, 25절이 언급하는 그마랴와 구분해야 한다. 그마랴의 아버지 힐기야가 요시야 시대의 대제사장이었을 수도 있다(cf. 왕하 22:4). 이들이 예레미야의 친서를 지니고—아마도 시드기야 왕이 모르게—바빌론으로 간다는 것은 그들이 예레미야와 그의 메시지에 대해 호의적인 감정을 가지고 있음을 암시하는 듯하다. 하나님이 '높은 곳'에 예레미야를 돕는 자들을 두셨던 것이다.

학자들 사이에 논란이 되고 있는 한 가지 이슈는 "[포로 중] 남아 있는 장로들"(יֶתֶר זִקְנֵי הַגּוֹלָה)이라는 말씀에서 '남아 있는/생존한'(יֶתֶר)이라는 단어의 의미다. 이 말씀을 문자적으로 생존한 장로를 뜻한다고 간주하면, 바빌론으로 끌려간 유다 사람들 중에 상당한 학살이 이루어진 것으로 이해할 수 있다(cf. HALOT). 그래서 '[처참한 학살에서] 생존한 리더들'이 된다. 그러나 바빌론 사람들은 포로로 잡아온 사람들을 바빌론에서 학살하지는 않았다. 그러므로 대부분 학자들은 이 단어의 사전적 의미보다는 '유력한'(preeminent)으로 해석해야 한다고 주장한다(de Waard; McKane). 예레미야는 바빌론 포로들 중 리더 자리에 있는 유력한 장로 등에게 편지를 한 것이다. 두 가지 의미, 즉 [학살에서] 생존한 유력한 [리더들]을 동시에 주장하는 학자도 있지만(Holladay), '유력한'으로 보는 것이 바람직하다.

VII. 거짓 메신저들(26:1-29:32)
C. 포로민들에게 보낸 편지(29:1-32)

2. 바빌론에 정착하라는 권면(29:4-7)

**4 만군의 여호와 이스라엘의 하나님께서 예루살렘에서 바벨론으로 사로잡혀
가게 한 모든 포로에게 이와 같이 말씀하시니라 5 너희는 집을 짓고 거기에
살며 텃밭을 만들고 그 열매를 먹으라 6 아내를 맞이하여 자녀를 낳으며 너
희 아들이 아내를 맞이하며 너희 딸이 남편을 맞아 그들로 자녀를 낳게 하
여 너희가 거기에서 번성하고 줄어들지 아니하게 하라 7 너희는 내가 사로잡
혀 가게 한 그 성읍의 평안을 구하고 그를 위하여 여호와께 기도하라 이는
그 성읍이 평안함으로 너희도 평안할 것임이라**

바빌론으로 이스라엘 백성을 잡아간 사람이 누구인가? 아마도 당시 대부분 사람들은 바빌론 왕 느부갓네살이라고 생각했을 것이다. 그러나 선지자는 정작 이스라엘을 바빌론으로 잡아가신 분은 다름 아닌 여호와라고 말한다(4절). 비록 인류의 역사를 이어 가는 것은 인간의 몫이지만, 그 역사를 자신의 계획대로 이끌어 가는 분은 여호와이시다. 그러므로 본 메시지는 이스라엘을 바빌론으로 끌고 가신 여호와의 권위로 선포되고 있다. 하나님은 바빌론에 있는 유다 사람들에게 다음 세 가지를 당부하신다(cf. Fretheim).

첫째, 바빌론을 생활의 터전으로 삼으라(5절). 머지않아 본국으로 돌

아갈 것을 학수고대하고 살아가는 포로민들에게 하나님은 바빌론에 집을 짓고 정착하여 과수원도 만들고 그 열매도 따먹으라고 하신다. 바빌론의 생활이 오래 지속될 것이니 그곳에 뿌리를 내리고 살아가라는 것이다. 포로민들은 본국으로 곧 돌아가리라는 허황된 꿈을 버리고 바빌론에서 열심히 일하고 노력해 생활의 터전을 세워 나가야 한다. 이것이 그들에 대한 하나님의 뜻이다.

둘째, 바빌론에서 번성하라(6절). 하나님은 바빌론에 끌려온 유다 사람들에게 결혼해 자녀들을 낳고, 그 자녀들이 성장하면 결혼을 시켜 번성하라고 하신다. 역시 포로 생활이 상당한 세월 동안 지속될 것임을 암시한다. 결혼식 소리가 들리지 않는 유다와는 대조적이다(Brown; cf. 25:10). 하나님의 권면은 창세기 1:27의 "생육하고 번성하라"라는 말씀을 연상시킨다. 이 말씀은 이들이 본국에서 하던 일, 즉 결혼하고 자식을 양육하는 일을 바빌론에서도 포기하지 말라는 뜻으로 미래에 대한 기대도 갖게 한다. 옛적에 하나님이 야곱 일행을 이집트로 보내 그곳에서 큰 민족으로 거듭나게 하신 것처럼 이번에는 큰 민족으로 만들기 위해 그들을 바빌론으로 보내셨다. 이스라엘이 왜 바빌론에서도 번성해야 하는가? 하나님이 이스라엘을 재건하실 때 이들이 바로 이스라엘 민족의 씨앗이 되어야 하기 때문이다(cf. 24장).

셋째, 바빌론의 평안을 위해 기도하라(7절). 예레미야는 바빌론의 평안을 빌라며 '평안'(שָׁלוֹם)을 세 차례나 사용하고 있다. 꼭 그렇게 해야 한다는 것이다. 하나님은 유다 포로민들에게 매우 어려운 것을 요구하신다. 그들의 '원수'인 바빌론의 안녕을 위해 기도하라는 권고다. 감정이 앞서면 어려운 요구일 테지만, 이성적으로 생각할 때는 당연한 일이다. 앞으로 이 백성은 상당히 오랫동안 바빌론에서 살아야 하는데 바빌론의 안녕은 곧 이들의 안녕이, 바빌론의 번성은 곧 이들의 번성이 된다. 그러므로 그들이 속한 나라를 위해 기도하는 것은 당연한 일이다. 디아스포라가 되어 오랜 세월 동안 온 세상을 떠돌며 살아온 유대인들은 오늘날에도 이 원리를 자기가 사는 나라와 환경에서 실천한다(Brown). 물론 본문이 '원수를 사랑하라'는 원리를 가르치고 있다는 사실도 매우 중요하다. 이 텍스트는 '원수를 위하여 기도하라'는 가르침을 주는 구약의 유일한 가르침으로 여겨진다(Volz).

그동안 거짓 선지자들은 평안이 없는데도 평안을 외쳤다(6:14; 8:11). 이제 참 선지자 예레미야가 평안을 외친다. 문제는 이스라엘에게 평안을 외친 것이 아니라, 그들을 억압한 바빌론과 포로민들을 향해 평안을 외친다. 하나님은 예레미야에게 백성을 위해 기도하지 말라고 하셨다(7:16; 11:14; 14:11). 이제 하나님은 포로민들에게 바빌론을 위해 기도하라고 명령하신다.

VII. 거짓 메신저들(26:1-29:32)
C. 포로민들에게 보낸 편지(29:1-32)

3. 거짓 선지자에 대한 경고(29:8-9)

8 만군의 여호와 이스라엘의 하나님께서 이와 같이 말하노라 너희 중에 있는 선지자들에게와 점쟁이에게 미혹되지 말며 너희가 꾼 꿈도 곧이듣고 믿지 말라 9 내가 그들을 보내지 아니하였어도 그들이 내 이름으로 거짓을 예언함이라 여호와의 말씀이니라

하나님은 바빌론에 거하는 백성들에게 거짓 선지자들에게 현혹되지 않도록 조심하라고 경고하신다. 비록 그들이 여호와의 이름으로 예언하고, 환상을 말하지만, 모두 거짓이니 귀담아 듣지 말라는 것이다. 그것은 예루살렘뿐만 아니라 바빌론에서도 이들이 사람들을 현혹하고 있었음을 암시한다. 거짓 선지자들의 지경이 참 선지자들의 것만큼이나 넓다.

이 거짓 선지자들 중 일부는 이미 새로운 정착지인 바빌론에서 '바빌론화'되어 점쟁이(קֹסְמִים)가 되었다(8절). '점쟁이'는 여호와 종교와 연관될 수 있는 개념이 아니다(Brown; cf. HALOT). 하나님은 아예 그들을 보내신 적이 없다고 선언하신다(9절). 그들은 하나님의 이름으로 예언하지만, 그들이 하는 말은 모두 '거짓'(שֶׁקֶר)이다(9절). 예수님이 말씀하신 양과 염소의 비유가 생각난다. '염소들'은 예수님의 이름으로 많은 이적과 일을 했다고 했지만, 예수님은 "나는 너희를 모른다"라고 말씀하셨다(마 25:32-46).

VII. 거짓 메신저들(26:1-29:32)
C. 포로민들에게 보낸 편지(29:1-32)

4. 포로민에 대한 하나님의 계획(29:10-14)

10 여호와께서 이와 같이 말씀하시니라 바벨론에서 칠십 년이 차면 내가 너
희를 돌보고 나의 선한 말을 너희에게 성취하여 너희를 이곳으로 돌아오게
하리라 11 여호와의 말씀이니라 너희를 향한 나의 생각을 내가 아나니 평안
이요 재앙이 아니니라 너희에게 미래와 희망을 주는 것이니라 12 너희가 내
게 부르짖으며 내게 와서 기도하면 내가 너희들의 기도를 들을 것이요 13 너
희가 온 마음으로 나를 구하면 나를 찾을 것이요 나를 만나리라 14 이것은 여
호와의 말씀이니라 나는 너희들을 만날 것이며 너희를 포로된 중에서 다시
돌아오게 하되 내가 쫓아 보내었던 나라들과 모든 곳에서 모아 사로잡혀 떠
났던 그곳으로 돌아오게 하리라 이것은 여호와의 말씀이니라

하나님이 이스라엘의 포로민들을 다시 가나안 땅으로 인도하시기 전에 바빌론의 '70년'이 차야 한다(10절). '차다'(מלא)라는 동사는 예레미야가 처음으로 70년을 언급했던 25:12에서도 사용되었다(cf. 단 9:2). 하나님이 정하신 70년이 다 차면 하나님은 비로소 '선한 말/계획'(דְּבָרִי הַטּוֹב)을 이루실 것이다. 모든 일에는 순서와 때가 있는데, 거짓 선지자들은 이 사실을 무시했다. 하나님은 선한 일을 하시기 위해 이들을 바벨론으로 추방하셨다. “하나님의 부르심을 입은 자들에게는 모든 것이 합력하여 선을 이룬다”(롬 8:28)는 말씀이 실현될 것을 약속하시는 순간이다.

숫자 ‘70’은 상징적인 것이라 해석되지만(Brueggemann), 실제적인 숫자로 해석되기도 한다. 바빌론은 주전 609년에 아시리아의 수도 앗술을 함락시킴으로써 아시리아의 대를 잇는 근동의 군주가 되었다. 그러나 그들의 화려한 전성기는 오래가지 못했다. 정확히 70년 후인 주전 539년에 페르시아의 고레스에 의해 막을 내렸다.

비록 이스라엘은 하나님이 자신들에게 나쁜 것을 주셨다고 원망하고 있지만, 여호와께서는 오래전부터 그들을 향한 좋은 계획을 가지고 계셨다. “내가 너희를 두고 계획하고 있는 일들은 재앙이 아니라 번영으로서, 너희에게 미래에 대한 희망을 주는 것이다”(11절). 미래(אַחֲרִית)와 희망(תִּקְוָה)은 매우 긍정적인 의미를 지닌 한 쌍의 단어다. 포로민들이 미래에 대해 낙관적인 관점을 지닐 수 있는 있는 이유는 여호와께서 그들에게 직접 미래와 희망을 약속하셨기 때문이다(Brown). 물론 패배와 좌절감에 젖어 있는 포로민들이 하나님의 말씀을 그대로 받아들이기는 어려울 것이다. 그러나 그들의 좌절이 결코 이 사실을 바꿀 수는 없다. 비록 이 순간에는 분노에 불타오르는 하나님이시지만, 그분의 분노 뒤에는 그 누구보다도 자기 백성을 사랑하시는 마음이 숨겨져 있다. 그러므로 전에는 이스라엘을 향하여 재앙(רָעָה)을 내리셨지만, 그 때가 되면 그들에게 평안(שָׁלוֹם)을 내리실 것이다(11절). 주의 자녀는 하나님의 심판을 받는 중에도 좌절할 필요가 없다. 주님의 심판은 우리를 단련하는 용광로며, 연단이 끝나면 우리는 정금같이 빛나게 될 것이기 때문이다.

밝은 미래를 약속하신 하나님은 우리가 바른 자세로만 임하면 주님을 찾을 수 있다고 말씀하신다(12–13절). “너희가 내게 부르짖으며 내게 와서 기도하면 내가 너희들의 기도를 들을 것이요 너희가 온 마음으로 나를 구하면 나를 찾을 것이요 나를 만나리라." 이 말씀은 성도들의 삶의 지침이라 할 수 있다. "부르짖으라…오라…기도하라…온 마음으로 찾으라." 이들처럼 우리도 진정으로 여호와를 찾으면 그를 만날 수 있다. 죄인은 자기가 하나님을 잃었다는 사실을 의식하고 하나님을 찾으려고 열심히 노력해야 하며, 하나님은 이런 사람을 꼭 만나주실 것이다(Freedman).

하나님을 만나면 어떤 일이 일어나기에 이토록 열심을 다해 그를 찾아야 한다는 말인가? 하나님은 이렇게 말씀하신다. "나는 너희들을 만날 것이며 너희를 포로된 중에서 다시 돌아오게 하되 내가 쫓아 보내었던 나라들과 모든 곳에서 모아 사로잡혀 떠났던 그곳으로 돌아오게 하리라"(14절). 그들이 하나님을 찾으면, 하나님은 그들의 모든 불행을 원점으로 돌려놓으실 것이다. 이것은 하나님의 약속이다.

VII. 거짓 메신저들(26:1-29:32)
C. 포로민들에게 보낸 편지(29:1-32)

5. 예루살렘에 임할 심판(29:15-19)

**15 너희가 말하기를 여호와께서 우리를 위하여 바벨론에서 선지자를 일으키
셨느니라 16 다윗의 왕좌에 앉은 왕과 이 성에 사는 모든 백성 곧 너희와 함
께 포로되어 가지 아니한 너희 형제에게 여호와께서 이와 같이 말씀하셨느
니라 17 만군의 여호와께서 이와 같이 말씀하시되 보라 내가 칼과 기근과 전
염병을 그들에게 보내어 그들에게 상하여 먹을 수 없는 몹쓸 무화과 같게
하겠고 18 내가 칼과 기근과 전염병으로 그들을 뒤따르게 하며 그들을 세계
여러 나라 가운데에 흩어 학대를 당하게 할 것이며 내가 그들을 쫓아낸 나
라들 가운데에서 저주와 경악과 조소와 수모의 대상이 되게 하리라 19 여호
와의 말씀이니라 너희들이 내 말을 듣지 않았기 때문이니라 내가 내 종 선**

지자들을 너희들에게 꾸준히 보냈으나 너희는 그들의 말을 듣지 않았느니라 여호와의 말씀이니라

하나님은 포로가 되어 바빌론으로 끌려간 유다 사람들에게 밝은 미래를 약속하셨다. 그렇다면 예루살렘과 유다에 남아 있는 사람들도 동일한 축복을 기대할 수 있는가? 선지자는 예루살렘에 대해 전혀 다른 미래를 선언한다.

본문을 해석할 때 가장 큰 어려움은 15절과 16절이 어떻게 연관되어 있는가 하는 점이다. 대부분의 번역들은 15절과 16절을 연결시킴으로써 16절 이후에 선포되는 비난의 근거를 15절에서 찾는다. "너희는 '주님께서는 바빌로니아에서도 우리에게 예언자들을 보내주시지 않았느냐?' 하고 말한다. 그렇기 때문에 나 주가 지금 다윗의 보좌에 앉아 있는 왕에게, 그리고 지금 이 도성에 살고 있는 모든 백성, 곧 너희와 함께 포로로 잡혀가지 않은 너희의 친척에게 말한다."(15-16절; 새번역; cf. 공동; 개역; NAS; NRS). 이렇게 이해할 경우 예레미야 선지자의 말씀을 들은 포로민들이 자기들 중에도 선지자가 있으니 예레미야의 말을 들을 필요가 없다는 의미일 것이다(Fretheim). 그러나 흐름이 매끄럽기는 커녕 혼란스럽다.

선지자는 10-14절에서 바빌론에 끌려가 있는 사람들에게 위로와 소망을 주었다. 예레미야는 예루살렘에 있지만, 바빌론에 끌려간 사람들에게도 선지자 역할을 했다. 그러므로 "하나님이 바빌론에서 우리를 위하여 선지자들을 일으키셨다"는 말씀은 긍정적인 표현으로 이해되어야 한다. 그러나 16절과 연결할 경우 이 말씀은 예루살렘에 있는 사람들을 심판하는 이유가 된다.

이 문제를 해결하기 위해 NIV는 "You may say, 'The LORD has raised up prophets for us in Babylon'"("너희는 '여호와께서 우리를 위하여 바빌론에 선지자들을 세우셨다'라 말할 수 있다")라고 번역함으로써 15절을 16절이 아니라 10–14절과 연결함으로써 이 문제를 해결한다. 이렇게 해석하면 본문의 의도가 매우 명확해진다. 한 가지 대안은 "하나님이 바벨론에서 우리를 위하여 선지자들을 일으키셨다"라는 말은 예루살렘에 있는 사람들이 바빌론에 끌려간 사람들을 빈정대며 한 말로 간주되는 것이다. 한 학자(Hoffman)는 "내가 너희들 중에 선지자들을 세워주겠다고 했지만, 저들(거짓 선지자들)은 아니다!"라고 해석한다. 본문은 선지자에 대한 규례인 신명기 18:18의 표현을 인용하고 있다(Brown).

예루살렘에 남아 있는 다윗의 왕조와 백성은 혹독한 전쟁과 기근에 시달리게 될 것이다(17절). 그들이 부르짖으면 하나님은 어떻게 하실 것인가? 마치 그들을 "먹을 수 없는 썩은 무화과"처럼 대하실 것이다(17절). 뿐만 아니라 하나님이 오히려 칼, 기근, 질병을 들고 그들의 뒤를 좇으실 것이다(18절). 이스라엘의 하나님 여호와께서 그들을 치시니 그들은 세상의 비웃음과 멸시를 사게 된다. 왜 이렇게 되어야만 하는가? 그들이 하나님의 말씀을 듣지 않았기 때문이다(19절).

VII. 거짓 메신저들(26:1–29:32)
C. 포로민들에게 보낸 편지(29:1–32)

6. 거짓 선지자에 임할 심판(29:20–23)

20 그런즉 내가 예루살렘에서 바벨론으로 보낸 너희 모든 포로여 여호와의
말씀을 들을지니라 21 만군의 여호와 이스라엘의 하나님께서 골라야의 아들
아합과 마아세야의 아들 시드기야에 대하여 이와 같이 말씀하시니라 그들은
내 이름으로 너희에게 거짓을 예언한 자라 보라 내가 그들을 바벨론의 왕
느부갓네살의 손에 넘기리니 그가 너희 눈앞에서 그들을 죽일 것이라 22 바
벨론에 있는 유다의 모든 포로가 그들을 저줏거리로 삼아서 이르기를 여호
와께서 너를 바벨론 왕이 불살라 죽인 시드기야와 아합 같게 하시기를 원하
노라 하리니 23 이는 그들이 이스라엘 중에서 어리석게 행하여 그 이웃의 아

내와 간음하며 내가 그들에게 명령하지 아니한 거짓을 내 이름으로 말함이 라 나는 알고 있는 자로서 증인이니라 여호와의 말씀이니라 하시니라

하나님은 바빌론으로 끌려간 포로민들을 위로하셨고, 예루살렘에 남아 있는 자들에게 비참한 종말을 경고하셨다. 그렇다면 예루살렘과 바빌론에 거하는 모든 사람들이 동일한 운명을 맞게 될 것인가? 예레미야는 바빌론의 포로민 공동체에 기생하고 있는 거짓 선지자 둘의 운명을 구체적으로 언급함으로써 일부만 하나님의 구원이 임할 미래의 주인공이 될 것임을 확실하게 밝힌다. 선지자는 구체적으로 골라야의 아들 아합과 마아세야의 아들 시드기야의 죽음에 대해 언급한다. 이 두 사람에 대한 정보는 본문이 전부다. 한 가지 확실한 것은 이들이 포로민 공동체에 미치는 영향이 컸다는 사실이다(Brown). 그래서 이 거짓 선지자들이 더 파괴적인 일을 하기 전에 하나님은 그들을 막으신다.

하나님이 느부갓네살을 동원해서 이들을 죽일 것이라고 하는 경고로 알 수 있는 것이 있다. 이들은 아마도 포로민들을 동요시켜서 바빌론에 반역하도록 종용하고 있었던 듯하다(Huey). 뿐만 아니라 선지자라는 작자들이 다른 여인들과 간음을 행하고 있다! 탈무드는 이 말씀에 대해 '소설을 쓴다'(b. Sanh. 93a). 이 거짓 선지자들이 예언을 통해 느부갓네살의 딸을 유혹했는데, 다니엘의 세 친구가 이 사실을 알아차리고 느부갓네살에게 알려주었다. 느부갓네살은 세 친구를 시험한 방법—화덕에 던지는 것—으로 이 선지자들을 시험했는데, 둘 다 불에 타 죽었다는 것이다!

율법은 이런 자들을 돌로 쳐서 죽이라 했다. 하나님의 이름을 빙자해 예언한다는 자들이 바빌론에게 복종하고, 그곳에서 뿌리를 내리고 살라고 하는 하나님의 말씀을 무시하고 있다. 오히려 머지않아 조국으로 돌아가게 될 것이라며 바빌론에 끌려온 사람들에게 허황된 꿈을 심어준다. 게다가 율법이 금하는 부도덕한 행위를 하고 있다. 자기들은 하나님의 보내심을 받은 선지자들이라고 주장하는 사람들이 어떻게 백성들에게 선포하는 신탁을 스스로 만들어 내고 더 나아가 하나님이 혐오하시는 삶을 살 수 있는가! 그러므로 하나님이 그들을 죽이신다. 이 거짓 선지자들이 처형되고 나면 그들의 이름은 사람들 사이에 혐오감을 불러일으킬 것이다.

VII. 거짓 메신저들(26:1–29:32)
C. 포로민들에게 보낸 편지(29:1–32)

7. 스마야의 편지와 그에게 임할 심판(29:24–32)

24 너는 느헬람 사람 스마야에게 이같이 말하여 이르라 25 만군의 여호와 이
스라엘의 하나님께서 이와 같이 말씀하여 이르시되 네가 네 이름으로 예루
살렘에 있는 모든 백성과 제사장 마아세야의 아들 스바냐와 모든 제사장에
게 글을 보내 이르기를 26 여호와께서 너를 제사장 여호야다를 대신하여 제
사장을 삼아 여호와의 성전 감독자로 세우심은 모든 미친 자와 선지자 노릇
을 하는 자들을 목에 씌우는 나무 고랑과 목에 씌우는 쇠 고랑을 채우게 하
심이어늘 27 이제 네가 어찌하여 너희 중에 선지자 노릇을 하는 아나돗 사람
예레미야를 책망하지 아니하느냐 28 그가 바벨론에 있는 우리에게 편지하기
를 오래 지내야 하리니 너희는 집을 짓고 살며 밭을 일구고 그 열매를 먹으
라 하셨다 하니라 29 제사장 스바냐가 스마야의 글을 선지자 예레미야에게
읽어서 들려줄 때에 30 여호와의 말씀이 예레미야에게 임하여 이르시되 31 너
는 모든 포로에게 전언하여 이르기를 여호와께서 느헬람 사람 스마야를 두
고 이같이 말씀하셨느니라 내가 그를 보내지 아니하였거늘 스마야가 너희
에게 예언하고 너희에게 거짓을 믿게 하였도다 32 그러므로 여호와께서 이
와 같이 말씀하시니라 보라 내가 느헬람 사람 스마야와 그의 자손을 벌하리
니 그가 나 여호와께 패역한 말을 하였기 때문에 이 백성 중에 살아남을 그
의 자손이 하나도 없을 것이라 내가 내 백성에게 행하려 하는 복된 일을 그

가 보지 못하리라 하셨느니라 이것은 여호와의 말씀이니라

바빌론에 있는 두 거짓 선지자의 비참한 죽음에 대해 선포하신 하나님은 예레미야를 대적하는 다른 한 사람에 대해서도 말씀하신다. 내용으로 보아 예루살렘의 제사장과 백성에게 편지를 한 스마야라는 사람도 바빌론에 거하는 [거짓] 선지자였다(Dearman). 예레미야에 대한 소식을 듣고, 그가 바빌론에 보낸 편지의 내용까지 파악한 스마야는 예루살렘에 있는 마아세야의 아들 스바냐를 포함한 모든 제사장에게 편지를 보냈다. 스마야는 이 제사장들에게 왜 예레미야를 징계하지 않느냐고 항의한다. 그는 스바냐에게 예레미야를 방치하는 것은 여호와로부터 제사장으로 임명을 받은 사람들의 직무유기라고 비난한다(26-27절). 이 과정에서 그는 예레미야를 '미친 자와 자칭 선지자'라고 비난한다. 가짜가 진짜를 거짓이라고 비방하는 세상이 된 것이다! 예레미야서는 21:1; 37:3에서 스바냐에 대해 언급하고 있다. 열왕기하 25:18과 예레미야 52:24에 의하면 그는 대제사장 다음의 위치에 있던 사람이다.

스마야는 예레미야의 편지가 포로민들을 동요시키고 있음을 시사한다(28절). 그를 포함한 거짓 선지자들이 한결같이 '잠시 후면 돌아간다'는 메시지를 전하고 있던 상황에서 예레미야의 메시지는 폭탄과 같은 효과를 발휘했을 것이다. 가뜩이나 자격지심과 패배감에 허덕이던 포로민들을 좌절하게 만들었다. 그동안 '곧 돌아간다'고 외쳤던 거짓 선지자들의 체면은 어떠했겠는가? 그들은 자신들의 입장을 옹호하기 위해서라도 예레미야를 거짓 선지자라고 매도할 수밖에 없다.

편지를 받아든 스바냐가 예레미야를 찾았다. 편지가 자신을 비난하고 있기 때문이었는지, 아니면 그가 진정 예레미야와 함께한 사람이었기 때문인지는 확실하지 않다. 한 가지 확실한 것은 편지를 보낸 스마야는 예루살렘 제사장들에 대한 자신의 영향력을 과대평가한 것 같다

(Brown). 그는 편지를 쓰면 스바냐가 당장이라도 예레미야를 어떤 식으로든 처벌할 줄 알았다. 그러나 제사장 스바냐는 오히려 그 편지를 들고 예레미야를 찾아갔다. 편지를 읽은 예레미야에게 하나님의 말씀이 임했다. 스마야의 문제는 하나님이 보내지 않으셨는데도 하나님의 이름으로 예언한다는 것이다. 그는 거짓 예언으로 주의 백성을 현혹시키고 있다. 하나님의 이름으로 거짓 예언을 말하는 것은 하나님께 반역하는 행위로 취급된다(32절). 그러므로 그도 심판을 받아야 한다. 스마야의 대가 끊길 것이라는 선고였다. 거짓 선지자 스마야 역시 전에 예레미야에게 대항하다가 죽었던 하나냐와 같은 벌을 받고 있다(Dearman; cf. 28:16).

26장에서부터 시작된 이 섹션은 매 장마다 거짓 선지자들에 대한 비난과 경고를 담고 있다. 오늘날 우리 사회처럼 예레미야 시대 유다에도 아주 많은 거짓 선지자들이 활동했다. 이러한 정황에서 우리는 몇 가지를 배우게 된다(Huey).

첫째, 진실에 관한 가르침이다. 누가 진실을 말하는가? 한결같이 예레미야다. 거짓 선지자들의 특징은 모두들 진실을 말하고 있지 않다는 사실이다. 신명기 28:15-22은 참 선지자와 거짓 선지자의 기본적인 차이는 그들의 말이 진실인지의 여부에 달려 있음을 밝힌다. 진실이란 것은 모방될 수 없는 것일까? 오직 진실한 자만 진실을 말할 수 있는가? 성경은 그렇다고 말한다.

둘째, 긍정에 대한 가르침이다. 세상의 모든 일들을 긍정적으로 보고 가능성으로 보는 것이 하나님의 말씀의 전부가 아니다. 물론 하나님은 주의 백성이 현실에 쪼들리지 않고 미래에 대해 낙관적인 자세를 취하기를 원하신다. 그러나 분명히 하나님의 말씀과 계획에 근거한 낙관만 유효하다. 우리 주변에 아직도 지나치게, 심지어는 무책임하게 긍정적 사고만 강요하는 가르침들이 존재한다. 아무리 우리가 미래를 낙관적으로 본다 해도 하나님께로부터 온 것이 아니라면 별 의미가 없다.

셋째, 기도에 대한 가르침이다. 우리는 간혹 같은 문제에 대해 극적인 견해와 미래를 예고하는 사람들을 만난다. 이럴 때마다 혼란을 경험한다. 어떻게 분별할 것인가? 기도를 통한 하나님과의 만남으로만 가능하다. 오직 하나님과의 교제를 통해 어느 것이 진실이고 거짓인지 구분할 수 있다.

VIII. 회복에 대한 소망
(30:1-33:26)

그동안 선지자는 간혹 회복에 대한 메시지와 위로를 주었지만 대체적으로 그의 메시지는 심판과 징계에 대한 것이 주류를 이루었다. 예레미야서의 중심적인 위치를 차지하고 있는 30-33장은 이때까지 선지자가 선포했던 메시지의 성향을 완전히 바꾸어 회복과 위로가 중심을 차지한다. 그래서 한 주석가는 이 섹션에 '잃어버린 것을 되찾다-그리고 더!'(Recovery of What Was Lost-and More!)라는 이름을 붙인다(Martens). 예레미야서가 기록하고 있는 위로 메시지와 미래에 대한 소망 예언의 거의 모든 것이 30-33장에 집중되어 있다고 해도 과언은 아니다. 그래서 많은 학자들이 30-33장을 '위로의 책'(The Book of Comfort) 혹은 '위안의 책'(The Book of Consolation)이라고 부른다. 본문은 억압받고 괴로워하는 이스라엘이 꿈꿀 수 있는 '재탄생'(rebirth of the nation)에 관한 것으로(Clements) 출애굽의 경험에 비교할 수 있다.

일부 주석가들은 본문이 요시야 왕이 즉위하던 시대, 곧 예레미야가 사역을 시작한 지 얼마 되지 않은 때에 선지자가 북 왕국 이스라엘에 대해 선포한 메시지라고 주장한다(cf. Holladay; Lundbom).[3] 그들이 증거로 제시하는 것은 본문에 이스라엘, 야곱, 에브라임, 사마리아 등 북 왕국과 연관된 단어들이 사용되고 있다는 점이다. 예레미야서에서 '야곱'이 마지막으로 언급된 곳은 10:25이었는데, 본문에서는 30:7, 10, 18; 31:7, 11; 33:27 등에서 여러 차례 언급된다. 또한 '에브라임'이 마지막으로 언급된 곳은 7:15이었는데, 본문에서는 31:6, 9, 18, 20 등에서 언급되고 있다. 게다가 '사마리아'는 예레미야서에서 단 세 차례 나오는데, 그중 한 곳이 31:5이다. 이런 정황에서 보면 본문이 예레미야가 요시야 시대에 북 왕국에 대해 선포한 메시지라는 학자들의 주장이 상당한 설득력을 지니고 있다. 그러나 예레미야서가 저작될 무렵 이 메시지는 북 왕국 이스라엘뿐만 아니라, 남 왕국 유다를 포함한 온 이스라엘에 회복과 치유를 선포하는 역할을 했다(cf. Miller; Lundbom; Holladay). 이러한 사실은 30:4이 "여호와께서 이스라엘과 유다에 대하여 하신 말씀이 이러하니라"라고 메시지를 시작하는 것에서도 역력히 드러난다(cf. 30:3, 17; 31:1, 6, 12).

전반적으로 30장은 이스라엘 영토의 회복을, 31장은 유다와 하나님의 관계의 회복을, 그리고 32-33장은 이 두 테마를 확대해 더 자세하게 설명한다. 그동안 선지자는 지속적으로 심판을 선언해 왔는데 30-33장에서 갑자기 구원과 회복을 선언하는 것이 다소 의외다. 아마도 예루살렘이 결국 하나님의 심판으로 멸망했다는 소식을 39장에서 전하기 전에, 예루살렘이 망하기도 전부터 하나님의 주의 백성 구원과 회복 사역이 진행되고 있음을 강조하기 위해서일 것이다(Childs). 이스라엘이 바빌론으로 끌려가는 것도, 그곳에서 돌아오는 것도 주의 백성에 대한 하나님의 계획의 일부라는 것이다(Fretheim).

그렇다면 과연 선지자는 무엇에 근거해 이토록 회복을 확신하는 것

3 반면에 예루살렘이 멸망한 주전 586년 이후에 선포한 것이라고 주장하는 학자들도 있다(Fretheim).

일까? 그는 두 가지 신학적인 근거에 자기 메시지의 바탕을 두고 있다. 첫째, 하나님은 약속을 꼭 이루는 신실하신 분이라는 진리다(cf. 31:28). 그러므로 하나님은 결코 그의 백성을 포기하거나 그들과 한 약속을 어기지 않으실 것이다. 신실하신 하나님이 말씀하셨기 때문에 이스라엘은 앞으로 그들에게 구원이 임할 것이라는 사실을 믿을 수 있다. 이 점을 강조하기 위해 본문에서는 "[신실하신] 여호와께서 말씀하셨다"라는 표현을 자주 사용한다(Fretheim). 특히 30:12-20은 여호와의 신실하심과 백성에 대한 그분의 사랑이 소망에 대한 근거가 되고 있음을 보여준다. 둘째, 하나님은 무한한 능력과 가능성의 소유자이기 때문에 백성의 전적인 부패와 절망적인 사회 타락에도 불구하고 그들 중에 새로운 일을 하실 것이다. 특히 선지자의 소명에 포함된 '세우고 심는 것'은 하나님의 새 일의 가능성을 암시하고 있다. 본문은 다음과 같이 구분된다.[4]

A. 회복 약속(30:1-24)
B. 새 언약(31:1-40)
C. 땅을 사는 예레미야(32:1-44)
D. 회복 약속(33:1-26)

---

4 한 학자는 30-31장의 메시지를 듣는 청중의 성(性; gender)을 바탕으로 다음과 같이 재미있는 분석을 내놓았다(Bozak).
30:1-4, 서술식 서론
30:5-11, 첫 번째 시—남자 청중
30:12-17, 두 번째 시—여자 청중
30:18-31:1, 세 번째 시—남자 청중
31:2-6, 네 번째 시—여자 청중
32:7-14, 다섯 번째 시—남자 청중
32:15-22, 여섯 번째 시—여자—남자—여자 청중
31:23-34, 서술식 결론 1부
31:35-40, 서술식 결론 2부

VIII. 회복에 대한 소망(30:1-33:26)

A. 회복 약속(30:1-24)

선지자는 29:5-7에서 포로 생활이 길어질 것을 경고했다. 그리고 29:10-14에서 이 긴 포로 생활이 끝나면 드디어 본국으로 돌아가게 될 것이라고 예언한 바 있다. 30-31장의 내용은 29:10-14을 확대하고 설명한 본문이라 생각할 수 있다. 선지자는 여호와께서는 무한한 능력을 지니신 분이며, 자기 백성의 미래에 대해 깊은 관심을 가진 분임을 분명히 한다. 본문은 다음과 같이 구분될 수 있다.

A. 서론: 메시지 소개(30:1-3)
　B. 야곱의 회복(30:4-11)
　　C. 백성의 불치병 치유(30:12-17)
　B'. 야곱의 장막 회복(30:18-22)
A'. 결론: 악인의 종말(30:23-24)

VIII. 회복에 대한 소망(30:1-33:26)
A. 회복 약속(30:1-24)

1. 서론: 메시지 소개(30:1-3)

**1 여호와께로부터 말씀이 예레미야에게 임하여 이르시니라 2 이스라엘의 하
나님 여호와께서 이와 같이 말씀하여 이르시기를 내가 네게 일러준 모든 말
을 책에 기록하라 3 여호와의 말씀이니라 보라 내가 내 백성 이스라엘과 유
다의 포로를 돌아가게 할 날이 오리니 내가 그들을 그 조상들에게 준 땅으로
돌아오게 할 것이니 그들이 그 땅을 차지하리라 여호와께서 말씀하시니라**

이 본문은 30-31장의 표제이자 서론 역할을 하고 있다. 더 나아가

30-33장에서 전개될 회복과 갱신 메시지를 요약하고 있다(Thompson). 하나님이 선지자에게 주시는 메시지를 '책'(סֵפֶר)에 기록하라고 명령하신다(cf. 29:1; 36:2; 51:60). 지금부터 선포하시는 메시지를 문서화해서 미래 세대를 위해 보관하고 훗날 하나님이 하신 말씀이 그대로 이루어지는지 확인하라는 의미다. 메시지를 문서화해놓으면 예루살렘의 멸망 후에 더욱더 빛을 발하게 될 것이다(Brown). 하나님은 지금부터 선지자를 통해 말씀한 것을 꼭 지키실 것이다.

이미 주전 722년에 아시리아로 끌려간 북 왕국 이스라엘과 조만간 바빌론으로 끌려갈 남 왕국 유다(cf. 39장)의 생존자들을 하나님이 모두 조국으로 돌아오게 하실 것이다(3절). 이 일은 하나님이 하시는 일이며, 어떤 조건을 전제하지 않는다(Fretheim). 유다가 아직 끌려가기도 전에 하시는 이 말씀은 두 가지 의미가 있다. 첫째, 유다는 분명히 바빌론으로 끌려갈 것이다. 둘째, 그동안 주로 심판을 선포했던 예레미야가 이곳에서 소망의 메시지를 선포하는 것은, 선지자의 마음이 주변의 압력 때문에 변한 것이 아니라 처음부터 여호와 하나님의 계획 속에 이것이 포함되어 있었음을 암시한다. 유다가 심판을 받아 바빌론으로 끌려가는 것은 피할 수 없는 사실이지만, 그들이 희망까지 포기할 필요는 없다. 때가 되면 돌아오는 것은 하나님이 이미 그들에 대해 계획하신 바의 일부이기 때문이다.

VIII. 회복에 대한 소망(30:1-33:26)
A. 회복 약속(30:1-24)

2. 야곱의 회복(30:4-11)

4 여호와께서 이스라엘과 유다에 대하여 하신 말씀이 이러하니라
5 여호와께서 이와 같이 말씀하시되
우리가 무서워 떠는 자의 소리를 들으니

두려움이요 평안함이 아니로다
6 너희는 자식을 해산하는 남자가 있는가 물어보라
어찌하여 모든 남자가 해산하는 여자같이 손을 자기 허리에 대고
모든 얼굴이 겁에 질려 새파래졌는가
7 슬프다 그날이여
그와 같이 엄청난 날이 없으리라
그날은 야곱의 환난의 때가 됨이로다
그러나 그가 환난에서 구하여냄을 얻으리로다
8 만군의 여호와의 말씀이라
그날에 내가 네 목에서 그 멍에를 꺾어버리며 네 포박을 끊으리니
다시는 이방인을 섬기지 않으리라
9 그들은 그들의 하나님 여호와를 섬기며
내가 그들을 위하여 세울 그들의 왕 다윗을 섬기리라
10 여호와의 말씀이니라
그러므로 나의 종 야곱아 너는 두려워하지 말라
이스라엘아 놀라지 말라
내가 너를 먼 곳으로부터 구원하고
네 자손을 잡혀가 있는 땅에서 구원하리니
야곱이 돌아와서 태평과 안락을 누릴 것이며
두렵게 할 자가 없으리라
11 이는 여호와의 말씀이라
내가 너와 함께 있어 너를 구원할 것이라
너를 흩었던 그 모든 이방을 내가 멸망시키리라
그럴지라도 너만은 멸망시키지 아니하리라
그러나 내가 법에 따라 너를 징계할 것이요
결코 무죄한 자로만 여기지는 아니하리라

유다와 이스라엘이 함께 이 회복 약속의 대상이 되고 있다(4절). 이 두 나라 모두 하나님의 심판의 대상이 되었던 것처럼 이제는 함께 그분의 은혜의 대상이 되는 것이다. 예레미야서에서 유다와 이스라엘이 함께 언급이 될 때는 다음 세 가지 상황 중 하나다(Brown). (1) 하나님의 백성을 위협하고 있는 심판의 보편성; (2) 하나님의 약속의 범위가 예레미야의 주 대상이 되고 있는 유다를 초월할 때; (3) 의도적으로 유다를 언약적 약속의 수혜자인 이스라엘 백성의 일부로 논하고자 할 때. 이 섹션에서도 이 세 가지 원칙이 모두 적용되고 있다.

언약 백성에게 평안과 회복이 임하기 전에 이스라엘은 자기 죄에 대한 대가를 치러야 한다. 이스라엘이 당면할 상황이 얼마나 어렵고 힘든가? 선지자는 서슴없이 그들이 경험하게 될 당혹스런 상황을 묘사한다(5-7절). 그들은 아픔과 두려움으로 가득 찬 나날들을 보내고 있다(5절). 장정들이 마치 해산의 고통에 시달리는 임산부처럼 몸을 비틀며 아랫배를 움켜쥐고 괴로워한다(6절). 그들의 얼굴은 고통과 공포로 "겁에 질려 새파래졌다." 이 비유는 어떤 색도 없는 창백한 얼굴을 뜻하며 마치 생명이 다한 시체의 모습이다(Miller). 예루살렘과 유다가 주전 586년에 함락되기 전 수개월 동안 지속된 기근과 환난을 적절하게 묘사하는 표현이다(Brown). 선지자가 제시하고 있는 이미지는 황당하다 못해 읽는 자의 웃음을 자아낸다. '장정'(גֶּבֶר)은 용감무쌍한 군사를 뜻한다. 남자인 장정들은 아이를 낳지 못한다. 그런데 그들은 마치 아이를 낳는 여인처럼 몸을 비틀며 괴로워한다! 선지자의 비아냥과 야유가 섞인 비유다.

'그날'(הַיּוֹם הַהוּא)은 실로 두려운 날이며 이와 같은 날이 없다(7절). 선지자는 비유로 그들이 처하게 될 절박한 상황을 잘 묘사하고 있다. '그날'은 구약에서 흔히 종말을 의미하는 '여호와의 날'을 일컫는 또 하나의 표현으로 본문에서도 이런 의미로 해석된다(Huey; cf. 암 5:18-20; 사 2:12-21; 습 1:14-18). 그날 주의 백성이 얼마나 큰 고통을 당하는지 그들이 경험할 환난을 '야곱의 환난'(צָרָה הִיא לְיַעֲקֹב)이라는 독특한 표현으로 묘사한다(7절; cf. Brown). 이렇게 두려운 날이 임하더라도 이스라엘은 걱정할 필요가 없다. 하나님이 구원을 약속하시기 때문이다(7절). 본문은 이스라엘이 이미 경험했던 출애굽 사건을 상기시키는 이미지를 사용하고 있다. 전에 이집트 왕 바로에게서 자기 백성을 해방시키신 하나님이 머지않아 바빌론의 왕에게서 자기 백성을 자유하게 하실 것이다(Fretheim).

마치 통일성 있는 한 편의 시를 형성하는 듯한 5-7절과 10-11절의 흐름을 끊어놓는 듯한 8-9절은 양식적으로도 내러티브를 취하고 있다(cf. NIV).[5] 선지자는 8-9절에서 이스라엘이 세상 모든 민족들의 속박과 억압에서 벗어날 날을 예언한다. 그날이 되면 하나님이 그들의 목에서 멍에(מוֹסֵרָה)를 꺾어 주의 백성이 더 이상 이방인을 섬기지 않도록 하실 것이다(8절). 이스라엘이 바빌론을 섬길 것을 상징하는 멍에를 졌던 예레미야의 시위를 감안하면(cf. 28장), 이 말씀은 유다가 바빌론의 멍에를 벗게 될 날이 올 것을 예고한다(Miller). 그러나 하나님의 구원은 멍에를 벗는 것으로 끝나지 않는다.

그날이 되면 이스라엘은 참 자유를 누리게 될 것이며, 새로이 얻은 자유로 오직 여호와 하나님과 그분이 새로이 세우실 '다윗 왕'만을 섬기게 될 것이다(9절). 전통적으로 8-9절은 종말론적인 의미를 지닌 것으로 해석되어왔다(McKane; cf. Duhm). 세상에 흩어져 있는 디아스포라 유대인들의 고난으로 인해 세상일에 개입하시는 하나님에 관한 말씀으로 간주된다(Brown).

이스라엘은 그들이 얻게 될 자유마저도 여호와의 은혜임을 깨달아야 한다. 선지자는 하나님의 신적 1인칭(divine I)을 그들의 자유와 두 차례나 연결함으로써 이 사실을 강조한다. "내가 그 멍에를 꺾어버리고(שְׁבֹּר

---

5 새번역은 8-9절을 여전히 시로 취급하지만, NIV 등 다수의 영어 번역본들은 본문을 내러티브로 취급한다. 그러므로 이 주석 시리즈에서는 새번역의 분류를 따르고 있지만, 많은 학자들이 주장하는 것처럼 내러티브로 간주하고 해석해도 별 문제는 없다.

אֶ)…내가 네 줄을 끊으리니(אֲנַתֵּק)"(8절). 이스라엘이 바빌론을 섬겨야 하는 기간은 70년으로 언급되었지만, 그 70년이 지난다고 해서 이스라엘이 당연히/자연히 구원을 누리게 되는 것은 아니다. 그때에도 하나님이 구원을 베푸셔야 그들은 해방될 수 있다.

본문이 앞으로 다가올 바빌론으로부터의 해방을 노래하고 있지만, 종말적인 성향도 포함하고 있다. 이러한 사실은 8절이 '그날'(הַיּוֹם הַהוּא) 이란 표현을 사용하고 있으며 '다윗 왕'의 회복을 예언하는 것에서 알 수 있다. 본문이 '다윗[계열] 왕'의 회복을 언급하는 것은 이 말씀이 성취될 때에는 더 이상 예루살렘에 왕이 존재하지 않을 것임을 의미한다.

9절에서 '여호와'와 '다윗 왕'이 평행을 이루고 있는 것은, 그날이 되면 여호와를 섬기는 것이 곧 다윗[계열] 왕을 섬기는 것과 동일시될 것을 암시한다(van Groningen). 그날이 되면 다윗은 결코 여호와로부터 떨어져 생각될 수 없는 존재가 된다. 그날 등장할 '다윗'은 다윗 언약(cf. 삼하 7장)의 성취이기도 하며, 여호와의 메시아다(Brown). 예레미야가 메시아에 대해 언급하는 것은 이번이 세 번째다. 선지자는 3:14-17; 23:1-8; 31:31-40; 그리고 33:14-26 등에서도 메시아를 언급한다. 먼 미래에 메시아의 등장으로 궁극적으로 이루어질 다윗 언약은, 이스라엘에 임박한 환난에도 불구하고, 또한 이 환난을 통해 다윗 계열의 마지막 왕이 제거된다 해도 계속 유효할 것이라는 의미다.

그러므로 머지않아 바빌론으로 끌려가야 하는 이스라엘은 미래에 대해 낙담할 필요가 없다(10-11절). 주의 백성에 대한 위로와 구원을 재차 확인하는 10-11절 말씀은 46:27-28에서 거의 그대로 다시 반복된다. 하나님이 이스라엘을 구원하시는 날, 주의 백성은 참 평안과 위로를 누릴 것이다(10절). 겁에 질려 사색이 되었던 얼굴과는 대조적인 상황이다(6절). 또한 옛적에 이사야가 선포했던 말씀과 매우 비슷하다(사 41:8-14; 43:1-5; cf. 44:1-2, 21). 이스라엘의 포로 생활이 끝나면 하나님의 구원이 그들에게 임할 것이다. 비록 그들이 멀리 가 있다 하더라도 하나님이 그들과 함께하실 것이며, 때가 되면 그들을 속박하고 괴롭히는 모든 열방의 쇠사슬에서 그들을 자유하게 하실 것이기 때문이다.

VIII. 회복에 대한 소망(30:1-33:26)
A. 회복 약속(30:1-24)

3. 백성의 불치병 치유(30:12-17)

12 여호와께서 이와 같이 말씀하시니라
네 상처는 고칠 수 없고 네 부상은 중하도다
13 네 송사를 처리할 재판관이 없고
네 상처에는 약도 없고 처방도 없도다
14 너를 사랑하던 자가 다 너를 잊고 찾지 아니하니
이는 네 악행이 많고 네 죄가 많기 때문에
나는 네 원수가 당할 고난을 네가 받게 하며 잔인한 징계를 내렸도다
15 너는 어찌하여 네 상처 때문에 부르짖느냐
네 고통이 심하도다
네 악행이 많고 네 죄가 허다하므로
내가 이 일을 너에게 행하였느니라
16 그러므로 너를 먹는 모든 자는 잡아먹힐 것이며
네 모든 대적은 사로잡혀 갈 것이고
너에게서 탈취해 간 자는 탈취를 당할 것이며
너에게서 노략질한 모든 자는 노략물이 되리라
17 여호와의 말씀이니라
그들이 쫓겨난 자라 하매 시온을 찾는 자가 없은즉
내가 너의 상처로부터 새 살이 돋아나게 하여 너를 고쳐주리라

선지자는 이스라엘의 모습을 불치병에 시달리는 사람의 모습에 비유하고 있다(12-13절). 그들의 상처(שֶׁבֶר)와 부상(מַכָּה)이 너무 심각해 세상의 어떤 약도 도움이 되지 않는다(12절). '상처'(שֶׁבֶר)는 물건을 도저히 다시 붙일 수 없게 완전히 조각을 내는 것에서 비롯된 단어다(HALOT). '부상'(מַכָּה)은 매나 채찍 등으로 맞아서 생기는 상처다(HALOT). 하나님이 그들을 치셔서 이스라엘은 스스로 산산조각이 나고, 회복 불능의 상태까지 갔다는 의미다. 중요한 것은 이스라엘이 입은 상처에 대한 이 탄식의 노래를 부르는 이는 상처를 입은 주의 백성이 아니라 그들의 주인이신 여호와라는 사실이다(Fretheim). 백성의 고통을 지켜보시는 하나님의 마음이 많이 아프다.

평소에 이스라엘에게 관심을 쏟고 그를 찾던 모든 '친구와 연인'들도 그들에게 등을 돌렸다. 여호와께서 주의 백성의 원수들에게나 내려야 할 벌을 범죄한 이스라엘에게 내리신 것을 보고 '친구와 연인들'은 이스라엘을 기피하게 되었다(14절). 참 친구/연인은 곤경에 처했을 때 진가를 발휘한다. 그러나 이스라엘의 친구와 연인들은 고통당하는 이스라엘을 기피했다. 그들이 거짓 친구들이었음이 확연히 드러나는 순간이다. 이스라엘은 하나님께 버림받고, 친구와 연인들에게도 버림을 받은 딱한 모습이다. 그러므로 이스라엘은 세상의 모든 사람들에게 버림받은 시한부 인생을 사는 환자와 같다. 주의 백성이라도 죄를 지으면 하나님의 심판을 피할 수 없다는 사실을 마음에 새겨야 한다.

전능하신 하나님이 자기 백성을 치셨기 때문에 그분이 그들을 치료하시지 않는 한, 이스라엘을 도울 수 있는 이는 아무도 없다. 하나님은 이 백성을 어떻게 징계하셨는가? 그동안 선지자들은 한결같이 아시리아, 바빌론과 같은 강대국들을 통해서 그들을 징계하셨다. 그렇다면 앞으로 이 나라들, 곧 하나님의 진노의 도구가 되어 이스라엘을 쳤던 강대국들은 어떤 운명을 맞이할 것인가? 선지자는 확실하게 경고한다. "너희를 먹는 모든 자는 잡아먹힐 것이며, 네 모든 대적은 사로잡혀 갈 것이다”(16절). 또한 이 나라들이 이스라엘에서 약탈한 모든 것을 약탈당하게 될 것이며, 그들 자체가 노략물이 되어 끌려갈 것이다. 한때는 남을 약탈하고 억압하던 자들도 역시 같은 운명에 처할 것이라는 뜻이다.

학자들은 15-16절에서 일어나는 변화를 매우 경이로운 것으로 여긴다. 15절에 의하면 이스라엘은 아직도 아프고 찢긴 상태로 원수들의 억압 아래 있다. 그런데 16절은 이스라엘을 억압한 자들을 하나님이 벌할 거라고 선언하신다. 15절과 16절 사이에 이스라엘에 대한 하나님의 심경이 변한 것이다(Brueggemann; Brown). 이스라엘에게 분노하던 분이 그들을 억압했던 열방에 분노하신다. 이러한 상황은 이스라엘에게 분노한 하나님이 그들을 위로하고 치료하는 분이 되셨음을 암시한다. 그러나 하나님의 이 같은 변화는 놀랄 만한 일은 아니다. 주의 백성을 위해서라면 언제든지 예고 없이 순식간에 변하시는 것이 여호와 하나님의 중요한 성품 중 하나다(Miller).

벌하던 하나님이 치료하는 하나님이 되셨으니 주의 백성의 불치병은 치유를 받으며 그들의 상처는 완치될 것이다(17절). 시온은 연인들과 친구들에게도 잊혀 아무도 찾지 않는 곳이 되었다(17절). 아무도 찾지 않는다는 말씀은 매우 쓸쓸하고 외로운 버림받은 자의 이미지를 구상하고 있다(Miller). 그런데 세상에서 버림받은 시온을 치료하는 하나님이 찾아오셨다! 선지자는 언젠가는 주께서 백성을 치료하실 때가 올 것임을 3:22 이후 누누이 암시했다. 드디어 그때가 임한 것이다.

본문은 상처와 연관된 단어들로 가득 차 있다. ‘상처’(12, 13, 15, 17절); ‘부상’(12절); ‘처방’(13절); ‘고난’(14절); ‘징계’(14절); ‘고통’(15절). 하나님의 치유가 임하는 날, 주께서는 이스라엘의 상처에서 새살이 돋아나게 하고, 그들을 고쳐/치료해주실(רפא) 것이다(17절). 한 나라/민족이 병에 들었다가 완쾌된다는 은유(metaphor)를 그들의 영적 상태와 연결해 해석해서는 안 된다. 선지자들은 나라/민족의 실제적인 상황과 연관해 이런 은유를 자주 사용하기 때문이다(cf. 사 1:5–9). 선지자들이 회복에 대해 예언할 때 가장 중요한 중심 주제가 하나님의 치료(רפא)다.[6] '여호와 라파'(viz., 치료하시는 여호와)께서 치료의 광선을 주의 백성 위에 비추신다. 언약적 저주로 인해 주의 백성에게 임한 모든 고통과 징계가 완전히 반전되고 있다. 매우 대조되는 이스라엘과 열방의 운명이다.

VIII. 회복에 대한 소망(30:1–33:26)
A. 회복 약속(30:1–24)

4. 야곱의 장막 회복(30:18–22)

18 여호와께서 말씀하시니라
보라 내가 야곱 장막의 포로들을 돌아오게 할 것이고
그 거처들에 사랑을 베풀 것이라
성읍은 그 폐허가 된 언덕 위에 건축될 것이요
그 보루는 규정에 따라 사람이 살게 되리라
19 그들에게서 감사하는 소리가 나오고
즐거워하는 자들의 소리가 나오리라
내가 그들을 번성하게 하리니
그들의 수가 줄어들지 아니하겠고
내가 그들을 존귀하게 하리니
그들은 비천하여지지 아니하리라
20 그의 자손은 예전과 같겠고
그 회중은 내 앞에 굳게 설 것이며
그를 압박하는 모든 사람은 내가 다 벌하리라
21 그 영도자는 그들 중에서 나올 것이요

6 선지서에서 '치료하다'(רפא)는 동사가 스물아홉 차례, 이 단어의 명사형이 아홉 차례 사용된다. 이중 예레미야서 안에서 동사형이 열세 차례, 명사형이 다섯 차례 사용된다 (Brown).

그 통치자도 그들 중에서 나오리라
내가 그를 가까이 오게 하리니
그가 내게 가까이 오리라
참으로 담대한 마음으로 내게 가까이 올 자가 누구냐
여호와의 말씀이니라
22 너희는 내 백성이 되겠고
나는 너희들의 하나님이 되리라

하나님이 주의 백성만 치유하시는 것이 아니라 그들이 속한 공동체와 이 공동체가 세워질 땅과 도시도 회복시키실 것이다. 하나님이 먼저 '야곱의 장막', 즉 주의 백성이 살 수 있도록 그들의 영토를 회복시키실 것이다(18절). 그들이 거할 도시가 옛 폐허 위에 서게 되며, 왕궁이 있어야 할 자리에 재건될 것이다. 모든 것이 도시가 파괴되기 이전의 모습으로 돌아갈 것이라는 의미다. 이스라엘의 신분/상황도 반전되고 있다. 수치와 멸시를 받던 자들이 영화롭게 될 것이다(19절). 하나님이 그들의 거처에 은혜를 베푸실(רחם) 것이기에 가능한 일이다.

새로이 회복된 곳에서 살게 된 백성은 여호와의 은혜를 드높이는 감사의 찬송을 부르며 즐거워할 것이다(19a절). 모든 언약적 저주가 반전되고 있다(Brown). 한때는 신랑과 신부의 즐거워하는 소리도 들리지 않던 곳(7:34; 16:9; 25:10)에 감격의 노래 소리가 가득하다. 백성의 찬송을 들은 하나님이 그들이 번성하도록 더욱더 축복하며 그들의 명예도 회복해 세상에 선망의 대상이 되게 하신다(19b절). 그러므로 이 공동체는 옛날 그들의 조상들이 세웠던 공동체처럼 숫자적으로 다시 생육하고 번성하게 될 것이다(19, 20절; cf. 23:3). 하나님이 옛적에 아브라함과 맺었던 언약을 기억하고 재확인하시는 것이다(Keown et al.). 또한 이 공동체는 자유와 평안을 누릴 것이다(20절).

이 공동체는 또한 메시아의 통치를 즐기게 된다(21절). 메시아는 그들 중에서 나올 것이다. 그들 중에 나온다는 것은 이스라엘이 더 이상 이방 나라들의 지배를 받지 않게 될 것을 의미한다(Feinberg). 메시아는 정치적인 리더일 뿐만 아니라 종교적인 지도자도 될 것이다. "내가 그를 가까이 오게 하므로 그가 내게 접근하리라"(וְהִקְרַבְתִּיו וְנִגַּשׁ אֵלָי)라는 말씀은 마치 제사장들이 성전에서 하나님께 제사를 드릴 때의 모습을 연상시키는 듯한 예식적인 표현이다(Rudolph; Driver; cf. Brueggemann). 메시아가 제사장으로 사역하는 것은 포로기 이후 문헌들과 중간사 문헌에서 매우 중요한 주제로 부각된다(Brown).

메시아는 하나님과 매우 깊이 교제하며 주님과 항상 동행할 것이다. 이렇게 메시아의 통치를 받게 될 공동체는 드디어 하나님의 백성이 되고 여호와는 그들의 하나님이 될 것이다(22절). "여호와가 그들의 하나님이 되신다"는 말씀은 본문에서 가장 인상적인 말씀으로, 본문을 요약하고 있다. 이 메시지의 가장 중요한 부분은 하나님과 이스라엘의 관계가 회복된다는 것이다(Miller). 옛 관계가 법률적인(de jure) 관계였다면, 새로 형성될 관계는 실제적인(de facto) 관계가 될 것이다(Feinberg). 이스라엘은 오랫동안 '여호와가 다스리시는 공동체'라는 정체성을 잊어버렸다. 본문은 메시아의 통치 아래 이스라엘이 그 기능과 순수성을 회복하게 될 것을 예고하고 있다.

VIII. 회복에 대한 소망(30:1-33:26)
A. 회복 약속(30:1-24)

5. 결론: 악인의 종말(30:23-24)

23 보라 여호와의 노여움이 일어나
폭풍과 회오리바람처럼 악인의 머리 위에서 회오리칠 것이라
24 여호와의 진노는 그의 마음의 뜻한 바를 행하여
이루기까지는 돌이키지 아니하나니

너희가 끝날에 그것을 깨달으리라

본문은 23:19-20의 말씀을 거의 그대로 반복하고 있다. 이스라엘을 억압하던 열방에 심판이 임할 것이라는 말씀이다(Fretheim). 그러므로 이 말씀은 이스라엘에게 복음이다(Miller). 또한 이 말씀은 이스라엘을 포함한 온 인류에 대한 전반적인 예언이다. 이스라엘의 모든 사람이 여호와의 공동체에 속할 수는 없다. 악인들은 하나님의 분노를 피할 수 없을 것이며 무시무시한 심판에 죽어 나가게 될 것이다(23절). 하나님은 악인을 향한 분노의 심판을 결코 돌이키지 않을 것을 단언하신다(24절). 여호와의 모든 계획이 성취될 때까지 쉬지 않으실 것이다.

VIII. 회복에 대한 소망(30:1-33:26)

B. 새 언약(31:1-40)

이 본문의 가장 기본 바탕은 앞으로 회복될 주의 백성이 하나님과 새 언약 관계를 누리게 될 것이라는 예언이다. 그동안 예레미야는 주로 심판에 대한 메시지만 선포해왔는데, 본문은 매우 파격적인 구원 메시지를 전하고 있다(Brown). 주의 백성은 영적인 회복과 아울러 육적인 회복도 경험하게 될 것이다. 1절은 이러한 사실을 요약해 선언하고 있으며, 2-22절은 북 왕국 이스라엘의 회복될 미래를, 23-26절은 남 왕국 유다의 회복을 선포하고 있다. 마지막으로 27-40절은 미래에 유다와 이스라엘에 임할 복된 날에 대해 예언하고 있다. 이 장은 하나님의 아홉 개의 약속을 수록하고 있다(Brueggemann). 본문은 다음과 같이 세 분화된다.

A. 이스라엘 재건(31:1-6)

B. 백성의 귀향(31:7–14)
C. 라헬의 눈물(31:15–22)
D. 유다에 임할 축복(31:23–26)
E. 온 이스라엘에 임할 축복(31:27–28)
F. 유행하는 말(31:29–30)
G. 새 언약(31:31–34)
H. 주의 백성의 영원함(31:35–37)
I. 예루살렘 재건(31:38–40)

VIII. 회복에 대한 소망(30:1–33:26)
B. 새 언약(31:1–40)

1. 이스라엘 재건(31:1–6)

1 여호와의 말씀이니라
그때에 내가 이스라엘 모든 종족의 하나님이 되고
그들은 내 백성이 되리라
2 여호와께서 이같이 말씀하시니라
칼에서 벗어난 백성이 광야에서 은혜를 입었나니
곧 내가 이스라엘로 안식을 얻게 하러 갈 때에라
3 옛적에 여호와께서 나에게 나타나사
내가 영원한 사랑으로 너를 사랑하기에
인자함으로 너를 이끌었다 하였노라
4 처녀 이스라엘아
내가 다시 너를 세우리니 네가 세움을 입을 것이요
네가 다시 소고를 들고 즐거워하는 자들과 함께 춤추며 나오리라
5 네가 다시 사마리아 산들에 포도나무들을 심되
심는 자가 그 열매를 따기 시작하리라

[6] 에브라임 산 위에서 파수꾼이 외치는 날이 있을 것이라
이르기를 너희는 일어나라 우리가 시온에 올라가서
우리 하나님 여호와께로 나아가자 하리라

하나님은 먼저 북 왕국 이스라엘의 회복에 대해 약속하신다. 만일 하나님이 이스라엘을 회복하신다면, 과연 어느 정도 수준으로 회복하실 것인가? 선지자는 이 질문에 대해 1절에서 명확한 답을 제시하고 있다. "내가 이스라엘 모든 가족의 하나님이 되고 그들은 내 백성이 되리라." 매우 간단하고 평이한 말씀처럼 들릴지 모른다. 그러나 이 말씀은 이스라엘과 하나님의 사이가 과거에 어떠했던 간에 상관없이 다시 언약 관계가 세워질 거라고 선언하고 있다. 옛 언약의 요구 사항을 준수하지 못해 심판을 받아 하나님의 곁을 떠나가며 "하나님이 우리를 버리셨단 말인가?"라는 질문을 반복해야만 했던 백성에게 이 말씀은 그들이 가장 바라던 복음이 되는 것이다.

"칼에서 벗어난 백성이 광야에서 은혜를 입었나니 곧 내가 이스라엘로 안식을 얻게 하러 갈 때에라"(2절)라는 말씀에 대해서는 두 가지 해석이 제시된다. 이슈는 본문이 과거에 있었던 일을 회상하고 있는가, 아니면 앞으로 있을 일을 예고하고 있는가이다. 첫째, 여기서 구상되고 있는 이미지는 옛적 모세가 이스라엘을 이집트에서 이끌어내 광야로 인도하던 사건을 배경으로 하고 있다는 주장이다(Rashi; cf. TNK; NRS; NAS; ESV). 둘째, 앞으로 이스라엘이 타국에서의 포로 생활을 마치고 본국으로 귀향할 것을 그리고 있다는 견해다(Keil; cf. NIV). 이 두 해석 모두 일리가 있는 해석이다. 본문은 앞으로 하나님이 이스라엘을 구원하실 일을 묘사하고 있지만, 여호와의 사역 방법은 마치 옛적 출애굽 때와 흡사할 것을 뜻하는 듯하다(Thompson; Huey; Brueggemann). 하나님은 죽음에서 생명을 창조하시는 분이기에 포로로 끌려간 사람들에게서 이스라엘을 재창조하신다(Fretheim).

하나님은 주의 백성을 '영원한 사랑'(אַהֲבַת עוֹלָם)으로 사랑하시고, 한결 같은 사랑을 베푸신다(3절). 비록 백성들의 죄가 여호와를 분노케 했지만, 하나님은 한 번도 이들을 사랑하기를 멈추신 적이 없으며, 앞으로도 없을 것이다. 가끔 백성을 향해 폭발하는 하나님의 분노는 근본적으로 애증이다. 하나님은 한번 사랑하면 끝까지 책임지는 사랑을 하신다. 그래서 이스라엘이 어떤 말이나 행동으로 하나님과의 관계를 다시 시작하려는 시도를 하지 않았는데도, 하나님은 그들을 사랑하고 회복하시는 것이다(Fretheim).

마소라 사본은 하나님이 예레미야에게 나타나셨다고 하는데(cf. 개역개정), 내용을 보면 온 이스라엘에 관한 것이다. 그래서 번역본들은 '우리에게'(to us; cf. NIV), 혹은 '이스라엘에게'(to Israel; cf. 새번역)로 다양한 해석을 했지만, 사실은 모두 같은 의미다. 하나님이 앞으로 이스라엘에 임할 일을 예레미야 선지자를 통해 말씀하셨다는 뜻이다. 또한 번역본들에 따라 히브리 단어(מֵרָחוֹק)를 '먼 곳에서'(새번역; 공동; 현대인; NRS; ESV) 혹은 '오래전에'(개역개정; 아가페; TNK; NIV) 두 가지로 해석하는데, 두 가지 모두 가능한 해석이다. 구약에서 이 단어가 사용되는 경우를 살펴보면 '먼 곳'이 맞다(Untermann). 그러나 본문의 정황을 고려할 때, '먼 곳'보다는 '오래전/옛적'이 더 잘 어울리는 번역이다(HALOT; Holladay).

하나님은 주의 백성을 '처녀 이스라엘'(בְּתוּלַת יִשְׂרָאֵל)이라고 부르신다(4절). 이스라엘이 그동안 온갖 남자들(우상들)과 놀아난 것을 생각하면 이러한 표현은 매우 예외적이라 할 수밖에 없다(Fretheim). 그러므로 이 표현은 순결함과 상관없이 하나님이 주의 백성을 부르며 자주 사용하시던 애칭 중 하나로 간주해야 한다(Brown). 하나님이 다시 세우기 때문에 이스라엘은 확고히 세움을 받을 뿐만 아니라 즐거움과 기쁨이 함께할 것이다(4절). 그래서 회복을 경험한 처녀 이스라엘이 소고를 들고 기뻐한다. 여호와께서 열방으로 끌려간 백성들을 다시 본국으로 돌아오게 하신 후, 그들의 나라와 공동체를 재건하시게 되면 그들의 얼굴은 오랜 세월 동안 잊고 지내야 했던 미소를 머금을 것이요, 그들의 몸짓은 흥겨움으로 가누기 힘들어질 것이요, 그들의 손은 악기를 연주하게 될 것이다. 세상에서 경험하기 어려운 기쁨이 그들을 기다리고 있다. 우리에게도 한때는 이 같은 하나님의 구원에 대한 감격이 있었다. 지금은 어떤지 돌아봐야 한다.

돌아온 주의 백성이 땅에 과일 나무를 심고 그 나무의 소산을 먹게 될 것이다(5절). 예레미야는 '심기 위하여' 선지자 소명을 받았다(1:10). 그러나 그 이전에 선지자가 뽑고, 허물어야 했던 것처럼, 하나님은 이스라엘을 뽑고 허무신 다음에 다시 심으신다(Fretheim). 하나님은 처음부터 완전한 멸망을 염두에 둔 심판이 아니라, 회복을 염두에 둔 심판을 이스라엘에게 내리셨다.

이스라엘의 역사를 살펴보면 대체적으로 '그들이 심은 포도'를 이방인들이 따먹었다. 하나님이 이스라엘을 이방인들의 손에 붙이셨기 때문이다. 이제 그런 일은 더 이상 일어나지 않을 것이다. 하나님이 보장하신다. 그날이 되면 그들은 자신들이 가꾸고 일군 땅의 소산물을 즐기게 될 것이다. '사마리아'는 예레미야서에서 오직 세 차례 나오는데(cf. 23:13; 41:5), 본문에서는 유다와 이스라엘이 나뉘기 전 시대(viz., 통일 왕국 시대)를 상징하고 있다(Brown).

회복된 이스라엘은 더 이상 이방인들의 공격을 두려워하지 않아도 된다. 선지자는 풍요로움에 대한 한 가지 교훈을 암시하고 있다. 이스라엘이 바알, 아세라 등 이방 신들을 좇은 것은 풍요로움을 추구하기 위해서였다. 이 말씀을 통해 선지자는 풍요로움은 여호와께로부터 오는 것임을 선언하고 있다.

주의 백성이 다시 돌아오는 날, 여호와 종교가 회복된다(6절). 북 왕국 이스라엘은 주전 931년에 남 왕국과 분리된 이후 예루살렘 성전을 찾지 않았다. 북 왕국 왕들이 정치적인 이유로 이스라엘 백성이 예루살렘을 찾아가지 못하도록 했기 때문이다. 그러므로 만일 이스라엘이 통일된다면, 이스라엘과 유다의 관계는 새롭게 설정되어야 한다(Brown). 예레미야는 그날이 되면 이런 문제도 해결될 것이라고 한다. 그들은 자발적으로 하나님의 성전이 있는 예루살렘으로 올라가 주님을 뵙자고 서로 권면할 것이기 때문이다. 본문이 언급하고 있는 파수꾼의 임무는 언덕이나 높은 고지에 올라 월삭(new moon)이나 첫 순례자들의 행렬이 보일 때 신호를 보내 예배/축제가 시작되도록 돕는 것이다. 이들의 기능을 감안할 때 '파수꾼'보다는 '소리치는 자'가 더 적절한 해석이다(Holladay).

본문이 노래하고 있는 이스라엘의 회복은 매우 평화스럽고 순결한 것임을 강조한다. 신명기 28:30-42의 언약적 저주가 모두 해결되었음을 뜻한다. 그날이 되면 하나님이 백성의 죄 문제를 철저하게 해결하실 것이다. 뿐만 아니라 그들이 언약을 파괴함으로써 자청했던 저주들도 말끔히 씻어주실 것이다. 그러므로 백성은 더 이상 과거 때문에 넘어지지 않을 것이다.

VIII. 회복에 대한 소망(30:1-33:26)
B. 새 언약(31:1-40)

2. 백성의 귀향(31:7-14)

7 여호와께서 이와 같이 말씀하시니라
너희는 여러 민족의 앞에 서서 야곱을 위하여 기뻐 외치라
너희는 전파하며 찬양하며 말하라
여호와여
주의 백성 이스라엘의 남은 자를 구원하소서 하라
8 보라 나는 그들을 북쪽 땅에서 인도하며
땅 끝에서부터 모으리라

그들 중에는 맹인과 다리 저는 사람과
잉태한 여인과 해산하는 여인이 함께 있으며
큰 무리를 이루어 이곳으로 돌아오리라
9 그들이 울며 돌아오리니 나의 인도함을 받고 간구할 때에
내가 그들을 넘어지지 아니하고
물 있는 계곡의 곧은길로 가게 하리라
나는 이스라엘의 아버지요 에브라임은 나의 장자니라
10 이방들이여
너희는 여호와의 말씀을 듣고 먼 섬에 전파하여 이르기를
이스라엘을 흩으신 자가 그를 모으시고
목자가 그 양 떼에게 행함같이 그를 지키시리로다
11 여호와께서 야곱을 구원하시되 그
들보다 강한 자의 손에서 속량하셨으니
12 그들이 와서 시온의 높은 곳에서 찬송하며
여호와의 복 곧 곡식과 새 포도주와 기름과
어린 양의 떼와 소의 떼를 얻고 크게 기뻐하리라
그 심령은 물 댄 동산 같겠고
다시는 근심이 없으리로다 할지어다
13 그때에 처녀는 춤추며 즐거워하겠고
청년과 노인은 함께 즐거워하리니
내가 그들의 슬픔을 돌려서 즐겁게 하며
그들을 위로하여 그들의 근심으로부터 기쁨을 얻게 할 것임이라
14 내가 기름으로 제사장들의 마음을 흡족하게 하며
내 복으로 내 백성을 만족하게 하리라
여호와의 말씀이니라

이스라엘의 영토가 회복될 것이라고 선포한 1-6절은 백성의 회복도

언급한다. 그러나 1-6절의 초점은 이스라엘의 영토 회복에 맞추어져 있었다. 이제 선지자는 그 풍요롭고 영화롭게 될 땅에서 거할 백성의 귀향에 초점을 맞추어 그들의 회복을 선언한다. 여호와의 두 스피치(7-9, 10-14절)로 구성되어 있는 이 말씀은 귀향할 이스라엘 백성의 기쁨과 즐거움에 초점을 맞추고 있다.

처음 스피치인 7-9절은 이스라엘에게 주신 말씀이다. 여호와께서 새로이 형성될 공동체에게 즐거워하고 노래하라며 다섯 개의 명령문을 사용해 권고하신다. "기뻐 외치라 … 전파하라 … 찬양하라 … 말하라…[구원하소서] 하라"(7절). 하나님께 찬송으로 감사드리고, 온 열방에 그분의 선하심에 대해 선포하라는 권면이다. 이 과정에서 하나님은 이스라엘을 '세계 만민의 머리'(רֹאשׁ הַגּוֹיִם)라고 칭하신다(7절; 새번역; cf. 현대인; NIV; NRS; ESV).[7] 하나님이 세상 그 어느 나라보다도 이스라엘을 귀하게 여기시는 것이다. 이스라엘에 대한 이 호칭은 본문에 기록된 일이 그들의 신분이 완전히 회복될 종말의 때에 있을 일임을 암시한다(Brown).

이스라엘이 감격할 이유가 무엇인가? 한때는 하나님의 심판을 받아 온 세상에 뿔뿔이 흩어졌던 그들의 남은 자들이 모두 본국으로 돌아오고 있기 때문이다(8절). 그들이 북쪽 나라들에서, 세상의 끝에서부터 돌아오고 있다. 하나님이 그들을 모으시기(קִבַּצְתִּים) 때문이다. 이스라엘은 스스로 돌아와 본토에서 자생할 능력을 상실한 지 오래다. 그러므로 회복은 근본적으로 여호와께서 하시는 일이 되어야 한다.

어떤 자들이 돌아올 것인가? 그들 중에는 '소경과 절뚝발이와 잉태한 여인과 해산하는 여인'이 포함되어 있다(8절; cf. 사 35:5-6; 미 4:6-8; 습 3:19-20). 물론 귀족들도 이 행렬에 포함되어 있겠지만, 하나님은 그들에 특별한 관심을 표하지 않으신다. 구원의 범위가 소수에 제한된

---

7 일부 번역본들은 이 문구에 전치사가 붙어 있다는 이유로(בְּרֹאשׁ הַגּוֹיִם) "여러 민족 앞에서"(개역개정; cf. 아가페; NIV; TNK)로 해석한다. 그러나 본문이 이스라엘과 열방의 차별화를 강조하기 때문에 '머리'가 더 적절한 해석이다.

것이 아니라 주의 백성 모두가 수혜자가 될 것을 뜻하며, 연약한 자들이 하나님의 특별한 은혜를 입을 것을 의미한다(Fretheim). 하나님이 그 누구도 소외시키지 않고 이스라엘의 남은 자들은 모두 돌아오게 하실 것임을 확인하는 말씀이다. 하나님의 구원의 범위를 보여준다. 절대 경제적인 이유나 신체적인 이유로 소외되는 일이 없이 모든 사람이 구원을 경험할 것이다. 선지자들은 메시아가 이 땅에 오시면 이런 일이 있을 것이라고 한다. 본문도 이 일이 메시아 시대에 있을 일임을 암시한다(Brown).

새로이 형성될 공동체가 연약한 자들을 중심으로 구성된다는 것은 매우 의미심장하다. 하나님은 세상에서 가장 소외되거나 버림받기 쉬운 사람들을 모아 그들에게 생존의 정당성은 물론 존귀함과 권세를 주신다. 스스로 노력해서 만들어지는 존엄성이나 권세는 별것 아니다. 그러나 하나님은 대단하고 위대한 것을 주신다. 하나님은 세상의 가장 연약한 자들을 취하여 그들을 가장 존귀케 하실 것이다. 이사야의 "상한 갈대도 꺾지 아니하시고, 꺼져가는 등불도 끄지 않으시는 하나님"이 구원을 이루시고 있다.

여호와의 인도하심으로 본국으로 돌아오는 길에 그들은 하염없이 눈물을 흘릴 것이다(9절). 감격과 지난날을 돌아보며 흘리는 회상의 눈물이다. 백성들의 눈가에서 흘러내리는 액체를 보고 하나님의 마음도 녹아내린다. 그래서 하나님은 그들을 다시 한 번 위로하신다. "내가 그들을 넘어지지 아니하고 물 있는 계곡의 곧은길로 가게 하리라. 나는 이스라엘의 아버지요 에브라임은 나의 장자니라"(9절). 하나님은 이스라엘에 대하여 "내가 내 맏아들을 이렇게 대하는 것은 당연한 일이 아니겠느냐?"는 취지로 말씀하신다(Brown). 백성은 그렇게 느끼지 않았을지라도, 하나님은 아들인 이스라엘을 버리신 적도, 자기 백성이 아니라고 생각해 보신 적이 한 번도 없다. 주의 백성의 범죄로 한동안 불편했던 관계가 다시 회복되고 있다.

이스라엘을 위로하신 하나님이 열방을 향하여 말씀을 선포하신다. "이스라엘을 흩으신 자가 그를 모으시고 목자가 그 양 떼에게 행함같이 그를 지키시리로다"(10절). 열방은 자신들이 이스라엘을 멸망시키고 포로로 끌어감으로써 온 세상에 흩었다고 생각하고 있다. 그러나 하나님은 이 모든 일을 자신이 했음을 밝히신다. 이제 이스라엘을 '흩으신 이'가 다시 그들을 모으겠다 하신다. 누가 반대할 수 있단 말인가? 그러므로 열방은 여호와의 역사를 잠잠히 지켜볼 수밖에 없다.

이스라엘은 왜 스스로를 구할 수 없는가? 그들이 '그들보다 강한 자의 손'에 붙잡혀 있기 때문이다(11절). 그러므로 그들을 붙잡고 있는 자들보다 더 강한 자가 나타나서 구원할 때까지 그들은 노예로 살아야 한다. 이제 그들을 구원할 '강자'가 오셨다. 하나님이 그들을 구원하고 마치 목자가 양들을 보살피고 인도하는 것처럼 대하실 것이다.

하나님의 인도 아래 본국으로 돌아온 그들은 시온의 정상에 올라서 기쁨과 즐거움으로 노래하며 소리를 지른다. 뿐만 아니라 그들은 여호와의 풍요로움 안에서 모든 것을 즐길 것이다(12절). 회복된 땅에서 여호와의 풍요로움을 즐기는 이스라엘의 마음은 마치 '물 댄 동산'(גַּן רָוֶה) 처럼 평온하며 다시는 근심의 눈물을 짓지 않을 것이다. 근동처럼 물이 귀한 곳에서 '물댄 동산'이란 이미지는 매우 의미 있는 표현이라 생각할 수 있다. 마치 낙원이었던 에덴 동산을 떠올린다.

선지자는 이스라엘이 얼마나 흥분할 것인가를 다시 한 번 언급하면서 이 섹션을 마무리한다(13–14절). 그들의 슬픔이 기쁨으로, 아픔이 위로로 바뀔 것이다. 즉 슬픔이 많았던 만큼 기쁨이 많아지고 상처가 컸던 만큼 회복도 클 것이다. 하나님은 이스라엘의 모든 사람들을 이처럼 위로하고 만족시키실 것이다.

VIII. 회복에 대한 소망(30:1-33:26)
B. 새 언약(31:1-40)

3. 라헬의 눈물(31:15-22)

15 여호와께서 이와 같이 말씀하시니라
라마에서 슬퍼하며 통곡하는 소리가 들리니
라헬이 그 자식 때문에 애곡하는 것이라
그가 자식이 없어져서 위로받기를 거절하는도다
16 여호와께서 이와 같이 말씀하시니라
네 울음소리와 네 눈물을 멈추어라
네 일에 삯을 받을 것인즉
그들이 그의 대적의 땅에서 돌아오리라
여호와의 말씀이니라
17 너의 장래에 소망이 있을 것이라
너의 자녀가 자기들의 지경으로 돌아오리라
여호와의 말씀이니라
18 에브라임이 스스로 탄식함을 내가 분명히 들었노니
주께서 나를 징벌하시매
멍에에 익숙하지 못한 송아지 같은 내가 징벌을 받았나이다
주는 나의 하나님 여호와이시니 나를 이끌어 돌이키소서
그리하시면 내가 돌아오겠나이다
19 내가 돌이킨 후에 뉘우쳤고
내가 교훈을 받은 후에 내 볼기를 쳤사오니
이는 어렸을 때의 치욕을 지므로 부끄럽고 욕됨이니이다 하도다
20 에브라임은 나의 사랑하는 아들 기뻐하는 자식이 아니냐
내가 그를 책망하여 말할 때마다 깊이 생각하노라
그러므로 그를 위하여 내 창자가 들끓으니

내가 반드시 그를 불쌍히 여기리라
여호와의 말씀이니라
21 처녀 이스라엘아 너의 이정표를 세우며
너의 푯말을 만들고
큰 길 곧 네가 전에 가던 길을 마음에 두라
돌아오라 네 성읍들로 돌아오라
22 반역한 딸아
네가 어느 때까지 방황하겠느냐
여호와가 새 일을 세상에 창조하였나니
곧 여자가 남자를 둘러싸리라

새 문단을 시작하는 15절은 이스라엘이 포로로 끌려가는 일의 슬픔을 마치 자식들이 노예가 되어 끌려가는 것을 지켜보아야 하는 어머니의 통곡으로 묘사하고 있다. 물론 하나님은 "더 이상 통곡하지 말라"는 위로의 말씀도 하신다. 이스라엘이 포로로 끌려가는 것을 절제하지 못하며 슬피 통곡하는 어머니는 누군가? 바로 라헬이다. 그런데 왜 이스라엘의 어머니가 레아도 아닌 라헬로 표현되는가? 라헬은 베냐민을 출산하면서 죽었다. 어린 두 아들을 이 세상에 남겨두고 죽어야 하는 그녀의 마음이 어떠했을까?

그러므로 라헬은 슬픔과 절망을 상징하는 대명사가 되어 있었다. 자식을 갖겠다는 라헬의 의지와 그녀가 겪은 출산 때의 고통은 메시아를 갈망하는 이스라엘의 애틋함을 상징하게 되었다(Sailhammer). 수백년 후에 예수님이 탄생하실 때 세상에는 라헬의 통곡 소리가 다시 들렸다. 어리석은 헤롯 왕이 베들레헴에서 태어난 아이들을 모두 죽였기 때문이다(마 2:17-18). 그러나 예수 그리스도의 탄생은 라헬의 통곡을 기쁨과 즐거움으로 바꾸었다. 이처럼 본문은 마태복음 2:16-18과 밀접한 관계를 유지하고 있다는 것이 일반적인 견해다(van Groningen).

라헬의 통곡 소리가 라마에 들린다. 라마는 예루살렘에서 북쪽으로 8킬로미터 떨어진 곳으로 에브라임과의 접경 지역, 벧엘로 올라가는 길가에 있었다. 바빌론 사람들은 이스라엘 사람들을 포로로 끌고갈 때 먼저 라마에 집결시켰기 때문에 자식을 잃는 어미의 슬픔이 이곳에서 극에 달했다. 그래서 라헬의 통곡이 라마에까지 들린다고 했다(40:1). 라헬은 요셉과 베냐민의 어머니였다. 요셉은 북쪽 지파를 상징하는 에브라임과 므낫세를 낳았다. 베냐민은 나라가 분열할 때 유다 지파와 함께 남 왕국을 형성했다. 그러므로 이 두 형제의 어머니인 라헬은 남, 북 왕국을 함께 상징하기에는 적격이다(Brown).

라헬이 타국으로 끌려가는 자식들을 보며 애곡하였던 것을 기억하자, 하나님이 라헬을 기억하셨다(Fretheim). 자식들을 잃고 실성할 정도로 슬퍼하며 통곡하는 라헬을 하나님이 위로하신 것이다. "눈물을 멈추어라…너의 자식들이 원수들의 땅으로부터 다시 돌아올 것이다. 너에게는 소망이 있다. 자식들이 돌아올 것이기 때문이다"(16-17절). 라헬의 절망이 소망으로 바뀌고 있다(Fretheim). 또한 이스라엘이 포로로 끌려갔던 것은 그들의 미래를 보존하기 위한 하나님의 방법이었다.

어떤 사람들은 이 약속이 스룹바벨, 에스라, 느헤미야 등을 중심으로 한 귀향 시대 때 성취된 것으로 여기지만, 이들의 시대에 영적인 변혁이 일어나지 않았으므로 이 말씀은 아직도 성취를 기다리고 있다는 견해도 팽배하다. 하나님은 라헬에게 끌려갔던 자식들이 돌아오는 날, 그녀의 '삯'(שָׂכָר)을 받을 것이라 하신다(16절). 라헬이 자식들을 빼앗겨 어머니로서 제대로 보상받지 못했던 임신, 양육, 자식을 잃은 슬픔, 자식을 위한 기도와 같은 수고로운 일들에 대한 적절한 보상이 이루어질 것을 의미한다(Feinberg).

라헬의 통곡과 하나님의 위로가 포로로 끌려간 자식의 고백으로 이어진다(18-19절). 먼저 에브라임이 탄식한다. '탄식함'(מִתְנוֹדֵד)은 슬픔이 너무 커서 서 있을 수도 없어 앞뒤 좌우로 흔들리며 흐느낀다는 의미다(Lundbom; cf. NIDOTTE). 자신들의 죄의 추악함에 대해 철저하게 의식하고 회개한다는 뜻이다(Holladay). 하나님이 그동안 수많은 선지자들과 선생들을 보내 바른 길을 가르쳤지만, 헛수고였다. 이제 드디어 이스라엘은 선지자들의 가르침을 깨닫고 자신들이 얼마나 잘못 살아왔는가를 깨닫고 있다(Brown).

탄식하는 에브라임이 이스라엘을 대표해서 하나님께 자신의 어리석음을 고백하며 다시 그들을 거두어 주시기를 간구하고 있다. "주께서 나를 징벌하시매 멍에에 익숙하지 못한 송아지 같은 내가 징벌을 받았나이다 주는 나의 하나님 여호와이시니 나를 이끌어 돌이키소서 그리하시면 내가 돌아오겠나이다"(18절). 뉘우친 다음에도 하나님의 은혜가 있어야만 다시 하나님의 백성이 될 수 있다는 것을 고백하는 것이다. "주는 나의 하나님 여호와이십니다"라는 고백이 하나님의 귀에 음악소리로 들렸을 것이다(Brown).

에브라임의 고백이 이어진다. 자신들은 하나님을 떠난(שׁוב) 다음에 바로 뉘우쳤고(ידע), 가슴을 치며 회개했다(נחם)는 것이다(19절). 그들은 자신들이 죄를 짓고 있는 것은 어렸을 때부터 바로 살지 못하고 수치스러운 삶을 살아온 결과라는 사실도 깨달았다(19절; cf. Brown). 이들의 죄는 어제오늘의 일이 아니라, 어렸을 때부터 지속되어온 것이며 그들이 경험한 모든 일이 연쇄 반응(chain-reaction)이라는 사실을 의식한 것이다. 에브라임의 고백의 핵심 주제는 진심 어린 회개다(Fretheim).

에브라임이 백성을 대표해 죄의 길에서 돌이키니 고백을 들으신 하나님은 그가 기도한 대로 그를 껴안고 위로하신다(20절). "오냐! 에브라임은 내 아들이다. 눈에 넣어도 아프지 않은 나의 귀염둥이다. 책망을 하면서도 나는 한 번도 잊은 일이 없었다. 가엾은 생각에 내 마음은 아프기만 하였다"(공동). 호세아 11:8-9과 함께 본문은 이스라엘을 향한 하나님의 사랑을, 자식을 향한 가장 부드러운 부모의 사랑으로 묘사한다(Brown; cf. Fretheim).

뿐만 아니라 하나님은 그들에게 명확하게 표시된 길을 따라 본국으로 돌아올 것을 권고하신다(21절). 하나님은 그들이 올 길을 모두 준비하고 이정표까지 붙여 놓으셨다는 것이다. 주의 백성은 더 이상 방황하지 않고 하나님의 새로운 창조에 따라 돌아오면 된다(22절). 하나님은 죄로 얼룩진 그의 백성을 버리신 것이 아니라, 그들이 회개하고 돌아오기를 항상 갈망해 오셨다. 그러므로 당연히 회개하는 백성을 맞이하실 것이라고 약속하신다.

그렇다면 여호와께서 창조하신 새 일은 무엇이며, "여자가 남자를 둘러싸리라"(נְקֵבָה תְּסוֹבֵב גָּבֶר)라는 말은 무슨 뜻인가? 대체적으로 하나님이 하실 새 일은 이스라엘을 다시 본국으로 돌아오게 하는 것으로 해석된다. 물론 예외도 많다. 이스라엘이 처녀와 패역한 딸로 자주 언급되는 것처럼, 영적으로 부패할 대로 부패해 버린 창녀 이스라엘이 처녀로 변화되는 것이라고 해석되기도 한다(van Groningen).

그러나 여자가 남자를 둘러싸는 것의 해석은 아직도 난제로 남아 있다. 이 문장에서 사용된 단어들이 독특하다. 여자(נְקֵבָה)는 여인보다는 여성을 의미한다. 남자(גָּבֶר)는 남성이나 남자를 뜻하기보다는 장정/용사를 뜻한다. 뿐만 아니라 개역성경이 '안으리라'(תְּסוֹבֵב)고 표현한 단어는 '둘러서다, 에워싸다'가 더 정확한 표현이다(HALOT; cf. 개역개정). 이러한 톡특성 때문에 제롬(Jerome)은 이 말씀을 메시아에 대한 예언으로 해석했다. 로마 가톨릭에서는 이런 해석을 바탕으로 본문이 메시아의 '동정녀 탄생'을 예언하는 것으로 풀이했다(Feinberg). 칼뱅(Calvin)은 이 말씀을 이스라엘이 바빌론보다 더 강해진다는 예언으로 해석했다. 이 외에도 여러 학자들이 다양한 해석을 내놓았지만, 그 어떤 것도 여러 학자들의 동의를 얻지는 못했다. 학자들의 주요 제안은 다음과 같다(Bozak). 여자들이 도성을 보호할 수 있는 시대가 열리므로 결국 여자들이 남자들을 보호하는 것을 (1) 여자가 남자로 변할 것이라는 뜻이다; (2) 온전한 평화가 와서 의미한다; (3) 결혼할 때 남자가 여자를 택하는 것이 아니라 여자가 남자를 고른다는 의미다. 그러므로 앞으로는 이스라엘이 여호와와의 관계에서 주도권을 행사한다는 뜻이다; (4) 각 남자가 여러 아내들을 갖게 되어 자손들을 많이 생산한다는 뜻이다 (cf. Thompson; Lundbom; Holladay; McKane; Miller; Brown). 이 문장이 매우 특이한 상황을 묘사할 때 사용된 격언이었다는 주장도 있다(Huey). 안타깝게도 이 문장의 정확한 의미는 아직까지는 미스터리로 남아 있다 (McKane).

VIII. 회복에 대한 소망(30:1-33:26)
B. 새 언약(31:1-40)

4. 유다에 임할 축복(31:23-26)

23 만군의 여호와 이스라엘의 하나님께서 이와 같이 말씀하시니라 내가 그
사로잡힌 자를 돌아오게 할 때에 그들이 유다 땅과 그 성읍들에서 다시 이
말을 쓰리니

곧 의로운 처소여,
거룩한 산이여,
여호와께서 네게 복 주시기를 원하노라

할 것이며 24 유다와 그 모든 성읍의 농부와 양 떼를 인도하는 자가 거기에
함께 살리니 25 이는 내가 그 피곤한 심령을 상쾌하게 하며 모든 연약한 심
령을 만족하게 하였음이라 하시기로 26 내가 깨어보니 내 잠이 달았더라

지금까지 하나님은 북 왕국 이스라엘 혹은 온 이스라엘의 회복을 주로 언급해 오셨다. 이제 메시지의 초점을 남 왕국 유다에 맞추신다. 유다는 분명히 포로 생활에서 돌아올 것이다. 그들은 조상이 거하던 땅에 새로이 뿌리를 내려 하나님의 이름으로 서로를 축복하게 될 것이다. "의로운 처소여, 거룩한 산이여, 여호와께서 네게 복 주시기를 원하노라"(23절). 이 말씀은 순례자들이 예루살렘 성전에 들어서면서 외치던 축복이다(cf. 시 133편). 즉 옛적 풍습과 유래가 다시 회복될 것을 뜻한다. 하나님이 유다를 회복하시는 가장 중요한 목적은 예루살렘(viz., 의로운 처소, 거룩한 산)에서 다시 하나님께 예배를 드리게 하기 위해서다(Kewon et al.).

유다의 고을은 다시 농민과 유목민으로 북적거릴 것이며 모든 사람들은 평안과 풍요로움을 즐기게 될 것이다. 여호와께서 "피곤한 심령을 상쾌하게 하며 모든 연약한 심령을 만족하게" 하셨기 때문이다(25절). 다시는 슬픔과 곤핍함이 그들을 괴롭히지 않을 것이다.

"내가 깨어보니 내 잠이 달았더라"(26절)라는 말씀은 많은 해석자들에게 혼란을 초래한다(McKane; Lundbom; cf. Brueggemann). 묵시 문학에서 이런 표현은 부활을 뜻하기도 한다. 그러나 예레미야는 단순히 31장에서 전한 말씀은 선지자적 꿈을 통해 받았음을 확인할 뿐이다. 예레미야가 꾼 꿈이 악몽이 아닌 것이 천만다행이다(Brown). 구약에는 하나님이 꿈을 통해 계획을 말씀해주시는 경우가 흔했다(cf. 창 37:5; 단 2:28; 10:9; 슥 4:1). 혹독한 현실에서 고통스러워하는 예레미야에게 모든 좌절과 아픔을 이겨낼 수 있도록 미래에 대한 소망이 꿈으로 다가왔다(Brueggemann).

> VIII. 회복에 대한 소망(30:1-33:26)
> B. 새 언약(31:1-40)

5. 온 이스라엘에 임할 축복(31:27-28)

27 여호와의 말씀이니라 보라 내가 사람의 씨와 짐승의 씨를 이스라엘 집과 유다 집에 뿌릴 날이 이르리니 28 깨어서 그들을 뿌리 뽑으며 무너뜨리며 전복하며 멸망시키며 괴롭게 하던 것과 같이 내가 깨어서 그들을 세우며 심으리라 여호와의 말씀이니라

마치 이스라엘과 유다를 따로 구분했던 것을 하나로 묶기라도 하듯 이 본문은 이스라엘과 유다를 대상으로 말씀을 선포한다. 본문은 "보라! 그날이 오면"(הִנֵּה יָמִים בָּאִים)이라는 문구로 시작해 꼭 이런 날이 올 것이라는 확실성을 선언하는 일로 시작한다(cf. 31, 38절; 33:14). 이 두 국가가 풍요와 번성을 누리게 될 것이라고 약속하신다. "사람과 짐승의 씨"는 흔하지 않은 표현이다. 마치 씨를 뿌리면 수십 배의 수확을 하는 것처럼, 주의 백성이 다시 무한히 번성할 것을 선언하는 말씀이다(cf. Brown). 짐승들도 기하급수적으로 번성해야 사람들에게 먹을 것을 제공할 것이기 때문에 함께 언급되고 있다(Miller). 과거에 이들의 죄 때문에 분노하셨던 하나님이 열정적으로 그들을 뽑고 파괴하고 멸하셨던 것처럼, 같은 열정을 가지고 다시 그들을 세우고 심으실 것이다(cf. 1:10).

VIII. 회복에 대한 소망(30:1-33:26)
B. 새 언약(31:1-40)

6. 유행하는 말(31:29-30)

29 그때에 그들이 말하기를 다시는 아버지가 신 포도를 먹었으므로 아들들의 이가 시다 하지 아니하겠고 30 신 포도를 먹는 자마다 그의 이가 신 것같이 누구나 자기의 죄악으로 말미암아 죽으리라

주전 605년과 주전 597년에 바빌론으로 끌려간 사람들은 하나님과 조상을 원망했다. 선지자들은 수백 년 동안 이스라엘에게 돌이키라고 경고해왔지만, 백성은 듣지 않았다. 그리고 예레미야를 포함한 주전 6-7세기 선지자들은 백성의 끊임없는 불순종으로 드디어 올 것이 왔다고 선언했다. 즉 바빌론 포로 생활은 이스라엘의 지속적이고 오랜 죄의 결과라는 것이다. 그러자 백성은 "아비가 신 포도를 먹었으므로 아들들의 이가 시다"(29절)라는[8] 말을 유행시키며 자신들의 억울함을 호소했다. 자신들은 죄를 별로 짓지 않았는데도 조상의 죄 때문에 다른 나라로 끌려가고 있다는 것이다. 특히 아하스, 므낫세 같은 왕들이 얼마나 악하게 굴었는지를 생각해보면 당연한 말이다(cf. 왕하 16장; 24장).

이에 대해 선지자는 개인의 책임을 명백히 하고 있다. 모두 '각자의 신 포도'(viz., 죄) 때문에 심판을 받게 되는 것이지, 결코 조상이 먹은 '신 포도' 때문에 자손이 죗값을 치르는 일은 없다는 것이다. 에스겔도 신세를 비관하는 포로민의 말을 직접 인용해 개인의 책임에 대한 가르침을 발전시킨다(겔 18:2-4). 에스겔도 모든 사람이 각자 자기의 죄 때문에 죽는 것이지 결코 조상의 죄 때문에 자손이 죽는 경우는 없다고 선언한다(cf. Walman).

본문과 연관해 한 가지 생각해 볼 문제는 조상의 죄와 후손이 치러야 하는 죗값이다. 성경은 민족이 공동체를 형성하고 살아가는 한, 세월이 흐르면서 죄도 쌓여간다고 말한다. 그래서 성경은 조상 때부터 공동체가 쌓아온 죄를 고백하고, 심지어 조상의 죗값을 자손이 치러야 한다는 원칙을 여러 차례 언급하고 있다(출 20:5-6; 레 26:39-40; 스 9:7; 느 9:2; 시 106:6; 애 5:7; 사 14:21). 드디어 그 공동체의 죄가 창조주의 심판을 받을 만큼 쌓였을 때, 하나님은 그 공동체를 벌하고 다른 민족에게 그 땅을 주신다.

그리고 새로 정착한 민족의 죄가 차 심판이 임할 때까지 그 민족에게 그 땅을 누리며 살도록 하신다. 신명기 1-4장의 말씀은 이스라엘이 모압, 암몬 족속 등의 땅을 넘보지 못하게 하고, 그들의 땅을 지나갈 때 물도 돈을 주고 사먹으라고 하는데, 바로 이런 원리를 바탕으로 한

8 비록 짧기는 하지만 이 말씀은 일종의 격언이므로 시가체로 분류되어 다음과 같이 표기되어야 한다(cf. NIV).

아비가 신 포도를 먹었으므로
아들들의 이가 시다

말씀이다. 더 나아가 하나님이 아브라함과 그의 자손에게 가나안 땅을 약속하시지만, 아브라함 시대에는 허락하실 수 없었던 것도 가나안에 공동체를 형성하고 살아가는 민족들의 죄가 아직 차지 않았기 때문(viz., 창조주의 심판의 때가 이르지 않음)이다(창 15:16).

반면에 예레미야와 에스겔은 백성 사이에 돌았던 일종의 격언을 인용해 조상의 죄 때문에 자손이 벌을 받는 일은 없다고 단호하게 선언한다. 모든 사람은 자기의 죄 때문에 죽는다. 공동체의 책임보다는 각자의 책임을 강조하는 것이다. 더 나아가 신명기 24:16은 "아버지는 그 자식들로 말미암아 죽임을 당하지 않을 것이요 자식들은 그 아버지로 말미암아 죽임을 당하지 않을 것이니 각 사람은 자기 죄로 말미암아 죽임을 당할 것이니라"면서 연좌제의 가능성을 완전히 배제한다.

이 두 상반된 성경적 원리를 어떻게 이해할 것인가? 이 두 가지 원칙은 표면적으로는 서로 대립하는 것 같지만, 두 가지 성경적 원리를 통해 충분히 설명될 수 있다.

첫째 원리는 설령 공동체가 심판을 받을지라도 그 공동체에 속한 개인의 구원은 언제든지 가능하다는 것이다. 이미 언급한 것처럼 공동체의 죄가 차면 그 공동체는 절대 창조주 하나님의 심판을 피할 수 없다. 그러나 만일 그 속에 하나님의 구원을 입을 만한 사람들이 있다면, 하나님은 반드시 그들을 구원하신다. 그래서 하나님은 유황불로 심판하신 소돔과 고모라에서 롯과 딸들을 구하셨다. 심지어는 진멸(viz., 남녀노소 가리지 않고 모든 사람을 죽이는 것)이 선포된 가나안에서도 라합과 그의 가족을, 그리고 기브온 공동체를 구원하셨다. 이런 하나님이 유다 공동체를 벌할 때 구원을 받을 만한 사람들을 함께 벌하실 리 없다.

둘째 원리는 심판이 임박한 상황에서라도 심판받아야 할 사람이 자신이 저지른 죄의 심각성을 의식하고 근신하면 하나님은 다음 세대로 심판을 보류하신다. 이 원리를 가장 잘 보여주는 예가 열왕기상 21장에 기록된 아합의 이야기다. 아합은 나봇이라는 사람의 포도원을 소유하고 싶어 했다. 그러나 나봇은 조상 대대로 내려온 포도원을 아합에게 팔기를 거부했다. 아합은 상심했다. 왕이 이 일로 낙심했다는 소식을 들은 왕비 이세벨은 나봇을 모함해 죽이고는 그 포도원을 빼앗아 남편에게 선물했다. 아합이 선물을 받고 좋아하고 있는데, 엘리야가 나타났다. 엘리야는 그들이 나봇을 죽이고 포도원을 갈취한 죄로 하나님이 쿠데타를 통해 아합 일가를 모두 죽이고 나라를 다른 사람에게 넘기실 것이라고 선언했다. 선지자는 이 말을 남기고 그 자리를 떠났다.

아합은 선지자의 말씀을 듣고는 베옷을 입고 근신했다. 하나님의 말씀이 다시 엘리야에게 임했다. 하나님은 아합이 근신했기 때문에 그의 세대에 내리려 했던 모든 재앙을 그의 아들 세대로 넘기겠다고 하셨다. 심판이 취소된 것은 아니지만, 한 세대 보류된 것이다. 그렇다면 만일 아합의 아들이 하나님 앞에서 신실하게 살면 심판은 어떻게 될까? 당연히 한 세대 또 보류될 것이다. 이러한 원리를 바탕으로 생각하면 아합의 아들이 예후가 주도한 쿠데타로 죽게 된 것은 자기 죄 때문이지, 조상의 죄 때문은 아니다. 하나님의 심판이 임하면 조상 때부터 쌓아온 죗값까지 자손이 한꺼번에 치러야 하는 것은 사실이다.

VIII. 회복에 대한 소망(30:1-33:26)
B. 새 언약(31:1-40)

7. 새 언약(31:31-34)

31 여호와의 말씀이니라 보라 날이 이르리니 내가 이스라엘 집과 유다 집에
새 언약을 맺으리라 32 이 언약은 내가 그들의 조상들의 손을 잡고 애굽 땅
에서 인도하여내던 날에 맺은 것과 같지 아니할 것은 내가 그들의 남편이
되었어도 그들이 내 언약을 깨뜨렸음이라 여호와의 말씀이니라 33 그러나 그
날 후에 내가 이스라엘 집과 맺을 언약은 이러하니 곧 내가 나의 법을 그들
의 속에 두며 그들의 마음에 기록하여 나는 그들의 하나님이 되고 그들은

내 백성이 될 것이라 여호와의 말씀이니라 [34] 그들이 다시는 각기 이웃과 형제를 가리켜 이르기를 너는 여호와를 알라 하지 아니하리니 이는 작은 자로부터 큰 자까지 다 나를 알기 때문이라

내가 그들의 악행을 사하고
다시는 그 죄를 기억하지 아니하리라
여호와의 말씀이니라

예레미야서에서 가장 잘 알려진 이 본문은 위로의 책(30-33장)의 절정이며, 구약에서 가장 중요한 본문 가운데 하나다(Fretheim).[9] 구약에서 '새 언약'(בְּרִית חֲדָשָׁה)이라는 표현을 사용하는 말씀은 본문이 유일하다. 선지자는 이 새 언약은 주의 백성을 하나되게 할 것이며 항상 여호와를 경외하는 마음을 줄 것이라고 한다(32:38-40). 신명기는 주의 백성이 육체적인 할례보다 마음의 할례를 받아야 하며(신 10:16), 때가 되면 여호와께서 그들에게 마음의 할례를 행함으로 그들이 여호와를 온 마음과 정성을 다해 사랑하게 하실 것이라고 예고한다. 예레미야는 곧 그때가 임할 것이라며 이 새 언약을 노래한다(Miller).

예레미야의 '새 언약'과 동일한 의미와 맥락에서 에스겔은 '새 마음과 새 영'의 시대를 말하고(겔 11:19-20; 18:31; 36:26), 이사야는 '새 일'에 대해 예언한다(42:9; 43:19; 48:6). 특히 에스겔은 그날이 되면 하나님이 돌과 같이 굳은 마음을 제거하고 살과 같이 부드러운 마음을 주실 것이라고 말한다. 새 언약이 돌이 아니라, 마음에 새겨질 것이라고 말하는 예레미야의 예언과 일맥상통한다(Miller).

본문은 지난 2천 년 동안 그리스도인에게 큰 영향을 미쳤다. 여호와께서는 옛날 시내 산에서 이스라엘과 맺은 언약과는 다른 새로운 언약을 맺을 것을 선언하신다. 새 언약에 사용되는 언어는 옛 언약에 사용

---

9 많은 영어 번역본들이 31-34절을 모두 시가체로 표기한다(cf. NIV). 우리는 이 주석에서 새번역의 구분을 따르기 때문에 34절 후반부만 시로 표시한다.

된 것과 비슷하다. "나는 그들의 하나님이 되고, 그들은 내 백성이 될 것이라"(33절; cf. 레 26:12; 출 29:45). 핵심은 옛 언약이나 새 언약이나 별반 다르지 않다는 것이다(Keil). 이 새 언약에 대한 예언은 예수 그리스도께서 이 땅에 세우신 교회를 통해 성취되었다(cf. 눅 22:20; 고전 11:25; 고후 3:4-14; 히 8:8-12; 10:16-17).

그러나 이 새 언약은 옛 언약이 하지 못했던 일을 한다. 새 언약은 새 언약 공동체에 속한 지체들을 완전히 변화시킬 것이다(Heschel). 또한 이 새 언약의 특징은 아무런 전제 조건 없이 하나님이 일방적으로 그의 백성을 용서하고 그들과 관계를 맺으신다는 것이다. 저자는 이 점을 강조하기 위해 하나님의 신적 1인칭(divine I)을 수차례(31-32절에서 5회)나 사용하고 있다. 모든 새로움이 여호와의 용서에서 시작된다(Brueggemann).

새 언약과 옛 언약의 또 다른 차이점은 백성이 어떻게 받아들이느냐, 하는 점이다. 옛 언약은 폐하여질 때까지 백성에게 거부당했다. 새 언약은 전혀 거부당하지 않을 것이다. 율법(תּוֹרָה)이 그들의 마음에 새겨질 것이기 때문이다. 즉 율법이 더 이상 외형적인 것을 주관하고 제한하지 않고, 인간의 내적인 인격에 자연스럽게 영향을 미치게 될 것이다. 선지자는 하나님과 백성 사이에 새 언약이 세워질 때 네 가지 현상이 일어날 것이라고 한다.

첫째, 공동체에 속한 모든 사람이 하나님을 알게 될 것이다. "작은 자로부터 큰 자까지 다 나를 알기 때문이라"(34절). 포로로 끌려가기 전에 유다 사람들은 가장 작은 자에서 큰 자에 이르기까지 모두 각자의 이익만을 추구했다(6:13; 8:10). 새 언약을 통해 이기적인 사람들에게 변화가 온다. 그들은 먼저 하나님을 알고, 하나님을 아는 지식으로 이웃을 알게 될 것이다. 어린아이에서 노인에 이르기까지, 무지한 사람에서 지식인에 이르기까지, 힘없는 사람에서 권력자에 이르기까지 모두 여호와를 아는 세상이 펼쳐질 것이다. 여호와를 아는 고상한 지식이 특별히 선택받은 몇에게 제한되는 것이 아니라 온 백성에게 주어진다. 주의 백성이 하나님을 온전히 알게 될 때 하나님은 그들의 모든 죄를 용서하는 것으로 화답하실 것이다(Brown).

둘째, 여호와에 대한 확실하고 완벽한 지식을 갖게 될 것이다. 더 이상 서로에게 "여호와를 알자" 하고 종용할 필요가 없다. 모두 여호와를 아는 지식으로 충만해질 것이기 때문이다. 그동안 이스라엘은 주를 안다고 자부해왔다. 그러나 그들의 지식은 너무나도 얕고 부족했기에 호세아 때부터 선지자들은 외쳐왔다. "우리가 여호와를 알자 힘써 여호와를 알자"(호 6:3). 여호와와 주의 백성 사이에 새 언약이 맺어지면, 이런 문제가 모두 해결된다.

셋째, 여호와를 아는 지식이 그들의 삶을 주관한다. 이 지식은 더 이상 외형적이거나 예식적인 것에 치중하지 않고 내면적인 것을 다루어 주기 때문이다. 하나님을 아는 지식이 그들의 심장에 새겨져 더 이상 외식하는 자들은 없고 여호와의 기준으로 살아가는 사람들이 많아질 것이다.

넷째, 새 언약의 공동체는 하나님의 용서가 어떤 것인가를 체험할 것이다. 새 공동체와의 새 언약이 가능한 것은 하나님이 그들을 용서하시기 때문이다. 저자는 이 점을 강조하기 위해 위의 모든 사항과 죄 용서에 '왜냐하면'(כִּי)이란 단어를 사용하고 있다. 새 언약, 새 공동체, 새 정체성, 새 지식 등 모든 것이 바로 하나님의 용서가 먼저 주의 백성에게 조건 없이 임했기 때문에 가능한 것이다(Fretheim).

VIII. 회복에 대한 소망(30:1-33:26)
B. 새 언약(31:1-40)

8. 주의 백성의 영원함(31:35-37)

[35] 여호와께서 이와 같이 말씀하셨느니라

그는 해를 낮의 빛으로 주셨고
달과 별들을 밤의 빛으로 정하였고
바다를 뒤흔들어 그 파도로 소리치게 하나니
그의 이름은 만군의 여호와니라
36 이 법도가 내 앞에서 폐할진대
이스라엘 자손도 내 앞에서 끊어져 영원히 나라가 되지 못하리라
여호와의 말씀이니라
37 여호와께서 이와 같이 말씀하시니라
위에 있는 하늘을 측량할 수 있으며
밑에 있는 땅의 기초를 탐지할 수 있다면
내가 이스라엘 자손이 행한 모든 일로 말미암아
그들을 다 버리리라
여호와의 말씀이니라

본문의 흐름은 아모스 4:13, 5:8-9, 9:5-6과 비슷하다(Miller). 아모스는 혹독한 심판을 선언한 후 바로 뒤에 하나님의 절대적인 능력을 찬양했다. 그렇게 자신이 선포한 심판을 능력의 하나님이 꼭 이루실 것을 선언한다. 예레미야도 본문을 통해 앞에서 선언한 새 언약에 대한 약속을 이루실 하나님을 찬양하고 있다. 창조주 하나님은 자신이 창조한 세상이 망하고 사라지지 않는 한 약속을 꼭 지키겠다는 의지를 재차 확인해 주신다. 선지자는 하나님의 의지를 두 가지로 표현한다. 첫째, 하나님은 세상을 창조하고 그 창조 세계가 원활하게 운행되도록 질서와 이치를 확립하셨다. 따라서 세상을 지배하는 질서와 이치가 무너지지 않는 한 이스라엘은 존재할 것이다(35-36절). 둘째, 하나님은 천지를 창조할 때 그 누구도 헤아릴 수 없도록 크고 놀랍게 만드셨다. 만일 [사람들이] 이 방대하고 놀라운 우주를 다 헤아릴 수 있다면 그때에야 하나님은 이스라엘을 버리실 것이다(37절).

여호와께서 이런 말씀을 하시는 이유는 무엇인가? 하나님은 이스라엘에게 밝은 미래를 약속하시지만, 듣는 자들에게는 별로 실감이 나지 않았을 것이다. 그래서 여호와께서는 이스라엘을 향한 의지를 재차 확인해 주신다. 창조주의 명예와 통치자의 명예를 걸고 이 세상이 사라지지 않는 한 하나님이 선언한 새 언약은 꼭 성취될 것이며, 주의 백성은 결코 이 땅에서 사라지지 않을 것을 보장하신다. 세상이 끝나는 날까지 하나님이 결코 이 백성을 버리시지 않겠다는 선언이다.

이스라엘은 아브라함 시대에 '씨앗'으로 존재할 때부터 하나님의 은혜로 보존되었다. 마침내 시내 산에서 민족으로 출범할 수 있었던 것도 하나님이 먼저 이집트의 노예로 있던 그들을 구원하셨기 때문이다. 하나님은 본문이 예고하는 새 언약 시대에도 자신이 직접 개입해 이룰 것을 약속하신다. 주의 백성의 생존은 항상 여호와의 은혜로 지속되었고 앞으로도 그렇게 될 것이라는 의미다.

그런데 앞으로 형성될 새 언약 공동체가 아브라함의 후손으로 구성된 유대인들인가, 아니면 이방인들을 중심으로 한 신약 시대 교회인가에 대해 역사적으로 많은 논란이 있었다. 이 언약 대상자가 오직 유대인들만이라는 주장에서부터 개신교 교회를 뜻한다는 주장까지 다양한 관점이 아직도 공존하고 있다(cf. Fretheim; Brown). 이 이슈를 논할 때 먼저 생각해야 할 것들이 몇 가지 있다.

첫째, 가나안에 정착한 이스라엘은 아브라함의 자손을 중심으로 한 혈통 중심 공동체인가, 아니면 처음부터 여호와에 대한 경외를 중심으로 한 믿음 중심 공동체인가? 만일 이스라엘이 혈통 중심 공동체라면 본문이 말하는 새 언약의 수혜자도 당연히 아브라함의 자손으로 제한될 수 있다. 반면에 이스라엘이 혈통을 중심으로 한 공동체가 아니라면, 이 논쟁은 별 의미가 없다. 구약은 이스라엘이 가나안에 정착할 때부터 혈통보다는 믿음 중심의 공동체였음을 암시한다. 오경에서 모세는 가나안 사람들에게 진멸이 선포된 사실을 누누이 강조한다. 진멸이 선포되면 모든 사람을 죽여야 한다. 오늘날로 말하면 진멸은 일종의 인종 청소에 해당된다. 중요한 것은 진멸이 선포된 가나안(이방인들) 사람들 중에서 이스라엘의 일부가 된 사람들이 있다는 것이다. 라합은 여호와를 경외하는 믿음으로 자신과 가족들을 살렸다(cf. 수 2장). 기브온 사람들은 온 공동체가 나서 이스라엘과 함께 살 방법을 모색해 살아남았다(cf. 수 9장).

라합은 한 개인을, 기브온은 한 공동체를 상징하는 대표성을 띠고 있다. 그러므로 설령 진멸이 선포된 이방인이라도 여호와를 경외하는 믿음을 가진 사람들은 하나님이 개인적(viz., 라합)—공동체적(viz., 기브온) 예외를 두셨을 뿐만 아니라, 그들을 자기 백성으로 삼으셨다는 사실을 증언한다. 반면에 이방인을 진멸해야 할 사명을 받은 아간은 여호와를 두려워하지 않고 죄를 지었다가 그와 온 가족이 오히려 진멸을 당했다(cf. 수 7장). 라합—기브온—아간 이야기는 이스라엘이 혈통 중심보다는 믿음 중심의 공동체였음을 암시한다.

이스라엘이 믿음 중심의 공동체라는 사실은 이 외에도 여러 가지 사건과 현상을 통해 암시되고 있다. 아브라함 시대에 이미 욥이라는 믿음이 좋은 이방인 성도가 있었다(cf. 욥기). 더 나아가 아브라함은 여호와의 제사장이자 이방인이었던 멜기세덱에게 십일조를 바쳤다(cf. 창 14장). 당시 제사장이 있을 정도로 여호와의 백성이 상당한 규모로 존재했음을 암시한다. 이스라엘이 이집트를 떠날 때, 성경은 수많은 이방 족속이 함께 떠났다고 기록한다(출 12:38). 욥과 멜기세덱을 중심으로 한 당시 이방인 성도들은 훗날 형성된 이스라엘 공동체와 별 상관은 없겠지만, 하나님의 구원의 범위가 아브라함과 그의 후손을 초월한다는 것을 암시한다. 또한 이집트에서 이스라엘과 함께 나온 이방인들, 라합 일행, 기브온 공동체는 모두 세월이 지나면서 이스라엘 공동체에 흡수되었다. 더 나아가 율법은 이스라엘 백성 중에서 여호와의 말씀대로 살지 않는 사람들을 주의 백성 공동체에서 계속 제거하라고 요구했다.

만일 옛 이스라엘 공동체가 혈통 중심이 아니라 믿음 중심으로 형성된 공동체라면, 앞으로 형성될 새 언약 공동체는 더욱더 믿음을 확실히 요구하지 않겠는가?

둘째, 선지자들이 미래의 남은 자 공동체에 대해 예언할 때 그 공동체는 넓어지기도 하고 좁아지기도 한다. 먼저, 남은 자 공동체는 넓어진다. 옛적에 하나님 백성 공동체는 아브라함의 후손이 거의 독점하다시피 했다. 그러나 미래의 남은 자 공동체는 이방인들을 대거 포함한다. 심지어 이사야는 그날이 되면 하나님이 이방인들을 제사장으로 세워 주님 앞에서 사역하게 하실 것이라고 말한다(사 66:18-21). 또한 남은 자 공동체는 좁아진다. 옛날에 아브라함의 후손은 누구든지 하나님 백성 공동체에 속했다. 그러나 미래의 남은 자 공동체에는 아브라함의 자손이라 할지라도 믿음이 없으면 들어갈 수 없다. 이 남은 자 공동체가 바로 예레미야가 예언하고 있는 새 언약 공동체다.

셋째, 아브라함은 유대인들의 조상인가, 아니면 세상에 있는 모든 믿는 사람들의 조상인가? 바울은 이 점에 대해 확실히 한다. 아브라함은 유대인들뿐만 아니라, 세상 모든 이방인 성도들의 조상이기도 하다는 것이다(롬 4:16-18). 그렇다면 새 언약 공동체가 옛 이스라엘 사람들, 곧 유대인들만을 대상으로 하고 있다는 논리는 설득력을 잃는다. 게다가 언약 신학의 중요한 골자 중 하나가 예수님의 사역을 통해 옛 언약 공동체(viz., 이스라엘)가 새 언약 공동체(viz., 교회)로 이어진다는 것이다. 이러한 이해를 바탕으로 예수님이 이 땅에 오시기 전에 우리에게 주신 하나님의 말씀을 구약(舊約)이라 하고 예수님 시대와 이후에 주신 하나님의 말씀을 신약(新約)이라고 하지 않는가?

위 사항들을 생각해보면, 새 언약 공동체가 유대인들에게만 한정되었다는 논리는 별로 설득력이 없다. 예레미야가 예언한 새 언약 공동체는 분명 신약 시대 교회를 통해 상당 부분 성취되었으며, 나머지 부분은 예수님이 재림하실 때 성취될 것이다. 그렇다고 해서 하나님의 백성으로 선택받았던 유대인들을 완전히 배제하는 것도 옳지 않다. 아직까지 잘 이해할 수는 없지만, 그들은 분명 하나님의 특별한 선택을 받은 민족이기 때문이다. 종말에 하나님이 어떻게 그들을 대하실 것인가는 상당 부분 신비로 남겨둘 수밖에 없다.

VIII. 회복에 대한 소망(30:1–33:26)
B. 새 언약(31:1–40)

9. 예루살렘 재건(31:38–40)

[38] 보라, 날이 이르리니 이 성은 하나넬 망대로부터 모퉁이에 이르기까지 여호와를 위하여 건축될 것이라 여호와의 말씀이니라 [39] 측량줄이 곧게 가렙 언덕 밑에 이르고 고아로 돌아 [40] 시체와 재의 모든 골짜기와 기드론 시내에 이르는 모든 고지 곧 동쪽 마문의 모퉁이에 이르기까지 여호와의 거룩한 곳이니라 영원히 다시는 뽑거나 전복하지 못할 것이니라

하나님은 그동안 주로 예루살렘을 파괴할 거라고 선언하셨다. 이제 예루살렘 재건을 약속하신다. 본문이 언급하고 있는 여러 지형/지역의 이름은 재건 약속에 현실감을 더하기 위함이다. 하나넬 망대는 북쪽 벽에 속한 망대였다(느 3:1; 12:39; 슥 14:10). 모퉁이 문은 도시의 북서쪽 구석에 있던 문이다(왕하 14:13; 대하 25:23; 26:9; 슥 14:10). 바빌론 군대는 예루살렘을 침략했을 때 '하나넬 망대에서 모퉁이 문까지' 성벽을 무너뜨리고 성안으로 진입했다(Brown). 유다에게 수모를 가져다 주었던 부분이 완전히 회복될 것을 예고하고 있다. 가렙 언덕과 고아는 성경에 다시 언급되지 않는 곳이며, 어디에 위치했는지 알려진 바가 없다.[10]

백성이 정결해지는 것처럼, 도시도 정결해진다. '시체와 재'(40절)는

10 예루살렘의 회복에 대해서는 겔 40:3–35; 42:15–20 등을 참조하라.

힌놈 골짜기에 대한 설명이다(Miller). 이스라엘은 이곳에서 어린아이들을 몰렉에게 불살라 바쳐 재로 만들었다(cf. 7:32; 19:1-6). 예레미야는 이 추악한 우상숭배의 상징이었던 힌놈 골짜기에서 기드론 시내까지 모두 정결해질 것이며 다시는 뽑히거나 전복되는 일이 없을 것이라고 말한다. '뽑히다'(נתשׁ)와 '전복하다/넘어뜨리다'(הרס)는 선지자의 소명(1:10)에서 사용된 단어들이다. 부정한 것은 모두 밖으로 내동댕이쳐져 성이 정결해질 것이다(40절). 선지자는 백성과 도시가 함께 정결해지는 날이 머지않아 올 것이라고 선언한다.

C. 땅을 사는 예레미야(32:1-44)

예레미야는 유다가 바빌론 군에게 항복하고 바빌론으로 끌려가는 것이 하나님의 뜻이라고 선포했다. 본문은 예레미야가 그 말씀을 선포했다가 반역죄로 감금되었던 때의 일이다. 하나님의 명령에 따라 예레미야는 기업 무르는 자의 자격으로 친척의 땅을 샀다. 유다가 바빌론의 손에 망할 것이라고 예언했던 예레미야가 곧 망할 나라의 땅을 사는 것은 잘 이해가 가지 않지만, 하나님은 사전에 그에게 그런 지시를 내리셨다.

예레미야가 땅을 산 것은 언젠가는 바빌론으로 끌려간 유다가 꼭 돌아올 것이라는 증표였기 때문에 포로민들에게 매우 긍정적으로 들렸을 것이다. 하나님이 유다 사람들을 회복시키실 것이며 그들은 여호와와 새로운 언약을 맺을 것이라는 확신이 본문의 배경이 되고 있다. 본문은 다음과 같이 구분될 수 있다.

A. 예레미야의 감금 생활(32:1-5)

B. 사촌에게 땅을 사는 예레미야(32:6-15)
C. 예레미야의 기도(32:16-25)
D. 하나님의 응답(32:26-44)

VIII. 회복에 대한 소망(30:1-33:26)
C. 땅을 사는 예레미야(32:1-44)

1. 예레미야의 감금 생활(32:1-5)

[1] 유다의 시드기야 왕 열째 해 곧 느부갓네살 열여덟째 해에 여호와의 말씀
이 예레미야에게 임하니라 [2] 그때에 바벨론 군대는 예루살렘을 에워싸고 선
지자 예레미야는 유다의 왕의 궁중에 있는 시위대 뜰에 갇혔으니 [3] 이는 그
가 예언하기를 여호와의 말씀에 보라 내가 이 성을 바벨론 왕의 손에 넘기
리니 그가 차지할 것이며 [4] 유다 왕 시드기야는 갈대아인의 손에서 벗어나지
못하고 반드시 바벨론 왕의 손에 넘겨진 바 되리니 입이 입을 대하여 말하
고 눈이 서로 볼 것이며 [5] 그가 시드기야를 바벨론으로 끌어가리니 시드기야
는 내가 돌볼 때까지 거기에 있으리라 여호와께서 이와 같이 말씀하시니라
너희가 갈대아인과 싸울지라도 승리하지 못하리라 하셨다 하였더니 유다 왕
시드기야가 이르되 네가 어찌하여 이같이 예언하였느냐 하고 그를 가두었음
이었더라

시드기야 즉위 10년이면 주전 587/586년이다. 바벨론 군의 예루살렘 포위는 시드기야 즉위 9년차에 시작된 일이었다(39:1). 예루살렘은 바벨론 군의 포위가 시작된 지 18개월 만에 무너졌는데, 이때가 시드기야 즉위 11년 넷째 달이었다(39:2). 그러므로 본문이 언급하고 있는 일은 바벨론 군의 포위가 지속되는 상황에서 있었던 일이다.

예레미야는 바벨론을 대적하는 것은 여호와를 대적하는 것이라고 말했다. 이스라엘이 대항해도 바벨론을 결코 물리칠 수 없고, 그들의 왕 시드기야도 바빌론 군에 잡혀 바빌론으로 끌려갈 것이라고 선언했다(4-5절). 예레미야의 메시지는 거짓 평안을 외치던 예루살렘 정치인들과 종교적 지도자들과 갈등을 빚기에 충분했다.

결국 예레미야는 유다의 마지막 왕이었던 시드기야의 미움을 사 감옥에 감금되었다. 예레미야는 하나님이 주신 말씀을 전하다가 그렇게 되었다. 하나님이 우리와 함께하시면 어떤 어려움도 없이 장밋빛 인생이 펼쳐진다는 말은 거짓이다. 하나님이 동행하면서 보호해 주신 예레미야는 감옥에 감금되어 있다. 그러므로 예루살렘이 당면한 상황은 최악이다. 바빌론 군이 성을 포위하고 있으며, 참 선지자는 반역죄로 감옥에 갇혀 있다. 아무리 찾아보아도 소망적인 것은 하나도 없다. 이러한 상황을 보고 한 주석가는 "소망은 절대 [절망적인] 현실에서 파생/유래되는 것은 아니다"라고 말한다(Clements).

그래도 시드기야에게 약간의 양심은 남아 있었는지, 아니면 주변 사람들의 압력 때문이었는지 예레미야를 왕의 궁중에 있는 시위대 뜰에 가두었다. 이 감옥은 특권층 범법자를 가두는 '고급 감옥'이었다. 사실 시드기야는 예레미야 때문에 많이 고민했던 것으로 생각된다. 시드기야는 예레미야를 거짓 선지자이자 매국노로 취급했지만, 정작 하나님의 뜻을 알고 싶을 때는 예레미야를 찾았다(21:1; 37:3, 17; 38:14). 그때마다 예레미야는 바빌론에게 항복하는 것이 하나님의 뜻이라고 분명하게 말했다. 안타깝게도 시드기야는 예레미야를 통해 하나님의 뜻을 알았지만 순종하지 않았고 결국 자멸했다.

VIII. 회복에 대한 소망(30:1-33:26)
C. 땅을 사는 예레미야(32:1-44)

2. 사촌에게 땅을 사는 예레미야(32:6-15)

6 예레미야가 이르되 여호와의 말씀이 내게 임하였느니라 이르시기를 7 보라

네 숙부 살룸의 아들 하나멜이 네게 와서 말하기를 너는 아나돗에 있는 내
밭을 사라 이 기업을 무를 권리가 네게 있느니라 하리라 하시더니 8 여호와
의 말씀과 같이 나의 숙부의 아들 하나멜이 시위대 뜰 안 나에게 와서 이르
되 청하노니 너는 베냐민 땅 아나돗에 있는 나의 밭을 사라 기업의 상속권
이 네게 있고 무를 권리가 네게 있으니 너를 위하여 사라 하는지라 내가 이
것이 여호와의 말씀인 줄 알았으므로 9 내 숙부의 아들 하나멜의 아나돗에
있는 밭을 사는데 은 십칠 세겔을 달아주되 10 증서를 써서 봉인하고 증인을
세우고 은을 저울에 달아주고 11 법과 규례대로 봉인하고 봉인하지 아니한
매매 증서를 내가 가지고 12 나의 숙부의 아들 하나멜과 매매 증서에 인 친
증인 앞과 시위대 뜰에 앉아 있는 유다 모든 사람 앞에서 그 매매 증서를 마
세야의 손자 네리야의 아들 바룩에게 부치며 13 그들의 앞에서 바룩에게 명
령하여 이르되 14 만군의 여호와 이스라엘의 하나님께서 이와 같이 말씀하시
기를 너는 이 증서 곧 봉인하고 봉인하지 않은 매매 증서를 가지고 토기에
담아 오랫동안 보존하게 하라 15 만군의 여호와 이스라엘의 하나님께서 이와
같이 말씀하시니라 사람이 이 땅에서 집과 밭과 포도원을 다시 사게 되리라
하셨다 하니라

감옥에서 지내는 예레미야에게 한 사람이 그를 찾아왔다. 바로 그의 사촌 하나멜이었다(6절). 그는 예레미야에게 기업을 무를 자로서 자신의 땅을 사라고 했다(cf. 레 25:25-31). 아나돗 사람인 그가 아무런 어려움 없이 감금된 예레미야를 방문할 수 있었던 것은 그가 예루살렘에 거하고 있었든지, 아니면 어떠한 이유에서 바빌론 군의 예루살렘 포위가 잠시 멈추었던 상황으로 여겨진다.

생각해 보면 참 희극적인 전개다. 감옥에 갇혀 있는 예레미야는 죄수로 자기 몸 하나 추스르기도 힘이 드는 상황이다. 그런데 사촌이 감옥까지 찾아와 옥살이를 하고 있는 예레미야에게 땅을 사라고 요구한다! 사촌의 상황은 그 정도로 절박했던 것 같다. 아마도 예루살렘이 포

위된 상황에서 예레미야보다 우선권을 가진 친척들은 권리 행사를 꺼려했을 것이다. 그래서 이 부동산이 예레미야에게까지 온 것으로 생각된다(Thompson). 우선순위가 예레미야에게 있기 때문에 사촌이 땅을 처분하려면 감옥으로라도 찾아가 물어보아야 한다. 왠지 웃음을 자아내는 상황이다. 이 사촌은 옛 경상도 말로 "문둥이 코에 박힌 마늘을 빼 먹으려 하는 사람"처럼 느껴진다.

하나멜이 선지자를 찾아오기 전부터 하나님이 그 사실을 예레미야에게 알려주셨기 때문에 그는 이 모든 일이 하나님의 뜻임을 쉽게 알 수 있었다(7-8절). 예레미야는 즉시 은 17세겔을 주고 그의 땅을 사기로 했다. 예레미야가 상당한 액수의 돈을 어디에서 구했는지는 알 수 없다. 그 당시 한 사람의 1년 봉급이 은 10세겔이었음을 생각할 때, 17세겔은 만만치 않은 돈이었다. 또한 예레미야의 입장에서는 그의 땅을 산다는 것이 대단한 신뢰와 순종을 요구했을 것이다. 그는 지금 '바빌론이 승리한다'는 메시지를 선포하다가 감금되어 있는 상황이다. 그런데 그가 무엇이 아쉬워서 망할 나라의 땅을 사겠는가? 예레미야는 하나님의 명령이 아니었으면 절대 구입하지 않았을 것이다.

예레미야는 모든 등기 수속을 바룩을 통해 끝냈다. 두 개의 계약서를 만들어서 하나는 봉인을 했고 다른 하나는 사본으로 가지고 있었다. 봉인한 것은 그 누구도 열어 볼 수 없으며 사본으로 가지고 있는 계약서의 진실성에 문제가 제기될 때만 열어 보는 영구 보존용이었다. 예레미야는 사본과 봉인한 원본을 바룩에게 주며 그 당시 풍습처럼 항아리에 보관하도록 했다.

그러고는 언제까지라도 안전한 곳(성전, 왕궁 도서관 등이 흔히 사용됨)에 항아리를 보관했다. 예레미야가 이런 절차를 통해 봉인된 계약서를 보존하는 것은 아마도 유다 사람들이 바빌론에서 상당 기간 동안 머물게 될 것임을 암시하는 듯하다(Brown). 영구 보존된 예레미야의 메시지도 언젠가는 진실로 드러날 것이다(Fretheim).

만일 당시 사람들이 이 일을 알았다면 예레미야는 분명 구설수에 올랐을 것이다. 그는 분명 유다가 망하는 것이 하나님의 뜻이라고 선언해왔다. 그 일로 감옥에까지 갇혔다. 이런 상황에서 그가 사촌으로부터 땅을 샀다는 소식을 들으면 사람들은 어떤 생각을 할까? 아마도 예레미야를 '나라가 망한다고 소문을 퍼뜨려 땅값을 떨어뜨린 다음에 땅을 싼값에 슬쩍 사들인 사기꾼' 정도로 생각했을 것이다. 예레미야의 땅 구매는 다분히 오해의 소지가 있었다.

하나님은 바빌론에게 대항하지 말고 항복하라는 말씀을 선지자에게 주셨다. 그리고 그 말씀을 전하다 감옥살이를 하는 선지자에게 무용지물로 생각되는 땅을 사라고 명령하셨다. 거기에는 어떤 의미가 있는가? 언젠가는 이스라엘 백성이 이 땅으로 돌아와 다시 재산권을 행사할 날이 올 것임을 확인해주는 말씀이다(15절). "참으로 나 만군의 주, 이스라엘의 하나님이 말한다. 사람들이 이 나라에서 다시 집과 밭과 포도원을 살 것이다"(새번역). 비록 하나님은 이 백성을 바빌론 군대의 손에 붙이기로 작정하고, 그들이 바빌론으로 끌려가게 했지만, 결코 이들을 버리신 적은 없었다. 주의 백성에게 포로 생활 이후에 분명히 회복이 찾아올 것을 약속하신다.

VIII. 회복에 대한 소망(30:1-33:26) C. 땅을 사는 예레미야(32:1-44)

3. 예레미야의 기도(32:16-25)

16 내가 매매 증서를 네리야의 아들 바룩에게 넘겨준 뒤에 여호와께 기도하
여 이르되 17 슬프도소이다 주 여호와여 주께서 큰 능력과 펴신 팔로 천지를
지으셨사오니 주에게는 할 수 없는 일이 없으시니이다 18 주는 은혜를 천만
인에게 베푸시며 아버지의 죄악을 그 후손의 품에 갚으시오니 크고 능력 있
으신 하나님이시요 이름은 만군의 여호와시니이다 19 주는 책략에 크시며 하

시는 일에 능하시며 인류의 모든 길을 주목하시며 그의 길과 그의 행위의
열매대로 보응하시나이다 [20] 주께서 애굽 땅에서 표적과 기사를 행하셨고 오
늘까지도 이스라엘과 인류 가운데 그와 같이 행하사 주의 이름을 오늘과 같
이 되게 하셨나이다 [21] 주께서 표적과 기사와 강한 손과 펴신 팔과 큰 두려움
으로 주의 백성 이스라엘을 애굽 땅에서 인도하여내시고 [22] 그들에게 주시기
로 그 조상들에게 맹세하신 바 젖과 꿀이 흐르는 땅을 그들에게 주셨으므로
[23] 그들이 들어가서 이를 차지하였거늘 주의 목소리를 순종하지 아니하며 주
의 율법에서 행하지 아니하며 무릇 주께서 행하라 명령하신 일을 행하지 아
니하였으므로 주께서 이 모든 재앙을 그들에게 내리셨나이다 [24] 보옵소서 이
성을 빼앗으려고 만든 참호가 이 성에 이르렀고 칼과 기근과 전염병으로 말
미암아 이 성이 이를 치는 갈대아인의 손에 넘긴 바 되었으니 주의 말씀대
로 되었음을 주께서 보시나이다 [25] 주 여호와여 주께서 내게 은으로 밭을 사
며 증인을 세우라 하셨으나 이 성은 갈대아인의 손에 넘기신 바 되었나이다

일부 학자들은 본문이 예레미야가 사촌에게서 땅을 사들이는 과정의 일부로, 이 기도를 통해 거래가 마무리되었다고 주장한다(Thompson; Berrigan). 그러나 본문은 부동산 거래를 마무리하고 난 후에 땅을 산 것의 의미를 알고 있는 선지자가 드린 기도다(Brown). 예레미야는 포로로 끌려갈 주의 백성의 미래에 대한 소망을 확인해주신 하나님께 그들을 대신해 감사와 감격의 기도를 드리고 있다. 예레미야는 이처럼 자기 민족을 사랑했다.

선지자는 하나님의 무한하신 창조, 섭리, 통치의 능력을 찬양함으로써 기도를 시작한다(17-19절). 하나님은 천지를 창조하신 창조주이고, 주의 백성을 무한히 사랑하시는 분이다. 그분의 능력에 대해 그는 "주에게는 할 수 없는 일이 없으시니이다"(17절)라고 고백한다.

그렇다면 위대한 하나님의 능력이 드러난 예로는 어떤 사건을 들 수 있는가? 저자는 서슴지 않고 출애굽 사건을 회고한다(20-23절). 예레미야에 의하면 출애굽 사건은 처음부터 끝까지 하나님의 이적과 은혜의 연속이었다. 하나님은 이스라엘을 젖과 꿀이 흐르는 땅으로 인도하셨다. 문제는 이스라엘 백성이 하나님이 허락하신 땅에 거하면서 주님을 거역했다는 것이다. 그러므로 하나님은 이스라엘이 이때까지 경험했던 모든 재앙을 손수 내리셨다. 이스라엘이 당면한 혹독한 재앙에도 불구하고 선지자는 옛적에 하나님이 조상들에게 내려주셨던 은혜에 버금가는 구원을 소망한다. 그래서 옛적에 출애굽의 은총을 베푸신 하나님을 기념한다. 현재의 불안과 불확실성을 해소하는 데는 과거를 기념하는 것보다 효과적인 것은 없기 때문이다.

바빌론이 예루살렘을 포위한 것도 하나님의 뜻이다(24-25절). 바빌론 사람들은 분명 포위하고 있는 예루살렘을 함락시킬 것이다(24절). 선지자는 이런 사실을 강조하기 위해 칼, 기근, 전염병 등 전쟁과 연관된 세 개의 단어로 예루살렘의 종말을 예언한다(24절). 이 일은 오래전부터 하나님이 경고하시던 일이기 때문에 새로울 것은 없다. 오히려 예레미야는 이러한 역경 속에서 땅을 사는 행위로 하나님이 주신 새 소망에 감사한다(25절). 선지자는 바빌론의 진군은 이스라엘의 혼돈과 멸망을 뜻하지만, 이 혼돈이 지나면 새로운 창조와 질서가 임할 것임을 확실히 알고 있다. 하나님의 심판과 사랑은 두 개의 서로 다른 이슈인 것이다.

VIII. 회복에 대한 소망(30:1-33:26)
C. 땅을 사는 예레미야(32:1-44)

4. 하나님의 응답(32:26-44)

26 그때에 여호와의 말씀이 예레미야에게 임하여 이르시되 27 나는 여호와요 모든 육체의 하나님이라 내게 할 수 없는 일이 있겠느냐 28 그러므로 여호와께서 이와 같이 말씀하시니라 보라 내가 이 성을 갈대아인의 손과 바벨론의

느부갓네살 왕의 손에 넘길 것인즉 그가 차지할 것이라 29 이 성을 치는 갈
대아인이 와서 이 성읍에 불을 놓아 성과 집 곧 그 지붕에서 바알에게 분향
하며 다른 신들에게 전제를 드려 나를 격노하게 한 집들을 사르리니 30 이는
이스라엘 자손과 유다 자손이 예로부터 내 눈앞에 악을 행하였을 뿐이라 이
스라엘 자손은 그의 손으로 만든 것을 가지고 나를 격노하게 한 것뿐이니라
여호와의 말씀이니라 31 이 성이 건설된 날부터 오늘까지 나의 노여움과 분
을 일으키므로 내가 내 앞에서 그것을 옮기려 하노니 32 이는 이스라엘 자손
과 유다 자손이 모든 악을 행하여 내 노여움을 일으켰음이라 그들과 그들의
왕들과 그의 고관들과 그의 제사장들과 그의 선지자들과 유다 사람들과 예
루살렘 주민들이 다 그러하였느니라 33 그들이 등을 내게로 돌리고 얼굴을
내게로 향하지 아니하며 내가 그들을 가르치되 끊임없이 가르쳤는데도 그
들이 교훈을 듣지 아니하며 받지 아니하고 34 내 이름으로 일컫는 집에 자기
들의 가증한 물건들을 세워서 그 집을 더럽게 하며 35 힌놈의 아들의 골짜기
에 바알의 산당을 건축하였으며 자기들의 아들들과 딸들을 몰렉 앞으로 지
나가게 하였느니라 그들이 이런 가증한 일을 행하여 유다로 범죄하게 한 것
은 내가 명령한 것도 아니요 내 마음에 둔 것도 아니니라 36 그러나 이스라
엘의 하나님 여호와께서 너희가 말하는 바 칼과 기근과 전염병으로 말미암
아 바벨론 왕의 손에 넘긴 바 되었다 하는 이 성에 대하여 이와 같이 말씀하
시니라 37 보라 내가 노여움과 분함과 큰 분노로 그들을 쫓아 보내었던 모든
지방에서 그들을 모아들여 이곳으로 돌아오게 하여 안전히 살게 할 것이라
38 그들은 내 백성이 되겠고 나는 그들의 하나님이 될 것이며 39 내가 그들에
게 한마음과 한길을 주어 자기들과 자기 후손의 복을 위하여 항상 나를 경
외하게 하고 40 내가 그들에게 복을 주기 위하여 그들을 떠나지 아니하리라
하는 영원한 언약을 그들에게 세우고 나를 경외함을 그들의 마음에 두어 나
를 떠나지 않게 하고 41 내가 기쁨으로 그들에게 복을 주되 분명히 나의 마음
과 정성을 다하여 그들을 이 땅에 심으리라 42 여호와께서 이와 같이 말씀하
시니라 내가 이 백성에게 이 큰 재앙을 내린 것같이 허락한 모든 복을 그들

에게 내리리라 43 너희가 말하기를 황폐하여 사람이나 짐승이 없으며 갈대아
인의 손에 넘긴 바 되었다 하는 이 땅에서 사람들이 밭을 사되 44 베냐민 땅
과 예루살렘 사방과 유다 성읍들과 산지의 성읍들과 저지대의 성읍들과 네
겝의 성읍들에 있는 밭을 은으로 사고 증서를 기록하여 봉인하고 증인을 세
우리니 이는 내가 그들의 포로를 돌아오게 함이니라 여호와의 말씀이니라

예레미야의 기도에 대한 하나님의 응답은 선지자가 기도했던 내용이 모두 사실임을 확인함으로써 시작된다. 하나님은 자신을 "모든 육체의 하나님"(אֱלֹהֵי כָּל־בָּשָׂר)이라고 말씀하시는데, 성경에서는 유일하게 발견되는 독특한 표현이다. 창조주이신 여호와가 세상에 있는 모든 생명체의 근원이라는 의미다. 선지자가 고백했던 것처럼 하나님께는 어려운 일이 하나도 없다. 심지어는 불가능한 일을 가능하게 하시는 분이 하나님이다(Miller). 그러므로 여호와께서는 단호하게 선언하신다. "내가 할 수 없는 일이 있겠느냐?"(27절). 이 수사학적인 질문의 답은 당연히 "아니요. 하나님은 모든 일을 하실 수 있는 분입니다"이다. 주님은 무한한 능력을 지닌 전능하신 분이라는 것이다.

하나님의 이 무한한 능력이 이스라엘의 역사에 어떻게 드러날 것인가? 하나님은 두 가지로 자신의 능력을 드러내신다.

첫째, 예루살렘을 심판하시는 일이다. 예루살렘의 멸망이 우연히 일어난 일이거나 여호와께서 침략자의 신들에 비해 약해서 이 도성을 방어하지 못한 것이 아니다. 오히려 주의 백성에게 임할 심판은 주님의 능력을 드러내는 일이다. 이스라엘은 시내 산에서 하나님과 언약을 맺어 하나님의 백성이 되었다. 창조주의 백성이 된 그들은 하나님만 섬기고 사랑해야 한다는 "계약 조건에 서명했다." 그런데 그들은 바알과 몰렉 등 온갖 우상들로 집을 가득 채웠다(29-31절). 바알이나 몰렉이 실체가 있는 신이라 해도 오직 여호와께만 충성을 약속한 이스라엘이 이 우상들을 숭배하는 것은 문제가 된다. 그런데 이 우상들은 실체가 있는 신이 아니라, 주의 백성이 "자기 손으로 만든 것들"이다(30절). 선지자들은 우상이 인간을 타락시키는 것이 아니라, 타락한 인간들이 만들어내는 것이 우상이라는 사실을 누누이 강조한다.

남녀노소 가릴 것 없이 모두 우상숭배를 저질렀다. 심지어 백성을 바른길로 인도해야 할 사회 지도자뿐만 아니라, 백성의 영적 삶을 지도해야 할 제사장과 선지자까지 우상숭배의 죄를 저질렀다(32절). 예루살렘 성전 안에도 우상들이 세워져 있다(34절). 하나님을 예배하던 터전이 우상들에게 절하는 곳으로 변질된 것이다. 우상에게 중독이 된 이스라엘은 더 자극적인 것을 찾다가 가장 흉악한 우상의 상징인 몰렉까지 숭배했다(35절). 유다는 힌놈 골짜기에서 바알과 몰렉을 숭배한다며 자기 자식들을 불살라 바쳤다. 이러한 행위는 논리적으로도 납득이 가지 않는다. 우상숭배의 가장 큰 이유는 다산과 풍요를 얻기 위해서였다. 그런데 그들은 다산을 얻기 위해 다복함의 상징인 자식들을 불살라 바쳤다. 아직 태어나지도 않은 아이들을 얻기 위해 이미 태어난 아이들을 죽인 것이다. 그들에게 아이들은 신(들)이 준 선물이 아니라, 투자의 결과였을 뿐이다. 우상에게 홀리면 이성과 논리가 마비된다.

배신당한 하나님은 분노하셨고, 그 분노를 이스라엘에게 표현하셨다. 이스라엘이 당면한 재앙들이 바로 그 결과다(36절). 하나님의 심판이 시작되니 이스라엘이 그렇게 사모하고 숭배하던 우상들은 그들에게 아무런 도움이 되지 못한다. 우상들은 사람이 조각한 돌과 나무 덩어리에 불과하기 때문이다. 설령 우상들이 실제 신이라 해도 하나님의 능력을 막을 자는 신이건 인간이건 존재하지 않는다. 바빌론 군대를 먼 곳에서부터 끌어들여 이스라엘을 치시는 하나님은 여호와만이 온 우주의 주권자임을, 심지어 열방도 그의 말씀을 따라야 한다는 사실을 드러내신다.

둘째, 훗날 실현될 이스라엘의 회복이다. 하나님은 망하게도 하지만 흥하게도 하시는 분이다. 이스라엘의 회복은 하나님의 전능하신 능력을 다시 한 번 과시하게 되는 계기가 될 것이다. 이스라엘이 하나님께 심판을 받고 회복되는 것은 하나님이 닫으면 열 자가 없고, 열면 닫을 자가 없다는 진리를 드러낸다(cf. 42절). 하나님이 적절한 때에 이스라엘을 아시리아와 바빌론으로 보낸 것처럼, 다시 그들을 이 땅으로 데려오실 것이다(37절). 하나님은 때가 되면 유다를 반드시 회복시킬 것이라는 증표로 선지자에게 사촌의 땅을 사게 하셨다.

이스라엘이 다시 돌아와 새로운 공동체를 형성하면 그들은 하나님의 백성이 될 것이요, 여호와께서는 그들의 하나님이 될 것이다(38절). 옛적에 시내 산에서 언약을 맺고 이스라엘을 자기 백성으로 삼으신 것처럼, 귀향민들을 다시 자기 백성으로 삼으실 것이다. 하나님이 그날 이스라엘과 맺으실 새 언약은 옛 언약보다 훨씬 더 놀라운 것이며, 옛 언약이 하지 못했던 일을 한다. 그들의 죄 문제를 해결해주는 것이다. "내가 그들에게 한마음과 한길을 주어 자기들과 자기 후손의 복을 위하여 항상 나를 경외하게 하고 내가 그들에게 복을 주기 위하여 그들을 떠나지 아니하리라 하는 영원한 언약을 그들에게 세우고 나를 경외함을 그들의 마음에 두어 나를 떠나지 않게 하고 내가 기쁨으로 그들에게 복을 주되 분명히 나의 마음과 정성을 다하여 그들을 이 땅에 심으리라"(39–41절). 이 말씀은 이미 31:31–34에서 하나님이 약속하셨던 새 언약의 성향에 대해 더 자세하게 설명하고 있다. 주요 내용을 하나씩 생각해보자.

첫째, 새 언약은 주의 백성에게 '한마음과 한길'을 줄 것이다(39절). '한마음과 한길'(לֵב אֶחָד וְדֶרֶךְ)이 무엇을 의미하는가에 대해 학자들 사이에 상당한 논란이 있는 것은 사실이지만(cf. Lundbom; Holladay; McKane), '마음과 행동이 일치됨'(singleness of heart and action; NIV)을 뜻하는 것으로 보인다(Brown). 이스라엘의 가장 큰 문제는 마음과 행동이 불일치해, 많은 죄를 지은 것이다. 때로는 그들의 마음이 여호와를 향했지만, 몸은 이미 우상들에게 가 있었다. 마음으로는 이웃을 섬기려고 다짐하지만, 현실에서는 오히려 그들을 착취했다. 이러한 상황을 생각하면 하나님이 그들과 새 언약을 맺는 날, 가장 기본적인 문제인 마음과 행동의 불일치를 치료해 주시는 것은 매우 중요한 일이다. 이렇게 되어야만 사람들이 하나님을 제대로 섬기며 살 수 있기 때문이다. 신약 시대를 살아가는 우리가 예레미야가 예언한 이 새 언약의 수혜자라면, 우리는 분명 마음과 행실이 일치하는 순종과 도덕적인 삶으로 우리에게 임한 새 언약의 축복을 드러내야 한다.

둘째, 새 언약 시대가 되면 사람들 마음 중심에 항상 하나님에 대한 경외가 자리 잡게 될 것이다(39절). 예전에는 사람들의 마음이 온전하지 못해 항상 하나님만 사모하고 살지 못했다. 드디어 하나님이 주의 백성에게 행동이 일치하는 마음을 주셨기 때문에, 그들의 마음은 원래 하나님이 계획하신 대로 온통 하나님을 경외하는 마음으로 가득하다. 하나님의 가치관과 세계관이 주의 백성의 삶을 지배하는 시대가 열린 것이다.

셋째, 새 언약 시대가 시작되면 하나님이 다시는 주의 백성을 떠나시는 일이 없을 것이다(40절). '영원한 언약'은 '새 언약'과 비슷한 말이다(Dearman). 전에 이스라엘의 죄는 하나님이 그들을 떠나게 만들었다(cf. 겔 10장). 그러나 이제 그들의 삶은 경건하고 거룩해져 하나님은 그들을 떠나지 않으실 것이다. 하나님이 주의 백성과 함께 영원히 거하실 것이다. 백성도 하나님을 떠나는 일이 없다. 하나님이 그들이 떠나도록 그냥 두지 않으실 것이기 때문이다(40절).

넷째, 그날이 되면 하나님이 주의 백성과 함께하면서 그들에게 기꺼이 많은 복을 주실 것이다. 하나님은 주의 백성과 함께하는 이유가 "그들에게 복을 주기 위하여"라고 말씀하신다(40절). 하나님이 주의 백성을 축복하시면서 실컷 기뻐하심이 강조되고 있다(Fretheim). 이것이 원래 주의 백성과 하나님의 관계다.

새 언약 시대가 열리면 사실 가장 큰 축복은 하나님께 받는 그 어떤 것이 아니라, 하나님이 그들을 떠나지 않고 항상 함께하시는 것이다. 하나님이 우리와 함께하시면 나머지는 모두 부수적인 것이 되기 때문이다. 하나님이 주의 백성 옆에 계시면서 돕는 신앙생활이 잘못될 리 없다. 하나님의 열심과 열정이 그들을 보살피고 인도하시니 당연히 잘 될 것이다.

하나님은 범죄한 백성을 벌하려고 바빌론 군대를 사용해 온갖 재앙이 그들의 땅에 미치게 하셨다(42절). 그러나 그것이 끝이 아니다. 하나님이 이스라엘에 내리신 벌에 버금가는 회복과 축복을 '이 백성'(הַזֶּה הָעָם)에게 내리실 것이다(42절). '이 백성'이라는 표현은 그동안 예레미야서 안에서 계속 부정적인 의미(viz., 하나님이 자신과 이스라엘 사이에 거리를 두시기 위해 사용하신 표현; cf. 7:16)로 사용되었다. 이제 42절에서 같은 표현이 긍정적으로 사용되고 있다. 예레미야서에서 '이 백성'이 긍정적인 의미로 사용되는 것은 이곳이 처음이다(Brown).

그들이 거하는 땅도 더 이상 황무지로 남아 있지 않고 사람들이 서로 소유하려는 좋은 땅이 될 것이다(43절). 예레미야가 사촌에게서 아나돗 땅을 샀던 것처럼, 그날이 되면 온 백성이 유다 전역에서 서로 땅을 사고 팔 것이다(44절). 이 모든 일은 주의 백성이 다시 이 땅으로 돌아올 때 이루어진다. 하나님이 자기 명예를 걸고 이 모든 일을 행하실 것이다.

VIII. 회복에 대한 소망(30:1-33:26)

D. 회복 약속(33:1-26)

'위로의 책'의 마지막 부분을 형성하고 있는 이 장은 하나님이 이스라엘의 어려운 형편을 좋게 변화시키시겠다는 여러 개의 작은 '약속 신탁'으로 구성되어 있다. 여호와께서 비록 이 순간에는 이스라엘을 손수 징계하시는 '원수'가 되셨지만, 때가 되면 원대하고 장기적인 계획에 따라 그들을 손수 회복하고 그들이 건강과 평안을 누리게 하겠다고 확인하신다. 하나님의 회복이 이스라엘에 임한다는 것은 앞으로 형성될 이 공동체를 역사적, 사회적, 정치적 측면에서 간섭하실 것을 암시한다. 더 이상 고아처럼 내버려두지 않고, 부모가 자식을 양육하고 후원하듯이 하시겠다는 뜻이다. 회복이 중심 주제인 본문은 다음과 같이 구분될 수 있다.

A. 유다와 예루살렘 회복(33:1-9)
  B. 예배 회복(33:10-11)
A′. 짐승과 방목지 회복(33:12-13)
  B′. 다윗 왕조와 레위 제사장 회복(33:14-26)

VIII. 회복에 대한 소망(30:1-33:26)
D. 회복 약속(33:1-26)

1. 유다와 예루살렘 회복(33:1-9)

1 예레미야가 아직 시위대 뜰에 갇혀 있을 때에 여호와의 말씀이 그에게 두
번째로 임하니라 이르시되

2 일을 행하시는 여호와,
그것을 만들며 성취하시는 여호와,
그의 이름을 여호와라 하는 이가 이와 같이 이르시도다
3 너는 내게 부르짖으라
내가 네게 응답하겠고
네가 알지 못하는 크고 은밀한 일을 네게 보이리라

4 이스라엘의 하나님 여호와께서 말씀하시니라 무리가 이 성읍의 가옥과 유
다 왕궁을 헐어서 갈대아인의 참호와 칼을 대항하여 5 싸우려 하였으나 내가
나의 노여움과 분함으로 그들을 죽이고 그들의 시체로 이 성을 채우게 하였

나니 이는 그들의 모든 악행으로 말미암아 나의 얼굴을 가리어 이 성을 돌아보지 아니하였음이라 [6] 그러나 보라 내가 이 성읍을 치료하며 고쳐 낫게 하고 평안과 진실이 풍성함을 그들에게 나타낼 것이며 [7] 내가 유다의 포로와 이스라엘의 포로를 돌아오게 하여 그들을 처음과 같이 세울 것이며 [8] 내가 그들을 내게 범한 그 모든 죄악에서 정하게 하며 그들이 내게 범하며 행한 모든 죄악을 사할 것이라 [9] 이 성읍이 세계 열방 앞에서 나의 기쁜 이름이 될 것이며 찬송과 영광이 될 것이요 그들은 내가 이 백성에게 베푼 모든 복을 들을 것이요 내가 이 성읍에 베푼 모든 복과 모든 평안으로 말미암아 두려워하며 떨리라

선지자가 시위대 뜰에 감금되어 있을 때 하나님의 말씀이 다시 임했다(1절; cf. 32:2). 32장에 기록된 말씀을 주신 후 얼마 되지 않아 다시 예레미야에게 말씀을 주신 것이다(Dearman). 말씀의 내용은 머지않아 예루살렘과 유다가 파괴될 것이며, 때가 지나면 다시 재건될 것이라는 사실을 중심으로 하고 있다. 예레미야가 감금된 상태에서 소망과 회복의 메시지가 왔다는 것은 매우 의미심장한 일이다. 선지자는 그의 청중이 당면한 어려운 현실과는 다른 미래를 제시할 뿐만 아니라, 자신이 처한 압제적인 환경을 단호히 부정하는 메시지를 선포한다. 비록 예레미야는 감옥에 감금되어 있지만, 그 누구도 그에게서 소망과 신념을 빼앗을 수 없으며, 미래의 자유를 제한할 수 없다. 게다가 이스라엘의 밝은 미래에 대한 메시지가 그들이 가장 절망할 수 있는 순간에, 선지자가 가장 좌절할 수 있는 순간에 임했다는 것은 상징하는 바가 크다.

하나님은 먼저 자신이 어떤 존재라는 것을 확인하며 메시지를 시작하신다(2절). 여호와께서는 스스로를 세상의 모든 일을 계획하고 진행하는 분으로 밝히신다. 주님은 세상의 유일한 창조주일 뿐만 아니라, 모든 일에 관여하시는 분이다. 성경을 통해 우리에게 말씀하는 하나님은 여러 신들 중 하나가 아니고, 능력이나 존재가 유일하신 분이다. 이처럼 절대적인 능력과 권리를 지니신 하나님이 감옥에 갇혀 있는 선지자에게 부르짖으라고 권면하신다. "너는 내게 부르짖으라 내가 네게 응답하겠고 네가 알지 못하는 크고 은밀한 일을 네게 보이리라"(3절).

'크고'(גָּדוֹל)와 '놀라운'(בְּצוּר)은 주로 요새나 성읍을 설명하는 단어들이다(cf. 창 11:6; 욥 42:2). 신명기 1:28; 9:1과 여호수아 14:12도 이 두 단어를 사용해 가나안 성읍들의 웅장함을 묘사한다(cf. 민 13:28). 하나님은 계속된 감금 생활로 낙심하고 지쳐가는 선지자에게 그가 원하면 어떠한 기적이라도 베풀어줄 테니 힘을 내라고 권면하신다. 심지어 예레미야를 위해서라면 옛적에 이스라엘에게 가나안의 모든 성들을 주신 것에 버금가는 기적이라도 베풀 의향이 있음을 선언하신다(Brown). 삶이 마치 억압하는 감옥처럼 느껴지는 사람에게 주시는 생명수 같은 말씀이다.

먼저 예레미야에게 임한 이 말씀이 또한 누구에게 임하는가를 생각해보자. 30장 이후 선지자는 종종 예루살렘에 살고 있는 사람들을 상대로 말씀을 선포했지만, 선지자는 대부분의 말씀을 바빌론에서 이미 포로 생활을 시작한 사람들에게 전했다. 그렇다면 이 약속의 파격적인 효과를 생각해보자. 포로로 끌려간 사람들은 하나님께로부터 버림받은 것이라고 생각하며 낙심했을 것이다. 그런데 예레미야는 하나님이 얼마든지 그들을 만나줄 의향이 있고, 그들이 부르짖기만 한다면 당장 달려가기라도 하실 것이라고 말한다. 한때는 가까이 하기에는 너무나 멀게만 느껴졌던 하나님, 아무리 찾아도 도저히 찾을 수 없는 여호와로 여겨지던 전능한 하나님이 가장 연약한 자들을 찾아와 돌볼 것을 약속하신다.

또한 '부르짖으라—응답하리라'는 이스라엘과 하나님 사이에 맺어진 언약 관계를 의미하는 가장 기본적인 관계적 언어다. 즉 이미 포로로 끌려간 공동체에게 머지않아 하나님이 새로운 언약을 맺으실 거라는 사실을 암시하고 있다. 하나님께 버림받았다고 생각했던 사람들에게는 이처럼 감당하기 어려울 정도의 놀라운 위로가 임하고, 하나님께 선택 받아 예루살렘에 남게 되었다고 자부하던 사람들에게는 냉혹한 심판만이 임할 것이다.

예루살렘의 파괴와 수없이 많은 사람들의 죽음을 언급하고 있는 4–5절을 어떻게 이해할 것인가? 바빌론 군대의 공격을 막아내는 과정에서 빚어진 일들을 기록하고 있는가?(NIV; NAS; NRS; TNK; 공동). 이 경우에는 예루살렘이 바빌론 군대에 포위되기는 했지만, 아직 함락되지 않았던 시기에 이 말씀이 예레미야에게 임했음을 의미한다. 아니면 이미 성공한 바빌론 군대의 예루살렘 공략 과정에서 비롯된 일을 회상하고 있는가?(Brueggemann; 새번역). 예레미야가 아직 감금되어 있다는 점을 감안할 때, 첫 번째 해석이 바람직하다(cf. Holladay; McKane). 이 말씀은 이스라엘이 바빌론 군에게 저항하던 과정에서 빚어진 일들을 전한다. 과정이 이렇게 험난했다면, 특히 이 일이 그들의 죄에 분노하신 여호와께서 직접 지휘하시는 것이라면, 성이 완전히 파괴되면 얼마나 혹독한 일들이 일어날 것인가는 뻔한 일이다.

다행히 이스라엘에 진노한 하나님은 계속 분노하지만은 않으실 것이다(6절). 하나님이 쳤던 자들을 스스로 치료하고 회복할 것을 약속하신다. 그들의 땅, 가옥, 재산, 명예 등이 모두 회복될 것이다. 그러나 가장 좋은 소식은 주의 백성이 지었던 죄가 모두 말끔히 용서될 것이라는 점이다. "내가 그들을 내게 범한 그 모든 죄악에서 정하게 하며 그들이 내게 범하며 행한 모든 죄악을 사할 것이라"(8절). 그날이 되면 하나님이 모든 유형의 죄를 용서하실 것을 강조하기 위해 8절은 죄를 묘사하는 대표적인 히브리어 단어들인 '죄악'(עָוֹן; 두 번), '범죄하다'(חטא; 두 번), '범하다'(פשׁע)를 다섯 차례나 사용한다. 전제 조건이 없는 하나님의 은혜가 주의 백성의 죄 문제를 완전히 해결할 것이다.

이 말씀은 선지자가 이미 31:31–34과 32:39–40에서 언급한 새롭고 영원한 언약에 대한 연결선상에서 이해되어야 한다(Fretheim). 하나님이 백성과 새 언약을 맺으시면 죄 문제가 해결된다고 했는데, 여기서는 죄 사함을 말씀하신다. 그러므로 새 언약 시대 사람들이 지닐 '새 마음'(new heart)은 옛 언약 시대에 사람들이 지녔던 '옛 마음'(old heart)이 용서를 받고 변화를 받아 되는 것으로 '옛 마음'과 전혀 연관성이 없는 새로운 무엇인가가 아니다(Fretheim).

그날이 되면 한때 열방의 조롱거리가 되었던 주의 백성은 열방이 부러워하는 민족이 될 것이다(9절). 하나님은 이스라엘을 온 열방 앞에서 존귀하게 하실 것이다. 열방은 하나님이 주의 백성에게 얼마나 많은 복과 평안을 내리셨는가를 깨닫고 무척 부러워할 것이다. 하나님의 은총에 대한 반응으로 이스라엘은 하나님께 찬양과 영광이 될 것이다. 세상 모든 민족들이 이러한 광경을 보고는 하나님과 이스라엘을 두려워할 것이다. 옛날처럼 함부로 대하지 않을 것이라는 의미다. 하나님의 함께하심으로 말미암아 주의 백성의 신분과 지위가 완전히 달라졌다.

VIII. 회복에 대한 소망(30:1–33:26)
D. 회복 약속(33:1–26)

2. 예배 회복(33:10–11)

10 여호와께서 이와 같이 말씀하시니라 너희가 가리켜 말하기를 황폐하여 사람도 없고 짐승도 없다 하던 여기 곧 황폐하여 사람도 없고 주민도 없고 짐승도 없던 유다 성읍들과 예루살렘 거리에서 11 즐거워하는 소리, 기뻐하는 소리, 신랑의 소리, 신부의 소리와 및

만군의 여호와께 감사하라,
여호와는 선하시니
그 인자하심이 영원하다

하는 소리와 여호와의 성전에 감사제를 드리는 자들의 소리가 다시 들리리

니 이는 내가 이 땅의 포로를 돌려보내어 지난날처럼 되게 할 것임이라 여호와의 말씀이니라

하나님의 심판을 받아 황폐해져 사람도 없고 짐승도 없던 유다와 예루살렘이 다시 생기로 가득 찬다(10절). 심판을 받을 때는 통곡하는 소리와 절망의 눈물로 가득했던 도성들에 즐거워하는 소리가 가득하다. 심판이 임할 때에는 신랑과 신부의 소리가 끊겼던 곳에 이제는 신랑의 소리와 신부의 소리도 가득하다(11절). 주의 백성이 다시 번성할 것이며, 그들의 미래는 밝다는 의미다.

유다의 땅, 재산, 명예 등이 회복되면 자연히 그들의 기쁜 찬양과 감사의 찬송이 온 땅에 울려 퍼질 것이다. 주의 백성을 위해 이처럼 놀라운 일을 하신 하나님을 찬양하지 않으면 죄가 된다. 그러나 저자는 이것들마저도 하나님이 그들에게 허락하시는 축복이라고 말한다. 주의 백성이 하나님께 드리는 예배와 찬송마저도 하나님이 회복시키시는 것이다. 하나님이 이스라엘의 거리와 가정에 삶의 희로애락을 다시 회복시켜주실 것이므로 주의 백성은 옛날처럼 '사람 사는 맛'을 체험하게 될 것이다. 그때가 되면 이스라엘이 '평범한 삶'의 즐거움을 다시 맛보게 될 것이다.

VIII. 회복에 대한 소망(30:1-33:26)
D. 회복 약속(33:1-26)

3. 짐승과 방목지 회복(33:12-13)

12 만군의 여호와께서 이와 같이 말씀하시니라 황폐하여 사람도 없고 짐승도 없던 이곳과 그 모든 성읍에 다시 목자가 살 곳이 있으리니 그의 양 떼를 눕게 할 것이라 13 산지 성읍들과 평지 성읍들과 네겝의 성읍들과 베냐민 땅과 예루살렘 사면과 유다 성읍들에서 양 떼가 다시 계수하는 자의 손 아래로

지나리라 여호와께서 말씀하시니라

선지자들은 주의 백성의 회복을 예언할 때 반드시 그들이 살 땅의 회복도 함께 노래한다. 성경에서 땅은 거주하는 자들의 죄로 인해 오염되고 거주민이 타국으로 끌려가면 황폐해진다. 그러므로 이스라엘이 회복되는 것은 곧 그들의 땅이 회복되는 것을 전제한다. 땅의 회복이 반드시 인간의 회복과 함께 실현되어야 하는 까닭은, 그들이 그 땅에서 생활하려면 땅이 다시 생산성을 회복하고 풍요로움으로 주민들에게 먹을 것을 주어야 하기 때문이다.

이스라엘이 회복되면 목자들이 본직으로 돌아가서 짐승 떼를 거닐고 초원을 찾아다니게 될 것이다(12절). 매우 평화스러운 초원과 쉴 만한 물가 그림을 떠올릴 수 있다. 유목민이 중요한 구성 요소였던 이스라엘 사회에서 이 약속은 매우 마음에 와 닿았을 것이다.

VIII. 회복에 대한 소망(30:1-33:26)
D. 회복 약속(33:1-26)

4. 다윗 왕조와 레위 제사장 회복(33:14-26)

14 여호와의 말씀이니라 보라 내가 이스라엘 집과 유다 집에 대하여 일러준
선한 말을 성취할 날이 이르리라

15 그날 그때에 내가 다윗에게서
한 공의로운 가지가 나게 하리니
그가 이 땅에 정의와 공의를 실행할 것이라
16 그날에 유다가 구원을 받겠고
예루살렘이 안전히 살 것이며
이 성은 여호와는 우리의 의라는 이름을 얻으리라

17 여호와께서 이와 같이 말씀하시니라 이스라엘 집의 왕위에 앉을 사람이

> 다윗에게 영원히 끊어지지 아니할 것이며 [18] 내 앞에서 번제를 드리며 소제
> 를 사르며 다른 제사를 항상 드릴 레위 사람 제사장들도 끊어지지 아니하리
> 라 하시니라 [19] 여호와의 말씀이 예레미야에게 임하니라 이르시되 [20] 여호와
> 께서 이와 같이 말씀하시니라 너희가 능히 낮에 대한 나의 언약과 밤에 대
> 한 나의 언약을 깨뜨려 주야로 그때를 잃게 할 수 있을진대 [21] 내 종 다윗
> 에게 세운 나의 언약도 깨뜨려 그에게 그의 자리에 앉아 다스릴 아들이 없
> 게 할 수 있겠으며 내가 나를 섬기는 레위인 제사장에게 세운 언약도 파할
> 수 있으리라 [22] 하늘의 만상은 셀 수 없으며 바다의 모래는 측량할 수 없나
> 니 내가 그와 같이 내 종 다윗의 자손과 나를 섬기는 레위인을 번성하게 하
> 리라 하시니라 [23] 여호와의 말씀이 예레미야에게 임하니라 이르시되 [24] 이 백
> 성이 말하기를 여호와께서 자기가 택하신 그들 중에 두 가계를 버리셨다 한
> 것을 네가 생각하지 아니하느냐 그들이 내 백성을 멸시하여 자기들 앞에서
> 나라로 인정하지 아니하도다 [25] 여호와께서 이와 같이 말씀하시니라 내가 주
> 야와 맺은 언약이 없다든지 천지의 법칙을 내가 정하지 아니하였다면 [26] 야
> 곱과 내 종 다윗의 자손을 버리고 다시는 다윗의 자손 중에서 아브라함과
> 이삭과 야곱의 자손을 다스릴 자를 택하지 아니하리라 내가 그 포로된 자를
> 돌아오게 하고 그를 불쌍히 여기리라

서론에서 언급한 것처럼 예레미야서는 마소라 사본과 칠십인역이 현저한 차이를 보이는 곳들이 있다. 가장 심한 곳이 바로 이 본문이다. 칠십인역은 14-26절을 아예 포함하지 않고 있다(cf. Clements; Holladay; McKane). 본문은 오직 마소라 사본에서만 발견되는 말씀이다. 하나님은 이 말씀을 통해 두 가지의 회복을 약속하신다. 바로 다윗 왕조와 레위 제사장들의 기능 회복이다. 때가 되면 다윗의 후손이 다시 왕이 되어 주의 백성을 다스릴 것이며 레위 사람들 중 다시 제사장들이 나와 하나님께 제물을 드리게 될 것이다.

언제 있을 일인가? 저자는 "보라 날이 오고 있다"(הִנֵּה יָמִים בָּאִים)라는

말씀으로 본문을 시작해 이곳에서 예언된 내용은 먼 미래에 있을 일임을 암시한다(14절; cf. 15-16절의 '그날'). 그날이 되면 어떻게 다윗 왕조가 회복될 것인가? 본문이 노래하는 다윗의 후손은 다름 아닌 '한 의로운 가지'(צֶמַח צְדָקָה)다(15절; cf. 23:5). 이 가지는 의와 공평으로 나라를 다스릴 것이다. 바로 메시아에 대한 약속이다. 그는 유다가 평안히 거할 수 있도록 모든 것을 배려할 것이며 예루살렘은 '여호와 우리의 의'(צִדְקֵנוּ יְהוָה)라는 새 이름을 얻게 될 것이다(16절).

이 이름은 23:6에서 메시아 왕에게 주어진 타이틀이다. 그런데 본문에서는 예루살렘 성에게 이 이름이 주어지고 있다. 아마도 이 이름을 지닌 메시아가 머물며 주의 백성을 다스릴 장소가 예루살렘이기 때문일 것이다. 예루살렘은 그곳에 거주하실 메시아 때문에 이처럼 영광스러운 이름으로 칭함을 받게 되었다.

이 말씀은 또한 이스라엘이 남, 북 왕국으로 나누어진 시대가 끝날 것을 전제한다(Brown). 원래 이스라엘은 한 나라였어야 하는데, 인간의 죄가 둘로 나누었다(cf. 삼하 11:10; 왕하 11장). 다윗 계열 왕으로 오신 메시아가 다스리는 날, 이스라엘은 통일된 한 나라가 될 것이며, 예루살렘은 수도가 될 것이다.[11] 이 말씀의 파격적인 면모를 생각해보자. 예레미야 시대에 다윗 계열의 유다 왕(여호아하스)은 이집트로, 다른 한 왕(여호야긴)은 바빌론으로 끌려갔다. 유다를 다스리고 있는 현재 왕(시드기야)도 1년 내에 바빌론으로 끌려갈 상황이다. 아무리 보아도 다윗 왕조는 소망이 없어 보인다. 그런데 하나님은 이 다윗 왕조를 통해 메시아를 보내실 것이라고 하신다!

메시아가 예루살렘에서 다스리신다는 것은 또한 유다와 예루살렘이 회복될 것을 전제한다. 그러므로 이 예언은 매우 절망적인 상황에서 선포된 참으로 놀랍고 감격스러운 약속이다. 선지자들에 의하면 메시

11 이 말씀은 문자적으로 이해되어야 한다(cf. Feinberg). 그러나 이 말씀을 상징적으로 해석하여 '예루살렘'이 교회라고 주장하는 사람들도 있다(cf. Harrison).

아와 의는 결코 떼어놓을 수 없는 관계다. 아무리 그럴싸한 사람이라 할지라도 의롭지 않고 의를 실천하지 않으면 메시아가 아니라고 선지자들은 가르친다.

메시아가 다윗 계열의 왕으로 오신다는 예언은 해석하기가 쉽다. 그러나 레위 제사장들도 회복될 것이라는 말씀은 어떻게 이해해야 하는가? 신약을 인정하지 않는 유대인들에게는 그다지 어려움이 없겠지만(cf. Rashi), 신약을 믿는 우리에게는 문자적으로 받아들이는 것이 부담스럽다. 왜냐하면 예수님이 십자가에서 죽음으로써 구약의 율법적 요구를 모두 완성하셨기 때문이다. 그러므로 일부 학자들은 본문이 언급하는 레위 제사장의 회복은 예수님의 대속 사역을 상징한다고 해석한다(Huey; Harrison). 그러나 만일 본문이 메시아의 사역만을 논한다면 메시아가 해야 할 세 번째 사역인 선지자에 대해서도 언급되어야 한다. 그러나 본문은 선지자에 대해 언급하지 않는다. 그러므로 레위 제사장이 예수님의 구속 사역을 상징한다는 해석은 설득력을 잃는다.

학자들은 본문에 등장하는 레위 제사장에 대해 다양한 해석을 내놓았다(cf. Feinberg; Harrison; Brown; Holladay; Lundbom). 가장 설득력이 있는 해석은, 앞으로 회복될 하나님의 백성은 세속적인 총독과 종교적 지도자의 통치를 받을 것이라는 주장이다(Nelson; Miller). 그러나 대부분 학자들이 동의할 만한 해석은 없다. 가장 간단한 해석은 레위 사람들을, 예식(cultic ritual)을 상징하는 것으로 해석하지 않고 예배와 찬송의 회복으로 간주하는 것이다. 메시아가 오시면 당연히 예배와 찬송이 회복될 것이며, 바로 앞 문장(10–11절)에서도 예배와 찬송의 회복을 노래했던 선지자가 레위 제사장들을 언급함으로써 더 구체적으로 이 사실을 다시 부각시킨다고 해석하는 것이다. 물론 18절은 레위 제사장들이 '번제물, 곡식 제물, 희생 제물'을 살라 바칠 것이라고 한다. 그러나 레위 사람들이 실제로 이 제물들을 바치는 때가 올 것을 뜻하는 것이 아니라 이 제물들이 상징하는 예배의 온전한 회복이 이루어지는 시대를 뜻하는 것으로 간주할 수 있다.

왜 하나님은 다윗 왕조와 레위 제사장권을 회복하려 하시는가? 무엇보다도 하나님이 과거에 다윗과 아론에게 하신 약속 때문이다(17-22절). 레위 지파에 속한 사람만이 제사장이 되어 여호와의 성전에서 사역을 하게 된다는 것은 출애굽 때 이미 선포된 말씀으로, 다윗과의 약속은 사무엘하 7장을 배경으로 한다. 선지자 스가랴는 다윗의 후손과 레위의 후손이 자신들이 찌른 자(메시아)에 대해 함께 통곡하는 모습을 묘사한다(슥 12:12-13).

하나님이 이들과의 약속을 영원히 존중하실 것이라는 말씀은 주님의 성품을 잘 반영한다. 하나님은 주의 백성에게 주신 약속은 단 하나라도 지키지 않거나 등한시하는 분이 아니시다. 하나님은 그 약속을 이룰 때까지 사역을 멈추지 않으신다. 가장 적절한 때를 기다렸다가 이루실 것이다. 그러므로 하나님이 하신 약속이 때로는 당장 이루어지기도 하지만, 경우에 따라서는 몇 세대가 지나야 성취되기도 한다. 그러나 중요한 것은 꼭 이루신다는 사실이다.

하나님이 백성들과 맺으신 '주—백성' 언약은 어떤가? 백성은 하나님이 이미 그들을 버리셨다고 말한다(23절). 그러나 하나님은 그들을 잊은 적이 없다며 비유로 말씀하신다. 만일 하나님이 낮과 밤과 맺으신 언약이 파괴된다면, 즉 낮과 밤의 균형과 하모니가 깨어진다면 주님이 이스라엘과 맺은 언약도 파괴될 것이라고 말씀하신다. 자연을 지배하는 원리들이 깨지지 않는 한, 하나님은 결코 자기 백성을 버리지 않으셨다는 뜻이다. 결코 그런 일은 없었고 앞으로도 없을 것이라는 확신이다.

그렇다면 이스라엘의 바빌론 포로 생활은 무엇을 의미하는가? 이스라엘이 하나님과의 언약을 잘 이행하지 않았기 때문에 언약의 일부인 언약의 저주를 그대로 이행하시는 것뿐이다. 이스라엘이 하나님께 순종하지 않아 언약을 '파괴'했지만, 그 언약은 아직도 유효하며, 하나님은 그 언약의 조항에 따라 이스라엘에게 벌을 내리신 것이다. 이스라엘은 언약을 지키지 않아 바빌론으로 끌려갔고, 반면에 그들의 바빌론 포로 생활은 하나님이 그들과의 언약을 지키신 결과로 이루어졌다.

그러므로 주의 백성의 포로 생활은 하나님이 이스라엘을 버리셨다는 의미가 아니다. 이스라엘의 '선민' 신분이 파괴되었다는 것을 의미하지도 않는다. 오히려 이스라엘의 '선민' 지위는 포로 생활을 하는 가운데서도 지속되었다. 하나님은 한번 선택하면 끝까지 책임지시는 분이다. 이런 하나님의 은혜와 의지가 이 위로의 책이 약속하는 모든 회복을 가능하게 한다.

IX. 주전 605-586년의 사건과 메시지 (34:1-39:18)

선지자는 '위로의 책'이라고 불리는 30-33장을 통해 이스라엘의 회복을 노래했다. 그러나 그 회복은 먼 훗날에 있을 일이다. 그 일이 있기 전에 유다는 망해 바빌론으로 끌려가야 한다. 한동안 구원과 회복을 노래하던 선지자가 다시 암울한 현실로 돌아와 유다가 잠시 후에 겪어야 할 혹독한 심판에 대해 매우 현실적으로 선언한다.

이 섹션은 여호야김 왕 시대에 있었던 일도 기록하고 있지만 대체적으로 예루살렘의 최후의 날(주전 587-586년)에 있었던 일들을 회고하고 있다. 이 운명적인 순간에 예레미야가 어떤 태도를 취했으며, 어떤 메시지를 전하였는지를 상세히 기록한다. 특히 여호야김이 하나님의 말씀을 불태운 불경스러운 사건(36장)은 이스라엘이 하나님의 진노를 피할 수 없었던 이유에 대한 증거이며 유다에 임박한 하나님의 심판의 확고함을 봉인한 일이다. 본문은 다음과 같이 구분될 수 있다.

A. 배신과 신실함(34:1-35:19)
B. 선지자의 책을 찢은 여호야김(36:1-32)
C. 수감된 예레미야(37:1-21)

D. 물 저장 탱크에 갇힌 선지자(38:1-28)
E. 바빌론의 손에 함락된 예루살렘(39:1-18)

IX. 주전 605-586년의 사건과 메시지(34:1-39:18)

A. 배신과 신실함(34:1-35:19)

이스라엘은 세상에서 가장 능력이 있고 유일하신 하나님을 섬기는 축복을 누리며 살았다. 다른 민족들이 누리지 못한 특권을 누린 그들은 당연히 세상 그 어느 민족보다도 하나님께 신실해야 했다. 그러나 그들의 삶은 전혀 다른 쪽으로 치닫는다. 결국 하나님은 떠돌며 사는 사람들 중에 레갑 사람들의 예를 들어가며 신실하지 못한 이스라엘을 책망하시기에 이르렀다(cf. Fretheim). 그러므로 34-35장은 시드기야에 대한 심판(34:1-7)으로 시작해 온 유다에 대한 심판으로 이어지며(34:8-22), 레갑 사람들의 이야기(35장)는 하나님이 시드기야와 온 유다에 내리시는 심판을 정당화하는 역할을 한다. 본문은 다음과 같이 구분될 수 있다.

A. 시드기야의 운명 예언(34:1-7)
B. 배신: 맹세를 지키지 않는 이스라엘(34:8-22)
C. 신실함: 조상의 유언대로 사는 레갑 사람들(35:1-11)
D. 두 사례의 교훈(35:12-19)

IX. 주전 605-586년의 사건과 메시지(34:1-39:18)
A. 배신과 신실함(34:1-35:19)

1. 시드기야의 운명 예언(34:1-7)

1 바벨론의 느부갓네살 왕과 그의 모든 군대와 그의 통치 하에 있는 땅의 모

든 나라와 모든 백성이 예루살렘과 그 모든 성읍을 칠 때에 말씀이 여호와
께로부터 예레미야에게 임하여 이르시되 [2] 이스라엘의 하나님 여호와께서
이와 같이 말씀하시니라 너는 가서 유다의 시드기야 왕에게 아뢰어 이르기
를 여호와의 말씀에 보라 내가 이 성을 바벨론 왕의 손에 넘기리니 그가 이
성을 불사를 것이라 [3] 네가 그의 손에서 벗어나지 못하고 반드시 사로잡혀
그의 손에 넘겨져서 네 눈은 바벨론 왕의 눈을 볼 것이며 그의 입은 네 입을
마주 대하여 말할 것이요 너는 바벨론으로 가리라 [4] 그러나 유다의 시드기야
왕이여 여호와의 말씀을 들으라 여호와께서 네게 대하여 이와 같이 말씀하
시니라 네가 칼에 죽지 아니하고 [5] 평안히 죽을 것이며 사람이 너보다 먼저
있은 네 조상들 곧 선왕들에게 분향하던 것같이 네게 분향하며 너를 위하여
애통하기를 슬프다 주여 하리니 이는 내가 말하였음이라 여호와의 말씀이니
라 하시니라 [6] 선지자 예레미야가 이 모든 말씀을 예루살렘에서 유다의 시
드기야 왕에게 아뢰니라 [7] 그때에 바벨론의 왕의 군대가 예루살렘과 유다의
남은 모든 성읍들을 쳤으니 곧 라기스와 아세가라 유다의 견고한 성읍 중에
이것들만 남았음이더라

바빌론 왕 느부갓네살이 주전 587년에 대군을 이끌고 와서 예루살렘을 포위한 지 어느 정도의 시간이 흐른 뒤에 이 말씀이 예레미야에게 임했다. 시드기야가 온 힘을 다해 대항해도 결코 바빌론 군을 물리칠 수 없으며, 그는 포로가 되어 바빌론으로 끌려갈 것이라는 경고였다. 이 메시지는 이미 21:1-7에서, 또한 잠시 후 37:3-10과 38:14-28에서 선포될 메시지와 거의 동일하다.

저자는 예루살렘을 공격하는 군대를 "바벨론의 느부갓네살 왕과 그의 모든 군대와 그의 통치 하에 있는 땅의 모든 나라와 모든 백성"(1절)으로 구성된 군대라고 말한다. 이 침략군을 대항해 싸우는 것은 마치 온 세상을 상대로 싸우는 것과 같다는 것이다. 예레미야는 이스라엘이 침략자들을 대적하는 것은 무모한 짓임을 명백히 하고 있다. 마치 온

세상이 이스라엘을 포위하고 있는 것과 같은 상황이다.

많은 학자들이 3절에서 예레미야에게 임한 하나님의 말씀과 선지자가 4-5절에서 시드기야에게 선포한 내용에 커다란 차이가 있다고 주장한다(Holladay; McKane; Lundbom). 3절에는 없는 '평안한 죽음'의 약속이 4-5절에서 시드기야에게 주어지기 때문이다. 이 문제를 해결하기 위해 일부 학자들은 '평안히'(בְּשָׁלוֹם; 5절)를 '예루살렘에서'(בִּירוּשָׁלַם)로 수정한다(cf. Holladay). 문제는 이렇게 수정하면 문맥이 매끄럽지 못하다는 것이다. 3절은 시드기야가 바빌론으로 끌려갈 것을 선언했는데, 5절에서는 예루살렘에서 죽을 거라고 말하는 것은 앞뒤가 맞지 않다. 반면에 38:17 등과 같이 비슷한 내용의 메시지를 참조하면 4-5절을 일종의 조건적 선언문으로 이해할 수 있다. "만일 네가 내 말대로 바빌론 군에게 항복한다면…너는 평안히 죽을 것이다"(Miller; Brueggemann; Brown). 훨씬 더 설득력이 있는 대안이다.

저자는 선지자가 이 메시지를 시드기야에게 전했을 때는 유다가 거의 멸망에 도달했음을 밝히고 있다. 예루살렘 외에 유일하게 아직 바빌론 군을 대항해서 싸우고 있는 성읍은 라기스와 아세가였다(7절). 유다의 나머지 성읍들은 이미 바빌론 군의 손에 넘어갔다. 라기스는 예루살렘에서 남서쪽으로 약 38킬로미터 떨어진 곳에 위치한 도시였으며, 아세가는 예루살렘에서 남서쪽으로 약 30킬로미터 떨어진 곳에 위치했다. 이 도시들이 이집트 국경에 가까이 접해 있다는 사실은 그들이 이집트의 도움을 기대하며 그 순간까지 저항한 것을 짐작하게 한다. 1935년과 1938년의 라기스 탐사에서 시드기야 시대의 문서들(Lachish Ostraca)이 발굴되었다(cf. Begin). 그중 하나(Ostracon IV)는 부하로 보이는 호시야후라는 사람이 상관 야오시에게 보낸 편지였는데, 호시야후는 이렇게 기록하고 있다. "대장님이 말씀하신 대로 우리는 지금 신호를 기다리고 있습니다. 그러나 우리는 아세가에서 오는 신호를 보지 못하고 있습니다"(King; Lundbom). 이때에는 이미 아세가도 예루살렘의 손에 넘어갔기 때문에 라기스 사람들이 신호를 받지 못했던 것으로 추정된다.

IX. 주전 605–586년의 사건과 메시지(34:1–39:18)
A. 배신과 신실함(34:1–35:19)

2. 배신: 맹세를 지키지 않는 이스라엘(34:8–22)

본문에 기록된 사건은 시드기야 시대에 일어났다. 시드기야 왕의 권고에 따라 이스라엘 백성이 그들의 하나님 여호와의 이름으로 맺은 언약을 경제적인 손실에 대한 미련 때문에 번복하는 이야기다. 이 일은 이스라엘의 불성실이 어느 정도고 여호와에 대한 경외가 어느 수준까지 떨어졌는지를 잘 묘사하고 있다. 본문은 다음과 같이 구분된다.

A. 자유 계약 체결과 파기(34:8–11)
B. 계약 파기에 대한 평가(34:12–16)
C. 계약 파기에 대한 심판(34:17–22)

IX. 주전 605–586년의 사건과 메시지(34:1–39:18)
A. 배신과 신실함(34:1–35:19)
2. 배신: 맹세를 지키지 않는 이스라엘(34:8–22)

(1) 자유 계약 체결과 파기(34:8–11)

8 시드기야 왕이 예루살렘에 있는 모든 백성과 한 가지로 하나님 앞에서 계
약을 맺고 자유를 선포한 후에 여호와께로부터 말씀이 예레미야에게 임하니
라 9 그 계약은 사람마다 각기 히브리 남녀 노비를 놓아 자유롭게 하고 그의
동족 유다인을 종으로 삼지 못하게 한 것이라 10 이 계약에 가담한 고관들과
모든 백성이 각기 노비를 자유롭게 하고 다시는 종을 삼지 말라 함을 듣고
순복하여 놓았더니 11 후에 그들의 뜻이 변하여 자유를 주었던 노비를 끌어

다가 복종시켜 다시 노비로 삼았더라

바빌론이 예루살렘을 포위하고 있던 때의 일이다. 시드기야 왕이 일종의 종교와 사회 개혁을 단행했다. 그동안 이스라엘이 준수하지 못한 율법을 이행함으로써 하나님께 가까이 가고 사회의 혼란과 불만도 해소해보자는 취지에서 비롯된 일이다. 백성 중에서 히브리 사람을 노예로 부리는 사람들은 모두 노예들을 자유인으로 석방하자는 것이었다(9절). 율법에 의하면 히브리 형제들을 노예로 취한 사람들은 6년을 부리고 7년째 되는 해에는 자유인으로 놓아주어야 한다(출 21:2-11; 신 15:12-18). 그러나 이스라엘의 역사에서 이 율법이 지켜진 것은 단 한 번도 없었다. 주인이 이 율법을 준수하려면 큰 경제적인 손실을 감당해야 하기 때문이다.

백성은 시드기야 왕의 제안을 좋게 받아들이고 자기 소유의 히브리 노예들에게 자유를 주었다(10절). 심지어 송아지를 두 조각으로 내서 그사이를 걸으며 이들에게 준 자유는 영원한 것임을 강조했다(cf. 19절). 고대 근동 사람들은 중요한 계약을 체결하면 짐승(들)을 둘로 쪼개 두 줄로 늘여놓고는 계약을 체결한 당사자들이 그 사이를 지나갔다(cf. 창 15:7-21). 당사자들이 체결한 언약은 꼭 지킬 것을 강조하는 예식이다(cf. Dearman). 이 예식이 지닌 상징적 의미는 "만일 내가 이 계약을 이행하지 않으면 오늘 우리가 쪼갠 짐승을 쪼개듯 나를 쪼개도 좋다"였다. 히브리 노예들에게 자유를 주기로 하나님 앞에 계약을 체결할 때 이들은 매우 비장한 각오로 이 계약을 끝까지 지킬 생각이었다. 그러나 며칠 후, 짐승들 사이를 걸어가면서까지 계약을 체결한 사람들은 자유인으로 놓아준 노예들을 다시 잡아들였다(11절).

만일 이런 식으로 하나님 앞에서 체결한 계약을 번복할 것이라면, 애초에 시드기야는 어떤 동기에서 노예들을 놓아주자고 했으며, 백성은 무엇을 기대하고 그의 제안을 따른 것일까? 성경에 기록된 시드기야의 부도덕함과 우유부단함을 잘 아는 학자들은 그가 좋은 의도에서 이런 일을 결정했다고 생각하지 않는다(cf. Feinberg; Fretheim; Brown).

본문이 "바빌론 군이 예루살렘에서 잠시 떠나가 있다"(21절)는 정보를 제공하는 것으로 보아 다음과 같은 일이 벌어졌던 것이 확실하다. 예루살렘이 바빌론 군에 포위된 상태에서 시드기야는 이스라엘이 살 수 있는 유일한 길은 여호와의 은혜를 입는 것이라고 생각했다. 하나님의 은혜를 입으려면 주님의 환심을 사야 하며, 하나님의 환심을 사기 위해서는 주님의 말씀에 순종하는 것이 가장 확실한 방법이라 생각했다. 하나님의 말씀에 순종하는 것에는 여러 가지 방법이 있겠지만, 그중 히브리 노예들을 자유인으로 풀어주는 일을 선택했다. 이스라엘이 한 번도 이루지 못한 순종이기 때문이다.

그래서 시드기야는 자신의 뜻을 백성에게 밝혔다. 나라가 망해가는 상황에서 노예를 풀어줌으로써 하나님의 선처를 바라는 것은 유일한 희망처럼 생각되었다. 일단 성이 무너지면 노예 소유권은 아무 의미가 없다. 게다가 성이 포위된 상황이라 식량을 구하는 일이 매우 어려운 상황에서, 노예들의 입을 줄일 수 있다면 좋은 일이다(Miller; Brown). 더 나아가 주인들은 노예들이 새롭게 얻은 자유를 보존하기 위해서라도 생명을 걸고 바빌론 군대에 대항해서 싸워줄 것을 기대했다(Dearman). 그래서 그들은 일석이조(一石二鳥)의 효과를 기대하며 노예들을 놓아주었다.

예루살렘 사람들이 기대했던 것처럼 하나님은 자비를 베푸셔서 잠시 동안 바빌론 군이 예루살렘에서 철수하게 하셨다(cf. 21절; 37:5-8). 기록에 의하면 당시 이집트 왕이었던 호브라(Hophrah)가 군대를 이끌고 바빌론 군과 싸우기 위해 가나안 원정에 나섰다(Kitchen; Lundbom). 호브라가 가나안을 향해 오고 있다는 정보를 입수한 느부갓네살은 곧장 예루살렘 포위를 풀고 이집트 국경 쪽으로 향했다. 당시 근동의 2인자라고 할 수 있는 이집트가 진군해오고 있으니 당연한 일이다.

예루살렘 사람들은 적군이 물러가자 기쁘기는 했지만, 얼마 전에 노예를 놓아준 것이 너무 아깝게 생각되었다. 결국 그들은 여호와 앞에서 체결한 계약을 무시하고 다시 노예들을 잡아들였다(11절). 하나님의 이름으로 맹세했는데, 이렇게 쉽게 그 계약을 없었던 것처럼 여긴다는 것은 그들이 하나님을 두려워하지 않는다는 증거다(Brown). 사실 바빌론이 예루살렘 포위를 푼 것은 잠깐이었다(Kitchen). 그러나 이 잠깐의 시간에 예루살렘 사람들은 바빌론 포위가 영원히 풀린 것처럼 생각했고 계약을 번복하기에 이르렀다(Harrison).

이 사건이 시사하는 바는 확실하다. 율법을 이행하고 하나님의 명령을 삶에 적용하면 사회의 평안과 안전이 보장된다. 심지어 포위된 성읍에도 기적적인 구원이 임했다. 반면에 약속을 번복하고 하나님의 말씀에 순종하지 않으면 물러갔던 적도 다시 돌아와서 이 사회를 위협할 수 있다(cf. 22절). 말씀에 대한 순종은 국가의 운명을 좌우한다.

IX. 주전 605–586년의 사건과 메시지(34:1–39:18)
A. 배신과 신실함(34:1–35:19)
2. 배신: 맹세를 지키지 않는 이스라엘(34:8–22)

(2) 계약 파기에 대한 평가(34:12–16)

12 그러므로 여호와의 말씀이 여호와께로부터 예레미야에게 임하니라 이르
시되 13 이스라엘 하나님 여호와께서 이와 같이 말씀하시니라 내가 너희 선
조를 애굽 땅 종의 집에서 인도하여낼 때에 그들과 언약을 맺으며 이르기를
14 너희 형제 히브리 사람이 네게 팔려왔거든 너희는 칠 년 되는 해에 그를
놓아줄 것이니라 그가 육 년 동안 너를 섬겼은즉 그를 놓아 자유롭게 할지
니라 하였으나 너희 선조가 내게 순종하지 아니하며 귀를 기울이지도 아니
하였느니라 15 그러나 너희는 이제 돌이켜 내 눈앞에 바른 일을 행하여 각기
이웃에게 자유를 선포하되 내 이름으로 일컬음을 받는 집에서 내 앞에서 계
약을 맺었거늘 16 너희가 돌이켜 내 이름을 더럽히고 각기 놓아 그들의 마음

대로 자유롭게 하였던 노비를 끌어다가 다시 너희에게 복종시켜 너희의 노비로 삼았도다

이런 일이 있은 다음에 하나님의 말씀이 예레미야에게 임했다. 하나님은 먼저 노예를 6년 동안 부리고 7년째 되는 해에 자유인으로 놓아 주어야 하는 것은 출애굽 때 이스라엘 사람들에게 주신 규례라는 사실을 확인하신다(14절; cf. 신 15:12-13). 그러나 이스라엘은 조상 때부터 이때까지 이 율법을 제대로 지키지 않았다(14절). 하나님은 이들의 조상이 탈출한 이집트를 '종 되었던 집'(בֵּית עֲבָדִים; 13절; 출 13:3, 14; 20:2; 신 5:6; 7:8; 13:5)으로 묘사하며 이들의 매정함을 비난하신다. "너희들도 한때는 종살이 하던 사람들이 아니냐? 노예로 산다는 것이 얼마나 힘든지 잘 알 텐데 서로에게 이렇게 매정할 수 있느냐?" 다른 민족은 몰라도 이집트에서 혹독한 종살이를 경험해본 이스라엘은 절대 이러면 안 된다.

이어 하나님은 최근에 예루살렘 사람들이 시도한 일—히브리 노예에게 자유를 준 것—이 얼마나 주님을 기쁘게 했는가를 회고하신다(15절). 이 일은 하나님이 강요한 것이 아니며, 시드기야와 백성이 스스로 결정한 일이다. 문제는 그들이 자유를 준 사람들을 다시 노예로 잡아들였다는 사실이다(16절). 하나님은 이스라엘의 파렴치한 행동이 하나님의 이름을 더럽혔다(חלל)고 말씀하신다(16절).

왜 이스라엘의 야비한 행동이 그들의 개인적인 문제로 끝나지 않고 하나님의 이름을 욕되게 하는 행위인가? 첫째, 그들은 하나님의 백성이다. 그러므로 하나님의 백성이 죄를 지으면 그들을 다스리는 왕이신 하나님이 백성을 잘 다스리지 못했다며 비난을 받는다. 마치 오늘날 교인들이 죄를 지으면 예수님이 욕을 먹는 것처럼 말이다. 둘째, 그들은 하나님의 성전에 가서 하나님 앞에서 하나님 이름으로 이 일을 맹세했다(15절). 하나님이 그들의 결단에 증인이 되신 것이다. 그런데 이제 와서 자신들이 약속한 것을 단순히 개인적인 욕심 때문에 번복하고 있고 그로 인해 하나님의 명예가 땅에 떨어졌다. 하나님이 그들의 계약에 증인이 되셨기 때문에 증인인 하나님은 계약적 저주로 이 백성을 벌하실 수밖에 없다.

IX. 주전 605–586년의 사건과 메시지(34:1–39:18)
A. 배신과 신실함(34:1–35:19)
2. 배신: 맹세를 지키지 않는 이스라엘(34:8–22)

(3) 계약 파기에 대한 심판(34:17–22)

17 그러므로 여호와께서 이와 같이 말씀하시니라 너희가 나에게 순종하지 아
니하고 각기 형제와 이웃에게 자유를 선포한 것을 실행하지 아니하였은즉
내가 너희를 대적하여 칼과 전염병과 기근에게 자유를 주리라 여호와의 말
씀이니라 내가 너희를 세계 여러 나라 가운데에 흩어지게 할 것이며 18 송아
지를 둘로 쪼개고 그 두 조각 사이로 지나매 내 앞에 언약을 맺었으나 그 말
을 실행하지 아니하여 내 계약을 어긴 그들을 19 곧 송아지 두 조각 사이로
지난 유다 고관들과 예루살렘 고관들과 내시들과 제사장들과 이 땅 모든 백
성을 20 내가 그들의 원수의 손과 그들의 생명을 찾는 자의 손에 넘기리니
그들의 시체가 공중의 새와 땅의 짐승의 먹이가 될 것이며 21 또 내가 유다
의 시드기야 왕과 그의 고관들을 그의 원수의 손과 그의 생명을 찾는 자의
손과 너희에게서 떠나간 바벨론 왕의 군대의 손에 넘기리라 22 여호와의 말
씀이니라 보라 내가 그들에게 명령하여 이 성읍에 다시 오게 하리니 그들이
이 성을 쳐서 빼앗아 불사를 것이라 내가 유다의 성읍들을 주민이 없어 처
참한 황무지가 되게 하리라

여호와의 성전에서 하나님의 이름으로 체결한 계약도 이렇게 쉽게 파기하는 사람들에게 당연히 심판이 임한다(17절). 특히 하나님이 강요한 것이 아니고 자신들이 자발적으로 한 것인데도 어떤 대책도 없이

스스로 그 계약을 무효화시켰기 때문에 그들은 벌을 받아 마땅하다. 내용은 이미 선지자가 누차 선포했던 유다의 비극적인 종말에 대한 것이다. 하나님은 칼과 기근과 전염병으로 이스라엘을 직접 치실 것이다(17절). 하나님이 이스라엘을 벌하기 위해 바빌론 군을 사용하고 있으심을 의미한다. 표현이 특이하다. "자유를 선포한 것을 실행하지 않은 자들"에게 "칼과 전염병과 기근에게 자유"를 주신다(17절). 이 재앙들이 그들을 마음껏 도륙하도록 하시겠다는 뜻이다.

하나님은 재앙의 도륙을 받은 이스라엘을 온 열방에 흩어버리실 것이다(17절). 그러므로 모든 지도층과 백성이 함께 적들의 손에 처참한 종말을 맞게 된다(19-21절). 잠시 예루살렘 포위를 접고 이집트 쪽으로 내려간 바빌론 군대도 다시 불러들이실 것이다(22절). 이 모든 일이 그들이 송아지를 둘로 쪼개고 그사이를 지나며 하나님 앞에서 맺은 언약(viz., 율법의 규정에 따라 히브리 노예들을 놓아주겠다는 계약)을 실행하지 않았기 때문이다(18절). 그러므로 예루살렘 사람들은 이 일에 대해 그 누구도 원망할 수 없다. 자처한 일이기 때문이다.

이 심판 선포의 중심에 있는 이미지는 몸이 갈라진 채로 즐비하게 놓여 있는 짐승의 모습이다(18-20절). 고대 근동에는 중요한 계약을 체결할 때 짐승들을 둘로 쪼개놓고 그사이를 계약 당사자들이 함께 걷는 풍습이 있었다(cf. ANET 503-4; 창 15장). 만에 하나라도 한 사람이 계약을 어길 때는 이 짐승들에게 한 것처럼 해도 좋다는 상징적인 의미를 담고 있는 예식이었다. 즉 죽어도 지키겠다는 각오를 반영한 풍습이다. 이제 하나님은 그 예식이 담고 있는 의미를 그들에게 요구하겠다고 말씀하신다. 하나님과의 약속을 경솔하게 대하고 쉽게 파괴하는 자들이 맞이하게 될 당연한 종말이다.

IX. 주전 605-586년의 사건과 메시지(34:1-39:18)
A. 배신과 신실함(34:1-35:19)

3. 신실함: 조상의 유언대로 사는 레갑 사람들(35:1-11)

1 유다의 요시야 왕의 아들 여호야김 때에 여호와께로부터 말씀이 예레미야
에게 임하여 이르시되 2 너는 레갑 사람들의 집에 가서 그들에게 말하고 그
들을 여호와의 집 한 방으로 데려다가 포도주를 마시게 하라 하시니라 3 이
에 내가 하바시냐의 손자요 예레미야의 아들인 야아사냐와 그의 형제와 그
의 모든 아들과 모든 레갑 사람들을 데리고 4 여호와의 집에 이르러 익다랴
의 아들 하나님의 사람 하난의 아들들의 방에 들였는데 그 방은 고관들의
방 곁이요 문을 지키는 살룸의 아들 마아세야의 방 위더라 5 내가 레갑 사람
들의 후손들 앞에 포도주가 가득한 종지와 술잔을 놓고 마시라 권하매 6 그
들이 이르되 우리는 포도주를 마시지 아니하겠노라 레갑의 아들 우리 선조
요나답이 우리에게 명령하여 이르기를 너희와 너희 자손은 영원히 포도주를
마시지 말며 7 너희가 집도 짓지 말며 파종도 하지 말며 포도원을 소유하지
도 말고 너희는 평생 동안 장막에 살아라 그리하면 너희가 머물러 사는 땅
에서 너희 생명이 길리라 하였으므로 8 우리가 레갑의 아들 우리 선조 요나
답이 우리에게 명령한 모든 말을 순종하여 우리와 우리 아내와 자녀가 평생
동안 포도주를 마시지 아니하며 9 살 집도 짓지 아니하며 포도원이나 밭이나
종자도 가지지 아니하고 10 장막에 살면서 우리 선조 요나답이 우리에게 명
령한 대로 다 지켜 행하였노라 11 그러나 바벨론의 느부갓네살 왕이 이 땅에
올라왔을 때에 우리가 말하기를 갈대아인의 군대와 수리아인의 군대를 피하
여 예루살렘으로 가자 하고 우리가 예루살렘에 살았노라

하나님은 여호야김이 이스라엘을 통치하고 느부갓네살이 예루살렘을 포위하고 있던 시대에 예레미야에게 레갑 사람들을 하나님의 전으로 초청하라고 명령하셨다(1절; cf. 11절). 대체적으로 이 시점은 주

전 606/605년(cf. 단 1:1-2; Wiseman) 혹은 주전 598/597년으로 추정된다(Nicholson). 선지자는 10년의 세월을 거슬러 올라가 여호야김 시대에 있었던 일과 최근에 경험한 시드기야와 유다 사람들의 소행을 비교함으로써 이스라엘의 신실하지 못함을 비난한다. 이야기의 주인공은 오래전에 조상이 남긴 명령을 신실하게 지키며 살아가는 레갑 사람들(הָרֵכָבִים)이었다. '레갑'(רֵכָבִי)은 한 집안이나 부족을 뜻한다는 해석도 있고, 그들이 예루살렘에 체류하는 동안 거했던 집의 이름으로 해석되기도 한다(cf. Holladay; Carroll). '[말을] 타다'(רכב)와 '병거'(מֶרְכָּבָה)와 같은 어원에서 비롯된 레갑은 마차를 만드는 사람들을 뜻한다는 해석도 있다(cf. Dearman). 그러나 6절을 감안할 때 집안이나 부족을 뜻하는 것으로 해석하는 것이 옳다.

예레미야는 하나님의 말씀에 따라 모든 레갑 사람을 성전으로 초청했다(3절). 성전에서 이 일이 진행되는 것은 곧 하나님 앞에서 진행되고 있음을 뜻한다. 레갑 사람들이 선지자가 주는 포도주에 어떻게 반응하는가는 매우 중요한 상징성을 지녔다(Fretheim). 예레미야가 레갑 사람 모두를 초청했음에도(3절) 한 방에 다 들어가는 것으로 보아 큰 그룹은 아니었던 것이 확실하다. 선지자는 그들에게 포도주를 대접했다(5절). 아마도 예레미야는 이들이 술을 마시지 않는다는 사실을 이미 알고 있었을 것이다. 예레미야가 그들에게 술을 준 이유는 그들의 반응을 보기 위함이었다(Miller).

레갑 사람들의 반응은 선지자가 기대한 대로였다. "우리는 술을 마시지 않습니다." 그들이 술을 마시지 않는 이유는 종교적인 이유나 건강 의식 때문이 아니었다. 단순히 요나답이라는 그들의 옛 조상의 명령을 준수하기 위함이었다. 그들은 이 조상의 명령을 이행하기 위해 술을 마시지 않을 뿐만 아니라, 집도 짓지 않고, 씨를 뿌리지도 않으며, 포도원을 가꾸지도 소유하지도 않고 유목민이 되어 텐트에만 거한다고 덧붙인다(8-10절). 한 조상이 남긴 말씀을 자손 대대로 이렇게 지키는 레갑 사람들은 신실함이 무엇인가를 보여주는 좋은 예다.

그렇다면 그들은 왜 지금 예루살렘 성에 들어와 거하고 있는가? 일부 학자들은 레갑 사람들이 떠돌며 살아야 한다는 조상의 명령을 제대로 지키지 않은 결과라고 한다(Fretheim). 그러나 그렇게 볼 필요는 없다. 레갑 사람들은 느부갓네살의 침략 때문에 잠시 이 성에 머무는 것이라고 한다(11절). 위험이 걷히는 순간 다시 성을 빠져나갈 것을 암시한다. 매우 절박한 상황이기 때문에 성 안에 잠시 머문다고 해서 조상의 명령을 어겼다고 볼 수는 없다.

이처럼 오랜 세월이 지난 다음에도 조상의 명령을 신실하게 지키기 위해 온갖 노력을 아끼지 않는 레갑 사람들의 이야기는 바로 며칠 전에 하나님의 이름으로 맹세했던 것도 순식간에 저버리는 신실하지 못한 이스라엘 사람들과 매우 큰 대조를 이룬다.

성경에는 레갑이라는 이름이 몇 차례 등장한다. 사울의 아들 이스보셋이 다윗과 맞서 싸울 때 그의 군 지휘관 중 하나가 베냐민 지파 사람 레갑이었다(삼하 4:2). 예후가 아합을 상대로 쿠데타를 일으켰을 때 그를 도왔던 사람 중 레갑의 아들 여호나답이 있었다(왕하 10:15). 그는 예후를 도와 바알 선지자들을 모두 죽이고 이스라엘 종교를 개혁한 것으로 생각된다(cf. 왕하 10:23). 유대인 주석가 라쉬(Rashi)는 레갑 사람들이 모세의 장인 이드로의 후손들이었기 때문에 이스라엘에 유산이 없었다고 주장하는데, 근거가 없는 이야기다.

성경에서 본문의 레갑 사람들과 연관된 인물을 찾아야 한다면, 아마도 예후 시대 개혁자라고 생각된다(cf. Miller; Brown). 본문에서 레갑 사람들은 '레갑의 아들 요나답'을 언급하고 있는데, 여호나답(יְהוֹנָדָב)과 요나답(יוֹנָדָב)의 철자에는 헤(ה), 단 한 글자의 차이가 있다. 요나답은 여호나답의 축약형으로 간주할 수 있다. 그렇다면 왜 여호나답은 자손들에게 한곳에 머물지 말고 유목민의 삶을 살라고 명령한 것일까? 예후는 처음에 적극적으로 이스라엘 종교를 개혁했지만, 나중에는 변절자가 되었다. 예후에 실망한 그가 세상일이 모두 부질없음을 절감하고 자손들에게 세상에 대해 미련이나 애착을 가지지 말라는 취지에서 이런 명령을 내린 것으로 생각된다. 만일 예레미야에게 불려온 레갑의 자손들이 여호나답의 후손이라면, 그들은 최소한 200여 년 이상 조상의 명령을 지켜온 것이다. 물론 이곳에 언급된 요나답에 대한 모든 이야기는 추측이다.

IX. 주전 605–586년의 사건과 메시지(34:1–39:18)
A. 배신과 신실함(34:1–35:19)

4. 두 사례의 교훈(35:12–19)

12 그때에 여호와의 말씀이 예레미야에게 임하여 이르시되 13 만군의 여호
와 이스라엘의 하나님께서 이와 같이 말씀하시니라 너는 가서 유다 사람들
과 예루살렘 주민에게 이르기를 너희가 내 말을 들으며 교훈을 받지 아니하
겠느냐 여호와의 말씀이니라 14 레갑의 아들 요나답이 그의 자손에게 포도주
를 마시지 말라 한 그 명령은 실행되도다 그들은 그 선조의 명령을 순종하
여 오늘까지 마시지 아니하거늘 내가 너희에게 말하고 끊임없이 말하여도
너희는 내게 순종하지 아니하도다 15 내가 내 종 모든 선지자를 너희에게 보
내고 끊임없이 보내며 이르기를 너희는 이제 각기 악한 길에서 돌이켜 행위
를 고치고 다른 신을 따라 그를 섬기지 말라 그리하면 너희는 내가 너희와
너희 선조에게 준 이 땅에 살리라 하여도 너희가 귀를 기울이지 아니하며
내게 순종하지 아니하였느니라 16 레갑의 아들 요나답의 자손은 그의 선조가
그들에게 명령한 그 명령을 지켜 행하나 이 백성은 내게 순종하지 아니하도
다 17 그러므로 만군의 여호와 이스라엘의 하나님께서 이와 같이 말씀하시니
라 보라 내가 유다와 예루살렘의 모든 주민에게 내가 그들에게 대하여 선포
한 모든 재앙을 내리리니 이는 내가 그들에게 말하여도 듣지 아니하며 불러
도 대답하지 아니함이니라 하셨다 하라 18 예레미야가 레갑 사람의 가문에게

이르되 만군의 여호와 이스라엘의 하나님께서 이와 같이 말씀하시기를 너희가 너희 선조 요나답의 명령을 순종하여 그의 모든 규율을 지키며 그가 너희에게 명령한 것을 행하였도다 [19] 그러므로 만군의 여호와 이스라엘의 하나님께서 이와 같이 말씀하시니라 레갑의 아들 요나답에게서 내 앞에 설 사람이 영원히 끊어지지 아니하리라 하시니라

인간의 명령과 하나님의 명령 중 어느 것이 더 중요한가? 누구의 명령이 더 열정적으로 준수되어야 하는가? 당연히 하나님의 명령이다. 그러나 하나님은 현실이 그렇지 않다고 탄식하신다. 레갑 사람들은 조상의 명령을 지키기 위해 수백 년이 지나도 이렇게 노력하고 있건만, 이스라엘은 그들의 하나님 여호와의 말씀을 끊임없이 무시해왔다(14절). 뿐만 아니라 하나님이 그들의 그릇됨을 일깨워주려고 보내신 선지자들의 메시지도 한결같이 무시해왔다(15절). 온 우주를 창조하신 여호와께서 이미 죽은 지 오래된 한 인간보다도 순종을 받지 못하고 있다는 것이다(16절).

그러므로 여호와께서 주인을 몰라보는 백성에게 심판을 선언하신다. 그동안 선지자들과 그 외 여러 종들을 통해 내리겠다고 선포한 모든 재앙을 예루살렘과 그 주민들에게 그대로 임하게 하실 것이다(17절). 심지어 이스라엘은 자신들이 거하고 있는 땅까지 빼앗길 것이다. 하나님이 그들을 부르실 때 응답하지 않았기 때문이다.

반면에 신실함의 표상이 된 레갑 사람들에게는 복을 내리신다. 레갑의 아들 요나답에게서 하나님 앞에 설 사람이 영원히 끊이지 않을 것이라고 하신다(19절). 대를 잇는 사람이 끊이지 않을 것이라는 말씀은 다윗과 레위 제사장들에게 주신 약속에 버금간다(33:17-18). 더욱이 '하나님 앞에 서는 것'(עֹמֵד לְפָנָי)은 제사장의 사역과 연관된 표현이다(Fretheim). 그러나 레갑 사람들은 제사장들이 아니다. 그러므로 이 말씀은 하나님께 드리는 예배에 참석하는 자들 중에 레갑 자손들이 영원히 끊이지 않을 것이라는 의미로 해석해야 한다. 하나님을 예배할 수 있는 것도 하나님이 주시는 특권이기 때문이다.

느헤미야 3:14은 예레미야 시대부터 150여 년이 흐른 다음에도 레갑의 자손이 여호와를 신실하게 섬기고 있었다고 회고한다. 하나님의 약속은 이처럼 꼭 이루어진다. 하나님의 말씀에 대한 순종과 불순종이 극적으로 다른 결과를 초래했다. 이러한 차원에서 모든 개인의 미래는 바로 자신의 손에 있다. 이 순간 우리가 신실하면 밝은 미래가, 그렇지 못할 때에는 암울한 미래가 우리를 기다릴 뿐이다.

B. 선지자의 책을 찢은 여호야김(36:1–32)

36장은 여러 가지 측면에서 예레미야서에서 가장 중요한 장 중 하나로 여겨진다(Bright). 여기에 기록된 이야기는 구약 안에서 선지자가 선포한 말씀이 어떻게 문서화되었는가의 면모를 보여준다. 동시에 예레미야와 바룩의 관계를 조명해주고 있다. 또한 서기관들과 고관들이 왕을 중심으로 형성된 정권에 어떠한 영향력을 행사했는가를 보여주고 있다. 아울러 본문은 이스라엘이 어떻게 회개할 기회를 스스로 버렸으며, 결과적으로 더 이상 돌이킬 수 없는 운명에 접어들었는가를 한 예를 통해 회고하고 있다.

학자들은 36장이 26장과 비슷한 이야기를 담고 있다는 것을 오래전부터 의식했다(Holladay; McKane; cf. 26:3과 36:3). 또한 본문과 26장 모두 여호야김 시대의 이야기다. 그래서 일부 학자들은 26장과 36장이 27–35장을 양쪽에서 지탱해주는 '받침대' 역할을 하고 있다고 주장한다(cf. Lundbom; McKane).[12] 반면에 36장은 앞부분이 아니라 뒷부분(선지자의 고난을 묘사하고 있는 37-45장)을 소개하고 있다고 생각하는 학자들도 있다.[13] 본문이 여호야김 왕이 하나님의 말씀을 불태우는 일을 회고하고 있음을 생각할 때, 분명 앞부분과 연관이 있다. 선지자는 이때까지 이스라엘이 피할 수 없는 심판에 대해 말씀을 선언했는데, 이곳에 기록된 사건은 다시 한 번 하나님의 심판의 정당성을 입증한다. 이스라엘의 최고 지도자마저도 하나님의 말씀을 귀담아듣지 않고 오히려 불손한 행동을 했기 때문이다. 또한 뒷부분과의 연관성도 분명하다. 본문에서 여호야김은 예레미야를 잡아오라는 명령을 내린다. 이때부터 선지자의 본격적인 고난이 시작된다. 37-45장은 예레미야의 고난에 대해 상당한 지면을 할애하고 있다. 그러므로 36장은 앞부분의 결론과 뒷부분의 서론 역할을 하는 이중적 역할을 하는 말씀으로 보는 것이 바람직하다(Stulman; Miller; Fretheim). 본문은 다음과 같이 구분될 수 있다.

A. 예레미야가 말씀을 기록함(36:1-8)
 B. 바룩이 백성에게 말씀을 읽음(36:9-14)
 B'. 바룩이 고관들에게 말씀을 읽음(36:15-19)
  C. 예레미야가 기록한 말씀이 왕에게 읽혀짐(36:20-26)
A'. 예레미야가 다시 말씀을 기록함(36:27-32)

12 한 주석가는 본문에 기록된 사건과 25장에 기록된 내용이 모두 여호야김 4년에 있었던 일이며 36장과 25장이 받침대 역할을 한다고 주장한다(Miller).

13 본문과 45장이 선지자와 바룩과 연관되어 있으며, 메시지를 문서화하는 것도 두 텍스트의 공통점이고 36장과 45장이 '받침대' 역할을 한다고 주장하는 학자도 있다(Miller).

IX. 주전 605-586년의 사건과 메시지(34:1-39:18)
B. 선지자의 책을 찢은 여호야김(36:1-32)

1. 예레미야가 말씀을 기록함(36:1-8)

1 유다의 요시야 왕의 아들 여호야김 제사년에 여호와께로부터 예레미야에
게 말씀이 임하니라 이르시되 2 너는 두루마리 책을 가져다가 내가 네게 말
하던 날 곧 요시야의 날부터 오늘까지 이스라엘과 유다와 모든 나라에 대하
여 내가 네게 일러준 모든 말을 거기에 기록하라 3 유다 가문이 내가 그들에
게 내리려 한 모든 재난을 듣고 각기 악한 길에서 돌이키리니 그리하면 내
가 그 악과 죄를 용서하리라 하시니라 4 이에 예레미야가 네리야의 아들 바
룩을 부르매 바룩이 예레미야가 불러주는 대로 여호와께서 그에게 이르신
모든 말씀을 두루마리 책에 기록하니라 5 예레미야가 바룩에게 명령하여 이
르되 나는 붙잡혔으므로 여호와의 집에 들어갈 수 없으니 6 너는 들어가서
내가 말한 대로 두루마리에 기록한 여호와의 말씀을 금식일에 여호와의 성
전에 있는 백성의 귀에 낭독하고 유다 모든 성읍에서 온 자들의 귀에도 낭
독하라 7 그들이 여호와 앞에 기도를 드리며 각기 악한 길을 떠나리라 여호
와께서 이 백성에 대하여 선포하신 노여움과 분이 크니라 8 네리야의 아들
바룩이 선지자 예레미야가 자기에게 명령한 대로 하여 여호와의 성전에서
책에 있는 여호와의 모든 말씀을 낭독하니라

여호야김 즉위 4년째 되던 해에 하나님은 예레미야에게 그동안 그가 하나님께로부터 받은 말씀을 두루마리에 기록하도록 명령하셨다. 예레미야서에서 여호야김 즉위 4년이 언급되는 것은 네 차례나 된다(25:1; 36:1; 45:1; 46:2). 이때가 주전 605년이며, 예레미야에게 매우 중요한 의미를 지닌 해였다(Miller). 예레미야가 사역을 시작한 지 23년째 되던 해였으며, 바빌론이 갈그미스(Carchemish)에서 아시리아의 패잔병과 이집트 군의 연합 전선을 물리침으로써 근동 지역의 종주국으로 자

리를 굳힌 때였다(cf. 46:2).

그 당시 사용되던 두루마리는 대체적으로 파피루스로 만들어졌으며 길이는 보통 9미터, 폭은 25-30센티미터 정도 되었다. 두루마리는 나무 막대기에 말려 있었으며, 읽어 내려가는 동안 한쪽은 풀리고, 한쪽은 말렸다. 바룩은 예레미야가 불러주는 대로 말씀을 두루마리에 기록했다(4절). 바룩은 예레미야가 불러준 대로 받아쓴 '비서'였다는 것과 그가 예레미야의 마음에 친(親)바빌론 정책을 심어주었다며 비난을 받은 것(43:3) 외에는 알려진 바가 없다(cf. Holladay; Brueggemann). 예레미야가 기억을 더듬어가면서 불러주었는지, 아니면 옛적 말씀을 요약/정리해놓은 쪽지 메모들을 보면서 불러주었는지는 확실하지 않다.

학자들은 아직도 예레미야서의 어떤 부분이 이 '바룩 두루마리'에 속했는지에 대해 논쟁을 벌인다. 이 두루마리가 1-6장으로 구성되었다고 주장하는 학자들이 있는가 하면(Rudolph; Bright), 1-20장이 이 두루마리라고 주장하는 주석가도 있고(Lundbom), 1-25장이라고 주장하는 사람도 있다(Weiser; cf. Holladay). 당시 두루마리의 길이를 근거로 대략 18장에서 24장 분량의 글이 쓰였을 것이라는 추측도 있다(Hicks). 이 두루마리가 정확히 예레미야서의 어느 부분을 포함하고 있었는가와 얼마나 길었는가에 대해 확인된 바는 없지만, 한 가지 확실한 것은 두루마리에 적힌 글은 이스라엘, 유다, 그리고 다른 나라들에 대한 경고였다는 사실이다. 하나님이 선지자에게 이 글을 저작하라고 하신 목적은 분명하다. "내가 그들에게 내리려 한 모든 재난을 듣고(שמע) 각기 악한 길에서 돌이키리니(שוב) 그리하면 내가 그 악과 죄를 용서하리라"(3절).

성경은 정보를 제공하기 위해 기록된 책이 아니다. 논쟁을 위해 기록된 책은 더욱이 아니다. 독자들의 삶의 자세와 중심을 변화시키기 위해 기록된 책이다. 이 일이 일어나려면 먼저 회개가 있어야 한다. 성경은 백성이 죄를 회개하고 하나님의 용서가 임하도록 하기 위해 기록되었다. 주변을 살펴보면 어떤 사람들은 하나님에 대해 매우 잘못 이해하고 있다. 그들에게 하나님은 사람이 좋아하는 것을 무조건 빼앗아 가고 그 자리에 고통과 아픔만 주는 존재다. 그러나 성경은 분명히 말한다. 하나님은 선하신 분이며, 언제든 우리를 용서하기를 원하시는 분이라는 사실을 말이다. 선지자들은 하나님의 이러한 의도가 이루어지도록 사역하는 자들이다.

예레미야는 바룩을 기록자로 삼아 하나님이 명령하신 대로 글을 쓰게 했다. 예레미야가 바룩에게 기록하게 한 것에 대해 어떤 사람들은 예레미야가 글을 몰랐기 때문이라고 말한다(cf. Dearman). 그러나 당시 글을 아는 사람들이 대필을 시키는 것은 일상적인 일이었다. 또한 30:1-2에서 하나님은 예레미야에게 "기록하라"고 명령하시는데, 그 자리에는 바룩이 없다. 51:60이 "예레미야가 바벨론에 닥칠 모든 재난 곧 바벨론에 대하여 기록한 이 모든 말씀을 한 책에 기록하고"라는 말씀을 보면 그가 글을 몰랐다는 주장은 어처구니없다.

얼마간 시간이 흐른 다음 선지자는 바룩에게 완성된 두루마리를 가지고 성전으로 가서 금식하러 온 사람들 앞에서 읽도록 했다. 자신은 감금된 상태라 움직일 수 없었기 때문이다. 선지자 역시 하나님과 같은 바람을 가지고 이 일에 임했다. "그러면, 그들이 주님 앞에 엎드려 기도드리면서, 저마다 악한 길에서 돌아올는지도 모르오"(7절; 새번역). 하나님과 선지자는 이 백성이 돌아오기를 이렇게 간곡하게 기대하고 기다렸다. 그러나 역사는 증언한다. 그들의 바람이 허망한 것이었다는 사실을. 이스라엘은 벌을 받을지언정 끝까지 돌아오지 않았다.

IX. 주전 605-586년의 사건과 메시지(34:1-39:18)
B. 선지자의 책을 찢은 여호야김(36:1-32)

2. 바룩이 백성에게 말씀을 읽음(36:9-14)

[9] 유다의 요시야 왕의 아들 여호야김의 제오년 구월에 예루살렘 모든 백성과

유다 성읍들에서 예루살렘에 이른 모든 백성이 여호와 앞에서 금식을 선포
한지라 10 바룩이 여호와의 성전 위뜰 곧 여호와의 성전에 있는 새 문 어귀
곁에 있는 사반의 아들 서기관 그마랴의 방에서 그 책에 기록된 예레미야의
말을 모든 백성에게 낭독하니라 11 사반의 손자요 그마랴의 아들인 미가야가
그 책에 기록된 여호와의 말씀을 다 듣고 12 왕궁에 내려가서 서기관의 방에
들어가니 모든 고관 곧 서기관 엘리사마와 스마야의 아들 들라야와 악볼의
아들 엘라단과 사반의 아들 그마랴와 하나냐의 아들 시드기야와 모든 고관
이 거기에 앉아 있는지라 13 미가야가 바룩이 백성의 귀에 책을 낭독할 때에
들은 모든 말을 그들에게 전하매 14 이에 모든 고관이 구시의 증손 셀레먀의
손자 느다냐의 아들 여후디를 바룩에게 보내 이르되 너는 백성의 귀에 낭독
한 두루마리를 손에 가지고 오라 네리야의 아들 바룩이 두루마리를 손에 가
지고 그들에게로 오니

예레미야의 명령에 따라 바룩은 성전으로 가서 하나님의 말씀이 적힌 두루마리를 읽어 내려갔다. 여호야김 즉위 5년 9월(주전 604년 11-12월)에 있었던 일이다(Brown).[14] 예레미야가 하나님의 말씀을 두루마리로 옮긴 지 1년의 세월이 흐른 뒤였다. 저자는 선지자가 말씀을 문서화한 때와 선포한 때 사이의 긴 시간에 대해 구체적인 설명을 하지 않는다. 그러나 이때가 가장 적절한 때라고 여겼기 때문일 것이다. 한 가지 확실한 것은 이즈음에 이스라엘은 절박한 상황에 처해 있었기 때문에 금식은 당연한 일이었다. 아직도 그들은 바빌론과 이집트 사이에서 고심을 하고 있다. 유다는 이미 주전 605년에 바빌론의 침략을 받아 많은 사람들을 인질로 빼앗겼다(cf. 단 1:1-4). 그런데 주전 604년에 바빌론은 가나안으로 원정을 와 블레셋을 치기 시작했다(Bright). 블레셋의 이웃 국가인 유다는 또다시 바빌론의 침략을 받을까 봐 불안했다. 이런 상황에서 여호야김은 온 국민에게 금식을 요구한 것으로

14 칠십인역(LXX)은 여호야김 즉위 5년이 아니라 8년이라고 한다.

생각된다(Holladay).

바룩은 '사반의 아들 서기관 그마랴의 방'에서 그 말씀을 백성에게 선포했다(10절). 이런 바룩의 행동은 우연이 아니다. 두 가지 이유를 생각할 수 있다.

첫째, 서기관 사반은 힐기야가 성전에서 발견한 하나님의 율법책을 요시야 왕에게 읽어주었던 사람이다(왕하 22:10). 그의 집안은 요시야 시대에 유다 종교계에서 매우 중요한 위치를 차지하고 있었다. 또한 사반의 아들 그마랴는 예레미야를 여러모로 보호해 주었던 아히감의 형제이자 또 다른 예레미야의 후원자였던 그다랴의 아저씨였다(cf. 29:3; 40:5). 전통적으로 이 집안은 여호와를 경외하며 선지자들을 관대하게 대해 왔다. 그러므로 바룩이 이 집에서 말씀을 선포하는 것은 당연한 일이었다.

둘째, 사반의 집안은 아직도 예루살렘 정계에 매우 큰 영향력을 행사하고 있었던 것으로 보인다. 바룩이 이곳에서 말씀을 선포한 것은 왕을 비롯한 예루살렘 각료들에게 전달되는 효과를 발휘했다. 즉 바룩이 선포한 말씀은 겉으로는 모든 백성을 대상으로 하고 있지만, 실제적으로는 예루살렘의 정계를 겨냥하고 있었다. 이런 효과를 발휘하기 위해서는 그마랴의 방에서 말씀을 선포하는 것이 최선이었다.

바룩이 말씀을 선포한 뒤 그마랴의 아들 미가야는 왕과 각료들을 찾아 바룩이 성전에서 하나님의 말씀을 선포하고 있음을 보고했다. "서기관 엘리사마와 스마야의 아들 들라야와 악볼의 아들 엘라단과 사반의 아들 그마랴와 하나냐의 아들 시드기야와 모든 고관"이 회의를 하고 있는 곳에 들어가 모든 것을 고하니 그들이 바룩을 만나기를 원했다(12-13절). 엘시사마가 41:1과 열왕기하 25:25에 언급된 사람과 동일 인물이라면, 그는 왕족이었으며, 훗날 바빌론이 세운 그다랴 총독을 살해하는 이스마엘의 할아버지가 된다. 들라야에 대해서는 알려진 바가 없다. 엘라단의 아버지 악볼은 요시야 시대에 하나님의 율법 책을 발견하는 데 기여했던 사람이다(왕하 22:12). 그는 또한 여호야김의 장인이었는지도 모른다(cf. 왕하 22:12). 엘라단은 여호야김이 우리야 선지자를 잡아오기 위해 이집트로 보냈던 사람이다(26:22). 그들은 '구시의 증손 셀레먀의 손자 느다냐의 아들 여후디'를 보내 바룩과 두루마리를 가져오도록 했다(14절). 여후디에 대해서는 더 이상 알려진 바가 없다. 그가 '구시의 증손'이라 하지만, 구시는 에티오피아를 가르치는 말로 피부가 검은 사람이었을 가능성도 배제할 수 없다.

IX. 주전 605-586년의 사건과 메시지(34:1-39:18)
B. 선지자의 책을 찢은 여호야김(36:1-32)

3. 바룩이 고관들에게 말씀을 읽음(36:15-19)

**15 그들이 바룩에게 이르되 앉아서 이를 우리 귀에 낭독하라 바룩이 그들의
귀에 낭독하매 16 그들이 그 모든 말씀을 듣고 놀라 서로 보며 바룩에게 이르
되 우리가 이 모든 말을 왕에게 아뢰리라 17 그들이 또 바룩에게 물어 이르되
너는 그가 불러주는 이 모든 말을 어떻게 기록하였느냐 청하노니 우리에게
알리라 18 바룩이 대답하되 그가 그의 입으로 이 모든 말을 내게 불러주기로
내가 먹으로 책에 기록하였노라 19 이에 고관들이 바룩에게 이르되 너는 가
서 예레미야와 함께 숨고 너희가 있는 곳을 사람에게 알리지 말라 하니라**

고관들은 바룩을 친절하게 맞이했다. 그리고 그가 선포한 하나님의 말씀을 모두 경청했다. 바룩이 말씀을 선포한 뒤 두려움이 온 방을 가득 채웠다(16절). 그들은 바룩에게 이 말씀을 받게 된 동기를 물었다(17절). 예레미야가 선포한 말씀을 바룩이 받아쓴 것임을 밝히자(18절), 그들은 급히 바룩과 예레미야에게 당분간 숨어 지내도록 했다(19절). 내용이 현 정권에 대하여 지나치게 비관적이기 때문에 죽음을 면하기 힘들 것이라는 결론에서 비롯된 조언이다. 비록 그들은 포악한 여호야

김을 왕으로 모시고 있지만, 예레미야를 지지하고 존경하는 사람들이 었다(Dearman). 고관들이 바룩에게 예레미야와 함께 숨으라고 말하는 것을 보면 비록 예레미야가 감옥에 감금되어 있지만, 어느 정도의 자유는 누린 것으로 생각된다. 집안의 애경사가 있을 때 잠시 감옥을 떠날 수 있는 정도의 자유는 있었던 것이다(cf. Brown).

고관들이 왕에게 보고하기 전에 이렇게 권고하는 것은 그들도 예레미야를 참 선지자로 여기고 있기 때문이다. 비록 온 나라가 예레미야를 대적하는 것 같지만, 그는 '높은 곳'에 여러 '친구'를 두었다. 아니면 각료들과 왕 사이에 유다의 외교 정책에 대해 상당한 이견이 있었던 것을 추측할 수 있다. 이 각료들은 친이집트파와 친바빌론파가 대립하고 있는 유다 정계에서 바빌론 쪽으로 기울어져 있던 사람들로, 바빌론에 대해 우호적으로 말하는 예레미야를 보호한 것이라는 해석도 있다(McKane).

한 가지 재미있는 현상은 고관들과 바룩은 예레미야의 이름을 언급하지 않으면서 그에 대해 대화를 진행하고 있다는 것이다. 본문에서 예레미야는 '그 [사람]'으로 통한다. 그래서 고관들은 "그가 불러주는 이 모든 말을"이라며 바룩이 선포한 말씀과 예레미야의 연관성을 물어본다(17절). 질문을 받은 바룩도 "그가 그의 입으로 이 모든 말을…"이라는 말로 자신이 선포한 모든 메시지를 예레미야에게서 받았다고 대답한다(18절). 고관들은 어떻게 바룩이 선포한 말씀이 예레미야가 준 말씀이라는 사실을 알 수 있었을까? 몇 가지 이유가 근거가 된 것 같다(Brown). 첫째, 바룩의 직업은 서기관이지 선지자가 아니다. 둘째, 바룩과 예레미야의 관계는 이미 상당히 알려진 상황이다. 셋째, 바룩이 선포하는 심판의 메시지가 예레미야가 아니면 어느 선지자에게서 왔겠는가 하는 논리가 작용했을 것이다. 특히 예레미야가 지난 23년 동안 꾸준히 이와 같은 메시지를 전하지 않았던가!

IX. 주전 605–586년의 사건과 메시지(34:1–39:18)
B. 선지자의 책을 찢은 여호야김(36:1–32)

4. 예레미야가 기록한 말씀이 왕에게 읽혀짐(36:20–26)

20 그들이 두루마리를 서기관 엘리사마의 방에 두고 뜰에 들어가 왕께 나아
가서 이 모든 말을 왕의 귀에 아뢰니 21 왕이 여후디를 보내어 두루마리를 가
져오게 하매 여후디가 서기관 엘리사마의 방에서 가져다가 왕과 왕의 곁에
선 모든 고관의 귀에 낭독하니 22 그때는 아홉째 달이라 왕이 겨울 궁전에
앉았고 그 앞에는 불 피운 화로가 있더라 23 여후디가 서너 쪽을 낭독하면
왕이 면도칼로 그것을 연하여 베어 화로 불에 던져서 두루마리를 모두 태웠
더라 24 왕과 그의 신하들이 이 모든 말을 듣고도 두려워하거나 자기들의 옷
을 찢지 아니하였고 25 엘라단과 들라야와 그마랴가 왕께 두루마리를 불사르
지 말도록 아뢰어도 왕이 듣지 아니하였으며 26 왕이 왕의 아들 여라므엘과
아스리엘의 아들 스라야와 압디엘의 아들 셀레먀에게 명령하여 서기관 바룩
과 선지자 예레미야를 잡으라 하였으나 여호와께서 그들을 숨기셨더라

각료들이 여호야김을 찾아가 자초지종을 말했다. 여호야김은 여후디를 시켜 엘리사마의 방에 보관되어 있던 바룩의 두루마리를 가지고 오도록 명령했다. 참 선지자 예레미야는 27–28장에서 거짓 선지자들과 갈등을 빚었다. 같은 맥락에서 이 이야기는 참 선지자와 유다 왕의 권세의 갈등으로 이해해야 한다(Miller). 중요한 것은 거짓 선지자들의 권세가 참 선지자를 누리지 못했던 것처럼, 이번에도 왕의 권세는 참 선지자를 짓누르지 못한다. 하나님이 허락하지 않으시기 때문이다(cf. 26절).

두루마리 서너 쪽이 읽힐 때마다 여호야김은 낭독된 말씀이 적힌 두루마리를 면도칼로 잘라내어 불에 처넣었다(22–23절). 옛적에 요시야는 하나님의 말씀을 듣고 회개하는 의미에서 자기 옷을 찢었는데(왕하 22:11), 그의 아들 여호야김은 하나님의 말씀을 찢는다(Miller). 여호야

김은 전혀 회개할 생각이 없는 사람이다. 여호야김은 예레미야가 구두로 선포하는 메시지보다 문서를 통해 선포하는 메시지가 더 큰 영향력을 발휘한다는 사실을 알고 있다(Fretheim). 그러나 말씀을 잘라 불사른다는 것은 매우 심각한 범죄다. 선포된 말씀을 전혀 수용할 수 없으며, 심각하게 받아들이지 않는다는 상징성을 지닌 행동이다. 그는 예루살렘과 유다가 하나님의 심판으로 망할 것이라는 경고를 듣고 불쾌해졌다. 그래서 하나님께 '해볼 테면 해보라'는 자세를 취하고 있다.

마침 그가 말씀을 대했을 때는 겨울이었기 때문에(11-12월) 앞에 타고 있는 난로 불에 말씀을 조각내 태웠다. 엘나단, 드달랴, 그마랴 등 그의 각료들은 왕의 이러한 행동을 막으려 했지만 헛수고였다(25절). 왕과 그의 주변에 서서 이 말씀을 듣던 사람들은 두려움에 사로 잡혀 근신하며 옷을 찢는 것이 아니라(cf. 24절) 오히려 예레미야와 바룩에게 분노했다. 왕은 신하들을 시켜 예레미야와 바룩을 체포하라고 명령했지만, 그들은 이미 잠적한 상태였다. 저자는 여호와께서 이들을 숨기셨다고 기록하고 있다(26절).

IX. 주전 605-586년의 사건과 메시지(34:1-39:18)
B. 선지자의 책을 찢은 여호야김(36:1-32)

5. 예레미야가 다시 말씀을 기록함(36:27-32)

27 왕이 두루마리와 바룩이 예레미야의 입을 통해 기록한 말씀을 불사른 후에 여호와의 말씀이 예레미야에게 임하니라 이르시되 28 너는 다시 다른 두루마리를 가지고 유다의 여호야김 왕이 불사른 첫 두루마리의 모든 말을 기록하고 29 또 유다의 여호야김 왕에 대하여 이와 같이 말하기를 여호와의 말씀에 네가 이 두루마리를 불사르며 말하기를 네가 어찌하여 바벨론의 왕이 반드시 와서 이 땅을 멸하고 사람과 짐승을 이 땅에서 없어지게 하리라 하는 말을 이 두루마리에 기록하였느냐 하도다 30 그러므로 여호와께서 유다의

왕 여호야김에 대하여 이와 같이 말씀하시니라 그에게 다윗의 왕위에 앉을
자가 없게 될 것이요 그의 시체는 버림을 당하여 낮에는 더위, 밤에는 추위
를 당하리라 31 또 내가 그와 그의 자손과 신하들을 그들의 죄악으로 말미암
아 벌할 것이라 내가 일찍이 그들과 예루살렘 주민과 유다 사람에게 그 모
든 재난을 내리리라 선포하였으나 그들이 듣지 아니하였느니라 32 이에 예레
미야가 다른 두루마리를 가져다가 네리야의 아들 서기관 바룩에게 주매 그
가 유다의 여호야김 왕이 불사른 책의 모든 말을 예레미야가 전하는 대로
기록하고 그 외에도 그 같은 말을 많이 더 하였더라

여호야김이 예레미야의 말씀을 받아쓴 바룩의 두루마리를 태워 없애 버린 후 하나님의 말씀이 다시 예레미야에게 임했다(27절). 새 두루마리에다 불탄 두루마리에 기록되었던 말씀을 다시 기록하라는 명령이었다(28절). 여호야김의 범죄의 심각성을 강조하기 위해 27-29절은 지속적으로 그가 불사른 말씀을 세 차례나 언급한다(cf. 32절). 여호야김은 두루마리에 기록된 말씀은 파괴했지만, 하나님의 말씀은 파괴할 수 없었다(Brown). 그래서 하나님은 선지자에게 여호야김이 없애려 한 말씀을 다시 기록하라고 한다. 본문을 통해 이 두루마리에 어떤 내용이 적혀 있었는지를 알 수 있다. 예루살렘과 유다가 바빌론의 손에 망한다는 예언이 주요 골자였다(cf. 29절).

하나님의 말씀에 굴복하지 않고 오히려 완악하게 대항한 여호야김에게 추가적인 말씀이 임한다. "그에게 다윗의 위에 앉을 자가 없게 될 것이요 그 시체는 버림을 입어서 낮에는 더위, 밤에는 추위를 당하리라"(30절). 왕위에 앉을 자가 없을 것이라는 말씀은 주전 597년에 그대로 성취되었다. 그의 아들 여호야긴이 잠시 왕이 되었지만, 세 달 만에 바빌론으로 끌려가고, 그의 아저씨(숙부) 시드기야가 왕이 되었기 때문이다.

여호야김의 죽음은 말씀과 상당한 차이가 있다. 주전 598년 12월에 예루살렘이 바빌론 군에게 포위된 상태에서 죽지만(상당수의 학자들이 친바빌론 정치인들이 성을 포위하고 있는 바빌론 군의 진노를 달래기 위해 그를 암살한 것으로 추론한다) 장례식은 정상적으로 치러진 것으로 알려졌기 때문이다. 만일 그가 실제로 암살을 당했다면, 이 말씀은 사람들에게 버림받은 상황에서 죽음을 맞이한 일을 비유로 예언한 것으로 생각할 수 있다.

IX. 주전 605-586년의 사건과 메시지(34:1-39:18)

C. 수감된 예레미야(37:1-21)

학자들은 37-44장을 한 유닛으로 이해하기도 한다(cf. Miller; Fretheim). 이 섹션을 감싸고 있는 것은 바룩에 관한 두 가지 이야기다(36, 45장). 바룩 이야기가 일종의 책 받침대 역할을 하며 중간에 있는 37-44장에 통일성을 주어 양쪽에서 이 섹션을 지탱하고 있다. 그러므로 이 섹션(37-45장)을 '바룩 이야기'(Baruch Narrative)라고 부르며 바룩을 이 섹션의 저자로 보기도 한다(cf. Lundbom; McKane; Holladay; Fretheim). 바룩이 예레미야에게 받아쓴 것으로 섹션이 구성되었다는 것이다. 예레미야서에 기록된 바룩과 예레미야의 관계를 생각해보면 충분한 가능성을 지닌 추측이다. 그러나 예레미야서는 다양한 시대에 선포된 다양한 메시지가 일목요연하게 제시되는 것이 아니라, 뒤죽박죽 섞여 있기 때문에 '바룩 이야기'의 통일성이 시사하는 바는 크지 않다. 또한 37-39장은 유다의 마지막 왕 시드기야의 행보에 초점을 맞추는 공통점을 지니고 있다.

36장에 기록된 여호야김 시대에 있었던 일이 일어난 지 10여 년의 시간이 흘러 유다의 마지막 왕 시드기야의 통치가 막바지에 접어든 시대가 되었다. 본문에 기록된 사건은 유다의 최후가 임박한 주전 587년 즈음에 있었던 일로 생각된다. 이때까지 예레미야는 40여 년 동안 신실하게 하나님의 말씀을 선포해왔다. 그러나 선지자는 자신이 선포한 하나님의 모든 말씀과 경고가 아무런 효과도 발휘하지 못하는 아픔을 체험해야 했다. 그러나 이때까지 예레미야서에 기록된 말씀에 대한 유다의 반응과 이제부터 제시될 말씀에 대한 반응이 다소 차이를 보이고 있다. 그동안에는 무조건 선지자의 신탁을 거부하기 일쑤였는데, 지금부터는 예레미야의 말씀에 대해 내부적인 갈등(일부는 듣고, 일부는 거부하는 상황)이 빚어지기 시작한다(Fretheim). 그러나 유다는 하나님의 말씀을 듣고 돌이키기에는 죄의 길을 너무 멀리 가버렸다. 본문은 다음과 같이 구분될 수 있다.

A. 시드기야 왕의 기도 요청(37:1–5)
B. 하나님의 응답(37:6–10)
C. 예레미야 구속(37:11–16)
D. 예레미야와 시드기야의 밀회(37:17–21)

IX. 주전 605–586년의 사건과 메시지(34:1–39:18)
C. 수감된 예레미야(37:1–21)

1. 시드기야 왕의 기도 요청(37:1–5)

1 요시야의 아들 시드기야가 여호야김의 아들 고니야의 뒤를 이어 왕이 되었
으니 이는 바벨론의 느부갓네살 왕이 그를 유다 땅의 왕으로 삼음이었더라 2
그와 그의 신하와 그의 땅 백성이 여호와께서 선지자 예레미야에게 하신 말
씀을 듣지 아니하니라 3 시드기야 왕이 셀레마의 아들 여후갈과 마아세야의
아들 제사장 스바냐를 선지자 예레미야에게 보내 청하되 너는 우리를 위하
여 우리 하나님 여호와께 기도하라 하였으니 4 그때에 예레미야가 갇히지 아
니하였으므로 백성 가운데 출입하는 중이었더라 5 바로의 군대가 애굽에서
나오매 예루살렘을 에워쌌던 갈대아인이 그 소문을 듣고 예루살렘에서 떠났
더라

시드기야는 바빌론 사람들이 주전 597년에 여호야김의 아들 여호야긴(고니야/여고니야)을 바빌론으로 끌고 가면서 새로 세운 유다의 왕이다. 여호야김은 이집트 왕 느고가 주전 609년에 유다 백성이 왕으로 세운 요시야의 아들 여호아하스를 이집트로 잡아가고 그 자리에 세운 유다 왕이었다. 여호야김은 주전 605년에 가나안 지역을 침략한 바빌론을 군주로 섬기기로 했다. 자신을 왕으로 세워준 이집트 왕에게 부담을 느꼈는지 주전 598년경에 바빌론에서 쿠데타가 일어났다는 소문을 듣고 바빌론으로부터 독립을 선언했다.

안타깝게도 쿠데타를 곧장 제압한 바빌론 왕 느부갓네살은 유다를 벌하기 위해 가나안으로 원정을 왔다. 바빌론 군은 순식간에 유다를 정복하고 여호야김이 갇혀 있는 예루살렘을 포위했다. 예루살렘이 바빌론에 포위되어 있던 주전 598년 12월에 여호야김은 의문의 죽음을 맞이했고, 그의 뒤를 이어 그의 아들 여호야긴이 왕이 되었다. 그러나 여호야긴은 왕이 된 지 3개월 만에 바빌론 군에게 항복했고, 바빌론 군은 그를 인질로 삼아 바빌론으로 끌고 갔다. 대신 시드기야를 왕으로 세웠다. 시드기야는 여호야긴의 숙부(작은아버지)이자 요시야의 아들이었다.

시드기야는 바빌론 사람들에 의해 왕이 되었지만, 이집트를 좋아한 사람이었다. 시드기야가 왕이 된 지 10년이 되어가던 주전 588/587년쯤 바빌론에 쿠데타가 일어났다는 소문이 가나안 지역에 퍼졌다. 시드기야는 기회라고 생각하고 바빌론에 반역하고 이집트에 충성을 맹세했다. 이집트가 도와줄 거라고 믿고 군주를 바꾼 것이다. 느부갓네살은 이번에도 쿠데타를 곧바로 제압하고 반역한 유다를 벌하기 위해 가나안 원정에 나섰다. 유다가 바빌론의 손에 넘어가는 동안 이집트 군은 오지 않았다. 결국 시드기야는 바빌론 군에 포위된 예루살렘 성안에 갇혔다.

시드기야는 이때라도 하나님의 말씀에 순종하면 혹시라도 하나님이 도와주지 않으실까 해서 귀족들을 설득시켜 노예들을 자유인으로 놓아주자고 제안했다(cf. 34장). 포위된 성에서 각자 자기 먹을 것 구하기도 어려운 상황이다 보니 노예들을 해방시켜 식솔을 줄이자는 제안은 좋은 해결책처럼 보였다. 왕과 사람들은 여호와의 성전에 가서 성대한 예식을 치르며 노예들에게 자유를 주었다. 하나님은 이들을 시험해보시려고 잠시 바빌론 사람들이 예루살렘 포위를 풀도록 하셨다. 이집트 왕이 군대를 이끌고 가나안으로 진군하도록 하신 것이다(cf. 5절). 이때 있었던 일이 본 장(章)에 기록되어 있다.

시드기야는 여느 이스라엘 백성처럼 하나님의 말씀을 듣지 않는(שָׁמַע לֹא) 사람이었다(2절). 이스라엘의 유일한 살길은 하나님의 말씀을 듣는 것인데, 그들은 마지막 순간까지 하나님의 말씀을 들으려 하지 않았다. 최고 지도자인 왕마저도 하나님의 말씀에 귀 기울이기를 거부하는데 백성들이 왜 하나님의 말씀을 듣겠는가! 이런 시드기야가 선지자에게 기도해달라며 사람을 보냈다(3절). 평소에 하나님의 말씀을 무시하고 예레미야의 경고에 콧방귀도 뀌지 않던 사람이 선지자에게 기도 요청을 하기 위해 사람을 보낸 것이다!

어떤 해석가들은 시드기야의 이러한 행동을 선지자를 조롱하기 위한 것이거나 의도가 불손한 것으로 해석한다(Fretheim; cf. Miller). 그러나 노예를 풀어주고 하나님의 은혜를 기대했던 시드기야에게 그 순간 바빌론 군이 잠시나마 예루살렘 포위를 풀었다는 사실은 하나님이 하신 참으로 대단한 일로 보였을 것이다. 그래서 그는 여세를 몰아 하나님께 더 긍정적인 은혜(viz., 바빌론 포로 생활이 취소 되는 것 등)를 바라며 예레미야에게 사람들을 보내 기도해달라고 부탁한 것이다.

저자는 이때는 시드기야가 아직 예레미야를 감금하지 않은 때라 선지자가 자유로이 다닐 수 있었던 때라고 기록하고 있다(4절). 한 유대인 주석가(Rashi)는 여호야김이 예레미야를 감금해 놓은 것을 시드기야가 왕이 되면서 풀어준 것이라고 하는데, 역사적 근거가 있는 해석은 아니다. 아마도 예레미야가 감금된 상태에서 사촌에게 땅을 산 일(32장)

이 있기 전이라는 의미로 생각된다.

며칠 전에 바빌론 군이 예루살렘을 포위하고 있는 상황에서 이집트 군이 가나안 땅으로 진군했다(5절). 이때가 주전 588/587년 여름이다(Bright; Hoffmeier). 이집트의 바로 호브라(Hophra)는 그동안 이스라엘에게 바빌론에 반역할 것을 여러 차례 권했으며, 만일 그들이 반역하면 그들의 반역을 군사적으로 돕겠다고 약속했다. 이제 그가 약속을 지키기 위하여 예루살렘을 향해 진군한 것이다. 이집트 군이 가나안을 향해 진군하고 있다는 소식을 들은 바빌론 왕 느부갓네살은 예루살렘 포위를 잠시 풀고 호브라의 군대를 맞이하러 이집트 쪽으로 내려갈 수밖에 없었다.

IX. 주전 605–586년의 사건과 메시지(34:1–39:18)
C. 수감된 예레미야(37:1–21)

2. 하나님의 응답(37:6–10)

**6 여호와의 말씀이 선지자 예레미야에게 임하여 이르시되 7 이스라엘의 하나
님 여호와께서 이와 같이 말씀하시니라 너희를 보내어 내게 구하게 한 유다
의 왕에게 아뢰라 너희를 도우려고 나왔던 바로의 군대는 자기 땅 애굽으로
돌아가겠고 8 갈대아인이 다시 와서 이 성을 쳐서 빼앗아 불사르리라 9 여호
와께서 이와 같이 말씀하시니라 너희는 스스로 속여 말하기를 갈대아인이
반드시 우리를 떠나리라 하지 말라 그들이 떠나지 아니하리라 10 가령 너희
가 너희를 치는 갈대아인의 온 군대를 쳐서 그중에 부상자만 남긴다 할지라
도 그들이 각기 장막에서 일어나 이 성을 불사르리라**

바빌론 군대가 잠시나마 예루살렘 포위를 푼 일로 고무된 시드기야는 예레미야로부터 긍정적이거나 격려되는 말을 듣기를 원했다. 그는 바빌론 군대가 예루살렘에서 떠나는 작은 기적을 경험했기 때문에, 더

큰 기적을 기대하게 되었다. 예언자들이 하나님의 말씀을 대언하지 않고 자기가 하고 싶은 말을 선포했다면 예레미야는 분명 시드기야가 듣고 싶은 말을 해주었을 것이다. 그러나 예레미야가 시드기야에게 해줄 수 있는 말은 뼈아픈 진실뿐이었다.

예레미야는 잠시 포위를 푼 바빌론 군이 다시 예루살렘을 포위해올 것이며, 이스라엘은 그들의 손에 완전히 파괴될 것이라고 말했다(9절). 유다가 소망을 걸고 있는 이집트 군은 다시 본국으로 후퇴해야 할 것이며, 바빌론 군은 유다를 송두리째 불사를 것이다(8절). 여호야김은 하나님의 말씀을 불태웠는데(שׂרף; cf. 36:25, 27-29, 32), 이제는 하나님이 느부갓네살을 통해 예루살렘을 불사르신다(שׂרף; 8, 10절; cf. 38:17-18, 23; 39:8). 자기 자식들을 몰렉에게 불살라 바친 사람들에게 임한 적절한 심판이다(Brown).

바빌론 군대가 예루살렘에서 떠날 것이라는 말은 이스라엘이 스스로를 속이는 말이다(9절). 선지자는 하나님이 그를 속이셨다고 원망한 적이 있다(4:10). 예레미야는 거짓 선지자들에게 속지 말라는 말도 했다(27-28장). 이제 그는 이스라엘 백성에게 스스로를 속이지 말라고 한다. 체면을 걸 듯 스스로를 속인다 해도 진실은 결코 바뀌지 않기 때문이다. 바빌론 군은 부상자만 남는다 해도 끝까지 유다를 쳐서 불사를 것이다(10절). 피할 수 없는 전쟁과 멸망에 대한 무서운 말씀이다.

IX. 주전 605-586년의 사건과 메시지(34:1-39:18)
C. 수감된 예레미야(37:1-21)

3. 예레미야 구속(37:11-16)

11 갈대아인의 군대가 바로의 군대를 두려워하여 예루살렘에서 떠나매 12 예
레미야가 베냐민 땅에서 백성 가운데 분깃을 받으려고 예루살렘을 떠나 그
리로 가려 하여 13 베냐민 문에 이른즉 하나냐의 손자요 셀레먀의 아들인 이

리야라 이름하는 문지기의 우두머리가 선지자 예레미야를 붙잡아 이르되 네
가 갈대아인에게 항복하려 하는도다 [14] 예레미야가 이르되 거짓이다 나는 갈
대아인에게 항복하려 하지 아니하노라 이리야가 듣지 아니하고 예레미야를
잡아 고관들에게로 끌어가매 [15] 고관들이 노여워하여 예레미야를 때려서 서
기관 요나단의 집에 가두었으니 이는 그들이 이 집을 옥으로 삼았음이더라
[16] 예레미야가 뚜껑 씌운 웅덩이에 들어간 지 여러 날 만에

시드기야에게 말씀을 전한 예레미야는 예루살렘 성을 잠시 떠나려 했다. 바빌론 군이 포위를 푼 시간을 이용해 개인적인 일을 보려고 베냐민 지파에 속한 땅으로 가려 했다(12절). 학자들은 32장과 이 사건을 연결해 예레미야가 32장에서 사들인 땅을 찾아보기 위해 갔다고 주장한다(Bright; Holladay; Volz; Rudolph; Harrison). 그러나 32장에 의하면 예레미야는 감금되어 있다. 이 사건이 일어났을 때에 그는 자유로이 다닐 수 있었다. 즉 32장은 37장에 기록된 사건 이후에 일어난 일이다(cf. Mackay). 선지자의 고향이 베냐민 지파에 속한 아나돗이었다는 사실을 감안하면(1:1), 땅 매입 외에도 베냐민 지파의 땅을 방문할 만한 이유가 다분히 있었을 것이다.

선지자가 예루살렘 성의 북쪽에 위치한 베냐민 문에 이르렀을 때 하나냐의 손자요 셀레먀의 아들인 이리야라 이름하는 문지기의 우두머리가 길을 막았다(13절). 이리야는 예레미야가 바빌론 사람들에게 항복하러 가는 것이라고 억지를 써서 그를 붙잡았다. 선지자는 아니라고 부인했지만 이리야는 예레미야의 말을 들으려 하지 않았다(לֹא שָׁמֵעַ; 14절). 예레미야는 예루살렘 주민을 버리고 자기만 살겠다고 도망갈 사람이 아니다(Feinberg). 선지자는 그동안 느부갓네살에게 항복하는 것이 유일한 살길이라고 외쳐왔다. 만일 그가 살겠다고 예루살렘을 탈출하려 한다면 그는 자기가 선포한 메시지에 거슬리는 일을 하게 된다. 그러므로 자신의 메시지에 책임을 지기 위해서라도 그는 떠날 생각을 하지 않았다(Brown). 그러나 왕도, 백성도, 이제는 예루살렘 성 문지기도 선지자의 말을 듣지 않는다.

문지기의 두목 이리야는 예레미야를 끌고 고관들에게 갔다. 36장에 소개된 고관들은 예레미야를 친절하게 대했지만, 이미 10여 년의 세월이 흐른 지금, 정권을 장악하고 있는 고관들은 옛 고관들과 달랐다. 선지자에 대한 최소한의 예우도 갖추지 않은 사람들이다. 평소에 예레미야가 친바빌론적인 메시지를 전하는 것을 못마땅하게 생각했던 그들은 이 기회를 통해 선지자에게 앙갚음을 했다. 결국 예레미야는 변변한 변호 한 번 못하고 매를 맞고 감옥에 갇혔다. 예레미야는 소명 때문에 '언제든지 임할 수 있는 핍박'(persecution waiting to happen)의 살아 있는 모범사례다(Brown). 선지자는 그곳에 '여러 날'(יָמִים רַבִּים) 동안 머물러야 했다(16절). 앞으로 유다에게 임할 '여러 날' 동안의 고난과 시련과 평행을 이룬다.

IX. 주전 605-586년의 사건과 메시지(34:1-39:18) C. 수감된 예레미야(37:1-21)

4. 예레미야와 시드기야의 밀회(37:17-21)

17 시드기야 왕이 사람을 보내어 그를 이끌어내고 왕궁에서 그에게 비밀히
물어 이르되 여호와께로부터 받은 말씀이 있느냐 예레미야가 대답하되 있나
이다 또 이르되 왕이 바벨론의 왕의 손에 넘겨지리이다 18 예레미야가 다시
시드기야 왕에게 이르되 내가 왕에게나 왕의 신하에게나 이 백성에게 무슨
죄를 범하였기에 나를 옥에 가두었나이까 19 바벨론의 왕이 와서 왕과 이 땅
을 치지 아니하리라고 예언한 왕의 선지자들이 이제 어디 있나이까 20 내 주
왕이여 이제 청하건대 내게 들으시며 나의 탄원을 받으사 나를 서기관 요
나단의 집으로 돌려보내지 마옵소서 내가 거기에서 죽을까 두려워하나이다
21 이에 시드기야 왕이 명령하여 예레미야를 감옥 뜰에 두고 떡 만드는 자의

거리에서 매일 떡 한 개씩 그에게 주게 하매 성중에 떡이 떨어질 때까지 이르니라 예레미야가 감옥 뜰에 머무니라

본문은 바빌론 군대가 다시 돌아와 예루살렘을 포위한 상황에서 일어난 일이다. 바빌론 군대는 물러갈 생각을 하지 않고, 그동안 평화를 외쳤던 거짓 선지자들의 메시지에 만족을 느끼지 못하던 시드기야가 예레미야를 비밀리에 불러들였다. 여호와의 말씀을 듣기 위함이었다. 이 일을 통해 우리는 시드기야가 어떤 사람인가를 엿볼 수 있다. 그는 예레미야야말로 그가 경청해야 할 참 선지자라는 것을 안다. 그러나 주변 사람들(viz., 예루살렘 정치인들)을 지나치게 의식한 나머지 선지자를 비밀리 불러들인다. 그는 예레미야를 미워하는 사람들의 눈에 띄지 않으면서 선지자의 말을 듣고자 했기 때문이다. 그는 참으로 우유부단하고 심지가 약한 사람이었다.

예레미야는 직선적으로 선포했다. "당신은 바빌론의 포로가 될 것이요!"(17절). 너무 솔직하고 직선적이라 할 수 있겠지만, 이 사실이야말로 그가 선포할 수 있는 유일한 메시지였다. 선지자는 같은 메시지를 지난 수십 년 동안 전해왔다. 이스라엘을 하나님의 품으로 돌이키도록 하기 위함이었다.

예레미야는 왕에게 억울함을 호소하며 그동안 감금되어 있었던 서기관 요나단의 집으로 보내지 말 것을 호소했다(18-20절). 그곳으로 돌아가 감금되면 죽게 될 것이라는 말을 더했다(20절). 요나단의 집에 있는 구치소는 조건이 매우 좋지 못한 감옥이었다. 시드기야는 예레미야를 시위대의 뜰로 보내고 그에게 음식을 주며 최대한으로 보살폈다. 시드기야가 예레미야를 이렇게 대한 것은 아마도 예레미야에 대한 죄책감, 요나단 집에 있는 감옥의 열악함, 혹시라도 하나님이 이 일을 좋게 보고 자비를 베푸시지 않을까 하는 기대 등 여러 가지가 작용한 것으로 생각된다(Brown). 또한 시드기야가 예레미야의 청을 들어주는 것은 선지자의 메시지의 진정성을 인정한다는 뜻이다(Brueggemann). 그러나 그에게는 참 선지자의 말에 따라 삶을 바꿀 만한 의지가 없었다. 그는 결국 비참한 종말을 맞았다.

시위대의 뜰은 왕궁 바로 옆에 있었다. 선지자를 이곳으로 보낸 것은 대단한 배려라 할 수 있다(cf. 32:12; 느 3:25). 시위대 뜰은 대체로 정치범들을 수용하는 곳으로 여건이 제일 좋은 감옥이었다(cf. 창 39:20). 예레미야는 이곳에 머물면서 예루살렘에서 빵이 떨어질 때까지 매일 빵 한 개를 배급받았다(21절).

D. 물 저장 탱크에 갇힌 선지자(38:1-28)

본문이 묘사하는 사건은 37장의 일과 상당한 공통점을 지녔다. 두 사건 모두 예레미야가 요나단의 집에 갇혔던 것으로 기록하고 있다. 둘 다 예레미야와 시드기야의 비밀스러운 만남을 언급하고 있으며 선포된 메시지도 같다. 또한 둘 다 예레미야가 시위대의 뜰로 옮겨지는 것으로 막을 내린다. 그래서 일부 학자들은 38장이 37장에 기록된 이야기를 다른 버전으로 회고하고 있다고 생각한다(Fretheim). 그러나 예레미야가 누구에 의해 왜 투옥됐는가 등 다른 점들도 많이 있다. 예루살렘에 감옥이 그리 많지는 않았을 것이다. 그러나 이야기가 진행되는 장소가 같다고 해서 같은 사건이라 볼 수는 없다. 이 두 사건은 비슷한 때에 있었던 각기 다른 사건이었다. 이 이야기는 다음과 같이 구분될 수 있다.

A. 예레미야가 투옥됨(38:1-6)
B. 선지자가 구조됨(38:7-13)

C. 선지자와 왕의 밀회(38:14–28)

IX. 주전 605–586년의 사건과 메시지(34:1–39:18)
D. 물 저장 탱크에 갇힌 선지자(38:1–28)

1. 예레미야가 투옥됨(38:1–6)

1 맛단의 아들 스바댜와 바스훌의 아들 그다랴와 셀레먀의 아들 유갈과 말기
야의 아들 바스훌이 예레미야가 모든 백성에게 이르는 말을 들은즉 이르기
를 2 여호와께서 이와 같이 말씀하시되 이 성에 머무는 자는 칼과 기근과 전
염병에 죽으리라 그러나 갈대아인에게 항복하는 자는 살리니 그는 노략물을
얻음같이 자기의 목숨을 건지리라 3 여호와께서 이와 같이 말씀하시니라 이
성이 반드시 바벨론의 왕의 군대의 손에 넘어가리니 그가 차지하리라 하셨
다 하는지라 4 이에 그 고관들이 왕께 아뢰되 이 사람이 백성의 평안을 구하
지 아니하고 재난을 구하오니 청하건대 이 사람을 죽이소서 그가 이같이 말
하여 이 성에 남은 군사의 손과 모든 백성의 손을 약하게 하나이다 5 시드기
야 왕이 이르되 보라 그가 너희 손 안에 있느니라 왕은 조금도 너희를 거스
를 수 없느니라 하는지라 6 그들이 예레미야를 끌어다가 감옥 뜰에 있는 왕
의 아들 말기야의 구덩이에 던져 넣을 때에 예레미야를 줄로 달아내렸는데
그 구덩이에는 물이 없고 진창뿐이므로 예레미야가 진창 속에 빠졌더라

바벨론 군이 성을 포위한 상태에서 예레미야는 계속 메시지를 선포했다. "살고 싶은가? 항복하라!" 그가 새로운 메시지를 전하는 것은 아니지만, 모든 일에 예민해진 고관들이 분노했다. 가뜩이나 어려운 상황에서 그의 메시지는 도대체 도움이 되지 않는다는 것이다. 진실이란 때로는 이렇게 곪아터진 상처에 부담과 아픔만 더할 뿐이다.

결국 '맛단의 아들 스바댜와 바스훌의 아들 그다랴와 셀레먀의 아들 유갈과 말기야의 아들 바스훌' 네 명이 주동이 되어 왕을 찾아가 선지

자에 대한 대책을 요구했다. 그들은 예레미야에게 반역죄를 적용해 처형하기를 원했다. 이유는 예레미야가 다른 [거짓] 선지자들처럼 평안을 말하지 않고 재앙을 말하기 때문이다(4절). 이 사람들에게 진실 여부는 중요하지 않다. 그들이 선지자를 판단하기 위해 적용하는 유일한 잣대는 '평안을 말하는가, 아니면 재앙을 말하는가'이다. 평안을 말하는 선지자는 참이고, 재앙을 말하는 자는 거짓이라고 생각한다. 참으로 어이없는 기준이다. 이들이 이 기준만을 유일한 잣대로 삼는 이유는 그것이 백성에게 미치는 영향 때문이다(5절). 그들에게 가장 중요한 것은 사람들이 어떻게 생각할까 하는 점이다. 하나님이 어떻게 생각하시는가에 대해는 관심도 없다. 이런 지도자들이 이끄는 사회는 소망이 없다.

시드기야 왕도 답답하기는 마찬가지다. 그는 이미 비밀리에 예레미야를 만난 적이 있다. 또한 예레미야가 진실을 말해준 것도 안다. 예레미야는 죽을죄를 지은 적이 없다는 것을 시드기야는 잘 알고 있다. 그러나 왕은 자신의 팔이 묶여 있다고 생각한다. 신하들의 권세가 너무 드세서 자신이 하고자 하는 일들을 할 수 없음을 토로한다(5절). 결국 시드기야는 '당신들 마음대로 하라'는 말로 예레미야의 운명을 좌우하는 일에서 손을 씻는다. 왕으로서 해서는 안 될 일을 하고 있다. 참으로 무능하고 무기력한 왕이다.

왕의 '마음대로 하라'는 허락을 받은 대신들은 예레미야를 잡아 시위대 뜰에 있던 왕의 아들 말기야의 물 저장 탱크에 감금했다. 여기서 언급되는 구덩이(בּוֹר; 6절)는 우기 때 빗물을 모았다가 건기에 짐승과 사람이 마시는 물을 저장하는 탱크(cistern)를 뜻한다(HALOT). 땅을 파내고 물이 새지 않도록 안쪽에 석회나 진흙을 발랐다. 깊지 않은 것은 깊이가 2미터, 깊은 것은 8미터에 달했다. 예레미야를 줄로 달아 내렸다는 사실에서(6절), 이 구덩이가 상당히 깊었음을 알 수 있다. 물이 없을 때에는 감옥으로 사용되었고 완전히 마르지 않은 깊은 웅덩이들은 진흙 수렁으로 갇혀 있는 사람의 목숨을 위협할 수도 있다.

깊은 구덩이는 진흙 수렁의 깊이가 성인 가슴팍까지 찼다고 한다. 이런 곳에 투옥된 사람의 발에서 힘이 풀려 주저앉으면 곧바로 익사로 이어진다. 예레미야는 진리를 선포했다는 이유로 생명이 위협받는 매우 위험한 상황에 처했다. 만일 예레미야가 이곳에 오래 감금되면 죽음을 결코 피할 수 없다. 그러므로 시드기야에게 예레미야를 죽이라고 한 사람들이 그를 죽이지 않고 구덩이에 넣은 것을 형벌을 완화한 좋은 일이라고 보아서는 안 된다. 그들은 직접 칼을 쓰지 않고 선지자를 죽이려고 한다(Brown; Fretheim). 이스라엘은 어느덧 하나님의 말씀을 선포하는 선지자를 죽이기까지 할 정도로 타락했다.

IX. 주전 605-586년의 사건과 메시지(34:1-39:18)
D. 물 저장 탱크에 갇힌 선지자(38:1-28)

2. 선지자가 구조됨(38:7-13)

**7 왕궁 내시 구스인 에벳멜렉이 그들이 예레미야를 구덩이에 던져 넣었음을
들으니라 그때에 왕이 베냐민 문에 앉았더니 8 에벳멜렉이 왕궁에서 나와 왕
께 아뢰어 이르되 9 내 주 왕이여 저 사람들이 선지자 예레미야에게 행한 모
든 일은 악하니이다 성 중에 떡이 떨어졌거늘 그들이 그를 구덩이에 던져
넣었으니 그가 거기에서 굶어 죽으리이다 하니 10 왕이 구스 사람 에벳멜렉
에게 명령하여 이르되 너는 여기서 삼십 명을 데리고 가서 선지자 예레미야
가 죽기 전에 그를 구덩이에서 끌어내라 11 에벳멜렉이 사람들을 데리고 왕
궁 곳간 밑 방에 들어가서 거기에서 헝겊과 낡은 옷을 가져다가 그것을 구
덩이에 있는 예레미야에게 밧줄로 내리며 12 구스인 에벳멜렉이 예레미야에
게 이르되 당신은 이 헝겊과 낡은 옷을 당신의 겨드랑이에 대고 줄을 그 아
래에 대시오 예레미야가 그대로 하매 13 그들이 줄로 예레미야를 구덩이에서
끌어낸지라 예레미야가 시위대 뜰에 머무니라**

손에 피를 묻히지 않고 예레미야를 죽이려고 한 고관들의 음모는 실패했다. 구스(에티오피아) 사람, 그것도 환관이었던 에벳멜렉(עֶבֶד־מֶלֶךְ; lit., 왕의 종)이 급히 시드기야를 찾아가 예레미야를 죽도록 방치해두어서는 안 된다고 설득한 것이다(9절). 에벳멜렉은 대신들이 예레미야에게 한 짓을 '악한 일'이라며 그들의 처사를 비난한다. 더 나아가 그는 "성 중에 떡이 떨어졌거늘…그가 거기서 굶어 죽으리이다"라며 왕을 설득한다(9절). 이 문장의 의미가 정확하지 않아 많은 해석과 추측을 유발했다(cf. Holladay; Lundbom; McKane). 가장 간단한 설명은 "성안에 먹을 것이 다 떨어진 상황에서 만일 예레미야를 구덩이 속에 그대로 두면 그나마 누가 선지자에게 먹을 것을 챙겨주겠냐?"는 의미로 이해하는 것이다(Fretheim; Brown).

온 이스라엘이 예레미야에게 등을 돌린 상황에서 이방인이 그의 목숨을 구하는 데 앞장섰다는 것은 아이러니하기도 하고 서글프기도 하다. 에벳멜렉은 이방인이자 내시였다. 사회에서 낮은 자에 속한 사람이라고 할 수 있다. 그러나 그는 예레미야의 생명을 구하기 위해 하나님이 보내신 천사였다. 하나님은 예레미야에게 자비를 베풀었던 에벳멜렉에게 자비를 베푸신다. 에벳멜렉이 임박한 전쟁에서 죽지 않고 생존하게 될 것을 약속하신 것이다(39:15-18). 하나님은 선을 선으로 베푸시는 분이다.

시드기야가 양심의 가책에서였는지, 아니면 여호와의 선지자를 도와줌으로써 하나님으로부터 어떤 대가를 기대해서였는지는 알 수 없지만 일단 에벳멜렉의 말에 동조했고 서른 명을 급파해 예레미야를 '죽기 전'에 구하도록 했다(10절). 시드기야가 에벳멜렉에게 이처럼 많은 군인들을 주는 것은 아마도 예레미야가 들어가 있는 구덩이가 상당히 깊었던 것과 예레미야 구조 작업이 그를 죽이려 하는 대신의 군인들과 군사적 충돌을 빚을 수도 있었기 때문일 것이다(Fretheim; Brown; cf. 5절). 군인 서른 명의 역할은 예레미야를 구덩이에서 구하는 일을 반대할 만한 세력을 견제하기 위해서였다(Dearman).

예레미야를 구하라는 명령을 받은 사람들은 낡은 옷을 가져다 새끼줄을 만들어서 선지자가 감금되어 있던 물탱크 안으로 내려보냈다(11절). 예레미야는 낡은 옷을 엮어 만든 밧줄을 가슴에 감았고, 위에 있는 사람들은 선지자를 끌어올렸다(12절). 선지자는 깊은 수렁에 박혀 있기 때문에, 그를 빼내려면 많은 힘이 필요했을 것이다(Brown). 만일 물이 고이거나 빈 웅덩이에서 끌어내려면 단순히 로프만 내려보내면 될 일이기 때문이다. 그러나 예레미야가 이 구덩이에서 얼마나 많은 시간을 보냈는지는 정확히 알 수 없지만, 두 손으로 밧줄을 잡을 수 없을 정도로 지쳐 있었을 것이다. 예레미야는 이방인 에벳멜렉의 도움으로 극적으로 죽음을 면했다(Fretheim). 그러나 감옥 신세를 면한 것은 아니었다. 물탱크에서는 구제되었지만 그 구치소를 떠날 수는 없었다. 예레미야는 그곳에서 여러 나날들을 보내야 했다.

IX. 주전 605-586년의 사건과 메시지(34:1-39:18)
D. 물 저장 탱크에 갇힌 선지자(38:1-28)

3. 선지자와 왕의 밀회(38:14-28)

14 시드기야 왕이 사람을 보내어 선지자 예레미야를 여호와의 성전 셋째 문
으로 데려오게 하고 왕이 예레미야에게 이르되 내가 네게 한 가지 일을 물
으리니 한 마디도 내게 숨기지 말라 15 예레미야가 시드기야에게 이르되 내
가 이 일을 왕에게 아시게 하여도 왕이 결코 나를 죽이지 아니하시리이까
가령 내가 왕을 권한다 할지라도 왕이 듣지 아니하시리이다 16 시드기야 왕
이 비밀히 예레미야에게 맹세하여 이르되 우리에게 이 영혼을 지으신 여호
와께서 살아 계심을 두고 맹세하노니 내가 너를 죽이지도 아니하겠으며 네
생명을 찾는 그 사람들의 손에 넘기지도 아니하리라 하는지라 17 예레미야가
시드기야에게 이르되 만군의 하나님이신 이스라엘의 하나님 여호와께서 이

와 같이 말씀하시되 네가 만일 바벨론의 왕의 고관들에게 항복하면 네 생명
이 살겠고 이 성이 불사름을 당하지 아니하겠고 너와 네 가족이 살려니와 18
네가 만일 나가서 바벨론의 왕의 고관들에게 항복하지 아니하면 이 성이 갈
대아인의 손에 넘어가리니 그들이 이 성을 불사를 것이며 너는 그들의 손을
벗어나지 못하리라 하셨나이다 19 시드기야 왕이 예레미야에게 이르되 나는
갈대아인에게 항복한 유다인을 두려워하노라 염려하건대 갈대아인이 나를
그들의 손에 넘기면 그들이 나를 조롱할까 하노라 하는지라 20 예레미야가
이르되 그 무리가 왕을 그들에게 넘기지 아니하리이다 원하옵나니 내가 왕
에게 아뢴 바 여호와의 목소리에 순종하소서 그리하면 왕이 복을 받아 생명
을 보전하시리이다 21 그러나 만일 항복하기를 거절하시면 여호와께서 내게
보이신 말씀대로 되리이다 22 보라 곧 유다 왕궁에 남아 있는 모든 여자가
바벨론 왕의 고관들에게로 끌려갈 것이요 그 여자들은 네게 말하기를 네 친
구들이 너를 꾀어 이기고 네 발이 진흙에 빠짐을 보고 물러갔도다 하리라 23
네 아내들과 자녀는 갈대아인에게로 끌려가겠고 너는 그들의 손에서 벗어나
지 못하고 바벨론 왕의 손에 잡히리라 또 네가 이 성읍으로 불사름을 당하
게 하리라 하셨나이다 24 시드기야가 예레미야에게 이르되 너는 이 말을 어
느 사람에게도 알리지 말라 그리하면 네가 죽지 아니하리라 25 만일 고관들
이 내가 너와 말하였다 함을 듣고 와서 네게 말하기를 네가 왕에게 말씀한
것을 우리에게 전하라 우리에게 숨기지 말라 그리하면 우리가 너를 죽이지
아니하리라 또 왕이 네게 말씀한 것을 전하라 하거든 26 그들에게 대답하되
내가 왕 앞에 간구하기를 나를 요나단의 집으로 되돌려 보내지 마소서 그리
하여 거기서 죽지 않게 하옵소서 하였다 하라 하니라 27 모든 고관이 예레미
야에게 와서 물으매 그가 왕이 명령한 모든 말대로 대답하였으므로 일이 탄
로되지 아니하였고 그들은 그와 더불어 말하기를 그쳤더라 28 예레미야가 예
루살렘이 함락되는 날까지 감옥 뜰에 머물렀더라

여러 가지로 괴로워하던 시드기야는 답답한 마음을 해소하기 위해

비밀리에 예레미야를 찾았다. 백성 앞에서는 예레미야를 마치 거짓 선지자나 정신병자 취급을 해왔지만, 절박한 상황에서는 평소에 즐겨 찾던 선지자들이나 제사장들보다 예레미야가 그와 이스라엘의 미래에 대한 진실을 알고 있다고 인정한 것이다. 그래서 그는 이 결정적인 순간에 하나님의 선지자 예레미야를 찾았다.

예레미야는 이미 37장에서도 시드기야를 비밀리에 만난 적이 있다. 상황에 별 변화가 없자 시드기야가 다시 한 번 만남을 청한 것으로 생각된다. 이 만남 이후 예루살렘의 최후의 날까지 둘은 다시 만나지 않는다. 예레미야는 성전의 셋째 문에서 왕을 만났다. 성전의 셋째 문이 어떤 것을 뜻하는지는 모르지만, 일단 밀회에 적합한 장소, 즉 사람들이 잘 사용하지 않는 문이었을 것이다(Bright). 시드기야는 선지자에게 진실을 요구했지만, 예레미야는 생명이 보장되지 않는 한 말할 수 없다고 했다. 그리고 과거에도 선지자의 말을 경청하지 않았던 왕이 무엇 때문에 다시 듣기를 원하느냐는 비난을 더했다.

시드기야는 예레미야의 생명을 보장하겠다는 맹세를 했다. 또한 예레미야를 죽이려는 사람들에게 결코 그를 넘기지 않겠다는 약속도 했다. 드디어 예레미야가 그에게 하나님의 말씀을 들려주었다. 새로운 것을 기대했던 시드기야에게 주어진 선지자의 메시지는 예전에 그가 받은 것과 전혀 차이가 없었다. "바빌론 군에게 항복하는 것이 최선의 길이며 하나님의 뜻이다." 예레미야는 바빌론에게 항복하면 시드기야도 생명을 보전할 수 있고 도시도 불타지 않게 될 것을 약속했다. 만일 거부한다면 도시 전체가 불에 탈 것이며, 시드기야와 백성도 온전치 못할 것이라 했다. 하나님은 이 마지막 순간까지 유다에게 살 수 있는 길을 제시하신다(Brown).

그러나 시드기야는 예레미야의 처방을 받아들이기를 주저했다. 그는 만일 자기가 항복하면 이미 바빌론 군에게 투항해 그들과 한통속이 되어 예루살렘을 공략하고 있는 유대인들이 그를 가만두지 않을 것이라는 두려움을 말했다(19절). 이스라엘의 왕이라는 사람이 나라의 안전보다는 자신의 안전을 더 중요하게 여기는 것이 결코 좋아 보이지 않는다(Fretheim). 또한 시드기야는 이스라엘의 하나님 여호와보다 사람을 더 두려워하고 있다(Brown). 시드기야는 자기가 거느리고 있는 고관들도 두려워했다(cf. 25절). 예레미야는 하나님이 보장하신다고 그를 설득했다(20절). 그리고 선지자는 다시 한 번 시드기야가 항복하기를 거부하면 어떤 일이 초래될 것인가를 상기시켰다(21-23절).

유일한 살길이 무엇인가를 알게 된 시드기야는 계속 주저한다. 그는 리더로서 내려야 할 결단을 내리지 못하는 우유부단한 사람이었다. 이제 와서 항복한다면 지금까지 버텨온 것이 헛수고일 뿐만 아니라, 자신의 명예가 땅에 떨어지는 것을 두려워했다. 또한 38장의 전체적인 분위기를 볼 때 시드기야와 함께 일하는 고관들은 강경한 입장을 고수한 것으로 보인다. 그들은 시드기야의 지도 아래 바빌론에게 필사적으로 대항할 것을 주장했다.

결국 왕은 선지자에게 이 만남을 전적으로 비밀에 부칠 것을 요구했다. 예레미야가 이 모임의 진상에 대해 말하지 않은 한 선지자의 생명을 보장해 주겠다고 약속했다. 혹시라도 고관들이 모임의 내용에 대해 예레미야에게 물으면 선지자는 "나의 억울함을 왕에게 호소했다"라는 내용으로 끝내라는 말을 덧붙였다. 예레미야는 시드기야가 일러준 대로 방백들에게 대답했다. 이것도 그의 유일한 살길이었기 때문이다.

왕이 예측한 것처럼 고관들은 예레미야에게 시드기야와의 대화에 대해 물었다. 그러자 예레미야는 시드기야의 요구대로 고관들에게 거짓말을 했다. 이 사실이 윤리적인 문제가 될 수는 있지 않을까? 하나님의 백성은 진실만을 말해야 하지 않는가? 만일 이렇게 생각한다면 성경에 기록된 몇몇 사건들이 더 심각한 문제를 일으킬 수 있다. 예를 들자면 라합이 정탐꾼들을 숨겨주고 군사들을 속인 이야기, 하나님이 바로에게 거짓말을 한 산파들을 축복하신 이야기 등이 있다. 예레미야는 그 이후에도 예루살렘이 바빌론 군대의 손에 함락될 때까지 감옥에서 나날을 보내야 했다.

IX. 주전 605-586년의 사건과 메시지(34:1-39:18)

E. 바빌론의 손에 함락된 예루살렘(39:1-18)

드디어 예레미야가 1-38장에서 끊임없이 경고했던 이스라엘의 최후의 날이 다가왔다. 이날은 또한 주전 760년대 사역했던 아모스 이후로 모든 선지자들이 경고했던 바로 그날이기도 하다. 이스라엘에게 '여호와의 날'이 임한 것이다. 예루살렘이 함락되던 날, 바빌론에 항복하는 것이 하나님의 뜻이라고 외쳤던 예레미야와 그의 말을 귀담아 듣기를 거부했던 시드기야와 이스라엘 백성의 운명은 희비가 엇갈리고 있다. 본문은 다음과 같이 구분될 수 있다.

A. 예루살렘의 파괴(39:1-10)
B. 예레미야의 석방(39:11-14)
C. 에벳멜렉의 구원(39:15-18)

IX. 주전 605-586년의 사건과 메시지(34:1-39:18)
E. 바빌론의 손에 함락된 예루살렘(39:1-18)

1. 예루살렘의 파괴(39:1-10)

**1 유다의 시드기야 왕의 제구년 열째 달에 바벨론의 느부갓네살 왕과 그의
모든 군대가 와서 예루살렘을 에워싸고 치더니 2 시드기야의 제십일년 넷째
달 아홉째 날에 성이 함락되니라 예루살렘이 함락되매 3 바벨론의 왕의 모든
고관이 나타나 중문에 앉으니 곧 네르갈사레셀과 삼갈네부와 내시장 살스김**

이니 네르갈사레셀은 궁중 장관이며 바벨론의 왕의 나머지 고관들도 있더
라 [4] 유다의 시드기야 왕과 모든 군사가 그들을 보고 도망하되 밤에 왕의 동
산 길을 따라 두 담 샛문을 통하여 성읍을 벗어나서 아라바로 갔더니 [5] 갈대
아인의 군대가 그들을 따라 여리고 평원에서 시드기야에게 미쳐 그를 잡아
서 데리고 하맛 땅 립나에 있는 바벨론의 느부갓네살 왕에게로 올라가매 왕
이 그를 심문하였더라 [6] 바벨론의 왕이 립나에서 시드기야의 눈앞에서 그의
아들들을 죽였고 왕이 또 유다의 모든 귀족을 죽였으며 [7] 왕이 또 시드기야
의 눈을 빼게 하고 바벨론으로 옮기려고 사슬로 결박하였더라 [8] 갈대아인들
이 왕궁과 백성의 집을 불사르며 예루살렘 성벽을 헐었고 [9] 사령관 느부사라
단이 성중에 남아 있는 백성과 자기에게 항복한 자와 그 외의 남은 백성을
잡아 바벨론으로 옮겼으며 [10] 사령관 느부사라단이 아무 소유가 없는 빈민을
유다 땅에 남겨두고 그날에 포도원과 밭을 그들에게 주었더라

이스라엘은 건국 이래 수많은 위기를 맞이했지만 그때마다 하나님의 은혜로 멸망을 면할 수 있었다. 그러나 이제 하나님 때문에 누리던 특권도 더 이상 효력을 발휘하지 못한다. 그들의 하나님 여호와께서 그들에게 등을 돌리셨을 뿐만 아니라, 그들의 땅을 침략해온 군대를 지휘하고 계시기 때문이다. 이로써 모세가 바탕을 다지고, 여호수아가 기둥을 세우고 다윗이 지붕을 씌웠던 이스라엘은 한 국가로서 더 이상 존재하지 않는 운명을 맞이했다.

이 사건이 얼마나 중요한 일인지 선지자는 구체적인 날짜를 기록한다. 바빌론 군대의 예루살렘 공격은 시드기야 즉위 9년 10월에 시작되었다고 하는데(1절) 오늘날 날짜로는 주전 588년 12월/587년 1월이 된다. 또한 예레미야 52:4, 열왕기하 25:1, 에스겔 24:1 등은 10월 10일에 본격적인 포위가 시작되었다는 말을 더한다. 18개월 동안 지속된 바빌론 군의 포위에 예루살렘으로 도피했던 유다 사람들은 혹독한 기근과 배고픔에 괴로움을 겪어야 했다.

드디어 시드기야 즉위 11년 4월 9일 성벽이 무너졌다(2절). 오늘날 달력으로 주전 586년 7월 18일이다(Brown; cf. Dearman). 성전은 한 달 후에 불에 탔다(52:6-14). 성안에 축적해두었던 식량은 고갈되었으며 예루살렘은 매우 절박한 상황에 처해 있었다. 기록에 의하면 예루살렘이 바빌론 군에게 항복할 때 성안에서는 식인까지 자행되었다(52:4-6; 애 4:10). 성벽이 무너진 지 한 달이 지난 다음 바빌론 군의 고위 장교들이 예루살렘에 입성했다(3절; cf. 왕하 25:8). "바벨론의 왕의 모든 고관이 나타나 중문에 앉으니 곧 네르갈사레셀과 삼갈네부와 내시장 살스김이니 네르갈사레셀은 궁중 장관이며 바벨론의 왕의 나머지 고관들도 있더라." 그들은 중간 문에 자리를 펴고 도시의 사람들을 재판하기 시작했다. 하나님이 예레미야를 선지자로 부르고 주신 말씀이 성취된 것이다. "내가 북방 왕국들의 모든 족속들을 부를 것인즉 그들이 와서 예루살렘 성문 어귀에 각기 자리를 정하고 그 사방 모든 성벽과 유다 모든 성읍들을 치리라"(1:15).

바빌론 군이 예루살렘에 입성하기 며칠 전 시드기야는 야밤에 성을 빠져나가 도주했다. 그는 실로암 우물 근처에 있었던 '왕의 동산'(느 3:15)을 통해 아라바(요단 계곡) 쪽으로 도망가다가 바빌론 군에게 붙잡혔다(4절). 그가 잡힌 위치로 보아 아마도 시드기야는 모압이나 암몬 쪽으로 도망가고 싶어 한 것 같다(Fretheim). 바빌론 군대에 붙잡힌 시드기야는 결국 느부갓네살이 거하던 립나(리블라)로 끌려갔다(5절). 리블라(립나)는 시리아(아람)에 속한 오론테스 강 근처에 있었다. 립나로 이송되는 동안 시드기야는 분명 "살고 싶으면 바빌론 군에게 항복하라. 이것이 하나님의 뜻이다"라고 했던 예레미야의 권면을 기억하며 후회했을 것이다. 그러나 후회한들 무슨 소용이 있겠는가? 이미 너무 늦었다. 기회는 항상 있는 것이 아니다. 그러므로 있을 때 그 기회를 활용하는 것이 지혜다.

느부갓네살은 매우 잔인한 왕이었다. 그는 시드기야가 보는 앞에서 귀족들뿐만 아니라 시드기야의 아들들을 모두 처형했다(6절). 이후 시드기야는 두 눈이 뽑혀서 쇠사슬에 묶인 채 바빌론으로 압송되었다(7절). 에스겔은 이미 이런 시드기야의 최후를 상징적인 행동을 통해 경고했다(겔 12:12-13). 시드기야가 자기 눈으로 본 마지막 사건은 죽임을 당하던 그의 아들들이 살려달라며 애원하던 모습이다. 부모에게는 너무 끔찍한 기억이자 이미지다. 52:11은 그가 바빌론 감옥에서 생을 마감했다고 기록한다. 결국 자기만 살겠다고 백성을 버리고 도망한 시드기야도 그가 버리고 간 백성과 같은 운명을 맞이한 것이다(Dearman).

바빌론 군은 예루살렘과 주변을 완전한 폐허로 만들었다. 성전과 왕궁에 불을 질렀다(8절; cf. 52:13; 왕하 25:9). 예루살렘 성전은 주전 586년 8월에 불에 탔다(Brown). 바빌론 군은 백성의 집도 태웠고, 예루살렘 성벽을 무너뜨렸다(8절). 조금이라도 경제 능력이 있고 기술이 있는 사람들은 모조리 바빌론으로 끌고 갔다(9절). 52:29은 이때 832명이 끌려갔다고 기록한다. 예루살렘에 남은 사람들은 땡전 한 푼 없는 가난하고 기술이 없는 사람들이었다(10절). 바빌론 사람들이 이들을 예루살렘에 남겨둔 이유는 바빌론으로 끌고 가도 제국의 경제에 별 도움이 되지 않을 것이며, 반역할 의지나 능력이 없어 보였기 때문이다. 끌려가지 못해 예루살렘에 남은 사람들에게는 끌려간 사람들이 소유했던 땅과 밭을 주었다. 바빌론 사람들은 이런 방법을 통해 남은 자들의 환심을 샀다(Holladay).

IX. 주전 605-586년의 사건과 메시지(34:1-39:18)
E. 바빌론의 손에 함락된 예루살렘(39:1-18)

2. 예레미야의 석방(39:11-14)

11 바벨론의 느부갓네살 왕이 예레미야에 대하여 사령관 느부사라단에게 명령하여 이르되 12 그를 데려다가 선대하고 해하지 말며 그가 네게 말하는 대

로 행하라 [13] 이에 사령관 느부사라단과 내시장 느부사스반과 궁중 장관 네르갈사레셀과 바벨론 왕의 모든 장관이 [14] 사람을 보내어 예레미야를 감옥 뜰에서 데리고 사반의 손자 아히감의 아들 그다랴에게 넘겨서 그를 집으로 데려가게 하매 그가 백성 가운데에 사니라

예루살렘을 파괴하러 온 바빌론 군은 예레미야에게 해방군이었다. 평소에 예레미야가 시드기야와 이스라엘 백성에게 어떤 권면을 해왔는가에 대해 들은 바가 있었던 느부갓네살은 그를 환대했다. 40:1–6에도 비슷한 이야기가 있는 것으로 보아, 같은 사건을 다르게 회고한 것 것 같다(Fretheim; cf. Lundbom).

예레미야가 항복을 권한 것은 그것이 분명한 하나님의 명령이었기 때문이지 바빌론 군을 좋아했기 때문이 아니었다. 그러나 바빌론 사람들 입장에서 예레미야는 예루살렘에 있었던 바빌론의 유일한 '아군'이었다. 그러므로 느부갓네살은 바빌론 편이라고 생각되는 예레미야를 환대하기를 원했다.

느부갓네살은 사령관 느부사라단에게 아무도 예레미야를 해하지 못하도록 조치를 취하고 선지자가 원하는 대로 해주라고 명령했다(11–12절).[15] 사령관 느부라사단은 왕의 명령에 따라 감옥에 갇혀 있던 예레미야를 구해 예루살렘의 새 총독이 될 그다랴에게 넘겨 보호하도록 했다(14절). 예레미야에게 왜 아직도 보호가 필요할까? 만일 예루살렘에 아직도 친이집트 성향의 사람들이 남아 있었다면, 바빌론 사람들이 예레미야를 환대한 일은 그가 바빌론 사람들을 위해 일한 매국노였다는 사실을 입증하는 결정적인 증거로 사용되었을 것이다(Fretheim). 그들은 매국노를 처단한답시고 예레미야의 생명을 노릴 수 있다. 그러

15 옛 학자들 중 몇몇은 느부갓네살이 예레미야를 극진히 대한 이야기는 사실이 아니며 조작된 것이라고 주장했다(Duhm; cf. Lundbom). 그러나 오늘날 대부분의 학자들은 이런 일이 실제로 있었다고 주장한다(Holladay; Brown). 사실이 아니라고 할 만한 근거가 없기 때문이다.

므로 예레미야는 그 어느 때보다도 보호가 필요했다.

느부갓네살이 예레미야를 보호하도록 임명한 사람이 유다의 총독으로 임명된 그다랴였다. 그다랴는 사반의 손자 아히감의 아들이었는데, 아히감은 20년 전에 예레미야의 생명을 구한 사람이며(26:24), 사반은 요시야 왕의 서기관이었다(왕하 22:3). 참으로 신앙이 좋은 집안 사람들이다. 예레미야가 이 집안 사람의 손에 의탁된 것은 분명 하나님이 하신 일이다. 총독 그다랴 집안 사람들은 그 누구보다도 예레미야를 잘 알고 여호와를 사랑하는 사람들이었기 때문이다.

예레미야는 느부갓네살 덕에 오랫만에 집으로 돌아올 수 있었다. 선지자가 전혀 예측하지 못했던 곳에서 자유가 온 것이다. 그는 이스라엘을 사랑했건만, 이스라엘은 그를 버렸다. 반면에 선지자가 그토록 사랑했던 이스라엘을 멸망에 이르게 한 바빌론 사람들은 선지자를 깍듯이 대한다. 그러니 예레미야의 마음은 이번에도 편하지 않았을 것이다.

IX. 주전 605-586년의 사건과 메시지(34:1-39:18) E. 바빌론의 손에 함락된 예루살렘(39:1-18)

3. 에벳멜렉의 구원(39:15-18)

15 예레미야가 감옥 뜰에 갇혔을 때에 여호와의 말씀이 그에게 임하니라 이
르시되 16 너는 가서 구스인 에벳멜렉에게 말하기를 만군의 여호와 이스라
엘의 하나님의 말씀에 내가 이 성에 재난을 내리고 복을 내리지 아니하리라
한 나의 말이 그날에 네 눈앞에 이루리라 17 여호와의 말씀이니라 내가 그날
에 너를 구원하리니 네가 그 두려워하는 사람들의 손에 넘겨지지 아니하리
라 18 내가 반드시 너를 구원할 것인즉 네가 칼에 죽지 아니하고 네가 노략
물같이 네 목숨을 얻을 것이니 이는 네가 나를 믿었음이라 여호와의 말씀이
니라 하시더라

이 말씀은 에벳멜렉이 극적으로 예레미야를 구덩이에서 구했던 38장 이야기와 연계해서 읽는 것이 바람직하다. 38장에서 예레미야의 생명을 구하기 위해 시드기야를 찾아가 허락을 받아냈던 구스(에티오피아) 사람 에벳멜렉에게 주신 약속이기 때문이다. 그러나 이 말씀이 39장의 마지막 부분에 삽입된 것은 아마도 이 약속이 바빌론 군의 입성 이후에도 변함없이 지켜졌음을 암시하기 위해서일 것이다(Huey).

에벳멜렉은 여론과 왕의 불편한 심기에 대한 부담을 무릅쓰고 옳고 그름에 대한 원칙과 가치를 앞세우고 예레미야 구명 운동에 나섰던 사람이다. 그러나 에벳멜렉을 구원한 것은 결코 지칠 줄 모르는 열정과 두려움이 없는 용기가 아니었다. 그의 믿음이 그를 살렸다(18절). 그는 여호와를 두려워하고 예레미야를 통해 선포된 하나님의 말씀을 믿었다. 이런 믿음을 바탕으로 예레미야를 구원할 수 있었다(Brown; Fretheim). 비록 그가 거하던 예루살렘은 망했지만, 그는 하나님의 남은 자가 되어 환난 속에서도 화를 면할 수 있었다. 하나님이 작정하시면 어떤 환난이 닥쳐도 그분의 보호 속에 안전히 있을 수 있다.

X. 예루살렘 함락 이후의 일
(40:1–45:5)

주전 586년 바빌론 군에 의해 예루살렘이 함락된 다음 유다에서는 어떤 일이 있었는가? 이 섹션은 예루살렘이 파괴된 이후 있었던 일들을 기록하고 있다. 침략자들의 손에 하나님의 도성은 멸망하였고 주민들 중 이용 가치가 있는 사람들은 거의 모두가 바빌론으로 끌려갔다. 그렇다고 해서 예루살렘과 유다가 텅 비어 있는 상황은 아니었다. 아직도 많은 사람들이 남아 있었고, 전쟁이 끝났다는 소식이 전해지자 주변 국가들로 피신했던 유다 사람들이 돌아와 상당한 규모의 공동체를 다시 형성했다. 예루살렘에 새로이 세워진 공동체의 지도자는 바빌론 사람들이 총독으로 세웠고, 유대인들이 존경하고 지지했던 그다랴였다. 본문은 다음과 같이 구분될 수 있다.

A. 예레미야 석방(40:1–6)
B. 불안한 정세와 그다랴 암살(40:7–41:18)
C. 듣기를 거부하는 백성(42:1–43:7)
D. 이집트에서 선포된 메시지(43:8–45:5)

X. 예루살렘 함락 이후의 일(40:1–45:5)

A. 예레미야 석방(40:1–6)

1 사령관 느부사라단이 예루살렘과 유다의 포로를 바벨론으로 옮기는 중에
예레미야도 잡혀 사슬로 결박되어 가다가 라마에서 풀려난 후에 말씀이 여
호와께로부터 예레미야에게 임하니라 2 사령관이 예레미야를 불러다가 이르
되 네 하나님 여호와께서 이곳에 이 재난을 선포하시더니 3 여호와께서 그가
말씀하신 대로 행하셨으니 이는 너희가 여호와께 범죄하고 그의 목소리에
순종하지 아니하였으므로 이제 이루어졌도다 이 일이 너희에게 임한 것이니
라 4 보라 내가 오늘 네 손의 사슬을 풀어 너를 풀어주노니 만일 네가 나와
함께 바벨론으로 가는 것을 좋게 여기거든 가자 내가 너를 선대하리라 만일
나와 함께 바벨론으로 가는 것을 좋지 않게 여기거든 그만두라 보라 온 땅
이 네 앞에 있나니 네가 좋게 여기는 대로 옳게 여기는 곳으로 갈지니라 하
니라 5 예레미야가 아직 돌이키기 전에 그가 다시 이르되 너는 바벨론의 왕
이 유다 성읍들을 맡도록 세운 사반의 손자 아히감의 아들 그다랴에게로 돌
아가서 그와 함께 백성 가운데 살거나 네가 옳게 여기는 곳으로 가거나 할
지니라 하고 그 사령관이 그에게 양식과 선물을 주어 보내매 6 예레미야가
미스바로 가서 아히감의 아들 그다랴에게로 나아가서 그 땅에 남아 있는 백
성 가운데서 그와 함께 사니라

본문은 해석적 문제를 지녔다. 첫째, "말씀이 여호와께로부터 예레미야에게 임하니라"(הַדָּבָר אֲשֶׁר־הָיָה אֶל־יִרְמְיָהוּ מֵאֵת יְהוָה)가 한국어와 히브리어의 어순이 다르기 때문에 개역개정에는 1절의 마지막 부분에 오지만, 마소라 사본에서는 제일 앞에 오면서 이 이야기를 시작한다. 문제는 나머지 내용이 예레미야에게 임한 말씀이 아니라는 것이다. 신탁을 기대했는데, 예레미야의 신변에 관한 이야기가 나온다. 그래서 옛 유대인 랍비들은 이 문장 다음에 나오는 내용에서부터 신탁이 시작되는

42:7까지(viz., 40:1b–42:6)를 괄호를 쳐 삽입구(설명구)로 처리했다(Rashi; Radak). 그러나 별로 가능성이 없는 추측이다. 가장 가능성이 있는 제안은 이 문구를 새로운 섹션을 시작하는 표시(최근 학자들은 'meta marker' 라고 부름), 혹은 표제(superscription)로 이해하는 것이다(Keil; Rudolph). 예레미야서의 첫 번째 표제는 1:1이며, 책 전체와 예루살렘이 바빌론 군대의 손에 멸망한 이야기(1–39장)를 소개하고 있다. 이제 두 번째 표제가 등장하면서 예루살렘 멸망 후 이야기를 소개하고 있는 것이다.

예레미야가 예루살렘 성이 함락된 후 어떻게 느부갓네살을 만나게 되었으며, 그의 배려로 예루살렘에 남아 있게 되었는가를 기록한다. 예루살렘이 함락된 후 예레미야는 다른 사람들과 함께 포로가 되어 사슬에 묶인 채 라마로 끌려갔다. 그곳에서 바빌론의 시위대장 느부사라단은 예레미야를 알아보고 바로 놓아주었다(1절).

느부사라단은 이스라엘이 바빌론의 손에 멸망하게 된 이유는 백성이 여호와를 경외하지 않고 그의 말씀에 순종하지 않은 것 때문이라 했다(2–3절). 예레미야의 가르침에 전적으로 동의한다는 것이다. 예레미야가 하나님의 말씀이라며 재앙을 선포했을 때 유다 사람들은 받아들이려 하지 않았다. 그런데 침략군의 장군은 예레미야가 선포한 메시지가 진실임을 확인해 준다. 예레미야를 이해하고 존중해주는 사람들은 이방인들뿐이라는 사실이 씁쓸하고 안타깝다. 그렇다면 느부사라단이 여호와 하나님을 인격적으로 아는 사람이었을까? 가능성은 희박하다. 부하들을 통해 들었던 예레미야의 메시지를 반복하고 있을 뿐이다.

느부사라단은 예레미야에게 선택권을 주었다. 예레미야가 그와 함께 바빌론으로 가길 원하면 예레미야는 바빌론에 포로가 아닌 손님으로 가서 바빌론 정부의 보살핌을 받게 될 것이다(4절). 만일 선지자가 예루살렘/유다에 남기를 원하면 총독 그다랴에게 명하여 예레미야가 부족함이 없이 살 수 있도록 배려하겠다는 것이다(5절). 예레미야는 예루살렘에 남기를 택했다. 느부사라단은 예레미야에게 양식을 주어 떠나보냈다(5절). 이스라엘의 왕과 백성은 선지자를 박대했지만, 이 이방인은 그를 알아본 것일까? 예레미야는 미스바에 거하던 아히감의 아들 그다랴 총독에게 돌아왔다(6절). 그다랴가 총독이 되어 백성을 다스리고 있다는 사실이 이스라엘 공동체에 대한 소망의 불씨를 이어간다(Miller).

이 본문과 39:11-14의 관계를 어떻게 볼 것이냐는 또 하나의 해석적 난제다. 언뜻 보기에는 이야기가 39:11-14에 기록된 사건을 보충 설명하는 듯하다. 그러나 자세히 살펴보면 두 텍스트의 관계를 설명하는 일이 쉽지 않다. 앞 이야기에서 느부갓네살은 느부사라단에게 명령해 감옥에 갇혀 있던 예레미야에게 자유를 주고는 그다랴 총독에게 보호를 의뢰하도록 했다(39:11-14). 반면에 이 이야기에서는 예레미야가 바빌론으로 끌려가는 포로 행렬에 끼여 있다. 바빌론 사람들은 그를 구출할 뿐만 아니라 예레미야가 원하면 바빌론으로 데리고 가 잘 보살펴 주겠다고 제안한다. 앞 이야기에서는 느부갓네살의 명령이 모든 일을 시작하는데, 이 이야기에서는 느부갓네살의 모습이 보이지 않는 것도 설명해야 할 차이점이다.

많은 학자들이 39장과 40장에 기록된 이야기가 같은 사건에 대한 두 개의 다른 설명이라고 한다(Keil; Miller; Fretheim; cf Lundbom). 그러나 이 두 이야기의 관계에 대해 다른 설명이 가능하다. 상황을 이렇게 재구성할 수 있다. 원래 예레미야는 감옥(뜰)에 갇혀 있었는데, 느부갓네살이 느부사라단에게 풀어주도록 명령했다(39장). 감옥에서 풀려난 후 그다랴의 보호 아래 있던 예레미야가 잠시 그다랴의 보호를 떠났다가(viz., 볼일이 있어서 홀로 아나돗으로 가다가; cf. 37:12), 유다 사람들을 인질로 끌고 가던 바빌론 군에게 잡혀 강제로 포로 대열에 합류했다(cf. Bright; Thompson). 라마를 지날 무렵 느부사라단이 예레미야가 끌려가고 있다는 정보를 입수하고 그가 조치를 취한 것이 본문의 이야기다. 느부사라단은 예레미야가 다시 위험에 빠질 수 있는 상황이 언제든 재현될 수 있다고 판단해 바빌론으로 갈 것을 권유했다. 그러나 선지자가 주저하자, 유다 땅에서 계속 살도록 허락했고, 위험하니 그다랴의 보호를 떠나지 말라며 그에게 돌려보냈다.

X. 예루살렘 함락 이후의 일(40:1–45:5)

B. 불안한 정세와 그다랴 암살(40:7–41:18)

바빌론 군의 예루살렘 공략이 끝났고 그다랴가 유다를 다스린다는 소문이 가나안 지역에 돌자 이웃 나라로 피난했던 유대인들이 돌아오기 시작했다. 그다랴는 이들을 중심으로 새로운 유대인 공동체를 형성해 나가야 하는 막중한 책임을 지고 있다. 그러나 그의 통치는 궤도에 오르기도 전에 끝이 났다. 그다랴가 암살을 당한 것이다. 이 일로 인해 회복의 기미를 보였던 유다 공동체는 순식간에 산산조각이 났다. 본문은 다음과 같이 구분된다.

A. 새로운 공동체(40:7–12)
B. 무시된 경고(40:13–16)
C. 그다랴 암살(41:1–3)
D. 이스마엘의 만행(41:4–10)
E. 인질 구조(41:11–18)

X. 예루살렘 함락 이후의 일(40:1–45:5)
B. 불안한 정세와 그다랴 암살(40:7–41:18)

1. 새로운 공동체(40:7–12)

7 들에 있는 모든 지휘관과 그 부하들이 바빌론의 왕이 아히감의 아들 그다

랴에게 그 땅을 맡기고 남녀와 유아와 바벨론으로 잡혀가지 아니한 빈민을
그에게 위임하였다 함을 듣고 [8] 그들 곧 느다냐의 아들 이스마엘과 가레아의
두 아들 요하난과 요나단과 단후멧의 아들 스라야와 느도바 사람 에배의 아
들들과 마아가 사람의 아들 여사냐와 그들의 사람들이 미스바로 가서 그다
랴에게 이르니 [9] 사반의 손자 아히감의 아들 그다랴가 그들과 그들의 사람들
에게 맹세하며 이르되 너희는 갈대아 사람을 섬기기를 두려워하지 말고 이
땅에 살면서 바벨론의 왕을 섬기라 그리하면 너희에게 유익하리라 [10] 보라
나는 미스바에 살면서 우리에게로 오는 갈대아 사람을 섬기리니 너희는 포
도주와 여름 과일과 기름을 모아 그릇에 저장하고 너희가 얻은 성읍들에 살
라 하니라 [11] 모압과 암몬 자손 중과 에돔과 모든 지방에 있는 유다 사람도
바벨론의 왕이 유다에 사람을 남겨둔 것과 사반의 손자 아히감의 아들 그다
랴를 그들을 위하여 세웠다 함을 듣고 [12] 그 모든 유다 사람이 쫓겨났던 각처
에서 돌아와 유다 땅 미스바에 사는 그다랴에게 이르러 포도주와 여름 과일
을 심히 많이 모으니라

바빌론 왕이 그다랴를 총독으로 세우고 바빌론으로 끌려가지 않은 유다의 가난한 사람들을 위임해 보살피도록 했다는 소문이 퍼지기 시작했다(7절). 그다랴는 요시야 정권의 각료였던 사반의 손자였으며, 성전 설교 후에 위험에 처한 예레미야를 구원했던 아히감의 아들이었다(cf. 26:24; 왕하 22장). 이러한 정황을 고려할 때 그다랴는 예레미야에게 상당히 호의적이었을 것이다(Dearman). 그다랴는 많은 사람들의 존경을 받는 사람이었기 때문에 그가 총독이 되었다는 소문이 퍼지자 예루살렘 주변에 피신해 있던 사람들이 성으로 돌아와 남아 있는 사람들 사이에 정착하기 시작했다(8절). 그러나 돌아온 사람들 중에는 머지않아 그다랴를 암살할 사람도 있었다. 바로 느다냐의 아들 이스마엘이란 사람이었다(8절).

그다랴는 미스바에서 이들을 맞이하여 각자 집으로 돌아가 평안하게 땅의 소산을 즐기며 살 것을 격려했다(9절). 미스바는 예루살렘에서 북쪽으로 8킬로미터 떨어진 곳에 위치했다(Dearman).[16] 그다랴가 예루살렘이 아니라 미스바에 거하는 것은 아마도 예루살렘이 심하게 파괴되어 복구되기 전까지는 사람이 살기에 적합하지 않았기 때문일 것이다(Brown). 그다랴는 유다가 다시 바빌론에게 반역하지 않는 한, 바빌론 사람들이 더 이상 그들을 괴롭힐 일은 없을 것이니 각자 처소에서 편안하게 지내라고 했다. 자신은 바빌론 사람들 때문에 계속 미스바에 거하며 이스라엘을 섬기겠다는 말을 더했다(10절). 유다 사람들에게 항복하고 바빌론을 섬기는 것이 하나님의 뜻이라고 했던 선지자의 말이 하나님의 말씀이었다는 사실에 그다랴도 동의한다는 뜻이다. 또한 그다랴 자신은 예루살렘 멸망을 초래한 전쟁을 통해 밝혀진 하나님의 뜻에 순종하는 모범을 보이겠다고 선언한다. 그다랴는 방황하고 불안한 유다 사람들에게 생명을 유지할 수 있는 길을 제시한다(Fretheim).

그다랴가 총독이 되었다는 소문이 퍼지자, 암몬, 모압, 에돔 등 이웃 나라로 피신했던 유다 사람들이 돌아오기 시작했다(11절). 바빌론 사람들이 그다랴를 총독으로 세운 것은 참으로 좋은 일이다. 그는 사람들의 존경을 받는 인물이었기 때문에, 그를 믿고 사람들이 돌아오고 있다(cf. Miller; Brown). 게다가 그는 최소한 할아버지 때부터 유다 정치에 관여한 집안 출신이었기 때문에 정치와 행정에 대한 많은 노하우를 지니고 있었을 것이다. 더 나아가 그다랴는 유다가 새로이 편입된 바빌론 주 행정부에게 유다에 남은 자들의 필요와 관심을 알리는 좋은 소통의 통로가 되었을 것이다(Dearman). 그는 예루살렘 공동체 회복의 구심점이 되었다. 타국에서 돌아온 사람들도 땅의 소산을 즐기기 시작했다(12절). 그다랴의 리더십은 예루살렘에 남아 있는 사람들에게 마치 모든 것이 급속히 원상태로 회복될 것 같은 기대를 갖게 했다(cf. Keown et al.). 그러나 그들의 부푼 소망은 오래가지 못했다.

16 미스바의 정확한 위치는 아직도 확실하지 않으며, ABD는 두 곳을 지목한다.

X. 예루살렘 함락 이후의 일(40:1-45:5)
B. 불안한 정세와 그다랴 암살(40:7-41:18)

2. 무시된 경고(40:13-16)

13 가레아의 아들 요하난과 들에 있던 모든 군 지휘관들이 미스바에 사는 그
다랴에게 이르러 14 그에게 이르되 암몬 자손의 왕 바알리스가 네 생명을 빼
앗으려 하여 느다냐의 아들 이스마엘을 보낸 줄 네가 아느냐 하되 아히감의
아들 그다랴가 믿지 아니한지라 15 가레아의 아들 요하난이 미스바에서 그다
랴에게 비밀히 말하여 이르되 청하노니 내가 가서 사람이 모르게 느다냐의
아들 이스마엘을 죽이게 하라 어찌하여 그가 네 생명을 빼앗게 하여 네게
모인 모든 유다 사람을 흩어지게 하며 유다의 남은 자로 멸망을 당하게 하
랴 하니라 16 그러나 아히감의 아들 그다랴가 가레아의 아들 요하난에게 이
르되 네가 이 일을 행하지 말 것이니라 네가 이스마엘에 대하여 한 말은 진
정이 아니니라 하니라

그다랴와 뜻을 함께하던 사람들 중에서 가레아의 아들 요하난과 들에 있던 군대 장관들이 미스바에 있던 그다랴를 찾아왔다(13절). 그들은 느다냐의 아들 이스마엘이 암몬 왕 바알리스가 그다랴를 살해하려고 보낸 저격수라는 정보를 입수하고 염려되어 그를 찾은 것이다(14절). 암몬 왕 바알리스는 왜 그다랴를 살해하려 한 것일까? 무엇보다도 바알리스는 가나안 지역에 가장 큰 영향력을 행사하는 사람이 되고 싶어 했다. 그다랴는 그의 야심에 걸림돌이다. 그러므로 제거해야 한다. 또한 바알리스는 간접적인 방법으로 느부갓네살에게 저항하고 있다(Brown; cf. 27:1-3).

요하난과 군대 장관들은 '당하기 전에 선수 치자'는 전략을 제안했다. 그들은 혹시라도 그다랴가 죽으면, 개인적인 비극을 초월해 온 이스라엘의 남은 자들이 다시 큰 혼란에 빠지게 될 것이라는 사실을 상

기시켰다(15절). 그만큼 그다랴는 주전 586년 이후 예루살렘 공동체에서 중요한 리더십 위치에 있었던 사람이다. 실제로 저자는 흩어져 있던 유대인들이 그다랴를 보고 다시 돌아오는 것처럼 묘사한다. 저자는 그다랴가 훌륭한 집안 사람이었을 뿐만 아니라 모든 사람의 존경을 받는 어진 사람이었음을 암시한다.

안타깝게도 그다랴는 그들을 믿지 않았다. 그들이 잘못 알고 있다고 반박했다(16절). 그다랴는 너무 좋은 사람이라 남을 지나치게 신뢰한 것일까? 어수룩해서 사리판단을 잘못한 것일까? 그의 주변에 비슷한 루머들이 너무나도 많아서 귀담아듣지 않으려 했던 것일까? 아니면 어떻게 해서든 사회의 분란과 분규를 막고 통합을 이루어내야 한다는 사명감 때문에 도사리고 있는 위험에 눈을 감은 것일까? 정확히 알 수 없지만, 상황을 잘못 판단한 것은 그다랴의 흠이었다. 더 큰 흠은 그를 진정으로 사랑하고 염려하는 사람들의 조언에 귀를 기울이지 않았다는 것이다.

X. 예루살렘 함락 이후의 일(40:1–45:5)
B. 불안한 정세와 그다랴 암살(40:7–41:18)

3. 그다랴 암살(41:1–3)

[1] 일곱째 달에 왕의 종친 엘리사마의 손자요 느다냐의 아들로서 왕의 장관인 이스마엘이 열 사람과 함께 미스바로 가서 아히감의 아들 그다랴에게 이르러 미스바에서 함께 떡을 먹다가 [2] 느다냐의 아들 이스마엘과 그와 함께 있던 열 사람이 일어나서 바벨론의 왕의 그 땅을 위임했던 사반의 손자 아히감의 아들 그다랴를 칼로 쳐죽였고 [3] 이스마엘이 또 미스바에서 그다랴와 함께 있던 모든 유다 사람과 거기에 있는 갈대아 군사를 죽였더라

이스마엘의 왕족 혈통이 처음으로 밝혀지고 있다. 그는 '왕의 종

친'(זֶרַע הַמְּלוּכָה) 엘리사마의 손자였다(1절; cf. 왕하 25:25). 이스마엘은 '왕의 장관'(רַבֵּי הַמֶּלֶךְ)이기도 했다. 그가 유다의 마지막 왕 시드기야 왕의 각료였음을 의미한다. 그렇다면 암몬 왕의 사주 외에도 그가 그다랴를 죽이려고 했던 이유를 추측할 수 있다. 이스마엘은 다윗 왕의 후손인 자기가 유다의 지도자에 더 적격이라고 생각했을 것이다(Brown). 게다가 반(反)바빌론 정서를 지닌 암몬 왕과 동조하는 것으로 보아 이스마엘은 시드기야에게 바빌론에 항복해서는 안 된다고 주장했을 것이다. 그런 이스마엘에게 친바빌론 정서를 지닌 그다랴나 예레미야 같은 사람이 좋게 여겨질 리 없다.

요하난과 들에 있던 군대 장관들이 염려했지만, 그다랴가 믿지 않았던 일이 현실로 드러났다. 이스마엘이 그다랴를 암살한 것이다. 저자는 이 일이 7월(유대인 달력)에 일어난 것으로 기록한다(1절). 그런데 몇 년 7월을 뜻하는 것일까? 많은 주석가들이 예루살렘이 파괴되었던 주전 586년 7월로 간주한다(Volz; Rudolph; Holladay; Fretheim; Nicholson; Carroll). 그렇다면 그다랴의 죽음은 예루살렘이 함락된 지 불과 3개월 만에 있었던 일이 된다.

문제는 40장이 기록하고 있는 내용이 3개월 안에 일어났던 일들을 회고한다고 보기에는 시간이 다소 촉박하게 느껴질 수도 있다는 것이다. 그러므로 이듬해 7월에 있었던 일이라는 해석이 있다(Huey). 또한 이 일이 주전 581년에 있었던 일로 해석하는 것도 나름 설득력을 지녔다(Thompson). 52:30에서 바빌론으로 끌려간 세 번째 포로 무리를 언급하고 있는데, 이 일은 느부갓네살이 그다랴의 암살에 대한 보복으로 행한 일이라는 것이다. 다소 촉박한 것 같기는 하지만, 예루살렘이 함락된 주전 586년 가을의 일로 생각된다. 그다랴의 죽음은 이스라엘의 남은 자들에게 굉장히 큰 충격을 주었다. 이때부터 유대인들은 이 일을 기념해 7월(티스리월) 3일을 금식하는 날로 지켰다(슥 7:5; 8:19).

이스마엘이 행한 일은 정치적으로도 못된 짓이었지만, 고대 근동의 풍습에서도 어긋나는 일이었다. 근동의 풍습에 의하면 손님을 친절하게 맞이하는 주인은 결코 해할 수 없다. 게다가 이들이 함께 음식을 먹고 있었다는 것은(2절) 우호적인 관계를 맺었음을 의미한다(McCarthy). 그런데 이스마엘은 그를 환대하며 맞이했던 그다랴를 죽임으로써 이런 미풍양속을 해치고 선을 악으로 갚았다. 이스마엘의 무자비한 성품을 암시하는 대목이다. 뿐만 아니라 이스마엘과 그의 군사들은 미스바에 거하며 그다랴를 돕던 유대인들과 그곳에 주둔하던 바벨론 군을 모두 죽였다. 바벨론 사람들에게 유다는 바벨론의 권위에 복종할 생각이 없으며 언제든지 반역을 꾀할 수 있다는 이미지를 심어주기 위해서였다(Brown).

4. 이스마엘의 만행(41:4-10)

4 그가 그다랴를 죽인 지 이틀이 되었어도 이를 아는 사람이 없었더라 5 그
때에 사람 팔십 명이 자기들의 수염을 깎고 옷을 찢고 몸에 상처를 내고 손
에 소제물과 유향을 가지고 세겜과 실로와 사마리아로부터 와서 여호와의
성전으로 나아가려 한지라 6 느다냐의 아들 이스마엘이 그들을 영접하러 미
스바에서 나와 울면서 가다가 그들을 만나 아히감의 아들 그다랴에게로 가
자 하더라 7 그들이 성읍 중앙에 이를 때에 느다냐의 아들 이스마엘이 자기
와 함께 있던 사람들과 더불어 그들을 죽여 구덩이 가운데에 던지니라 8 그
중의 열 사람은 이스마엘에게 이르기를 우리가 밀과 보리와 기름과 꿀을 밭
에 감추었으니 우리를 죽이지 말라 하니 그가 그치고 그들을 그의 형제와
마찬가지로 죽이지 아니하였더라 9 이스마엘이 그다랴에게 속한 사람들을
죽이고 그 시체를 던진 구덩이는 아사 왕이 이스라엘의 바아사 왕을 두려워
하여 팠던 것이라 느다냐의 아들 이스마엘이 그가 쳐죽인 사람들의 시체를

거기에 채우고 [10] 미스바에 남아 있는 왕의 딸들과 모든 백성 곧 사령관 느부사라단이 아히감의 아들 그다랴에게 위임하였던 바 미스바에 남아 있는 모든 백성을 이스마엘이 사로잡되 곧 느다냐의 아들 이스마엘이 그들을 사로잡고 암몬 자손에게로 가려고 떠나니라

이스마엘이 그다랴와 미스바에 거하던 사람들을 모두 죽인 지 이틀이 지난 후 80명이 무리를 이루어 여호와의 집이 있는 예루살렘을 향해 순례를 가는 도중 미스바 지역을 지나고 있었다(5절). 이 사람들은 세겜과 실로와 사마리아에서 출발해 예루살렘을 향해 가고 있었는데, 이 세 도시 모두 북 왕국 이스라엘에 속한 도시들이었다. 이때까지 망해버린 옛 북 왕국 사람들 중에 종교적인 이유로 예루살렘을 찾는 사람들이 있었음을 암시한다. 이 순례자들이 일곱째 달에 예루살렘을 방문하고 있다는 사실은 시사하는 바가 있다(cf. 1절). 일곱째 달 1일은 나팔절(cf. 레 23:24; 민 29:1)이며, 10일은 속죄일이다(cf. 레 23:27; 민 29:7). 또한 이 달 15일은 장막절이 시작되는 날이다(cf. 레 23:6, 34; 민 29:12). 세 절기 모두 이스라엘에게는 중요한 날일 뿐만 아니라, 좋은 날이자 축하하는 날이다. 그러나 그들은 슬픔을 표현하기 위해 예루살렘을 향해 가고 있다. 성전이 사라지고, 예루살렘 성이 폐허가 되었으니 당연한 일이다. 그래서 그들이 가지고 가는 예물도 짐승이 아니라, 곡물 제물인 소제물(מִנְחָה)과 유향(לְבֹנָה)뿐이다(5절).

이스마엘은 어떤 이유도 없이 이 사람들을 죽이기로 마음먹었다. 이유라면 아마도 그다랴에게 호의적인 감정을 가진 사람들은 모두 죽이고 싶은 것이 이유였을 것이다(Fretheim). 그다랴 한 사람을 살해한 죄가 80명을 죽이는 죄로 커졌다. 한 가지 죄를 짓고 나면, 그것보다 더 큰 죄를 짓게 하는 것이 죄의 습성이다(Calvin; cf. Holladay). 한 청교도 설교자(Thomas Manton)가 남긴 말이 의미가 있다. “처음에는 죄를 짓고, 그 다음에는 그 죄를 변호하고, 나중에는 그 죄를 자랑하는 것이 죄의 본질이다." 죄를 자랑하게 되면, 더 많은 죄를 짓는 것은 당연한 일이다(cf. Brown). 그러므로 죄는 처음부터 짓지 않는 것이 가장 현명한 대처 방법이다.

이 순례자들은 슬픔과 괴로움으로 순례 길에 올랐으며 성전에 가서 하나님께 제물을 드리기를 원했다. 그래서 그들은 "수염을 깎고 옷을 찢고 몸에 상처를 내는" 등 초췌한 모습으로 소제물과 유향을 가지고 세겜과 실로와 사마리아에서 오고 있었다. 예배자가 스스로 몸에 상처를 내는 것은 바알 종교와 담무스(Tammuz) 종교 등 죽음과 연관된 종교들의 풍습이다(cf. 엑스포지멘터리 열왕기상 18:28 주해). 성경은 사람이 자해하는 것을 율법으로 금한다(레 19:28; 21:5; 신 14:1). 이 순례자들이 별 생각 없이 이런 일을 하고 있다는 것은 당시 이스라엘 종교가 이방 종교의 풍습들로 상당히 오염되어 있음을 암시한다.

이스마엘은 울면서 그들에게 다가가 미스바에 있는 그다랴를 만나고 갈 것을 권면했다. 그는 왜 우는 척했을까? 그들의 동정심을 유발해 쉽게 미스바로 끌어들이기 위해서였을까(Bright), 아니면 칠십인역이 해석한 것처럼 이스마엘이 아닌 순례자들이 울고 있다는 것이 더 정확한 표현인가? 마소라 사본의 의도는 이스마엘이 사람들을 속이기 위해서 운 것으로 이해한다.

이때까지 이스마엘이 저지른 미스바의 만행은 외부에 전혀 알려지지 않은 상태였다. 그러므로 순례자들은 아무런 의심을 하지 않고 성안으로 들어왔다. 이스마엘은 이들도 모두 죽이려 했다. 거의 모든 사람들을 죽여서 물 저장 탱크에 처넣었는데 그들 중 열 명이 살려주면 들에 숨겨둔 곡식을 모두 주겠다고 제의했다. 당연히 이스마엘은 그들을 죽이지 않았다. 곡식이 숨겨진 곳을 알고 난 후에 죽여도 늦지 않는다는 생각이었을 것이다.

이스마엘이 시체로 가득 채운 물 저장 탱크는 유다의 아사 왕이 이스라엘 왕 바아사를 두려워하여 팠던 것이라고 기록한다(9절). 아마도

300여 년 전에 아사가 바아사와 전쟁을 하면서 물을 확보하기 위해 파 놓았을 것이다(cf. 왕상 15:22; 대하 16:6). 한때는 유다 사람들에게 생수를 공급하던 물탱크가 이제는 사람들, 그것도 억울하게 죽은 사람들의 시체로 가득 채워졌다. 이 사실은 이스마엘의 잔인성을 가장 적나라하게 묘사하고 있다.

이 일이 있은 후 이스마엘은 사람들을 인질로 잡아 암몬을 향해 떠났다. 요하난의 경고가 사실로 드러난 것이다. 이스마엘은 자신이 더 이상 이 땅에 거할 수 없다는 사실을 알고 있다. 바빌론 사람들이 들이닥치면 그는 죽은 목숨이 될 것이다. 그래서 많은 사람들을 인질로 잡아 그의 후원자인 암몬 왕에게 도망가기로 했다. 바빌론 군이 이스라엘 사람들을 포로로 잡아가더니, 이제는 이스라엘 사람이 동족을 잡아 다른 나라로 끌고 간다!

이 인질들 중에 왕의 딸들이 있다(10절). 이스마엘이 그다랴를 죽인 또 하나의 이유가 밝혀지고 있다(Brown). 그는 왕족이자 다윗의 후손인 자신이 당연히 이 공주들을 보호해야 한다고 생각했는데, 바빌론 사람들은 그다랴에게 그 일을 맡긴 것이다. 이스마엘은 이 일로 분개했다.

이스마엘은 암몬 왕과 결탁해 그다랴를 죽였다. 그렇다면 암몬 왕은 왜 그다랴를 죽였을까? 아마도 급속도로 안정을 되찾으며 회복되어가는 이스라엘에 위협을 느꼈을 것이다. 만일 이스라엘이 자치권을 어느 정도 회복하면 암몬의 입지가 국제적인 무대에서 위축될 수밖에 없다. 또한 바빌론을 좋아하지 않는 그는 이런 식으로라도 느부갓네살을 견제하고 싶어 했다. 그러므로 암몬의 가나안 지역 입지를 위해서라도 그다랴를 암살함으로써 온 나라를 혼돈에 빠뜨릴 뿐만 아니라, 파견되어 있던 바빌론 군을 죽임으로써 유다가 다시 쑥대밭이 되도록 일을 꾸민 것이다.

X. 예루살렘 함락 이후의 일(40:1–45:5)
B. 불안한 정세와 그다랴 암살(40:7–41:18)

5. 인질 구조(41:11–18)

[11] 가레아의 아들 요하난과 그와 함께 있는 모든 군 지휘관이 느다냐의 아들
이스마엘이 행한 모든 악을 듣고 [12] 모든 사람을 데리고 느다냐의 아들 이스
마엘과 싸우러 가다가 기브온 큰 물가에서 그를 만나매 [13] 이스마엘과 함께
있던 모든 백성이 가레아의 아들 요하난과 그와 함께 있던 모든 군 지휘관
을 보고 기뻐한지라 [14] 이에 미스바에서 이스마엘이 사로잡은 그 모든 백성
이 돌이켜 가레아의 아들 요하난에게로 돌아가니 [15] 느다냐의 아들 이스마엘
이 여덟 사람과 함께 요하난을 피하여 암몬 자손에게로 가니라 [16] 가레아의
아들 요하난과 그와 함께 있던 모든 군 지휘관이 느다냐의 아들 이스마엘이
아히감의 아들 그다랴를 죽이고 미스바에서 잡아간 모든 남은 백성 곧 군사
와 여자와 유아와 내시를 기브온에서 빼앗아 가지고 돌아와서 [17] 애굽으로
가려고 떠나 베들레헴 근처에 있는 게롯김함에 머물렀으니 [18] 이는 느다냐의
아들 이스마엘이 바벨론의 왕이 그 땅을 위임한 아히감의 아들 그다랴를 죽
였으므로 그들이 갈대아 사람을 두려워함이었더라

그다랴에게 이스마엘에 대한 정보를 제공했던 요하난과 군대 장관들은 이스마엘의 만행에 대해 듣게 되었다. 그들은 군대를 이끌고 급히 그의 뒤를 쫓았다. 그들은 기브온에서 이스마엘의 행렬을 만났다. 인질로 끌려가던 사람들이 모두 안도의 숨을 쉬며 순식간에 요하난에게 몰려왔다. 이스마엘은 요하난 쪽으로 몰리는 사람들의 앞을 막을 만한 능력이 없었을 뿐만 아니라 요하난과의 싸움에서 패배했다. 그다랴를 저격할 때 그는 최소한 열 명과 함께 일을 꾸몄다(cf. 41:2). 그런데 그는 여덟 명과 함께 암몬으로 향했다. 최소한 두 명이 죽은 것이다.

요하난이 인질을 되찾았다고 해서 모든 일이 끝난 것은 아니었다.

요하난은 그다랴와 바빌론 주둔군의 죽음이 어떤 결과를 가져올 것인가를 그 누구보다도 잘 알고 있었다. 그는 바빌론 군의 보복이 두려워 사람들을 이끌고 이집트로 가기로 결정을 내렸다. 어떻게 해서 그들이 임명한 총독과 군인들이 죽었는지에 대해 관심이 없는 바빌론 사람들이 자기 군인들의 죽음만을 빌미 삼아 유다에 보복할 것은 기정사실이기 때문이다. 즉 암몬 왕은 이스마엘의 행위를 통해 그가 추구하던 대로 바빌론 군을 이용해 유다의 위상을 약화시킬 수 있었다.

요하난이 이집트로 내려가기로 결정한 이유는 아마도 이집트가 바빌론의 반대 방향에 있었고, 유다를 도울 의향을 가지고 있었기 때문일 것이다(cf. 37:5). 그러나 하나님은 이미 오래전에 이스라엘에게 다시는 이집트로 돌아가지 말라고 하셨고(신 28:68), 그들과 동맹을 맺어도 안 된다고 하셨다(cf. 신 17:16; 사 30:1-2; 31:1). 이집트로 피신하는 것은 하나님의 뜻이 아니다. 그러나 요하난은 이집트 망명을 감행한다. 결국 이 사건의 중심에 서 있는 사람 둘 다 자기 나라를 떠난다. 이 사람들에게서 믿음을 찾아볼 수 없다(Brown).

요하난 일행이 이집트로 내려가기 전에 베들레헴 근처에 있는 게롯김함에 머물렀다(17절). 게롯(גֵּרוּת)은 여인숙 등 객이 머물 수 있는 숙소를 뜻한다(HALOT). 그러므로 '게롯김함'(גֵּרוּת כִּמְוהָם)을 문자적으로 풀이하면 '김함 여관'이라는 뜻이다. 그렇다면 김함은 누구인가? 오래전에 다윗이 압살롬을 피해 요단 강을 건너 피신했을 때, 그를 도운 사람들 중에 이방인 바르실래라는 사람이 있었다(cf. 삼하 19장). 압살롬의 반역을 제압한 후 다윗은 예루살렘으로 돌아가면서 바르실래에게 함께 가자고 제안했다. 바르실래는 왕과 함께하기에는 자신이 너무 늙었다며 아들 김함을 데려가 선처해 달라고 부탁했다(삼하 19:37). 아마도 다윗은 예루살렘에 돌아온 후에 김함에게 땅을 하사하고, 김함이나 그의 후손들 중 누군가 이곳에 여관을 지었을 것이다. 이후 그곳은 게롯김함으로 불리게 되었다(cf. Huey; Lundbom).

X. 예루살렘 함락 이후의 일(40:1-45:5)

C. 듣기를 거부하는 백성(42:1-43:7)

총독 그다랴가 암살당했을 때 예레미야와 바룩이 어디에 있었는지는 미스터리로 남아 있다(Dearman). 책에서 마지막으로 접한 예레미야는 바빌론의 군대 장관 느부사라단에 의해 미스바에 있는 그다랴에게 인계되었다(40:1-6). 그런데 정작 미스바에서 학살이 일어났을 때 예레미야와 바룩은 그 자리에 없었기 때문에 죽음을 면할 수 있었다. 아마도 두 사람은 그다랴에게 인계된 다음에 잠시 미스바에 머물다가 다른 곳으로 옮겨간 것으로 생각된다.

그다랴가 암살당한 사건의 여파가 예레미야에게도 미쳤다. 요하난과 백성은 처음에는 "우리에게 갈 길을 알려달라"며 선지자를 찾았지만, 결국 예레미야를 인질 아닌 인질로 삼아 강제로 이집트로 끌고 간 것이다. 예레미야는 다시 조국으로 돌아오지 못하고 이집트에서 생을 마감하게 된다. 본문은 다음과 같이 구분된다.

A. 생존자들이 하나님의 뜻을 구함(42:1-6)
B. 여호와의 권면(42:7-18)
C. 선지자 예레미야의 분노(42:19-22)
D. 예레미야가 이집트로 끌려감(43:1-7)

X. 예루살렘 함락 이후의 일(40:1-45:5)
C. 듣기를 거부하는 백성(42:1-43:7)

1. 생존자들이 하나님의 뜻을 구함(42:1-6)

[1] 이에 모든 군대의 지휘관과 가레아의 아들 요하난과 호사야의 아들 여사냐 와 백성의 낮은 자로부터 높은 자까지 다 나아와 [2] 선지자 예레미야에게 이

르되 당신은 우리의 탄원을 듣고 이 남아 있는 모든 자를 위하여 당신의 하나님 여호와께 기도해주소서 당신이 보는 바와 같이 우리는 많은 사람 중에서 남은 적은 무리이니 [3] 당신의 하나님 여호와께서 우리가 마땅히 갈 길과 할 일을 보이시기를 원하나이다 [4] 선지자 예레미야가 그들에게 이르되 내가 너희 말을 들었은즉 너희 말대로 너희 하나님 여호와께 기도하고 무릇 여호와께서 너희에게 응답하시는 것을 숨김이 없이 너희에게 말하리라 [5] 그들이 예레미야에게 이르되 우리가 당신의 하나님 여호와께서 당신을 보내사 우리에게 이르시는 모든 말씀대로 행하리이다 여호와께서는 우리 가운데에 진실하고 성실한 증인이 되시옵소서 [6] 우리가 당신을 우리 하나님 여호와께 보냄은 그의 목소리가 우리에게 좋든지 좋지 않든지를 막론하고 순종하려 함이라 우리가 우리 하나님 여호와의 목소리를 순종하면 우리에게 복이 있으리이다 하니라

미래에 대한 두려움과 불안으로 가득 찬 요하난과 백성이 선지자를 찾았다(1-2절). 정확하지는 않지만, 요하난 일행이 이집트로 내려가는 길에 게롯김함(lit., 김함 여관)에 머물렀다는 것이 마지막으로 제공된 정보였으니(41:17), 예레미야도 이곳에서 그들을 만났을 것이다. 아마도 선지자는 바빌론 사람들에게서 풀려난 이후 미스바에 잠시 머물다가 이곳에 정착한 것으로 생각된다(Brown). 그들은 어디로 가서 어떻게 살아야 할 것인지를 여호와께 물어 달라는 부탁을 했다(3절). 41:17이 언급한 것처럼 그들은 이집트로 내려갈 것을 이미 결정한 상황이다. 그러므로 이미 마음을 정한 그들은 하나님이 선지자를 통해 어떤 말씀을 주실 것인가에 대해 별 관심이 없다. 단순히 이집트로 가는 길에 예레미야에게 들려서 자신들의 계획을 확인해 보고자 했을 뿐이다. 설령 하나님이 가지 말라고 하셔도 이집트로 안 갈 사람들은 아니다.

그럼에도 불구하고 겉으로 그들은 예레미야에게 '우리 남은 자들'을 위해 기도해 달라고 간구했다(2절). 하나님이 예레미야를 통해 갈 바를 모르는 사람들에게 길을 보여주실 것을 바랐던 것처럼 분위기를 조성한 것이다. 그들의 속내를 모르는 예레미야는 그들을 위해 하나님께 간구하고 하나님이 주시는 말씀을 있는 그대로 전하겠다고 약속했다(4절). 그러자 백성은 하나님이 어떤 명령이나 요구를 하시더라도 그대로 순종하겠노라고 맹세했다(5절). 좋은 말씀이나, 궂은 말씀이나 그대로 받아들이겠다는 것이다(Miller).

한 가지 아이러니한 것은 이 백성은 지난 40여 년 동안 예레미야의 메시지에 귀를 기울이려 하지 않았다. 그런데 이제 와서는 모두 그의 메시지에 순종하겠다는 것이다. 즉 지난날 그들에게 선포되었던 예레미야의 메시지가 모두 여호와께로부터 온 것과 진실이었음을 시인하고 있다. 그러나 40년 동안 선지자를 통한 하나님의 말씀을 받아들이기를 거부한 사람들이 하루아침에 변하겠는가? 게다가 말은 이렇게 해도 그들은 이미 마음속으로 이집트로 가기로 결정했다. 어쩌면 그들의 모습은 오늘 우리의 모습과 이렇게도 비슷한가!

X. 예루살렘 함락 이후의 일(40:1-45:5)
C. 듣기를 거부하는 백성(42:1-43:7)

2. 여호와의 권면(42:7-18)

7 십일 후에 여호와의 말씀이 예레미야에게 임하니 8 그가 가레아의 아들 요
하난과 그와 함께 있는 모든 군 지휘관과 백성의 낮은 자로부터 높은 자까
지 다 부르고 9 그들에게 이르되 너희가 나를 보내어 너희의 간구를 이스라
엘의 하나님 여호와께 드리게 하지 아니하였느냐 그가 이렇게 이르니라 10
너희가 이 땅에 눌러앉아 산다면 내가 너희를 세우고 헐지 아니하며 너희를
심고 뽑지 아니하리니 이는 내가 너희에게 내린 재난에 대하여 뜻을 돌이킴
이라 11 여호와의 말씀이니라 너희는 너희가 두려워하는 바벨론의 왕을 겁
내지 말라 내가 너희와 함께 있어 너희를 구원하며 그의 손에서 너희를 건

지리니 두려워하지 말라 [12] 내가 너희를 불쌍히 여기리니 그도 너희를 불쌍히 여겨 너희를 너희 본향으로 돌려보내리라 하셨느니라 [13] 그러나 만일 너희가 너희 하나님 여호와의 말씀을 복종하지 아니하고 말하기를 우리는 이 땅에 살지 아니하리라 하며 [14] 또 너희가 말하기를 아니라 우리는 전쟁도 보이지 아니하며 나팔 소리도 들리지 아니하며 양식의 궁핍도 당하지 아니하는 애굽 땅으로 들어가 살리라 하면 잘못되리라 [15] 너희 유다의 남은 자여 이제 여호와의 말씀을 들으라 만군의 여호와 이스라엘의 하나님께서 이와 같이 말씀하시되 너희가 만일 애굽에 들어가서 거기에 살기로 고집하면 [16] 너희가 두려워하는 칼이 애굽 땅으로 따라가서 너희에게 미칠 것이요 너희가 두려워하는 기근이 애굽으로 급히 따라가서 너희에게 임하리니 너희가 거기에서 죽을 것이라 [17] 무릇 애굽으로 들어가서 거기에 머물러 살기로 고집하는 모든 사람은 이와 같이 되리니 곧 칼과 기근과 전염병에 죽을 것인즉 내가 그들에게 내리는 재난을 벗어나서 남을 자 없으리라 [18] 만군의 여호와 이스라엘의 하나님께서 이와 같이 말씀하시되 나의 노여움과 분을 예루살렘 주민에게 부은 것같이 너희가 애굽에 이를 때에 나의 분을 너희에게 부으리니 너희가 가증함과 놀램과 저주와 치욕거리가 될 것이라 너희가 다시는 이 땅을 보지 못하리라 하시도다

백성이 다녀간 지 10일 후에 하나님의 말씀이 선지자에게 임했다(7절). 성경에서 숫자 '10'은 시험과 연단의 숫자다(Brown). 라반은 야곱의 품삯을 6년 동안 열 차례나 바꿨다(창 31:41). 하나님은 이집트 사람들에게 열 개의 재앙을 내리셨다. 모세가 파견한 정탐꾼 열두 명 중 열 명은 가나안 정복에 대해 부정적으로 보고했다. 신약에서도 열 처녀는 등불을 들고 신랑이 오기를 기다렸다(마 25장). 그러므로 예레미야가 선포하려는 하나님의 말씀은 그들에게 시험이 될 것을 암시한다.

또한 10일이라는 긴 시간이 지난 다음에야 비로소 예레미야가 하나님의 말씀을 들었다는 것은 선지자 사역에 대한 한 면모를 보여 주고

있다. 선지자들이 곧바로 하나님과 교통해 주님의 뜻을 백성에게 알려 줄 때가 있는가 하면, 때로는 예레미야처럼 여러 날을 기도하면서 기다려야 하나님의 뜻을 분별하게 될 경우도 있다는 것이다. 예레미야는 이미 한 번 이런 경험을 한 적이 있다. 거짓 선지자 하나냐와 갈등을 빚을 때도 하나냐가 하도 확신에 차 거짓 예언을 하는 바람에 순간적으로 혼란을 겪은 예레미야는 집에 가서 기도한 후에야 비로소 하나냐가 거짓을 말하고 있다는 사실을 하나님께로부터 확인했다(cf. 28:12). 참 선지자 나단과 다니엘도 한동안 기도한 후에야 비로소 하나님의 말씀을 받았다. 반면에 우리 주변에는 왜 그렇게 '직통 계시'를 주장하는 사람들이 많은가? 대부분 예언을 빙자한 점쟁이질을 하고 있다!

선지자를 통해 임한 하나님의 말씀은 그들이 이미 결정해둔 바와 전혀 달랐다. 그들은 이집트로 도망가는 것을 최선의 선택으로 생각하고 있다. 반면에 하나님은 그들에게 가나안 땅에 머물라고 명령하셨다. 만일 그들이 하나님의 말씀대로 유다 땅에 거한다면 "내가 너희를 세우고(בָנִיתִי) 헐지 아니하며(לֹא אֶהֱרֹס) 너희를 심고(נָטַעְתִּי) 뽑지 아니하리라(אֶתּוֹשׁ)"고 약속하신다(10절). 이 개념과 단어들은 예레미야의 선지 소명(1:10)과 직접 연관이 있는 것들이다. 만일 그들이 하나님의 말씀에 순종하기만 하면, 하나님은 이 생존자들을 통해 새롭게 자기 백성을 이룩해 나갈 것을 약속하신다. 왜 이런 자비를 약속하시는가? 하나님은 자신이 예루살렘에 내린 재난에 대해 뜻을 돌이켰기 때문이라고 말씀하신다(10절). 하나님의 감정이 엿보인다. 예루살렘을 벌한 것에 대해 매우 안타까워하며 미안해하신다(Brown; Fretheim). 그래서 그들에게 이런 축복을 약속하시는 것이다.

만일 그들이 하나님의 말씀대로 이 땅에 남아 있게 된다면 바빌론의 진노를 어떻게 극복할 것인가? 이집트로 가려는 이유가 바로 바빌론의 진노를 피하기 위해서가 아닌가! 하나님은 분명히 말씀하신다. "내가 바빌론 왕이 너희에게 긍휼을 베풀도록 하겠다"(11–12절). 사실 바빌론 왕이 분노하고 징계해야 할 사람은 암몬 왕이며 이스마엘은 그의 외교적 농간에 놀아났다. 그런데 이스라엘 사람들은 지레 겁을 먹고 이집트로 도망하려 하는 것이다. 이미 바빌론 사람들을 사용해 자기 백성을 친 전능하신 하나님께 바빌론 사람들에게 이들의 억울함을 헤아리게 하시는 것이 뭐 그리 어려운 일이겠는가! 오직 믿고 따르라는 것이다.

이와 같은 약속에도 불구하고 만일 이들이 이집트로 가기를 고집한다면 어떤 일이 일어날 것인가? 하나님은 이들의 행위를 불순종으로 간주해 혹독한 재앙을 내릴 거라고 경고하신다. 비록 그들이 기근, 전쟁, 질병을 피해 이집트로 가고자 하지만, 그들이 두려워하는 모든 것들을 이집트에서 체험하게 될 것이다(15-16절). 뿐만 아니라 대를 이을 자손들도 끊길 것이라는 경고를 덧붙이신다. 하나님의 말씀을 거역하면 세상 어디에 가더라도 안전하지 못하다. 선지자는 본문에서 다음과 같은 조건 문장을 구성함으로써 이 점을 확실하게 하고 있다(Brueggemann; cf Fretheim).

긍정적	만일	이 땅에 머문다면
	결과	긍휼, 생명, 평안
부정적	만일	떠난다면
	결과	들어라
부정적	만일	이집트로 간다면
	결과	죽음!

하나님은 왜 이들이 이집트로 가는 것을 극구 반대하시는가? 세 가지 이유가 생각난다.

첫째, 그들은 짧게는 지난 40여 년 동안 하나님을 신뢰하고 따르기를 거부해 왔다. 예레미야를 통해 선포된 하나님의 메시지를 무시해 온 것이다. 길게는 이 민족은 아모스 선지자 시대 때부터 이때까지 하나님의 말씀에 등을 돌렸다. 이런 그들이 드디어 "좋든지 나쁘든지 하나님의 말씀대로 살겠다"는 고백을 했다. 그러므로 하나님은 그들의 고백의 진실성을 테스트하고자 하신다. 이미 그들이 이집트로 가기를 결정한 상황에서 이렇게 요구하시는 것은 그들의 고백이 입으로만 떠드는 순종인지, 아니면 마음과 삶이 함께하는 순종인지를 시험하시고자 해서다. '경청하다/순종하다'(שׁמע)가 중심 이슈가 되고 있다.

둘째, 이집트로 내려가는 것은 그다랴와 바빌론 주둔군의 죽음에 대해 이들이 책임을 떠안는 결과를 초래할 것이다. 아무런 잘못을 저지르지 않았다면 뭐가 무서워서 도망하겠는가 라는 논리가 설득력을 행사할 것이기 때문이다. 그렇게 되면 남아 있는 유다 사람들은 다시 한번 바빌론 군의 진노를 살 수밖에 없다. 이것이 바로 암몬 왕과 이스마엘이 그다랴를 죽이고 노렸던 결과다. 그러므로 이 땅에 남은 사람들을 생각해서라도 그들은 결코 이집트로 가서는 안 된다. 그들의 이집트행은 더 이상 개인적인 것이 아니라 온 생존자 공동체의 앞날과 연관되어 있는 일이다.

셋째, 이집트는 이스라엘이 노예 생활을 했던 곳이다. 출애굽 이후로 이스라엘의 신학 전통에서 이집트는 탈출하는 곳이지 피난처로 찾아가는 곳이 아니다. 하나님은 이집트를 떠나 광야로 향하던 이스라엘의 선조들에게 다시는 이집트 쪽을 바라보지도 말라고 하셨다. 그런데 지금 이들은 자발적으로 옛적 선조들이 노예 생활을 했던 곳을 향해 가고자 한다. 그러므로 그들의 행위는 이스라엘의 신학적 정체성에 혼란을 가져올 수밖에 없다.

이처럼 강력한 여호와의 경고에도 불구하고 끝까지 이집트행을 고집하는 사람들에 대해 하나님은 얼마 전에 예루살렘이 멸망할 때 경험한 모든 재앙을 그들에게 내리겠다고 선언하셨다(18절). 예루살렘이 파괴되어 포로로 끌려간 사람들에게 임했던 국제적인 수치가 이집트로 피하는 요하난 일행에게도 임할 것을 경고하신다. 이 사람들은 선택의 기로에 서 있다. 이성과 논리는 이집트로 가라고 한다. 반면에 하나님은 가지 말라고 하신다. 그들은 과연 어느 쪽을 선택할 것인가?

X. 예루살렘 함락 이후의 일(40:1-45:5)
C. 듣기를 거부하는 백성(42:1-43:7)

3. 선지자 예레미야의 분노(42:19-22)

**19 유다의 남은 자들아 여호와께서 너희를 두고 하신 말씀에 너희는 애굽으
로 가지 말라 하셨고 나도 오늘 너희에게 경고한 것을 너희는 분명히 알라
20 너희가 나를 너희 하나님 여호와께 보내며 이르기를 우리를 위하여 우리
하나님 여호와께 기도하고 우리 하나님 여호와께서 말씀하신 대로 우리에
게 전하라 우리가 그대로 행하리라 하여 너희 마음을 속였느니라 21 너희 하
나님 여호와께서 나를 보내사 너희에게 명하신 말씀을 내가 오늘 너희에게
전하였어도 너희가 너희 하나님 여호와의 목소리를 도무지 순종하지 아니하
였은즉 22 너희가 가서 머물려고 하는 곳에서 칼과 기근과 전염병에 죽을 줄
분명히 알지니라**

하나님의 말씀을 전한 예레미야가 개인적인 분노와 감정을 그들에게 드러낸다. 그는 늦게나마 이 백성의 마음을 읽고 있었다. 처음에 그들은 선지자에게 하나님의 뜻을 밝혀 달라고 의뢰할 때 "좋으나 궂으나 하나님의 뜻에 따르겠다"고 약속했지만, 이미 마음속의 계획은 확고했다. 그들은 하나님께 "어떤 케이크를 만들어야 하는가를 묻는 것이 아니라, 이미 만들어 놓은 케이크에 하나님이 생크림만 발라주시기를" 원한 것이다. 결국 그들이 선지자를 통해서 주신 하나님의 말씀을 거부한 것은 스스로 저주가 임하도록 하는 일이다(Dearman; cf. 42:5).

예레미야는 그들에게 이용당했다는 느낌을 떨칠 수 없었다. 그래서 선지자는 그들이 이집트로 내려가면 바빌론의 칼은 피할 수는 있겠지만, 그들을 쫓아갈 하나님의 칼은 결코 피할 수 없을 것이라고 선언한

다. 그들은 잘 살려고 이집트로 내려가지만, 그곳에서 칼과 기근과 전염병에 죽을 것이다(22절). 칼과 기근과 전염병은 하나님이 사람들을 칠 때 주로 사용하시는 무기들이다.

X. 예루살렘 함락 이후의 일(40:1-45:5)
C. 듣기를 거부하는 백성(42:1-43:7)

4. 예레미야가 이집트로 끌려감(43:1-7)

1 예레미야가 모든 백성에게 그들의 하나님 여호와의 말씀 곧 그들의 하나님
여호와께서 자기를 보내사 그들에게 이르신 이 모든 말씀을 말하기를 마치
니 2 호사야의 아들 아사랴와 가레아의 아들 요하난과 모든 오만한 자가 예
레미야에게 말하기를 네가 거짓을 말하는도다 우리 하나님 여호와께서 너희
는 애굽에서 살려고 그리로 가지 말라고 너를 보내어 말하게 하지 아니하셨
느니라 3 이는 네리야의 아들 바룩이 너를 부추겨서 우리를 대적하여 갈대아
사람의 손에 넘겨 죽이며 바벨론으로 붙잡아가게 하려 함이라 4 이에 가레아
의 아들 요하난과 모든 군 지휘관과 모든 백성이 유다 땅에 살라 하시는 여
호와의 목소리를 순종하지 아니하고 5 가레아의 아들 요하난과 모든 군 지휘
관이 유다의 남은 자 곧 쫓겨났던 여러 나라 가운데에서 유다 땅에 살려 하
여 돌아온 자 6 곧 남자와 여자와 유아와 왕의 딸들과 사령관 느부사라단이
사반의 손자 아히감의 아들 그다랴에게 맡겨둔 모든 사람과 선지자 예레미
야와 네리야의 아들 바룩을 거느리고 7 애굽 땅에 들어가 다바네스에 이르렀
으니 그들이 여호와의 목소리를 순종하지 아니함이러라

예레미야를 통해 하나님의 복 내지는 이집트로 내려가려는 계획을 인준 받기를 원했던 것이 수포로 돌아가자 요하난 일행은 예레미야의 메시지의 진실성을 정면으로 반박하고 나섰다. 이들은 참 편리하게 신앙생활을 한다! 자기들이 듣고 싶어 하는 말씀은 하나님의 말씀이고,

듣기 싫은 소리는 다 거짓이다! 안타깝게도 우리 주변에 교회 다니는 사람들 중에 이런 사람들이 제법 많다.

그들은 예레미야가 하나님의 진심을 말하고 있지 않으며 바룩의 농간에 놀아나 엉뚱한 소리를 하고 있다고 비난했다. 여기서 우리는 유다 사람들이 바룩을 단순히 예레미야의 메시지를 기록한 기록자가 아니라 선지자에게 상당한 영향력을 행사한 사람으로 간주하고 있음을 알 수 있다. 그들에게는 누가 주연이고, 누가 조연인지를 구분하는 능력이 없다.

예레미야는 하나님의 뜻을 알기 위해 10일을 기도했다. 하나님이 10일 동안 선지자를 기다리게 하신 것에는 요하난 일행이 당장이라도 이집트로 떠나려고 하는 조급한 마음을 버리고 차분하고 냉정하게 이집트로 가는 일의 득과 실을 따져 보도록 하기 위한 의도도 깔려 있는 듯하다(Fretheim). 그러나 그들은 듣자마자 한순간에 하나님의 말씀을 거부한다. 요하난 일행에게 유일한 진리이자 하나님의 말씀은 그들의 결정을 축복하고 지지하는 발언이고, 그렇지 않은 메시지는 모두 거짓이다! 만일 그들이 예레미야가 하나님의 선지자가 아니라고 생각했다면, 애초에 무엇하러 선지자에게 물었을까? 죄인은 근본적으로 듣기 원하는 메시지만 골라 듣고, 듣기 싫어하는 것은 사실이 아니라고 억지를 쓰며 부인하는 성향이 있다는 사실을 일깨워 준다. 이집트로 가는 것은 더 이상 그 누구도 막을 수 없는 집념이 되어 있다. 선지자도, 심지어는 하나님도 그들의 길을 막을 수 없다. 죄를 짓기로 작정한 사람의 눈에는 아무것도 보이지 않는다. 오직 죄를 짓는 일에만 전념할 뿐이다.

온 땅에 거하고 있던 사람들—땅의 소산을 즐기며 살고 있던 사람들—뿐만 아니라 예레미야와 바룩도 강제로 끌고 갔다(6절). 저자는 이 행위가 하나님을 거역하는 행위였음을 두 차례나 강조하고 있다(4, 7절). "여호와의 목소리를 순종하지 아니함이러라." 이 말씀은 요하난 일행이 강제로 이집트로 끌어간 사람들에 대한 정보(5-6절)를 감싸고 있다.

그들이 이 사람들을 끌고 이집트로 간 것은 분명 하나님의 말씀에 순종하지 않은 행위라는 사실을 강조하기 위해서다(Miller).

요하난 일행은 여호와를 신뢰하고 그분의 능력에 자신들의 미래를 맡기는 믿음 테스트에 실패했다. 그들이 이집트로 내려간 것은 하나님을 대적하는 행위로 간주되었다. 더욱이 안타까운 것은 요하난 일행은 주의 백성이 암몬으로 끌려가는 것을 막기 위해 이스마엘을 치고 그들을 해방시켰다(41:16). 그런데 이제 요하난이 주의 백성을 이집트로 끌고 간다! 그것도 강제로 연행하다시피 해서 말이다. 결국 이스마엘이나 요하난이나 별 차이가 없는 악한 사람들이었음이 드러나고 있다.

X. 예루살렘 함락 이후의 일(40:1–45:5)

D. 이집트에서 선포된 메시지(43:8–45:5)

얼마만큼의 시간이 흘렀을까? 요하난이 이끄는 행렬이 이집트에 도착했다. 그들이 여정을 푼 곳은 다바네스였다(cf. 7절). 다바네스는 나일 델타의 북동쪽 끝에 위치했던 도시다. 가나안에서 이집트로 가려면 가장 먼저 지나가게 되는 도시 중 하나다(Dearman). 요하난 일행은 이집트 본토로 들어갈 수 있도록 허락을 받기 위해 한동안 이곳에 머문 것으로 보인다. 예레미야(아마도 바룩도 함께 이집트로 끌려온 것으로 생각됨)는 자신의 의지와 상관없이 이곳에 왔다. 선지자는 이스라엘 백성이 이곳에 온 것은 하나님의 뜻에 어긋나는 일이라는 사실을 잘 알고 있다. 그러니 심기가 편할 리 없다. 그는 다바네스에 거하는 이스라엘 백성에게 심판과 징계의 메시지를 선포한다. 본문은 다음과 같이 구분될 수 있다.

A. 상징적인 행동 예언(43:8–13)

B. 우상숭배 비난(44:1–14)
C. 완악한 백성(44:15–19)
D. 백성의 완고함 비난(44:20–28)
E. 하나님의 표징(44:29–30)
F. 바룩의 좌절(45:1–5)

X. 예루살렘 함락 이후의 일(40:1–45:5)
D. 이집트에서 선포된 메시지(43:8–45:5)

1. 상징적인 행동 예언(43:8–13)

8 다바네스에서 여호와의 말씀이 예레미야에게 임하여 이르시되 9 너는 유다
사람의 눈앞에서 네 손으로 큰 돌 여러 개를 가져다가 다바네스에 있는 바
로의 궁전 대문의 벽돌로 쌓은 축대에 진흙으로 감추라 10 그리고 너는 그들
에게 말하기를 만군의 여호와 이스라엘의 하나님께서 이와 같이 말씀하시되
보라 내가 내 종 바벨론의 느부갓네살 왕을 불러오리니 그가 그의 왕좌를
내가 감추게 한 이 돌들 위에 놓고 또 그 화려한 큰 장막을 그 위에 치리라
11 그가 와서 애굽 땅을 치고 죽일 자는 죽이고 사로잡을 자는 사로잡고 칼로
칠 자는 칼로 칠 것이라 12 내가 애굽 신들의 신당들을 불지르리라 느부갓네
살이 그들을 불사르며 그들을 사로잡을 것이요 목자가 그의 몸에 옷을 두름
같이 애굽 땅을 자기 몸에 두르고 평안히 그곳을 떠날 것이며 13 그가 또 애
굽 땅 벧세메스의 석상들을 깨뜨리고 애굽 신들의 신당들을 불사르리라 하
셨다 할지니라 하시니라

예레미야가 다바네스에 거하는 동안 하나님의 말씀이 선지자에게 임했다. 먼저는 행동 지침이 있었고 그다음 이 행위가 시사하는 바를 설명해 주셨다. 하나님은 예레미야에게 큰 돌들을 몇 개 취해 바로가 다바네스에 오면 거하는 궁궐 입구 앞으로 가라 명하셨다. 그곳에 도착

하면 유대인들이 지켜보는 가운데 바로의 궁궐 앞에 벽돌이 깔리고 다져진 길 한곳을 파서 벽돌을 드러내고 그곳에 돌을 묻으라 하셨다. 그러고는 다시 벽돌을 깔면 처음 상태로 돌아가는 것이다.

이 행동은 무엇을 의미하는 것일까? 예레미야가 묻은 돌 위에 느부갓네살의 보좌가 세워질 것이라는 메시지가 곧바로 선포되었다. 유대인들은 지금 느부갓네살의 진노를 피하고자 이집트까지 왔지만, 이집트는 결코 안전 지역이 될 수 없다. 하나님이 바빌론을 들어 이집트까지 치실 것이기 때문이다. 요하난 일행은 재앙, 기근, 전쟁을 피해 이곳까지 왔지만, 이곳에서도 결코 이것들을 피하지는 못할 것이다(11절).

뿐만 아니라, 온 이집트가 바빌론 군에게 약탈당하고 파괴될 것이다. 이집트가 자랑하던 거대한 성전들도 느부갓네살의 손에 안전하지 못할 것이다(12-13절). 느부갓네살은 이집트를 폐허 더미로 만든 다음 아무런 후환을 두려워하지 않고 유유히 사라질 것이다(12절). 그는 떠나기 전 이집트의 우상과 기념비와 신전을 태울 것이다(13절). 그를 대항할 사람이 아무도 없을 것이라는 의미다. 어떻게 보면 이스라엘 사람들이 하나님의 명령을 거역하고 이집트로 피신해 왔기 때문에 이제는 이집트까지 화를 면하지 못하는 상황에 빠진 것이다.

고대 근동 기록에 의하면 주전 568-567년에 느부갓네살은 이집트를 쳤다. 이때 이집트의 바로는 3년의 갈등 끝에 호브라를 몰아낸 아흐모시스(Ahmosis II)였다. 느부갓네살은 이 전쟁을 통해 이집트를 상대로 상당한 성공을 거두었다(Dearman). 그러나 아흐모시스는 그 이후로도 바로로 군림했다. 바빌론이 이집트를 온전히 정복하지는 못한 것으로 보인다. 훗날 아흐모시스는 친바빌론 정책을 펴 두 나라는 평화를 유지했다. 그러므로 주전 568-567년에 있었던 바빌론의 이집트 공격은 "우리의 제국적 주권에 시비를 걸지 말라"는 경고 성향을 띤 것으로 생각된다. 이후 주전 525년에 바빌론의 뒤를 이어 근동의 군주가 된 페르시아의 캄비세스(Cambyses)가 이집트를 쳐 엄청난 파괴와 재앙을 안

겨 주었다. 예레미야가 본문에 예언한 내용 대부분이 페르시아 왕을
통해 성취되었다(Brown).

X. 예루살렘 함락 이후의 일(40:1-45:5)
D. 이집트에서 선포된 메시지(43:8-45:5)

2. 우상숭배 비난(44:1-14)

1 애굽 땅에 사는 모든 유다 사람 곧 믹돌과 다바네스와 놉과 바드로스 지방
에 사는 자에 대하여 말씀이 예레미야에게 임하니라 이르시되 2 만군의 여호
와 이스라엘의 하나님께서 이와 같이 말씀하시니라 너희가 예루살렘과 유다
모든 성읍에 내린 나의 모든 재난을 보았느니라 보라 오늘 그것들이 황무지
가 되었고 사는 사람이 없나니 3 이는 그들이 자기나 너희나 너희 조상들이
알지 못하는 다른 신들에게 나아가 분향하여 섬겨서 나의 노여움을 일으킨
악행으로 말미암음이라 4 내가 나의 모든 종 선지자들을 너희에게 보내되 끊
임없이 보내어 이르기를 너희는 내가 미워하는 이 가증한 일을 행하지 말라
하였으나 5 그들이 듣지 아니하며 귀를 기울이지 아니하고 다른 신들에게 여
전히 분향하여 그들의 악에서 돌이키지 아니하였으므로 6 나의 분과 나의 노
여움을 쏟아서 유다 성읍들과 예루살렘 거리를 불살랐더니 그것들이 오늘
과 같이 폐허와 황무지가 되었느니라 7 만군의 하나님 이스라엘의 하나님 여
호와께서 이와 같이 말씀하셨느니라 너희가 어찌하여 큰 악을 행하여 자기
영혼을 해하며 유다 가운데에서 너희의 남자와 여자와 아이와 젖 먹는 자를
멸절하여 남은 자가 없게 하려느냐 8 어찌하여 너희가 너희 손이 만든 것으
로 나의 노여움을 일으켜 너희가 가서 머물러 사는 애굽 땅에서 다른 신들
에게 분향함으로 끊어버림을 당하여 세계 여러 나라 가운데에서 저주와 수
치거리가 되고자 하느냐 9 너희가 유다 땅과 예루살렘 거리에서 행한 너희
조상들의 악행과 유다 왕들의 악행과 왕비들의 악행과 너희의 악행과 너희
아내들의 악행을 잊었느냐 10 그들이 오늘까지 겸손하지 아니하며 두려워하

지도 아니하고 내가 너희와 너희 조상들 앞에 세운 나의 율법과 나의 법규
를 지켜 행하지 아니하느니라 11 그러므로 만군의 여호와 이스라엘의 하나님
께서 이와 같이 말씀하시니라 보라 내가 얼굴을 너희에게로 향하여 환난을
내리고 온 유다를 끊어버릴 것이며 12 내가 또 애굽 땅에 머물러 살기로 고
집하고 그리로 들어간 유다의 남은 자들을 처단하리니 그들이 다 멸망하여
애굽 땅에서 엎드러질 것이라 그들이 칼과 기근에 망하되 낮은 자로부터 높
은 자까지 칼과 기근에 죽어서 저주와 놀램과 조롱과 수치의 대상이 되리라
13 내가 예루살렘을 벌한 것같이 애굽 땅에 사는 자들을 칼과 기근과 전염병
으로 벌하리니 14 애굽 땅에 들어가서 거기에 머물러 살려는 유다의 남은 자
중에 피하거나 살아 남아 소원대로 돌아와서 살고자 하여 유다 땅에 돌아올
자가 없을 것이라 도망치는 자들 외에는 돌아올 자가 없으리라 하셨느니라

예레미야가 이집트에 거하는 동안 그에게 임한 하나님의 말씀이다. 또한 책에 보존된 선지자의 마지막 신탁이기도 하다. 말씀의 대상은 유다 땅에 거하는 이스라엘 사람들이 아니라, 오랜 세월이 지나 이집트로 이주해 사는 유대인들이다. 여호와께서는 그들과 그들의 조상이 가나안에서 우상을 섬겨 하나님을 괴롭게 하더니 이집트에서도 계속 우상을 섬기는 것에 대해 분노하신다. 내용 면에서 44장은 신명기적 사상이 중심이 되고 있다는 것이 학자들의 공통적인 생각이다.

먼저 선지자는 이스라엘의 반역의 역사를 회고한다(1-6절). 예레미야는 최근 이스라엘을 파탄에 이르게 한 모든 재앙이 그들의 하나님 여호와께서 직접 자기 백성에게 내리신 것임을 확인한다. 하나님이 그들을 치셨기에 말릴 자도 없었고, 결국 유다의 모든 성읍들이 폐허가 되어 나뒹굴고 있다. 하나님이 자기 백성에게 이처럼 무지막지한 재앙을 내리신 가장 근본적인 동기는 그들이 여호와께 등을 돌리고 우상을 섬겼기 때문이다. 여호와께서는 그들을 돌이키려고 계속 선지자들을 보내어 달래보고 경고도 해 보았지만 허사였다. 마음이 강퍅해진 사람들이기에 돌이키기는커녕 들으려 하지도 않았다. 그러므로 하나님은 결국 모세를 통해 약속하셨던 것처럼 그들에게 재앙을 내릴 수밖에 없으셨다.

한 가지 이스라엘에서 반복되는 것은 그들은 조상들의 죄와 벌에서 어떤 교훈도 배운 적이 없다는 사실이다. 그래서 그들은 반역을 끊임없이 되풀이하고 있다(7-14절). 집안에서 새는 바가지가 밖에서도 샌다는 말이 있다. 가나안 땅에 거하면서 우상을 섬겨 하나님의 분을 샀던 사람들이 타국으로 이민 갔다고 달라지겠는가! 이집트에 거하는 이스라엘의 후예들은 그들의 조상이 하던 대로 우상을 섬기고 있다. 모세와 여러 선지자들이 그렇게 강력하게 경고했건만 우상숭배에 대한 거리낌이나 죄책감은 전혀 찾아볼 수 없다. 하나님과 그의 말씀에 대한 경외와 존경도 없다.

그러므로 하나님은 왜 죽음과 고통을 자청하냐고 이들에게 강력히 경고하신다(7절). 만일 돌이키지 않으면 모세를 통해 선포하신 언약의 저주(viz., 전쟁, 기근, 질병 등)가 모두 이들에게 임하게 하실 것이다. 또한 이들은 우상을 숭배하는 한 결코 가나안 땅으로 돌아갈 수 없다. 이민 간 사람이 나이가 들면 타국에서의 삶에 한계를 느끼고 어릴 적 추억을 더듬으며 고향에 대한 향수에 젖는다. 너무나도 자연스러운 일이다. 이집트에 거하던 이스라엘 사람들 중에서도 분명히 가나안 땅으로 돌아가기를 원하는 사람들이 있을 것이다. 그러나 하나님은 그들이 우상을 버리지 않는 한 결코 귀향을 허락하지 않으실 것이다. 자신의 잘못에서 돌이키고 하나님을 향하는 아주 적은 수의 사람들만이 돌아갈 수 있을 것이다(14절).

3. 완악한 백성(44:15-19)

15 그리하여 자기 아내들이 다른 신들에게 분향하는 줄을 아는 모든 남자와
곁에 섰던 모든 여인 곧 애굽 땅 바드로스에 사는 모든 백성의 큰 무리가 예
레미야에게 대답하여 이르되 16 네가 여호와의 이름으로 우리에게 하는 말을
우리가 듣지 아니하고 17 우리 입에서 낸 모든 말을 반드시 실행하여 우리가
본래 하던 것 곧 우리와 우리 선조와 우리 왕들과 우리 고관들이 유다 성읍
들과 예루살렘 거리에서 하던 대로 하늘의 여왕에게 분향하고 그 앞에 전제
를 드리리라 그때에는 우리가 먹을 것이 풍부하며 복을 받고 재난을 당하지
아니하였더니 18 우리가 하늘의 여왕에게 분향하고 그 앞에 전제드리던 것
을 폐한 후부터는 모든 것이 궁핍하고 칼과 기근에 멸망을 당하였느니라 하
며 19 여인들은 이르되 우리가 하늘의 여왕에게 분향하고 그 앞에 전제를 드
릴 때에 어찌 우리 남편의 허락이 없이 그의 형상과 같은 과자를 만들어놓
고 전제를 드렸느냐 하는지라

예레미야를 통해 하나님의 메시지를 들은 사람들은 근신하고 회개하기는커녕 오히려 선지자에게 대들었다. 선지자가 아무리 여호와의 이름으로 외쳐도 결코 듣지 않을 것이며, 그동안 해오던 우상숭배와 온갖 가증스러운 일을 앞으로도 계속하겠다는 것이다. 그들의 논리는 이러했다. 그들과 조상들의 삶에 어려움과 재앙이 임하기 시작한 때는 그들이 '하늘의 여왕'(cf. 7:18)[17]에게 바치던 제물을 멈췄던 때였다.

이 '사실'을 의식한 순간부터 그들은 다시 하늘의 여왕에게 제물을 바치기 시작했으며, 그 이후부터 상대적으로 평안함을 누리며 산다는

17 아시리아-바빌론의 여신 이슈타르[Ishtar]로서 가나안에서는 아슈타르테로 알려지기도 했다. 사랑과 다산의 신으로 숭배되었다(cf. Lundbom; Dearman).

것이다. 그러므로 그들이 이제 와서 왜 다시 하늘의 여왕에게 바치던 제물을 멈추겠냐는 논리를 제시한다. 여호와를 섬기다가 재앙을 경험했으니, 다시는 여호와를 섬기지 않을 것이라는 의미다. 미신적인 사고가 악순환을 형성하며 우상숭배자들이 우상의 굴레를 벗어나지 못하게 한다. 이집트로 피신 온 이스라엘 사람들에게 종교는 건강과 평안을 추구하는 도구일 뿐 그 종교가 추구하는 신(들)의 뜻에 따라 사는 것과는 무관하다(Dearman). 그들에게 종교는 신의 뜻에 따라 사는 삶이 아니라, 액땜이나 하는 부적에 불과했다. 이스라엘을 떠나기 전에 예레미야에게 하나님의 뜻을 구해달하고 부탁했던 그들이 정작 떠나지 말라는 하나님의 뜻을 전해 들었을 때 예레미야를 거짓으로 몰아붙였던 것도 이해가 간다. 그들의 마음속에는 하늘의 여왕이 있을 뿐 하나님은 없었고, 신(들)은 복만 내려주는 존재이지 말을 하며 순종을 요구해서는 안 된다. 신에 대한 사고방식이 참으로 편리하지 않은가!

X. 예루살렘 함락 이후의 일(40:1-45:5)
D. 이집트에서 선포된 메시지(43:8-45:5)

4. 백성의 완고함 비난(44:20-28)

[20] 예레미야가 남녀 모든 무리 곧 이 말로 대답하는 모든 백성에게 일러 이
르되 [21] 너희가 너희 선조와 너희 왕들과 고관들과 유다 땅 백성이 유다 성
읍들과 예루살렘 거리에서 분향한 일을 여호와께서 기억하셨고 그의 마음에
떠오른 것이 아닌가 [22] 여호와께서 너희 악행과 가증한 행위를 더 참을 수
없으셨으므로 너희 땅이 오늘과 같이 황폐하며 놀램과 저줏거리가 되어 주
민이 없게 되었나니 [23] 너희가 분향하여 여호와께 범죄하였으며 여호와의 목
소리를 순종하지 아니하고 여호와의 율법과 법규와 여러 증거대로 행하지
아니하였으므로 이 재난이 오늘과 같이 너희에게 일어났느니라 [24] 예레미야
가 다시 모든 백성과 모든 여인에게 말하되 애굽 땅에서 사는 모든 유다 사

람이여 여호와의 말씀을 들으라 [25] 만군의 여호와 이스라엘의 하나님께서 이
와 같이 말씀하시되 너희와 너희 아내들이 입으로 말하고 손으로 이루려 하
여 이르기를 우리가 서원한 대로 반드시 이행하여 하늘의 여왕에게 분향하
고 전제를 드리리라 하였은즉 너희 서원을 성취하며 너희 서원을 이행하라
하시느니라 [26] 그러므로 애굽 땅에서 사는 모든 유다 사람이여 여호와의 말
씀을 들으라 여호와께서 말씀하시되 보라 내가 나의 큰 이름으로 맹세하였
은즉 애굽 온 땅에 사는 유다 사람들의 입에서 다시는 내 이름을 부르며 주
여호와의 살아 계심을 두고 맹세하노라 하는 자가 없으리라 [27] 보라 내가 깨
어 있어 그들에게 재난을 내리고 복을 내리지 아니하리니 애굽 땅에 있는
유다 모든 사람이 칼과 기근에 망하여 멸절되리라 [28] 그런즉 칼을 피한 소
수의 사람이 애굽 땅에서 나와 유다 땅으로 돌아오리니 애굽 땅에 들어가서
거기에 머물러 사는 유다의 모든 남은 자가 내 말과 그들의 말 가운데서 누
구의 말이 진리인지 알리라

백성은 하늘의 여왕에게 제물을 드리지 않은 때부터 문제가 생겨서 다시 그 신을 섬기고 있다고 변명했다. 자신의 운명을 하늘의 여왕을 숭배하는 것에 연관시킨 것이다. 예레미야도 그들의 운명을 신을 섬기는 것에 연관시키고 있다. 그들이 여호와 하나님을 섬기지 않는 것 때문에 망하게 될 것이라고 경고한다.

선지자는 다시 한 번 유다의 멸망이 진노하신 하나님이 하신 일이었음을 확인한다(20-23절). 과거에 일어났던 일을 우연이라 생각하지 말고 하나님의 섭리 속에서 일어난 일임을 교훈 삼아 배우라는 것이다. 이들이 아무리 이스라엘의 멸망이 다른 이유에서 비롯된 것이라 주장할지라도 사실을 바꿀 수는 없다. 진실을 바꿀 수 없다면, 진실을 받아들이는 것이 바람직한 것이 아닐까? 그러나 이집트에 거하는 이스라엘 사람들은 결코 이 진실을 받아들이려 하지 않았다.

그다음 선지자는 이들의 완고함을 비난한다(24-25절). 그들은 이집

트에 거하면서 그들이 맹세한 대로 살아왔다는 것이다. 그들은 여호와께 등을 돌리고 하늘의 여왕을 섬길 것을 다짐했다. 지난날 그들은 유감없이 맹세한 대로 살았다. 하나님과 맺은 언약대로 살아가는 일에는 완전히 실패했던 사람들이 우상을 섬기는 일에는 불굴의 투지로 성공한 것이다. 이 비난에는 선지자의 비아냥이 담겨 있다. "너희들은 죄를 짓는 것에 있어서는 둘째가라면 서러울 자들이다!"

회개를 거부하고 끝까지 죄의 길을 가겠다고 작정한 자들에게 어떤 말을 해줄 수 있을까? 어떻게 돌이키게 할 수 있을까? 불가능한 일이다. 결국 예레미야 선지자는 유일하게 할 수 있는 말을 한다. "너희들 마음에 내키는 대로 살아라!"(25d절). 이제는 설득하기에 지친 하나님마저도 그들을 체념하신 것이다.

그러나 그들은 자신들의 행위가 어떤 결과를 초래할 것인가에 대해 알아야 한다(26-28절). 하나님은 자신의 이름이 다시는 그들의 대화와 삶에서 거론되기를 원치 않으시며, 누구든지 하나님의 이름으로 맹세하면 그 책임을 묻겠다고 말씀하신다. 뿐만 아니라 조그마한 기회만 생겨도 이들을 징벌하실 것이다. 희미하게나마 유지되어 왔던 하나님—백성 관계를 완전히 끊으시겠다는 것이다. 현실적으로 회개를 거부하는 사람들에게 하나님이 더 이상 해주실 수 있는 일은 없지 않은가! 서로 남남이 되어 돌아서면 하나님은 마음이라도 편하실 것 아닌가! 세월이 지나 그들이 의지하고 따르는 하늘의 여왕도 그들을 보호할 수 없다는 사실을 깨달을 때, 그때 그들은 진정 누구의 말이 옳았는가를 알게 될 것이다. 그러나 그때는 너무 늦다.

X. 예루살렘 함락 이후의 일(40:1–45:5)
D. 이집트에서 선포된 메시지(43:8–45:5)

5. 하나님의 표징(44:29–30)

29 여호와의 말씀이니라 내가 이곳에서 너희를 벌할 표징이 이것이라 내가
너희에게 재난을 내리리라 한 말이 반드시 이루어질 것을 그것으로 알게 하
리라 30 보라 내가 유다의 시드기야 왕을 그의 원수 곧 그의 생명을 찾는 바
벨론의 느부갓네살 왕의 손에 넘긴 것같이 애굽의 바로 호브라 왕을 그의
원수들 곧 그의 생명을 찾는 자들의 손에 넘겨주리라 여호와께서 이와 같이
말씀하셨느니라

사람들은 언제, 어떤 일이 일어나면 지금까지 예레미야가 선포한 하나님의 말씀이 모두 사실이라는 것을 인정할 것인가? 선지자는 앞으로 이집트의 바로 호브라에게 일어날 일이 증표가 될 것이라고 경고한다(30절). 이집트에 거하는 이스라엘 사람들은 호브라가 매우 건재하다고 생각하지만, 그들은 머지않아 호브라가 원수의 손에 죽임을 당하는 것을 보게 될 것이다. 마치 시드기야가 바빌론의 느부갓네살의 손에 당한 것처럼 호브라가 원수의 손에 당하는 것을 보면 지금까지 선지자를 통해서 선포된 하나님의 말씀이 진실임을 깨달아야 할 것이다.

호브라는 주전 589–570년에 이집트를 통치했던 왕이다. 그는 시드기야에게 군사적인 원조를 약속함으로써 유다의 반역을 부추겼다. 주전 570년에 군사들 중 일부가 반역을 일으켰으며 아흐모시스가 그를 저격하고 이집트를 통치하게 되었다(Brown). 아흐모시스는 주전 526년까지 이집트를 다스렸다.

이 예언을 선포한 이후 예레미야의 행방은 알려지지 않았다. 어떤 사람들은 그가 몇 년 후에 유다로 다시 돌아갔다고 생각한다. 다른 사람들은 그가 느부갓네살의 초청을 받아들여 바빌론에 가서 살았다고 말한다. 한 전승은 그가 다바네스에서 백성에게 돌에 맞아 죽은 뒤 장사되었다가 훗날 알렉산더 대왕이 그의 뼈를 알렉산드리아로 가져왔다고 한다. 모두 추측에 불과할 뿐 진실은 역사의 모래 아래 묻혀버렸다.

X. 예루살렘 함락 이후의 일(40:1-45:5) D. 이집트에서 선포된 메시지(43:8-45:5)

6. 바룩의 좌절(45:1-5)

1 유다의 요시야 왕의 아들 여호야김 넷째 해에 네리야의 아들 바룩이 예레
미야가 불러주는 대로 이 모든 말을 책에 기록하니라 그때에 선지자 예레미
야가 그에게 말하여 이르되 2 바룩아 이스라엘의 하나님 여호와께서 네게 이
같이 말씀하셨느니라 3 네가 일찍이 말하기를 화로다 여호와께서 나의 고통
에 슬픔을 더하셨으니 나는 나의 탄식으로 피곤하여 평안을 찾지 못하도다 4
너는 그에게 이르라 여호와께서 이와 같이 말씀하시기를 보라 나는 내가 세
운 것을 헐기도 하며 내가 심은 것을 뽑기도 하나니 온 땅에 그리하겠거늘 5
네가 너를 위하여 큰 일을 찾느냐 그것을 찾지 말라 보라 내가 모든 육체에
재난을 내리리라 그러나 네가 가는 모든 곳에서는 내가 너에게 네 생명을
노략물 주듯 하리라 여호와의 말씀이니라

이 말씀이 주어진 때는 여호야김 즉위 4년이라 기록하고 있다(1절). 이때가 주전 605년이다. 그렇다면 이 말씀은 44장의 사건이 있기 20여 년 전에 있었던 일을 기록하고 있다. 또한 36장의 사건과 같은 시기와 상황을 배경으로 하고 있다. 심지어는 45:1과 36:1은 같은 문장으로 시작한다. 그리고 두 곳 모두 바룩과 연관되어 있다. 그렇다면 왜 45장이 36장과 함께 있지 않고 이곳에 있는 것일까? 대부분의 학자들은 36장과 45장이 한 쌍을 이루어 예레미야서 전체에서 이 섹션을 구분하고 있는 것으로 본다. 그래서 시작과 끝을 표시하기 위해 이곳에 배치한 것이라고 간주한다. 학자들은 이 섹션(36-45장)을 일명 '바룩 문서'(Baruch Document) 혹은 '바룩 이야기'(Baruch Narrative)라고 부르기도 한다.

여기에 한 가지 더 기본적인 이유를 더할 수 있다. 바룩은 그동안 예레미야를 섬기며 열심히 살아온 사람이다. 죽을 고비도 넘기며 고생도 많이 했다. 그가 많은 수고를 했는데도 그에게 위로 한마디 없이 책이 끝난다면, 아쉬운 감이 들 수밖에 없다. 바룩을 위로하는 것은 하나님은 분명 자기 백성을 챙기고 복을 주시는 분임을 선포하기 위해서다(Dearman).

예레미야의 말씀을 받아 기록하던 바룩이 "주님께서 나의 고통에 슬픔을 더하셨으니, 나는 이제 꼼짝없이 죽게 되었구나. 나는 탄식으로 기진하였고, 마음 평안할 일이 없다"(3절; 새번역)라고 좌절했다. 혹독한 심판의 메시지를 글로 옮긴다는 것이 너무 부담스러웠거나 육체적인 피로와 고통을 느꼈는지도 모른다. 연일 계속되는 사람들의 핍박과 따가운 시선이 그를 좌절하게 했을 수도 있다. 또한 그가 하나님을 위하여 '원대한 꿈'을 꾸고 있었는데 그 꿈이 현실에 부딪혀 산산조각이 되는 아픔을 토로하고 있는 가능성도 배제할 수 없다. 특히 5절에 기록된 하나님의 책망의 의미를 헤아려보면 이러한 해석이 충분히 가능하다. 한 가지 확실한 것은 바룩이 '사역'에 지쳐 있다는 사실이다.

하나님이 먼저 이스라엘의 운명에 대해 선포하신다. "내가 세운 것을 헐기도 하고, 내가 심은 것을 뽑기도 한다"(4절; 새번역). 우리말 번역본들은 하나의 원리를 선언하는 문장으로 해석한다. 그러나 영어 성경들은 미래형으로 해석해 하나님이 미래에 하실 일을 표현하는 문장으로 이해한다. "내가 세운 것을 헐 것이요, 내가 심은 것을 뽑을 것이다. 내가 온 세상을 이렇게 다스릴 것이다"(NIV; NAS; NRS; JPS). 우리말 번역본들보다는 영어 성경들의 해석이 본문의 의도를 명확하게 보여 주고 있다. 머지않아 하나님이 세운 것을 헐고 심은 것을 뽑으실 날이 임할 텐데 바룩의 개인적인 야심이 무슨 소용이 있냐는 것이다.

그러므로 비전이 이루어질 가능성이 희박하다고 탄식하지 말고, 하나님의 은혜로 그날에 살아 있는 것 자체만으로도 감사하라는 것이다. 바룩은 꿈을 접어야 하는 아픔을 체험하고 있다. 성경에는 꿈을 접어야 했던 아픔을 경험한 사람이 여럿 있다. 그중 가장 유명한 사람은 아마도 에스겔 선지자였을 것이다. 평생 제사장만을 꿈으로 삼아오던 그가 한순간에 제사장이 할 수 있는 일이 전혀 없는 바빌론으로 끌려갔기 때문이다. 그러나 훗날 에스겔에게 새로운 소명을 주셨던 것처럼, 하나님은 분명 새로운 길을 열어주실 것이다.

XI. 열방에 대한 심판 선언
(46:1-51:64)

이제부터 우리는 더 이상 예레미야의 개인적인 동향을 대하지 못하게 된다. 다만 그가 여러 나라들을 향해 외쳤던 심판의 메시지만 남아 있을 뿐이다. 이 메시지들은 예레미야가 오랜 시간을 거쳐 다양한 시점에 선포한 것들을 모은 것으로 생각된다. 편집자는 신탁이 선포된 시대적인 순서보다는 테마의 전개와 주제의 공통점을 중요하게 여기고 이곳에 모았다(cf. Lundbom; McKane; Holladay). 예레미야는 크게 아홉 개의 '열방에 대한 심판 선언'(Oracles Against the Nations = OAN)을 남겼다.[18] 이 나라들 중 여덟 나라는 바빌론에 의해 망하는 나라들이고(46-51장), 마지막 나라인 아홉 번째 나라는 바빌론이다(50-51장).[19] 분량을 계산해 보면 바빌론에 대한 신탁이 아홉 나라 중 가장 길다. 당연하다. 이스라엘의 멸망과 회복에 직접적으로 연관된 나라가 바빌론이기 때문이다

18 일부 주석가들은 열방에 대한 이 예언들이 심판뿐만 아니라 회복도 노래하기 때문에 '열방에 대한 심판 선언'(Oracles Against the Nations = OAN)이라는 이름은 잘못 지어진 것이라고 말한다(Fretheim). 그러나 전통적으로 이 유형의 신탁은 이렇게 불려왔고, 이 신탁들이 열방 회복을 포함하고 있는 것이 사실이지만, 양이 그다지 많지 않기 때문에 이 명칭을 그대로 사용하고자 한다.

19 칠십인역은 이 OAN을 25:13에 두고 있다(cf. 25:13 주해). 이곳에 기록된 OAN과 25장의 관계에 대해서는 파크-테일러(Parke-Taylor)와 케슬러(Kessler)를 참조하라.

(Fretheim).

이 섹션에 기록된 OAN이 모두 예레미야의 작품이라는 사실에 모든 학자들이 동의하지는 않는다(cf. Christensen). 모든 OAN이 예레미야의 작품이라고 생각하는 사람도 있고(Feinberg), 일부만 그의 작품이라고 주장하는 학자도 있다(Bardtke; Cornill; Leslie; Rudolph; Bright; Hyatt; Holladay). 그리고 그 어느 것도 예레미야의 작품이 아니라고 주장하는 학자들도 있다(Schwally; Duhm; Volz; Skinner). 이 OAN이 예레미야의 작품이 아니라고 주장하는 가장 큰 이유는 그가 바빌론에게 항복하는 것만이 유다의 살길이라고 선포해 온 상황에서 바빌론의 멸망을 예언하는 것이 이치에 맞지 않다는 것이다.

구약을 살펴보면 주요 선지자들 중 호세아만이 열방에 대한 심판 선언을 남기지 않았고 그 외 선지자들은 모두 OAN을 남겼다. 그만큼 이 장르는 매우 흔하다. 이사야(13-23장), 예레미야(45-51장), 에스겔(25-32장)의 OAN만 합해도 25장의 분량이 된다. 대부분의 신약 책보다 방대한 양이다. 또한 하나님이 열방을 이스라엘을 치는 도구로 사용한 후 그 도구를 징계하시는 이중성은 이미 이사야서 등 다른 선지자서들에서도 발견된다(cf. 사 8장). 예레미야서에서만 발견되는 특이한 현상이 아니라는 것이다. 그러므로 하나님이 신탁에 등장하는 처음 여덟 나라(46-49장)를 심판하는 도구로 바빌론을 사용한 후 그 '심판/진노'의 막대기인 바빌론(50-51장)을 분질러버리시는 것은 예레미야의 본문의 저작권 논쟁에 별로 상관이 없는 이슈다.

이스라엘 선지자들이 열방에 대한 메시지를 선포하는 것은 무엇을 의미하는가? 열방이 이들의 메시지를 듣고 회개해 돌이키기를 기대한 것일까? 선지자들이 열방의 회심을 기대했을 가능성은 희박하다. 바빌론, 아시리아, 이집트 등 고대 근동을 쥐고 흔들었던 강대국들이 무엇이 아쉬워서 보잘것없는 작은 나라 이스라엘에서 여호와의 선지자가 그들의 나라에 대해 선포한 메시지를 구해다 읽고 회개하고 근신했겠는가? 그들에게는 이스라엘도, 여호와도 안중에 없었다. 그러므로 OAN이 열방 청중을 대상으로 선포된 메시지는 아니다.

그렇다면 OAN의 중요성을 다른 곳에서 찾아보아야 한다. 열방이 이 말씀의 중심이자 대상이지만, 실제적으로 이 말씀을 들었던 사람들은 누구인가? 즉 명시된 독자/청중과 암시된 독자/청중을 구분해보자는 것이다. 명시된 독자/청중은 거론되고 있는 나라들에 사는 이방인들이다. 그러나 그들이 이 메시지를 들을 기회가 없다. 반면에 암시된 독자/청중은 누구인가? 바로 이스라엘 사람들이다. 즉 OAN은 열방을 주제로 삼고 있지만, 실제적으로는 이스라엘 백성에게 선포된 메시지였다는 것이다.

그렇다면 선지자들이 이스라엘 사람들에게 열방에 대한 메시지를, 특히 그들이 여호와의 심판을 받아 망하게 될 것이라는 말씀을 선포함으로써 성취하고자 했던 목적은 무엇인가? 몇 가지를 생각할 수 있다(cf. Miller; Fretheim).

첫째, 선지자들은 여호와가 지극히 제한된 이스라엘의 수호신이 아니라, 온 세상과 우주를 창조하신 창조주라는 사실을 가르치고자 했다. 세상의 창조주 여호와께서는 모든 민족과 나라를 심판하실 권리를 가지셨다(cf. 암 1:3-2:3). 이스라엘의 세계관을 넓혀가고 있는 것이다. 그러므로 이스라엘이 열방의 손에 망해가는 것은 결코 그들의 수호신이신 여호와께서 열방의 신들에게 무릎을 꿇어서 일어나는 일이 아니라, 온 우주를 다스리시는 분의 치밀한 계획과 섭리에 의해 진행되는 일임을 강조하고자 한다(cf. Keown et al.). 이스라엘은 망해도 여호와는 망하지 않는다는 것이다. OAN은 세상의 모든 일들이 창조주이자 통치자이신 여호와의 통제와 지휘를 받고 있음을 강조한다.

둘째, 만일 이스라엘이 온 우주의 창조주이신 여호와의 결정으로 열방에 보내졌다면, 그들이 가나안 땅으로 다시 돌아올 수 있는 방법은 무엇인가? 그들을 보내신 여호와께 다시 본국으로 돌아가게 해달라고 간구하는 것밖에는 없다. 여호와 하나님이 열방의 신들에게 무릎을 꿇어서 자신들이 열방에 끌려왔다는 패배감에 젖어 있던 이스라엘 사람들에게는 믿음을 요구하는 도전적인 가르침이다.

셋째, 이스라엘은 망해도 여호와는 건재하시다는 사실은 이스라엘 사람들에게 소망을 제시하고 있다. 하나님은 자기 백성을 영원히 심판하시는 분이 아니기 때문에 심판의 시간이 지나면 반드시 회복을 기대할 수 있기 때문이다. 물론 이스라엘 사람들이 근신하고 열심히 은혜를 구해야 한다. 그러나 회복이 가능하다는 사실은 포로로 끌려가던 사람들에게 좌절하지 않도록 소망을 제시했다. 그들이 죄 때문에 끌려가고 있지만, 후대에라도 다시 돌아올 수 있는 가능성은 남아 있다. 만일 여호와께서 우주를 통치하는 분이 아니셨더라면 이스라엘은 이러한 가능성도 포기해야 한다.

넷째, 열방이 망한다는 것은 이스라엘의 회복의 서곡(序曲)이다. 이스라엘을 핍박하고 미워하는 자들이 누군가? 그들을 잡아간 열방이다. 이스라엘의 회복을 반대할 자들이 누군가? 그들을 억압하고 있는 열방이다. 그러므로 열방이 망하지 않는 한 이스라엘의 회복은 쉽지 않다. 그러므로 OAN은 열방에 대한 심판 메시지를 선포함으로써 이스라엘의 회복이 머지않았음을 암시하고 있다.

다섯째, OAN은 창조주 하나님은 모든 사람들에게 정의와 공평을 요구하신다는 사실을 강조한다. 이스라엘처럼 율법을 소유한 자들에게는 율법을 기준으로, 열방처럼 율법이 없는 자들에게는 양심의 기준으로 의(義)를 요구하신다. 그러므로 이스라엘은 율법으로, 열방은 기본적인 도덕성으로 심판을 받아야 한다. 창조주 하나님이 모든 사람에게 세우신 기준이 있기 때문이다.

OAN이 여호와의 절대적인 주권을 강조하며, 온 세상이 하나님의 통치를 받고 있다는 사실은 예레미야가 제시하는 OAN의 순서에서도 강조된다. 선지자는 이집트를 대상으로 한 메시지(46장)로 시작해 바빌론을 주제로 삼은 말씀으로 끝내고 있다(50–51장). 이러한 구조는 어떤 의미를 지니고 있을까?

이집트는 이스라엘이 한 국가로 출범할 때 옆에서 괴롭히던 나라였다. 바빌론은 이스라엘이 한 국가로서의 운명을 마치게 한 나라였다. 그러므로 이집트와 바빌론은 이스라엘 국가의 시작과 끝과 연관된 나라들이다. 다시 말해서 국가로서 이스라엘의 시작과 끝을 상징하는 국가들인 것이다. 그러므로 이러한 구조가 지닌 첫 번째 의미는 여호와께서 세상이 시작되었을 때부터 끝나는 날까지 통치하신다는 것이다.

이집트는 이스라엘에 직접적인 영향을 미쳤던 나라들 중 가장 남쪽에 있던 나라였고 바빌론은 가장 동쪽에 있던 나라였다. 이 두 나라는 이스라엘의 위치에서 '땅끝'을 의미했던 나라였다. 그리고 이 사이에 나열된 블레셋, 모압, 암몬, 에돔, 시리아 등은 남쪽에서 점차적으로 북동쪽으로 이동하면 만나는 나라들이다. 여호와의 통치가 이집트와 바빌론에게 미치는 것처럼 이 나라들 사이에 있는 다른 모든 나라에게도 미친다는 사실을 확인하고 있다.

저자는 이와 같은 구조를 통해 여호와의 통치와 섭리가 온 세상에 가득하다는 사실을 강조하고자 한다. 그러므로 주님만이 이 백성을 회복시킬 수 있다. 또한 이스라엘의 하나님은 이런 분이기에 그의 백성은 어떤 역경에서도 좌절할 필요가 없다. 이 섹션에서는 아주 간략하게 각 텍스트의 중요성만 설명하는 것으로 OAN 주해를 대신한다. 예레미야의 열방에 대한 메시지는 다음과 같이 구분된다.

A. 이집트(46:1–28)
B. 블레셋(47:1–7)
C. 모압(48:1–47)
D. 암몬(49:1–6)
E. 에돔(49:7–22)

F. 다마스쿠스(49:23-27)
G. 아랍 족속들(49:28-33)
H. 엘람(49:34-39)
I. 바빌론(50:1-51:64)

XI. 열방에 대한 심판 선언(46:1-51:64)

A. 이집트(46:1-28)

이집트는 인류 역사상 가장 오래된 나라 중 하나다(Brown). 이스라엘의 선조 아브라함과 야곱도 이집트를 찾은 적이 있다(창 12장; 47-50장). 이집트는 이스라엘이 국가로 출범하는 것을 가장 가까운 곳에서 지켜본 나라이기도 하다. 이집트는 요시야 왕의 생명을 앗아간 나라이며 그의 아들 여호아하스를 인질로 잡아가고 그 자리에 여호야김을 세운 나라다. 유다 정치에 깊숙이 관여한 나라인 것이다. 또한 예레미야의 OAN에 등장하는 나라들 중 가장 남쪽에 위치한 나라다. 선지자의 OAN을 시작하는 본문은 다음과 같이 구분될 수 있다.

A. 이집트 군의 패배(46:1-12)
B. 느부갓네살의 이집트 정복(46:13-24)
C. 이집트의 밝은 미래(46:25-26)
D. 이스라엘을 향한 위로(46:27-28)

XI. 열방에 대한 심판 선언(46:1–51:64)
A. 이집트(46:1–28)

1. 이집트 군의 패배(46:1–12)

1 이방 나라들에 대하여 선지자 예레미야에게 임한 여호와의 말씀이라 2 애
굽에 관한 것이라 곧 유다의 요시야 왕의 아들 여호야김 넷째 해에 유브라
데 강가 갈그미스에서 바벨론의 느부갓네살 왕에게 패한 애굽의 왕 바로느
고의 군대에 대한 말씀이라

3 너희는 작은 방패와 큰 방패를 예비하고 나가서 싸우라
4 너희 기병이여 말에 안장을 지워 타며
투구를 쓰고 나서며 창을 갈며 갑옷을 입으라
5 여호와의 말씀이니라
내가 본즉 그들이 놀라 물러가며
그들의 용사는 패하여 황급히 도망하며
뒤를 돌아보지 아니함은 어찜이냐
두려움이 그들의 사방에 있음이로다
6 발이 빠른 자도 도망하지 못하며 용사도 피하지 못하고
그들이 다 북쪽에서 유브라데 강가에 넘어지며 엎드러지는도다
7 강의 물이 출렁임 같고 나일 강이 불어남 같은 자가 누구냐
8 애굽은 나일 강이 불어남 같고 강물이 출렁임 같도다
그가 이르되 내가 일어나 땅을 덮어 성읍들과 그 주민을 멸할 것이라
9 말들아 달려라 병거들아 정신없이 달려라
용사여 나오라 방패 잡은 구스 사람과 붓 사람과
활을 당기는 루딤 사람이여 나올지니라 하거니와
10 그날은 주 만군의 여호와께서
그의 대적에게 원수 갚는 보복일이라
칼이 배부르게 삼키며 그들의 피를 넘치도록 마시리니

주 만군의 여호와께서 북쪽 유브라데 강가에서
희생 제물을 받으실 것임이로다
11 처녀 딸 애굽이여 길르앗으로 올라가서 유향을 취하라
네가 치료를 많이 받아도 효력이 없어 낫지 못하리라
12 네 수치가 나라들에 들렸고
네 부르짖음은 땅에 가득하였나니
용사가 용사에게 걸려 넘어져 둘이 함께 엎드러졌음이라

"이방 나라들에 대하여 선지자 예레미야에게 임한 여호와의 말씀이라"(1절)는 46-51장 전체에 대한 소개다. 이 말씀은 여호와의 열방 통치와 절대적인 주권을 강조함으로써 그들의 미래가 하나님의 계획대로 진행될 것을 암시한다(cf. 10:1-16; 25:15-26; 27:1-10). 열방의 주인인 여호와는 온 세상을 심판할 자격과 능력을 모두 갖추신 유일한 분이라는 것이다. 또한 예레미야가 이스라엘뿐만 아니라 '열방 만국 위에 세우심'을 입은 사실(1:5, 10)을 회상하게 한다.

이 말씀의 배경이 되고 있는 사건은 주전 605년 유프라테스 강변, 오늘날의 터키와 시리아 사이에 위치했던 갈그미스에서 있었던 이집트와 바빌론의 전쟁이다(2절; cf. Harrison). 바빌론은 이미 아시리아 제국을 몰락의 길에 들어서게 했으며 제국의 잔재를 막다른 골목에 몰아넣고 마지막 철퇴를 가하려는 상황이었다. 바빌론은 그 누구에게도 도전받지 않는 근동의 새 군주로서의 입지를 굳혀 나갈 것이다.

주전 609-595년에 이집트를 지배했던 느고 왕은 아시리아가 사라진 근동에서 새로운 군주가 되고자 했다. 주전 2000년대에 가나안 지역과 시리아 지역에 강력한 주권을 행사했던 이집트가 주전 1000년대에 접어들어서는 별 영향력이 없는 위치로 전락했다. 이집트는 과거의 영화를 다시 누려보고자 하는 야심으로 가득 차 있었다. 결국 이집트 군은 아시리아 제국의 패잔병들과 연합 전선을 형성해 근동의 패권을 놓고 바빌론과 경합을 벌였다. 이것이 바로 본문이 언급하고 있는 갈그미스 전투다. 처음에는 바빌론이 불리해 보였지만 메대가 바빌론에 합세하며 전세는 바빌론—메대 쪽으로 기울어졌다. 결국 이 전쟁에서 이집트는 대패했고 조용히 바빌론의 전성시대를 지켜보아야 했다.

저자는 갈그미스 전투의 중심부로 우리를 인도해 격렬했던 전쟁을 맛보게 한다. 그리고 전쟁의 결과에 대해 신학적 해석을 제시한다. 이집트 군이 아무리 막강한 파괴력을 지니고 날렵하다 해도, 아무리 사기가 충천하고 군기가 하늘을 찌를 것 같아도 바빌론 군을 물리칠 수 없었다(3-9절). 바로 만군의 여호와 이스라엘의 하나님이 바빌론 편에서서 전쟁을 지휘하셨기 때문이다(10절). 바빌론과 싸웠던 이집트는 실제로는 바빌론을 조종하고 있는 여호와와 싸운 것이다. 누가, 어떤 인간 세력이 하나님과 대적하여 이길 수 있겠는가! 그러므로 이집트는 절대 승리할 수 없다. 우리가 하나님의 편에 선다는 것은 이렇게 중요한 것이다. 그런데 하나님은 무엇 때문에 이집트에게 보복하시는가? 일부 주석가들은 느고가 요시야 왕을 죽인 것에 대한 보복이라고 하지만(Radak; Rudolph), 그렇게 해석하기에는 본문이 너무 평이하다. 그동안 이스라엘에게 한 모든 악한 짓에 대한 심판으로 보는 것이 바람직하다(Feinberg).

대패한 이집트의 상처가 얼마나 깊은지 당시 상처에 바르는 치료약으로 유명했던 길르앗에서 유향을 얻어다 발라도 소용이 없을 것이라고 말한다(11절; cf. 8:22 주해). 얼마나 많은 이집트 군인들이 죽었는지, 시체가 땅을 가득 메우고 후퇴하는 사람들을 걸려 넘어지게 했다(12절). 갈그미스 전투에서 이집트는 입은 상처가 무척 깊다는 것을 의미한다. 실제로 이집트가 이 전쟁에서 입은 피해를 회복하는 데 많은 시일이 걸렸다. 하나님을 상대로 싸웠으니 오죽하겠는가!

XI. 열방에 대한 심판 선언(46:1–51:64)
A. 이집트(46:1–28)

2. 느부갓네살의 이집트 정복(46:13–24)

13 바벨론의 느부갓네살 왕이 와서 애굽 땅을 칠 일에 대하여 선지자 예레미
야에게 이르신 여호와의 말씀이라

14 너희는 애굽에 선포하며
믹돌과 놉과 다바네스에 선포하여 말하기를
너희는 굳건히 서서 준비하라
네 사방이 칼에 삼키웠느니라
15 너희 장사들이 쓰러짐은 어찌함이냐
그들이 서지 못함은 여호와께서 그들을 몰아내신 까닭이니라
16 그가 많은 사람을 넘어지게 하시매
사람이 사람 위에 엎드러지며 이르되
일어나라 우리가 포악한 칼을 피하여 우리 민족에게로,
우리 고향으로 돌아가자 하도다
17 그들이 그곳에서 부르짖기를
애굽의 바로 왕이 망하였도다
그가 기회를 놓쳤도다
18 만군의 여호와라 일컫는 왕이 이르시되
나의 삶으로 맹세하노니 그가 과연 산들 중의 다볼같이,
해변의 갈멜같이 오리라
19 애굽에 사는 딸이여
너는 너를 위하여 포로의 짐을 꾸리라
놉이 황무하며 불에 타서 주민이 없을 것임이라
20 애굽은 심히 아름다운 암송아지일지라도
북으로부터 쇠파리 떼가 줄곧 오리라

21 또 그중의 고용꾼은 살진 수송아지 같아서
돌이켜 함께 도망하고 서지 못하였나니
재난의 날이 이르렀고 벌 받는 때가 왔음이라
22 애굽의 소리가 뱀의 소리 같으리니
이는 그들의 군대가 벌목하는 자같이 도끼를 가지고 올 것임이라
23 여호와의 말씀이니라
그들이 황충보다 많아서 셀 수 없으므로
조사할 수 없는 그의 수풀을 찍을 것이라
24 딸 애굽이 수치를 당하여
북쪽 백성의 손에 붙임을 당하리로다

이집트가 갈그미스에서 참패하여 본국으로 돌아가 숨을 죽이고 있었다. 그러나 이집트가 조용히 바빌론의 전성시대를 지켜보기로 했다고 해서 문제가 해결된 것은 아니다. 바빌론 왕 느부갓네살이 머지않아 이집트를 칠 것이기 때문이다.

본문을 누가 언제 기록했느냐에 대해 논란이 많다(cf. Fretheim). 일부 학자들(Bright, Holladay, Thompson, Rudolph)은 예레미야 선지자의 예언이라 생각한다. 이 신탁이 선포된 때는 주전 605년경이다. 그러나 주전 588년으로 보는 학자도 있고(Holladay), 주전 568년경이라고 주장하는 사람들도 있다(Carroll; Brown). 그러나 주전 568년경에는 선지자가 이미 세상을 떠난 후다. 그러므로 주전 568년을 주장하는 학자는 예레미야가 아닌 다른 사람에 의해 저작된 것이라고 말한다. 그는(Carroll) 바빌론이 주전 568년에서야 이집트를 쳤기 때문에 그 이전에 이 말씀이 기록될 수가 없다고 말한다. 그러나 이것은 개인의 전제적인 편견(viz., "사람은 미래에 대하여 예언할 수 없다")에서 내려진 결론이지 증거가 뒷받침되는 것은 아니다.

느부갓네살은 주전 605년에 갈그미스에서 이집트를 대파한 후 그 여

세를 몰아 곧장 이집트로 향했다(Kitchen). 이집트는 바빌론과 근동의 주도권을 놓고 전쟁을 했다가 건국 이래 최대의 위기를 맞았다. 그러나 이때 느부갓네살은 바빌론에 남아 있던 그의 아버지가 죽었다는 소식을 듣고 급히 본국으로 돌아가야 했다. 죽은 아버지의 대를 이어 바빌론의 왕으로 취임하기 위해서였다. 느부갓네살은 왕권을 확고히 한 다음 다시 이집트를 침략했다. 이집트는 치열하게 싸웠으며, 결국 이 전쟁은 무승부로 끝이 났다. 결국 본국으로 발을 돌린 느부갓네살은 가는 길에 블레셋 사람들의 도시 아스글론을 정복했다(cf. 47:7). 이집트와 바빌론은 주전 601년에 다시 전투를 벌였으나 이때도 무승부로 끝났다.

이 신탁은 몰려오는 바빌론 군을 보며 공포에 휩싸인 이집트를 잘 묘사하고 있다. 14-17절은 침략해오는 바빌론 군에 초점을 맞추고 있는 것이 아니라, 바빌론 군을 보고 두려움에 떠는 이집트의 흐트러진 모습에 초점을 맞추고 있는 것이다. 믹돌(cf. 44:1)과 놉(멤피스; cf. 2:16)과 다바네스(cf. 2:16)는 이집트 권세의 중심부였다(Brueggemann). 그러나 이제 이 도시들은 탄식과 두려움으로 가득하다.

하나님은 두려움과 공포로 질린 이 도시들에게 "너희는 굳게 서서 예비하라"고 명령하신다(14절). 그러나 무엇을 위한 준비인가? 오직 패배를 위한 준비일 뿐이다. 마치 옛날 출애굽 때에 하나님이 이집트의 온 땅을 흔들어놓으셨던 모습이 재현되는 듯하다. 다만 이번에는 바빌론 군이 그분의 도구가 된다. 이집트는 절대 바빌론을 이길 수 없다. 하나님이 그들 편에서 싸우시기 때문이다.

XI. 열방에 대한 심판 선언(46:1–51:64)
A. 이집트(46:1–28)

3. 이집트의 밝은 미래(46:25–26)

[25] 만군의 여호와 이스라엘의 하나님께서 말씀하시니라 보라 내가 노의 아몬
과 바로와 애굽과 애굽 신들과 왕들 곧 바로와 및 그를 의지하는 자들을 벌
할 것이라 [26] 내가 그들의 생명을 노리는 자의 손 곧 바벨론의 느부갓네살
왕의 손과 그 종들의 손에 넘기리라 그럴지라도 그 후에는 그 땅이 이전같
이 사람 살 곳이 되리라 여호와의 말씀이니라

두렵고 떨리는 공포의 시간이 지나면 상대적인 평안함이 임할 것이다. 이 일은 전적으로 여호와께서 베푸시는 은혜다. 저자는 이 점을 강조하기 위하여 신적 1인칭(divine I)을 포괄적으로 사용한다. 그러나 이집트가 여호와의 은혜를 체험하기 전에 먼저 그들의 신들과 왕을 포함한 모든 지도자들이 심판을 받아야 한다(25절).

그렇다면 이 심판은 구체적으로 누구를 통해 이집트에게 임할 것인가? 바로 다름 아닌 바빌론의 느부갓네살이다. 느부갓네살을 통한 심판이 끝난 후, 이집트는 다시 옛날처럼 많은 사람들이 사는 나라가 될 것이다.

XI. 열방에 대한 심판 선언(46:1–51:64)
A. 이집트(46:1–28)

4. 이스라엘을 향한 위로(46:27–28)

[27] 내 종 야곱아 두려워하지 말라
이스라엘아 놀라지 말라 보라
내가 너를 먼 곳에서 구원하며

네 자손을 포로된 땅에서 구원하리니
야곱이 돌아와서 평안하며 걱정 없이 살게 될 것이라
그를 두렵게 할 자 없으리라
28 여호와의 말씀이니라
내 종 야곱아 내가 너와 함께 있나니 두려워하지 말라
내가 너를 흩었던 그 나라들은 다 멸할지라도
너는 사라지지 아니하리라
내가 너를 법도대로 징계할 것이요
결코 무죄한 자로 여기지 아니하리라 하시니라

본문의 위로 말씀은 이미 30:10-11에서 별 차이 없이 사용되었다. 정황상으로는 이집트를 향해 메시지를 선포하는 상황에서 이스라엘을 위한 내용의 메시지가 나온다. 이런 위로를 기대하지 않았던 이곳보다는 30장에 더 잘 어울린다는 것이 학자들의 일반적인 견해다. 그렇다면 저자는 왜 이곳에서 다시 이스라엘을 위로하는 말씀을 삽입한 것일까?

이곳에 이스라엘을 향한 위로의 메시지를 첨부한 것은 아마도 대조되는 이집트의 운명과 이스라엘의 운명을 비교하기 위함일 것이다. 비록 이집트는 이 순간에는 건재하지만 머지않아 멸망할 것이요, 이스라엘은 이미 망했지만, 머지않아 회복될 것을 비교하는 것이다. 뿐만 아니라, 25-26절이 암시한 것처럼 만일 이집트의 멸망이 영구적인 것이 아니라면, 이미 파괴되어버린 예루살렘과 유다가 영원히 폐허로 남아 있지는 않을 것도 암시하기 위해서다. 심판하신 이방 나라도 회복시키는 하나님이 어찌 자기 백성을 회복시키지 않으시겠는가 라는 논리를 펼치는 것이다. 이 말씀은 하나님이 이스라엘을 잊지 않으셨다는 것을 암시한다(Brown).

XI. 열방에 대한 심판 선언(46:1-51:64)

B. 블레셋(47:1-7)

1 바로가 가사를 치기 전에 블레셋 사람에 대하여 선지자 예레미야에게 임한
여호와의 말씀이라
2 여호와께서 이와 같이 말씀하시되
보라 물이 북쪽에서 일어나 물결치는 시내를 이루어
그 땅과 그중에 있는 모든 것과
그 성읍과 거기에 사는 자들을 휩쓸리니
사람들이 부르짖으며 그 땅 모든 주민이 울부짖으리라
3 군마의 발굽 소리와 달리는 병거 바퀴가 진동하는 소리 때문에
아버지의 손맥이 풀려서 자기의 자녀를 돌보지 못하리니
4 이는 블레셋 사람을 유린하시며
두로와 시돈에 남아 있는 바
도와줄 자를 다 끊어버리시는 날이 올 것임이라
여호와께서 갑돌 섬에 남아 있는 블레셋 사람을 유린하시리라
5 가사는 대머리가 되었고
아스글론과 그들에게 남아 있는 평지가 잠잠하게 되었나니
네가 네 몸 베기를 어느 때까지 하겠느냐
6 오호라 여호와의 칼이여 네가 언제까지 쉬지 않겠느냐
네 칼집에 들어가서 가만히 쉴지어다
7 여호와께서 이를 명령하셨은즉 어떻게 잠잠하며 쉬겠느냐
아스글론과 해변을 치려 하여 그가 정하셨느니라 하니라

블레셋은 주전 1200년대에 에게 해(Aegean Sea) 지역에서 가나안으로 이주해온 바다 사람들로 알려져 있다. 본문은 그들이 유래한 섬 중 하나가 갑돌이라고 하는데(4절), 오늘날 크레타(Crete)로 알려진 섬이다

(Brown). 그들은 이집트의 해안 지역에 정착하려 했으나 람세스 3세(ca. 1188년)에게 쫓겨났으며 결국 가나안의 남쪽 해안 지역에 정착했다. 이스라엘의 남서쪽에 정착한 블레셋 사람들은 사사 시대 후반에 접어들면서 이스라엘을 가장 가까이서, 자주 괴롭히는 적이 되었다. 여러 사사들과 사무엘과 사울 등이 이들을 대적해 싸웠지만 완전히 퇴치하지 못했다.

다윗은 어린 소년 시절에 블레셋을 대표하던 장군 골리앗을 맨손으로 죽임으로써 그와 블레셋과의 관계를 예고하는 듯했다. 결국 다윗은 훗날 블레셋을 완전히 파괴했으며 그 이후로 그들은 다시는 이스라엘을 위협하는 요소가 되지 못했다. 이처럼 다윗의 군사적 명성의 상당한 부분이 블레셋과의 전쟁에서 비롯되었다.

성경에는 블레셋이 자주 등장하지만 그들이 정확히 어디에서 이주해 왔고 어떤 종교, 문화 풍습 등을 지녔었는지를 이해하는 데는 아직도 자료가 많이 부족하다. 다만 그들이 할례를 행하지 않았던 자들이라는 것과 물고기 형상을 지닌 곡물 신 다곤을 섬겼다는 것 정도를 알고 있을 따름이다(cf. 삿 16:23; 삼상 5:2-7; 대상 10:10). 오늘날 사용되는 '팔레스타인'(Palestine)이란 이름은 이 족속들의 이름 블레셋(Philistine)에서 유래되었다(Huey).

예레미야 시대에 블레셋은 이미 아주 작은 규모의 민족으로 전락해 있었으나, 그들이 차지하고 있던 지형적인 위치의 중요성 때문에 항상 외부인들의 간섭과 통치를 받을 수밖에 없었다. 이집트와 가나안과 북쪽 지역의 연결점에 위치한 블레셋의 지리적 이점 때문에 이집트는 블레셋을 관문으로 사용하기를 원했으며, 결과적으로 블레셋은 거의 항상 이집트의 지배를 받았다. 그러므로 이집트가 북쪽 세력에게 위협을 느끼면, 블레셋도 당연히 위협을 느낄 수밖에 없었다. 본문은 이러한 이집트—블레셋 관계를 배경으로 말씀을 선포하고 있다.

블레셋에 대한 심판을 선언하는 본문은 몇 가지 특이한 사항으로 인해 학자들 사이에 상당한 논란을 불러일으켰다(cf. McKane; Lundbom). 첫째, 1절이 블레셋에 대해 언급한 후로 4절까지 다시 블레셋을 언급하지 않는다. 둘째, 예레미야는 블레셋이 저지른 죄에 대해 한 마디도 하지 않고 그들이 받을 심판에 대해서만 선언하고 있다. 셋째, 블레셋을 치는 자로 이집트 왕과 '북쪽에서 일어나 물결치는 시내'(viz., 바빌론)가 동시에 언급된다(1-2절). 칠십인역에는 1절에 '이집트 왕'에 대한 언급이 없다. 그래서 일부 학자들은 1절에서 이집트 왕에 대한 언급을 삭제해야 한다고 주장한다(cf. McKane).

이 말씀은 이집트 왕이 블레셋의 도시였던 가사(Gaza)를 치기 전에 예레미야에게 임한 것이다(1절). 그런데 어느 이집트 왕이 언제 블레셋을 친 것일까? 확실하지가 않아 학자들 사이에 많은 추측을 자아냈다(Fretheim; cf. Lundbom; Holladay). 만일 본문이 언급하고 있는 이집트 왕이 사메티쿠스 1세(Psammetichus I)였다면 그가 죽기 바로 전인 주전 610년경에 가사 지역을 쳤던 사건을 의미한다. 만일 이 바로가 느고(Neco)라면 그가 므깃도에서 요시야를 저격하기 전에 이곳을 쳤든지(cf. Brown), 아니면 주전 605년에 갈그미스에서 바빌론에게 대패하고 돌아오는 길에 이곳을 덮쳤던 일을 언급하는 것일지도 모른다.[20] 주전 5세기 헬라의 역사가 헤로도투스(Herodotus)는 느고가 므깃도에서 요시야를 죽인 다음에 카디티스(Kadytis)라는 도시를 점령했다고 기록하는데 이 카디티스가 가사로 해석되는 것이다. 어느 쪽을 택하든 간에 본문을 해석하고 이해하는 데는 특별한 문제가 되지 않는다.

---

20 유대인 주석가들(Radak; Rashi)은 옛 전승(Seder Olam 26)을 바탕으로 1절을 다음과 같이 재구성했다. "느부갓네살이 시드기야가 즉위한 지 10년째 되던 해에 예루살렘을 포위했으며, 이때 바로의 군대가 이집트에서 출정했으므로 바빌론 군대가 예루살렘에서 철수했다. 바로가 이 소식을 듣고 가자를 치고 본국으로 돌아갔다. 이때 여호와의 말씀이 예레미야에게 임하여 바빌론 군이 블레셋 땅을 칠 것이라고 말씀하셨다"(when Nebuchadnezzar besieged Jerusalem in the tenth year of Zedekiah, Pharaoh's army came forth from Egypt, and the Chaldeans withdrew from Jerusalem. Pharaoh heard, invaded Gaza and returned to his land. At that time, the word of the Lord came to Jeremiah that the Chaldean army would come and attack the land of the Philistines).

이집트를 위협했던 '북방에서 일어나 창일하는 물'이 블레셋을 위협하고 있다. 이 물은 다름 아닌 바빌론을 의미한다. 이집트의 지배를 받으며 가나안에서 아프리카 대륙으로 가는 길의 관문 역할을 했던 블레셋이었기에 이집트를 공격할 세력이 그들도 공격할 것은 당연하다. 본문이 바빌론을 묘사하는 이미지는 이집트를 짓밟아놓았던 무시무시한 군대와 동일하다. 역사적인 자료에 의하면 느부갓네살은 주전 605년에 있었던 갈그미스 대승의 기세를 몰아 이집트로 진군하다가 아버지의 죽음 소식을 듣고 급히 바빌론으로 돌아갔다. 이듬해에 그는 다시 이집트를 향해 진군했으며 이 과정에서 아스글론을 포함한 온 블레셋 땅을 점령했다(Miller; cf. Brown).

블레셋에는 가사, 아스글론(Ashkelon), 갓(Gath), 에그론(Ekron), 아스돗(Ashdod) 다섯 개의 주요 도시가 있었다. 이중 가사와 아스글론이 5절에 언급된다. 가사는 바다에서 약 4킬로미터 내륙 쪽으로 들어온 곳에 위치했었다. 가사가 삭발되었다는 것은 도시의 완전한 파괴를 뜻할 수도 있고, 혹은 깊은 슬픔에 잠기는 것을 의미할 수도 있다(Brown). 아스글론은 가사에서 북쪽으로 약 16킬로미터 떨어진 곳에 있었다. 아스글론의 '말문이 막힌다'(נִדְמְתָה)는 파괴된다는 뜻으로 해석되기도 한다. 예레미야는 이집트와 블레셋이 같은 운명을 맞게 될 것임을 선언하는 것이다. 이렇게 해서 사사건건 예루살렘의 정치에 개입했던 이집트와 이스라엘의 숙적이었던 블레셋이 하나님의 심판으로 바빌론의 손에 망하게 되었다.

XI. 열방에 대한 심판 선언(46:1–51:64)

C. 모압(48:1–47)

모압은 사해의 동쪽 고원 지대에 위치했는데 대략 남북으로 50킬로미터, 동서로 50킬로미터의 영토를 차지하고 있던 나라다(ABD). 이스라엘과 모압은 매우 가까운 관계이면서도 앙숙이었다. 그들은 롯의 후손들로 이스라엘과 사촌 관계였으며(cf. 창 19:38; 신 2:9), 언어도 매우 비슷했다(cf. Mesha Inscription). 그러나 두 나라는 같은 지역의 소유권을 놓고 여러 차례 싸우기도 했다(민 32:1-5; 21:24-30; 삿 3:12-30; 11:22-26; 삼하 14:47; 왕하 3:4-27; 습 2:9-10).

현숙한 여인의 상징인 룻이 이 나라 사람이었고 다윗은 한때 사울의 분노를 피해 이곳에 머물기도 했다. 그러나 훗날 다윗은 모압을 평정했으며(삼하 8:2, 12) 솔로몬 시대에도 모압은 이스라엘의 통치 아래 있었다. 아합이 죽은 이후 모압은 이스라엘에 반역을 일으켜 주전 850년경에 메사의 지휘 아래 독립권을 회복했다(왕하 1:1; 3:4-27). 그러나 메사가 죽고 난 후 모압의 권세는 급격히 쇠퇴했으며 아시리아의 종속국이 되기에 이르렀다.

모압은 주전 605년 이후로는 바빌론의 속국이 되었다. 모압은 유다 왕 여호야김이 바빌론에 반역하자 주전 598년에 바빌론을 도와 이스라엘을 치기도 했다. 대체적으로 모압은 친바빌론 정책을 고수했던 것으로 알려졌다. 모압은 주전 580-570년대에 동쪽 사막 지역에서부터 침략해 온 아랍 사람들에게 함락된 이후로는 더 이상 한 국가로 존재하지 않았다.

모압에 대한 예레미야의 예언을 다른 나라들에 대한 신탁에 비교하면 특이한 점 두 가지가 있다.

첫째, 말씀의 분량이 매우 방대하다는 것이다. 예레미야의 OAN에서 바빌론을 제외하고는 모압이 가장 큰 비중을 차지하고 있다. 심지어는 이집트보다도 분량이 더 많다. 나라의 규모나 근동의 정치적 무대에서 이들이 차지했던 비중을 생각하면 지나치게 많은 공간이 이 작은 나라에 할애되었다. 다른 선지자들도 모압에 대해 비중 있는 말씀을 선포하는 것을 감안하면, 아마도 선지자들은 모압을 매우 심각한 이스라엘의

적으로 여겼던 것 같다(cf. 사 15–16장; 겔 25:8–11; 암 2:1–3; 습 2:8–11; 렘 9:26; 25:21).

둘째, 그 어느 나라에 대한 말씀보다 많은 지역 이름을 포함하고 있다는 사실이다. 본문에서 총 25개의 지역 이름이 거론되고 있다. 물론 이들 중 상당수의 위치가 아직도 밝혀지지 않은 상태다. 학자들은 본문이 이사야 15–16장을 많이 인용하고 있는 점을 지적한다(Holladay; McKane). 다음은 이사야 15–16장과 본문의 유사한 점들을 정리한 것이다(Holladay).

이사야	예레미야
15:2b	48:37a
15:3	48:38a
15:4–6	48:5, 34
15:5b	48:3
15:5; 16:7, 11	48:31
15:7a	48:36b
16:6	48:29
16:8–9	48:32
16:10	48:33
16:11	48:36

아마도 예레미야는 이사야의 예언이 자기 시대에 성취되는 것으로 이해했기 때문에 이사야가 선포한 말씀을 많이 인용하고 있는 것 같다(Brown). 모압에 대한 신탁은 다음과 같이 구분된다.

A. 모압의 멸망(48:1–10)
B. 자아도취하는 나라(48:11–17)
C. 모압 성읍들의 멸망(48:18–25)
D. 모압의 죄(48:26–30)

E. 모압을 위한 애가(48:31–39)

F. 모압의 심판과 회복(48:40–47)

XI. 열방에 대한 심판 선언(46:1–51:64)
C. 모압(48:1–47)

1. 모압의 멸망(48:1–10)

1 모압에 관한 것이라
만군의 여호와 이스라엘의 하나님께서 이와 같이 말씀하시되
오호라 느보여 그가 유린당하였도다
기랴다임이 수치를 당하여 점령되었고
미스갑이 수치를 당하여 파괴되었으니
2 모압의 찬송 소리가 없어졌도다
헤스본에서 무리가 그를 해하려고 악을 도모하고 이르기를
와서 그를 끊어서 나라를 이루지 못하게 하자 하는도다
맛멘이여 너도 조용하게 되리니 칼이 너를 뒤쫓아가리라
3 호로나임에서 부르짖는 소리여 황폐와 큰 파멸이로다
4 모압이 멸망을 당하여 그 어린이들의 부르짖음이 들리는도다
5 그들이 루힛 언덕으로 올라가면서 울고
호로나임 내리막길에서 파멸의 고통스런 울부짖음을 듣는도다
6 도망하여 네 생명을 구원하여 광야의 노간주나무같이 될지어다
7 네가 네 업적과 보물을 의뢰하므로 너도 정복을 당할 것이요
그모스는 그의 제사장들과 고관들과 함께 포로되어 갈 것이라
8 파멸하는 자가 각 성읍에 이를 것인즉 한 성읍도 면하지 못할 것이며
골짜기가 멸망하였으며 평지는 파멸되어 여호와의 말씀과 같으리로다
9 모압에 날개를 주어 날아 피하게 하라
그 성읍들이 황폐하여 거기에 사는 자가 없으리로다

10 **여호와의 일을 게을리하는 자는 저주를 받을 것이요**
자기 칼을 금하여 피를 흘리지 아니하는 자도 저주를 받을 것이로다

모압에 대한 예언은 특별한 예고 없이 순식간에 완전한 파괴를 선언하고 있다. 이러한 문체는 이 예언이 머지않은 미래에 순식간에 온전히 성취될 것과 다급한 분위기를 효과적으로 조성한다. 또한 예언의 첫 문장을 애가를 시작하는 전문 용어 '슬프다'(הוי)로 시작함으로써 메시지의 비통한 분위기를 처음부터 조성한다.

위에서 말한 것처럼 이 예언의 특징은 도시/지역 이름을 매우 광범위하게 사용하고 있다는 점이다. 저자는 1절에서 이미 느보(נבו), 기랴다임(קריתים), 미스갑(המשגב) 세 지명을 언급하고 있다. 느보는 출애굽과 연관된 산(신 32:49; 34:1)이 아니라 사해 동쪽에 위치했던 모압의 도시였다. 모세가 요단 강 동쪽 땅을 분배할 때 르우벤 지파에게 기업으로 주었던 지역이다(민 32:38). 1868년에 발굴된 모압 석비(Moabite Stone)[21]에도 언급된 도시다(cf. Brown). 기랴다임 역시 르우벤 지파에게 주어진 도시였다(수 13:19).

1절이 언급하고 있는 세 번째 이름(המשגב)을 개역과 개정개역 성경은 '미스갑'이라는 도시의 고유명사로 번역하고 있다. 그러나 새번역, 공동번역 등은 미스갑을 '요새'라는 일반명사로 번역한다. 이 단어를 일반명사 '요새'(stronghold)로 번역하는 것은 그 도시가 아직까지 발굴되지 않았으며, 성경의 다른 곳에서 다시는 언급되지 않기 때문에 고유명사가 아닐 것이라는 논리에 근거를 두었다. 대체적으로 거의 모든 영어 성경도 '요새'로 번역하고 있다(NAS; NIV; NRS; TNK; ESV).

전쟁의 가장 커다란 비극은 아무래도 어린아이들과 여자들의 수난과 고통일 것이다. 모압을 파괴할 적군이 들이닥치니 어린아이들이 두려

---

21 Mesha Stele로도 불림. 주전 835년쯤에 모압 왕 메사가 이스라엘 왕(아마도 여로보암)을 상대로 한 전쟁에서 승리한 것을 기념하는 비석.

움과 공포의 울음을 멈출 줄 모른다(4-5절). 환난을 피해서 루힛(לוּחִית)으로 올라가는 그들의 눈에서 눈물이 그칠 줄을 모른다(5절). 아직까지 루힛이란 도시는 발굴되지 않았다. 본문은 이 도시가 호로나임으로 가는 길에 있었다고 기록하고 있을 뿐이다. 그들이 환난을 피해보려고 발걸음을 재촉해보지만, 온 천지가 패배를 알리는 탄식과 울부짖음으로 가득하다. 매우 절망적이고 두려운 상황이 계속 전개되고 있다.

왜 모압이 이렇게 두려운 심판을 받아야 하는가? 7절은 그들이 '업적과 보물'을 의뢰하는 교만을 떨었기 때문이라고 한다. 모압이 교만하든 겸손하든 여호와께서 왜 상관하신단 말인가? 교만이란 것은 여호와 종교를 초월해서 창조주 하나님이 모든 민족에게 적용하시는 심판의 기준이다. 그러므로 그들이 우두머리 신으로 숭배했던 그모스와 제사장들까지 모두 타국으로 끌려가야 한다.

모압 석비는 그모스를 아슈타르-키마슈(Ashtar-Chemosh)라 부른다. 아슈타르가 금성(Venus)을 상징하는 행성 신이었음을 감안할 때 키마슈도 일종의 행성 신이었을 가능성이 높다(Huey). 이스라엘에 그모스 숭배를 소개한 사람은 솔로몬이다(Fretheim; cf. 왕하 23:13). 그모스에게 바치는 가장 순수하고 고결한 제물이 인간 번제였다는 사실을 생각할 때 이 종교의 예식은 상당히 끔찍했음을 알 수 있다. 이제 그들이 섬기던 그모스도 묶여 끌려갈 것이다. 그때에야 비로소 그모스를 섬기는 것이 얼마나 어리석고 허무했던 일이었는가를 생각하게 될 것이다.

모압에 파괴자가 와서 온 나라를 철저하게 폐허 더미로 만들 것이다(8절). 어느 한 도시도 그들의 심판을 피할 수 없다. 골짜기와 평원이 한결같이 파괴될 것이다. 뿐만 아니라 모압의 폐허 위에 소금이 뿌려진다. 소금을 뿌리는 것은 이곳에 다시는 아무도 살 수 없다는 저주를 선포하는 상징적인 행동이다(cf. 삿 9:45). 만일 파괴자들이 이 일을 더디하면 그들도 저주를 면할 수 없다(10절).

XI. 열방에 대한 심판 선언(46:1-51:64)
C. 모압(48:1-47)

2. 자아도취하는 나라(48:11-17)

11 모압은 젊은 시절부터 평안하고
포로도 되지 아니하였으므로
마치 술이 그 찌끼 위에 있고
이 그릇에서 저 그릇으로 옮기지 않음 같아서
그 맛이 남아 있고 냄새가 변하지 아니하였도다
12 그러므로 여호와께서 말씀하시니라
날이 이르리니 내가 술을 옮겨 담는 사람을 보낼 것이라
그들이 기울여서 그 그릇을 비게 하고 그 병들을 부수리니
13 이스라엘 집이 벧엘을 의뢰하므로 수치를 당한 것같이
모압이 그모스로 말미암아 수치를 당하리로다
14 너희가 어찌하여 말하기를 우리는 용사요 능란한 전사라 하느냐
15 만군의 여호와라 일컫는 왕께서 이와 같이 말하노라
모압이 황폐하였도다 그 성읍들은 사라졌고
그 선택 받은 장정들은 내려가서 죽임을 당하니
16 모압의 재난이 가까웠고
그 고난이 속히 닥치리로다
17 그의 사면에 있는 모든 자여,
그의 이름을 아는 모든 자여,
그를 위로하며 말하기를 어찌하여 강한 막대기,
아름다운 지팡이가 부러졌는고 할지니라

모압은 너무 오랫동안 상대적인 평안을 누림으로써 자기만족(complacency)에 젖어 있다는 비난을 면치 못한다(11절). 저자는 모압을

"이 그릇 저 그릇에 옮겨 담지 않아서 찌끼가 곱게 가라앉은, 맑은 포도주와 같았다. 맛이 그대로 남아 있고 향기가 변하지 않은 포도주와 같았다"라며 아주 좋은 술에 비유한다(11절; 새번역). 모압은 좋은 포도주로 유명했던 곳이다(Fretheim; cf. 사 16:8-10). 하나님은 모압 사람들이 가장 자랑스럽게 생각하는 것으로 그들을 비난하시는 것이다. 포도주는 찌끼와 오랜 세월을 함께 있는 동안 맛이 좋아지는 것으로 알려져 있다. 또한 '이 그릇에서 저 그릇으로' 옮길 때마다 맛을 잃는다.

그러므로 11절은 모압이 '최상의 포도주'처럼 존재했음을 회고한다. 모압은 건국 이래 한 번도 포로가 되어 다른 나라로 끌려간 적이 없다. 그렇다 보니 자만에 빠진 것이다. 이제 그들의 자기만족과 거짓 안정(false security)이 모두 파멸을 맞게 되었다(12절). 그들은 마치 이스라엘이 벧엘을 의지했다가 실망한 것처럼 그들의 신 그모스에게 실망할 것이다(13절). '벧엘'(בֵּית אֵל)은 솔로몬이 죽은 직후 여로보암이 북 왕국 이스라엘을 세웠을 때, 여호와라며 금송아지를 만들어 숭배하도록 한 곳이다. 그러나 본문의 벧엘이 금송아지가 있던 신전이 아니라, 북서 셈족들이 숭배하던 우상의 이름이라고 해석하는 학자들도 있다(Hyatt). 두 해석 모두 이스라엘의 우상숭배와 연관되어 있으니 해석상 별 차이는 없다.

모압은 군사력에 걸었던 기대도 무너져 내리는 일을 경험할 것이다(13-14절). 모압이 이렇게 완전한 파괴를 당하게 될 것을 무엇이/누가 보장하는가? 저자는 다름 아닌 '만군의 여호와라 일컫는 왕'(צְבָאוֹת שְׁמוֹ הַמֶּלֶךְ יְהוָה)께서 이 일을 보장하신다고 선포한다(15절). 온 우주의 통치자이신 여호와께서 움직이셨으니 누가 그의 앞길을 막을 수 있단 말인가! 그러므로 모압의 파멸이 임박해 있으며 슬픔과 탄식이 그들을 기다릴 뿐이다(16-17절).

XI. 열방에 대한 심판 선언(46:1-51:64)
C. 모압(48:1-47)

3. 모압 성읍들의 멸망(48:18-25)

18 디본에 사는 딸아
네 영화에서 내려와 메마른 데 앉으라
모압을 파멸하는 자가 올라와서
너를 쳐서 네 요새를 깨뜨렸음이로다
19 아로엘에 사는 여인이여
길 곁에 서서 지키며
도망하는 자와 피하는 자에게
무슨 일이 생겼는지 물을지어다
20 모압이 패하여 수치를 받나니
너희는 울면서 부르짖으며
아르논 가에서 이르기를
모압이 황폐하였다 할지어다
21 심판이 평지에 이르렀나니
곧 홀론과 야사와 메바앗과
22 디본과 느보와 벧디블라다임과
23 기랴다임과 벧가물과 벧므온과
24 그리욧과 보스라와 모압 땅 원근 모든 성읍에로다
25 모압의 뿔이 잘렸고 그 팔이 부러졌도다
여호와의 말씀이니라

하나님이 이집트를 '딸'로 부르셨던 것처럼 모압도 딸로 부르신다(18절; cf. 46:19). 그러나 이 말씀은 좋은 의도에서 그들을 부르는 애칭이 아니라, 그들은 비꼬는 말이다(Fretheim). 하나님이 '딸 모압'에게 영광스럽고 화려한 자리에서 내려와 '메마른 데'(צָמָא)에 앉으라 하신다. 이 단어는 사막과 같이 생명이 없는 곳을 뜻하지만(HALOT), 때로는 오물(dung)을 뜻하기도 한다(Fretheim). 최고로 영광스러운 자리에서 가장 추한 자리로 내려앉으라고 말씀하신다. 그들의 뿔이 잘렸고 팔이 부러졌기 때문이다(25절). 뿔과 팔은 힘과 능력의 상징이다. 이것은 모압이 더 이상 어떤 힘도 발휘하지 못하는 무능한 나라가 되었다는 뜻이다.

국가가 망하면 그 국가에 속한 도시들도 패망하는 것이 당연하다. 저자는 이 점을 강조하기 위해 본문에서 열 개의 도시 이름을 거론하고 있다. 숫자 10은 만수로서 모압이 완전히 파괴될 것을 암시한다. 본문이 언급하는 열 도시들 중 몇 도시의 위치는 아직까지 밝혀지지 않았다.

XI. 열방에 대한 심판 선언(46:1-51:64)
C. 모압(48:1-47)

4. 모압의 죄(48:26-30)

26 모압으로 취하게 할지어다
이는 그가 여호와에 대하여 교만함이라
그가 그 토한 것에서 뒹굴므로 조롱거리가 되리로다
27 네가 이스라엘을 조롱하지 아니하였느냐
그가 도둑 가운데에서 발견되었느냐
네가 그를 말할 때마다 네 머리를 흔드는도다
28 모압 주민들아
너희는 성읍을 떠나 바위 사이에 살지어다
출입문 어귀 가장자리에 깃들이는 비둘기같이 할지어다
29 우리가 모압의 교만을 들었나니
심한 교만 곧 그의 자고와 오만과 자랑과 그 마음의 거만이로다
30 여호와의 말씀이니라

내가 그의 노여워함의 허탄함을 아노니
그가 자랑하여도 아무것도 성취하지 못하였도다

왜 모압이 하나님의 진노를 샀는가?

첫째, 모압은 '여호와를 거스려 자만'했다(26절). 모압은 하나님의 통제를 받기를 거부했으며 자립성을 주장했다. 그러므로 이제 그들은 하나님의 심판을 받아 만취한 사람이 자기가 토한 것 위에 구르는 것처럼 나뒹굴게 될 것이다(26절). 사람들의 비웃음거리가 될 것이라는 뜻이다. 둘째, 그들은 여호와의 백성인 이스라엘을 조롱했다(שְׂחוֹק; 27절). 모압은 모든 면에서 항상 이스라엘을 비웃었다. "그[이스라엘]가 도적 중에서 발견되었느냐 네가 그를 말할 때마다 네 머리를 흔드는도다"(27절). 모압은 이스라엘을 조롱함으로써 자신을 부각시켰다. 이제 그들이 이스라엘을 비웃은 것처럼 자신들이 비웃음거리가 될 것이다. 일종의 '황금률'(golden rule; 자기가 대접받고 싶은 대로 남을 대접하라는 예수님의 가르침)이 적용되고 있는 것이다. 셋째, 모압은 매우 교만했다(29-30절). 29절은 모압의 교만을 여섯 가지로 표현한다. "우리가 모압의 교만(גְּאוֹן)을 들었나니 심한 교만(גֵּאֶה מְאֹד) 곧 그 자고(גָּבְהוֹ וּגְאוֹנוֹ)와 오만(גְּאוֹנוֹ)과 자긍(גַּאֲוָתוֹ)과 그 마음의 거만(רָם לִבּוֹ)이로다." 교만은 시간과 공간을 초월해서 징계를 받아야 하는 범우주적인 죄다. 이스라엘의 하나님 여호와는 온 세상을 창조하고 다스리시는 분이다. 그러므로 여호와는 온 세상의 심판자로서 교만의 극치인 모압에게 심판을 내리셔야 한다.

XI. 열방에 대한 심판 선언(46:1-51:64)
C. 모압(48:1-47)

5. 모압을 위한 애가(48:31-39)

31 **그러므로 내가 모압을 위하여 울며**

온 모압을 위하여 부르짖으리니
무리가 길헤레스 사람을 위하여 신음하리로다
32 십마의 포도나무여
너의 가지가 바다를 넘어 야셀 바다까지 뻗었더니
너의 여름 과일과 포도 수확을 탈취하는 자가 나타났으니
내가 너를 위하여 울기를 야셀이 우는 것보다 더하리로다
33 기쁨과 환희가 옥토와 모압 땅에서 빼앗겼도다
내가 포도주 틀에 포도주가 끊어지게 하리니
외치며 밟는 자가 없을 것이라
그 외침은 즐거운 외침이 되지 못하리로다
34 헤스본에서 엘르알레를 지나
야하스까지와 소알에서 호로나임을 지나
에글랏 셀리시야에 이르는 지역에 사는 사람들이
소리를 내어 부르짖음은 니므림의 물도 황폐하였음이로다
35 여호와의 말씀이라
모압 산당에서 제사하며
그 신들에게 분향하는 자를 내가 끊어버리리라
36 그러므로 나의 마음이 모압을 위하여 피리같이 소리 내며
나의 마음이 길헤레스 사람들을 위하여 피리같이 소리 내나니
이는 그가 모은 재물이 없어졌음이라
37 모든 사람이 대머리가 되었고
모든 사람이 수염을 밀었으며
손에 칼자국이 있고
허리에 굵은 베가 둘렸고
38 모압의 모든 지붕과 거리 각처에서
슬피 우는 소리가 들리니
내가 모압을 마음에 들지 않는 그릇같이 깨뜨렸음이라

여호와의 말씀이니라
39 어찌하여 모압이 파괴되었으며
어찌하여 그들이 애곡하는가
모압이 부끄러워서 등을 돌렸도다
그런즉 모압이 그 사방 모든 사람의 조롱거리와
공포의 대상이 되리로다

모압 심판은 더 이상 지체될 수 없는 불가피한 일이었지만, 이 일을 계획하신 하나님도, 그 계획을 선포한 선지자도 마음이 괴로울 뿐이다. 그러므로 선지자와 하나님은 함께 모압을 위한 애가를 부른다.

대체적으로 이 섹션은 선지자가 부른 노래로 이해된다. 그러나 33, 35, 38절만큼은 하나님의 노래라는 것이 일반적인 해석이다. 즉 이 애가는 선지자와 하나님이 부르는 2중창이다. 내용은 모압의 모든 영토와 도시가 적들에게 멸망할 것이며, 그들의 종교를 포함한 모든 문화가 막을 내리게 될 것이다. 모압의 절대적인 파괴를 보며 하나님과 선지자는 피리(חֲלִלִים)가 되어 슬픈 곡조를 부른다(36절). 피리는 장례식에서 사용되던 악기다(cf. 48:36; 사 16:11).

XI. 열방에 대한 심판 선언(46:1–51:64)
C. 모압(48:1–47)

6. 모압의 심판과 회복(48:40–47)

40 이는 여호와의 말씀이니라
보라 그가 독수리같이 날아와서
모압 위에 그의 날개를 펴리라
41 성읍들이 점령을 당하며
요새가 함락되는 날에

모압 용사의 마음이 산고를 당하는 여인 같을 것이라
42 모압이 여호와를 거슬러 자만하였으므로
멸망하고 다시 나라를 이루지 못하리로다
43 여호와의 말씀이니라
모압 주민아
두려움과 함정과 올무가 네게 닥치나니
44 두려움에서 도망하는 자는 함정에 떨어지겠고
함정에서 나오는 자는 올무에 걸리리니
이는 내가 모압이 벌 받을 해가 임하게 할 것임이라
여호와의 말씀이니라
45 도망하는 자들이 기진하여
헤스본 그늘 아래에 서니
이는 불이 헤스본에서 나며
불길이 시혼 가운데 나서
모압의 살쩍과 떠드는 자들의 정수리를 사름이로다
46 모압이여 네게 화가 있도다
그모스의 백성이 망하였도다
네 아들들은 사로잡혀갔고
네 딸들은 포로가 되었도다
47 그러나 내가 마지막 날에 모압의 포로를 돌려보내리라
여호와의 말씀이니라
모압의 심판이 여기까지니라

모압을 침략하는 적이 독수리로 묘사되고 있다(40절). 독수리는 바벨론이 즐겨 사용하던 상징이다(겔 17:3). 또한 모압의 주요 도시들 중 가장 북쪽에 위치한 헤스본을 중심으로 멸망이 선포되는 것은 곧 이 나라를 북쪽의 적이 칠 것을 의미한다(Fretheim). 바로 바벨론이다. 요세

푸스는 바빌론이 모압, 암몬, 그리고 유다를 주전 582년에 침략했다는 기록을 남겼다. 모압이 망해야 하는 이유가 42절에 다시 언급되고 있다. '여호와를 거스려 자만했기' 때문이다(cf. 26절). 창조주 하나님을 신뢰하지 않고 자만하는 것은 피조물이 범할 수 있는 가장 심각한 죄 중 하나다.

'두려움과 함정과 올무'(פַּחַד וָפַחַת וָפָח; 43절)에서 사용된 히브리 단어들의 음이 얼마나 유사한지 음미해보라. 두려움과 공포의 소리가 그들을 제압하고 있다. 그러나 가장 포기하기 쉬운 순간에 희미하게나마 서광의 빛이 드리운다. "그러나 훗날에 나는 사로잡혀 간 모압의 포로를 돌아오게 하겠다. 나 주의 말이다"(47절; 새번역). "나 주의 말이다"는 여호와 하나님이 모압의 회복을 보장하신다는 뜻이다. 이집트에게 심판 후에 회복을 약속하신 하나님이 모압도 심판 후 회복될 것이라고 선언하신다.

XI. 열방에 대한 심판 선언(46:1–51:64)

D. 암몬(49:1–6)

1 암몬 자손에 대한 말씀이라
여호와께서 이와 같이 말씀하시되
이스라엘이 자식이 없느냐 상속자가 없느냐
말감이 갓을 점령하며
그 백성이 그 성읍들에 사는 것은 어찌 됨이냐
2 여호와의 말씀이니라
그러므로 보라 날이 이르리니
내가 전쟁 소리로 암몬 자손의 랍바에 들리게 할 것이라
랍바는 폐허더미 언덕이 되겠고

그 마을들은 불에 탈 것이며
그때에 이스라엘은 자기를 점령하였던 자를 점령하리라
여호와의 말씀이니라
3 헤스본아 슬피 울지어다 아이가 황폐하였도다
너희 랍바의 딸들아 부르짖을지어다
굵은 베를 감고 애통하며 울타리 가운데에서 허둥지둥할지어다
말감과 그 제사장들과 그 고관들이 다 사로잡혀가리로다
4 패역한 딸아
어찌하여 골짜기 곧 네 흐르는 골짜기를 자랑하느냐
네가 어찌하여 재물을 의뢰하여 말하기를
누가 내게 대적하여 오리요 하느냐
5 주 만군의 여호와의 말씀이니라
보라 내가 두려움을 네 사방에서 네게 오게 하리니
너희 각 사람이 앞으로 쫓겨 나갈 것이요
도망하는 자들을 모을 자가 없으리라
6 그러나 그 후에 내가 암몬 자손의 포로를 돌아가게 하리라
여호와의 말씀이니라

이집트와 모압에 긴 심판 메시지를 선포한 선지자는 50장에서 바빌론에 대한 메시지를 선포함으로써 이 섹션의 클라이맥스에 도달한다. 그 이전에 49장에서 이스라엘의 주변에 위치한 다섯 나라들에 대한 메시지를 외치고 있다. 암몬에 관한 본문은 그중 첫 번째다. 이 다섯 나라는 느부갓네살이 가나안 지역에 처음으로 진군한 주전 605년 이후에 바빌론의 꾸준한 영향을 받다가 쇠퇴했다(Fretheim). 이 나라들의 순서를 마소라 사본과 칠십인역은 서로 다르게 나열하고 있다. 분량에서 이 나라들에 대한 메시지는 간략하지만, 내용적으로는 모압에 선포된 말씀과 분위기가 거의 그대로 유지되고 있다.

암몬은 아브라함의 조카 롯에게서 비롯된 족속이다(창 19:38). 암몬은 아르논 강과 얍복 강 사이에 위치했으며 남쪽으로는 모압과 국경을 맞대고 있었다. 암몬은 사사 시대 때부터 이스라엘과 전쟁을 자주 치렀다. 사울이 왕이 된 직후 암몬의 왕 나하스는 이스라엘을 침략한 적이 있다(삼상 11:1-11). 암몬 사람들이 다윗이 보낸 사절단을 멸시하며 수치를 주었을 때, 다윗은 암몬을 쳐 정복한 적도 있다(삼하 10장). 느부갓네살이 주전 582년에 가나안 지역을 침략했을 때 유다의 생존자들과 모압과 함께 그의 진노를 샀던 나라다. 훗날 암몬은 아랍 사람들의 침략을 받았으며 주전 6세기 중반에 이르러서는 더 이상 국가로 존재하지 않게 되었다.

선지자는 암몬이 이스라엘의 영토인 갓 지역을 차지한 것을 비난한다. 암몬이 이스라엘 영토를 점령했다는 역사적 기록은 없다. 아마도 아시리아의 디글랏빌레셀(Tiglath-Pileser III) 왕이 주전 733년경에 이 지역을 정복해 사람들을 잡아가(cf. 왕하 15:29), 이 지역이 거의 빈 지역으로 남아 있을 때 있었던 일을 언급하는 것으로 생각된다(Brown). 갓에서 가장 가까이 있었던 암몬이 기회를 놓칠세라 급히 이 지역을 차지했다(cf. 32:34-36; 수 13:24-28). 암몬은 이스라엘 땅을 차지하지는 못했지만, 기회만 되면 이스라엘 땅을 노렸다(삿 3:13; 10:9; 11:4; 삼상 11:1). 그러다 드디어 이스라엘 영토를 차지할 기회를 얻은 것이다. 그러나 선지자는 암몬이 이 땅을 차지한 것에 대해 분개하고 있다.

그러므로 하나님이 암몬의 주요 도시였던 랍바에 정체가 밝혀지지 않은 적을 보내 그들을 심판하실 것을 선언하신다(2절). 전투가 시작되면 암몬은 속수무책으로 당할 수밖에 없고 결국 온 땅에는 슬픔과 탄식의 신음 소리만이 가득하게 될 것이다(3절). 그런데 왜 아이가 망한 것에 대해 헤스본이 슬퍼해야 하는지 잘 이해가 되지 않는다. 이 두 도시는 지리적으로도, 논리적으로도 어떠한 연관성도 없기 때문이다(Brown). 그래서 학자들은 '아이'를 고유명사가 아니라 '폐허 더미'를 뜻하는 일반명사로 읽어(HALOT) '아이가 황폐하였도다'(שֻׁדְּדָה־עַי)를 '그 폐허 더미가 황폐하였도다'(שֻׁדְּדָה־הָעַי)로 바꾸기를 제안한다(Holladay). 본문에 더 잘 어울리는 제안이다(Fretheim).

암몬이 범한 또 다른 죄는 모압처럼 자기만족에 도취했던 일이다(4절). 그러므로 하나님은 이들의 교만도 치신다. 그러나 이집트와 모압에 선포된 말씀처럼 모든 것이 끝나면 암몬은 회복될 것이다(6절). 창조주께서 이 이방 족속에게도 최소한 한 번의 기회는 더 주시는 것이다.

XI. 열방에 대한 심판 선언(46:1-51:64)

E. 에돔(49:7-22)

7 에돔에 대한 말씀이라
만군의 여호와께서 이와 같이 말씀하시되
데만에 다시는 지혜가 없게 되었느냐
명철한 자에게 책략이 끊어졌느냐
그들의 지혜가 없어졌느냐
8 드단 주민아 돌이켜 도망할지어다
깊은 곳에 숨을지어다
내가 에서의 재난을 그에게 닥치게 하여
그를 벌할 때가 이르게 하리로다
9 포도를 거두는 자들이 네게 이르면 약간의 열매도 남기지 아니하겠고
밤에 도둑이 오면 그 욕심이 차기까지 멸하느니라
10 그러나 내가 에서의 옷을 벗겨 그 숨은 곳이 드러나게 하였나니
그가 그 몸을 숨길 수 없을 것이라
그 자손과 형제와 이웃이 멸망하였은즉 그가 없어졌느니라
11 네 고아들을 버려도 내가 그들을 살리리라

네 과부들은 나를 의지할 것이니라
12 여호와께서 이와 같이 말씀하시니라 보라 술잔을 마시는 습관이 없는 자
도 반드시 마시겠거든 네가 형벌을 온전히 면하겠느냐 면하지 못하리니 너
는 반드시 마시리라 13 여호와의 말씀이니라 내가 나를 두고 맹세하노니 보
스라가 놀램과 치욕거리와 황폐함과 저줏거리가 될 것이요 그 모든 성읍이
영원히 황폐하리라 하시니라
14 내가 여호와에게서부터 오는 소식을 들었노라
사절을 여러 나라 가운데 보내어 이르시되
너희는 모여와서 그를 치며 일어나서 싸우라
15 보라 내가 너를 여러 나라 가운데에서 작아지게 하였고
사람들 가운데에서 멸시를 받게 하였느니라
16 바위틈에 살며 산꼭대기를 점령한 자여
스스로 두려운 자인 줄로 여김과
네 마음의 교만이 너를 속였도다
네가 독수리같이 보금자리를 높은 데에 지었을지라도
내가 그리로부터 너를 끌어내리리라
이는 여호와의 말씀이니라
17 에돔이 공포의 대상이 되리니
그리로 지나는 자마다 놀라며
그 모든 재앙으로 말미암아 탄식하리로다
18 여호와께서 말씀하시니라
소돔과 고모라와 그 이웃 성읍들이 멸망한 것같이
거기에 사는 사람이 없으며
그 가운데에 머물러 살 사람이 아무도 없으리라
19 보라 사자가 요단 강의 깊은 숲에서 나타나듯이
그가 와서 견고한 처소를 칠 것이라
내가 즉시 그들을 거기에서 쫓아내고

택한 자를 내가 그 위에 세우리니
나와 같은 자 누구며
나와 더불어 다툴 자 누구며
내 앞에 설 목자가 누구냐
20 그런즉 에돔에 대한 여호와의 의도와
데만 주민에 대하여 결심하신 여호와의 계획을 들으라
양 떼의 어린 것들을 그들이 반드시 끌고 다니며 괴롭히고
그 처소로 황폐하게 하지 않으랴
21 그들이 넘어지는 소리에 땅이 진동하며
그가 부르짖는 소리는 홍해에 들리리라
22 보라 원수가 독수리같이 날아와서
그의 날개를 보스라 위에 펴는 그날에
에돔 용사의 마음이 진통하는 여인같이 되리라 하시니라

에돔은 사해의 남동쪽에 위치했던 국가로 야곱의 쌍둥이 형 에서로부터 비롯된 족속이었다(창 36:1). 출애굽 시대 때부터 에돔은 이스라엘을 적대시했으며(민 20:14-30; 삿 11:17), 그 이후로도 이 두 나라의 갈등은 계속되었다. 다윗이 에돔을 속국으로 삼았지만(삼하 8:13-14), 요람 왕 시대에 이스라엘의 지배에 반역을 시도했으며(왕하 8:20-22) 결국 독립 국가로 존재할 수 있었다(왕하 16:5-6). 에돔은 아시리아에게 충성을 맹세하고 조공을 바치다가 주전 605년에 바빌론이 근동의 일인자로 떠오르자 바빌론에게 조공을 바쳤다. 시드기야가 바빌론에 반역했을 때, 에돔은 바빌론 군과 함께 예루살렘을 침략했다(시 137:7; 애 4:21; 겔 25:12-14). 에돔은 아랍 사람들의 침략을 받아 유다의 남쪽, 헤브론의 북쪽 지역으로 이동해 훗날 이두매(Idumea; 막 3:8)로 알려진 지역에 살게 되었다.

에돔에 대한 이 말씀은 오바댜서와 상당히 연관이 있다(Fretheim; cf.

9-10절과 옵 5-6절; 14-16절과 옵 1-4절). 에돔은 가나안에서 지혜로 유명했던 나라였다(옵 8절; cf 7절). 그러나 이제 그들의 지혜는 낙후되어 더 이상 효력을 발휘하지 못한다. 그들에게 임박한 재앙을 이겨낼 지혜가 없다. 그러므로 침략자들을 피해 급히 숨으라고 경고하신다(7절). 또한 북 아라비아에 위치했던 드단 거민들에게 속히 에돔 사람들과의 관계를 정리함으로써 에돔에 임할 심판의 불똥이 그들에게도 튀지 않도록 조심하라고 한다(8절). 에돔의 멸망은 피할 수 없다는 의미다.

얼마나 철저한 파괴와 심판이 에돔에게 임할 것이기에 주변 사람들에게 속히 피하라고 하는가? 선지자는 두 가지 비유를 들어 심판의 속성을 설명하고 있다(9-10절; 옵 5-6절).

첫째, 포도를 수확할 때면 샅샅이 살펴 모든 열매를 남김없이 따는 것이 아니라 가난한 자들이 먹을 수 있을 만큼 남겨두는 것이 율법이 요구한 미덕이었다(레 19:10; 신 24:21).

둘째, 집에 도둑이 들어도 필요한 만큼만 훔쳐가지 결코 모든 것을 가져가지는 않는다(10절). 에돔에 임할 하나님의 심판을 포도 따기에 비유한다면 한 송이도 남김 없이 따는 것이며, 밤에 드는 도둑에 비유한다면 집에 있는 것을 하나도 빠뜨리지 않고 훔쳐가는 것과 같다는 것이다. 매우 혹독하고 이 나라의 존재성까지도 흔들어놓는 무서운 심판이 임할 것이다.

에돔이 망하게 되는 이유는 모압, 암몬과 같이 교만과 거짓 평안 때문이다(16절; cf. 옵 1-4절). 그러므로 에돔에 임할 심판은 온 세상에서 그들을 매우 보잘것없는 작은 나라로 만드는 것이다(15절). 에돔을 심판하실 여호와 하나님이 요단 강변 숲에서 먹이를 찾아 나오는 배고픈 사자에 비교되고 있다(19절; 19-21절은 바빌론에 대한 메시지에 속한 50:44-46과 거의 동일하다). 목자는 생명을 걸고라도 양을 보호해야 하는 의무가 있다. 그러나 이 사자에 대항할 사람이 누군가? 아무도 없다(19절). 그러므로 힘없는 목자들이 지켜보는 가운데 양들을 물어 죽이는 사자처럼 하나님이 에돔을 심판하실 것이다(20절).

하나님은 어느 나라를 들어서 에돔에 최후의 철퇴를 가하실 것인가? 본문은 언급하고 있지 않지만 보스라 위에 날개를 펴는 독수리로 비유되는 것으로 보아 바빌론을 뜻할 수도 있다(22절). 그러나 실제로 에돔은 바빌론이 아니라 사막에서 침략해온 나바타 사람들(Nabateans)에 의해 멸망했다(Brown). 주전 2세기에는 에돔이 유다에 편입되었으며, 신약은 이 지역을 이두매라고 부른다(막 3:8). 그날이 되면, 에돔의 군사들의 마음이 산통을 겪는 여인의 것처럼 녹아내릴 것이다. 아예 싸워볼 생각도 해보지 못하는 것이다. 암몬에게는 회복을 약속하셨던 하나님이, 에돔에게는 회복의 소망을 주시지 않는다.

XI. 열방에 대한 심판 선언(46:1-51:64)

F. 다마스쿠스(49:23-27)

23 다메섹에 대한 말씀이라
하맛과 아르밧이 수치를 당하리니
이는 흉한 소문을 듣고 낙담함이니라
바닷가에서 비틀거리며 평안이 없도다
24 다메섹이 피곤하여 몸을 돌이켜 달아나려 하니
떨림이 그를 움켜잡고 해산하는 여인같이
고통과 슬픔이 그를 사로잡았도다
25 어찌하여 찬송의 성읍,
나의 즐거운 성읍이 버린 것이 되었느냐
26 이는 만군의 여호와의 말씀이니라
그런즉 그날에 그의 장정들은 그 거리에 엎드러지겠고
모든 군사는 멸절될 것이며

[27] 내가 다메섹의 성벽에 불을 지르리니
벤하닷의 궁전이 불타리라

다마스쿠스는 헤르몬 산(Mount Hermon) 근처에 위치한 도시로 시리아의 수도였다. 다른 OAN은 모두 나라를 언급하는데, 이 OAN은 시리아를 상징하면서 수도인 다마스쿠스에게 말씀을 선포한다. 시리아는 주전 742-734년에 아시리아 군에 멸망했으며, 이때 아시리아의 주로 편입되었다. 예레미야가 이 말씀을 선포하기 오래전에 망한 것이다.

예레미야는 다마스쿠스의 죄를 구체적으로 언급하지 않는다. 아마도 오랜 세월 동안 축적된 죄에 대한 전반적인 심판으로 간주하는 것이 바람직할 것이다. 시리아는 적군이 쳐들어온다는 소식에 대적할 준비를 하는 것이 아니라 마음이 녹아내린다. 침략자들이 얼마나 두려운지 싸워보지도 않고 싸울 의지가 꺾인 것이다. 사나운 파도처럼 내리치는 적군의 철퇴를 당해낼 수도 없다. 결국 싸워보지도 못하고 망하게 될 것이다.

본문이 묘사하고 있는 심판의 특징은 하나님이 신적 1인칭을 광범위하게 사용하신다는 점이다. 하나님이 손수 다마스쿠스를 멸하실 것을 기정사실화한다. 왜 하나님은 시리아를 직접 벌하시는가? 아마도 시리아와 이스라엘의 오랜 갈등으로 인해(cf. 삿 3:10; 삼하 8:5-6; 10:6-19; 왕상 11:25; 왕하 5-7장; 12:17-13:24; 24:2) 분노하신 것으로 생각된다.

XI. 열방에 대한 심판 선언(46:1-51:64)

G. 아랍 족속들(49:28-33)

[28] 바벨론의 느부갓네살 왕에게 공격을 받은 게달과 하솔 나라들에 대한 말씀이라

여호와께서 이와 같이 말씀하시되
너희는 일어나 게달로 올라가서
동방 자손들을 황폐하게 하라
29 너희는 그들의 장막과 양 떼를 빼앗으며
휘장과 모든 기구와 낙타를 빼앗아다가 소유로 삼고
그들을 향하여 외치기를 두려움이 사방에 있다 할지니라
30 여호와의 말씀이니라
하솔 주민아 도망하라
멀리 가서 깊은 곳에 살라
이는 바벨론의 느부갓네살 왕이 너를 칠 모략과
너를 칠 계책을 세웠음이라
31 여호와의 말씀이니라
너는 일어나 고요하고도 평안히 사는 백성
곧 성문이나 문빗장이 없이 홀로 사는 국민을 치라
32 그들의 낙타들은 노략물이 되겠고
그들의 많은 가축은 탈취를 당할 것이라
내가 그 살쩍을 깎는 자들을 사면에 흩고
그 재난을 여러 곳에서 오게 하리라
여호와의 말씀이니라
33 하솔은 큰 뱀의 거처가 되어 영원히 황폐하리니
거기 사는 사람이나 그 가운데에 머물러 사는 사람이
아무도 없게 되리라 하시니라

다마스쿠스의 남서쪽으로 선지자의 관심이 바뀌고 있다. 게달은 떠도는 아랍 사람들 중 중요한 지파였다(창 25:13; 대상 1:29; 사 21:16-17; 렘 2:10). 그들은 팔레스타인의 동쪽 시리아—아랍 사막 접경 지역에 살았으며 지역의 중요 상인들이었다(Fretheim; cf. 29절; 2:10-11; 겔 27:21).

바빌론의 역대기는 느부갓네살이 주전 599년에 게달을 쳤던 것을 기록하고 있다. 바빌론의 침략 이후에도 게달은 매우 번성했던 것으로 알려졌다(Brown). 하솔은 여호수아가 점령한 팔레스타인의 도시가 아니라(수 11:1-13), 동쪽 사막 지역에 거하던 아랍 지파의 이름이었다(Holladay). 본문에서는 이 족속이 살던 지역을 뜻하기도 한다. 하솔의 위치에 대해서는 아직까지 밝혀진 바가 없다. 한 주석가는 하솔이 고유명사가 아니라 게달 사람들이 거하던 열린 공간(지역)을 의미하는 일반명사라고 주장한다(Miller; cf. HALOT).

저자는 이들의 죄를 구체적으로 언급하지 않는다. 다만 자기만족과 자만이 문제가 되고 있다(31절). 근동 역사에서 별로 비중을 차지하지 않은 작은 족속들이 이곳에 언급되는 것은 세상 모든 민족들 중 크고 작고 간에 그 누구도 하나님의 심판을 피할 수 없음을 암시하는 듯하다(Huey).

XI. 열방에 대한 심판 선언(46:1-51:64)

H. 엘람(49:34-39)

34 유다 왕 시드기야가 즉위한 지 오래지 아니하여서 엘람에 대한 여호와의 말씀이 선지자 예레미야에게 임하여 이르시되

35 만군의 여호와가 이같이 말하노라
보라 내가 엘람의 힘의 으뜸가는 활을 꺾을 것이요
36 하늘의 사방에서부터 사방 바람을 엘람에 오게 하여
그들을 사방으로 흩으리니
엘람에서 쫓겨난 자가 가지 않는 나라가 없으리라
37 여호와의 말씀이니라
내가 엘람으로 그의 원수의 앞,

그의 생명을 노리는 자의 앞에서 놀라게 할 것이며
내가 재앙 곧 나의 진노를 그들 위에 내릴 것이며
내가 또 그 뒤로 칼을 보내어 그들을 멸망시키리라
38 내가 나의 보좌를 엘람에 주고
왕과 고관들을 그곳에서 멸하리라
여호와의 말씀이니라
39 그러나 말일에 이르러 내가 엘람의 포로를 돌아가게 하리라
여호와의 말씀이니라

엘람은 바빌론의 동쪽으로 300킬로미터 떨어진 지역에 위치한 고대 문명의 발상지였다. 오늘날로 말하면 이란의 남서쪽 지역에 위치했다(ABD). 엘람의 군대는 활을 잘 쏘기로 유명했으며, 아시리아와 합세해 유다를 침략한 적이 있다(Brown; cf. 사 21:2; 22:1-5). 아시리아가 주전 640년에 엘람을 정복했지만, 아시리아가 무너진 다음 다시 독립을 찾았다. 엘람은 주전 612년에 바빌론의 나보폴라살(Nabopolassar)과 합세해 니느웨를 쳤다. 그러나 바빌론이 근동의 군주로 자리를 굳힌 후 엘람과의 관계는 평탄하지 못했다. 결국 주전 539년에 엘람은 페르시아의 고레스를 도와 바빌론을 파멸시키는 데 일조했다.

선지자는 이 메시지를 시드기야 통치 초기 시대 때 받은 것으로 밝히고 있다(34절). 예레미야의 OAN 중에서 구체적인 날짜가 제시되는 것은 이곳이 유일하다. 학자들은 이때를 주전 597-594년쯤으로 본다. 역시 예레미야서가 시대적인 순서로 메시지를 엮어가는 것이 아니라 신학적 주제와 공통적인 주제로 메시지를 나열하고 있음을 시사한다.

실제적으로 엘람은 이스라엘과 별 관계가 없던 나라다. 엘람은 이스라엘이 상상할 수 있는 나라들 중 가장 동쪽, 가장 먼 곳에 있는 나라다. 그렇다면 왜 이곳에 엘람에 대한 말씀이 포함되어 있을까? 아마도 여호와의 절대적이고 포괄적인 주권을 강조하기 위함일 것이다. 하나

님은 이스라엘 가까이에 있는 나라들뿐만 아니라 심지어는 너무 멀어 직접 연관이 없는 나라들까지도 통치하시는 분임을 강조한다.

엘람은 활 쏘는 군인들로 유명했던 나라다(Holladay). 그러나 그들이 자랑하는 활이 단숨에 꺾일 것이다(35절). 정체를 밝히지 않은 적이 엘람을 사방에서 칠 것이다(36절). 저자는 엘람이 어떤 인간적 도구를 통해 멸망할 것인가에 관심이 없으며, 오직 그들을 멸망시키는 이가 하나님이라는 사실을 강조한다(Miller). 침략자들은 엘람을 정복한 후 엘람 사람들을 온 세상에 흩어버릴 것이다. 혹독한 심판의 메시지에도 불구하고 하나님이 언젠가는 엘람을 회복시키실 것이다(39절). 엘람의 수도 수산이 훗날 페르시아 제국의 수도가 된 것은 이 예언이 성취된 것이 아닐까?

XI. 열방에 대한 심판 선언(46:1–51:64)

I. 바빌론(50:1–51:64)

110절에 달하는 바빌론에 대한 메시지는 예레미야가 선포하는 OAN 중에서 가장 긴 신탁이다. 바빌론은 이스라엘의 운명뿐만 아니라 온 세상에 있는 나라들에게 막대한 영향을 미쳤다. 또한 예레미야의 사역뿐만 아니라, 성경의 세계에서 매우 중요한 비중을 차지한 나라였다(Brown). 본문에 페르시아가 언급되지 않은 것으로 보아 이곳에 기록된 메시지는 바빌론이 페르시아에 의해 멸망한 주전 539년 이전에 기록되었을 것이라는 해석이 주도적이다.

바빌론은 어떤 곳이었는가? 바빌론은 역사가 주전 3000년대까지 거슬러 올라가는 고대 문명의 발상지였으며 오늘날의 남 이라크 지역을 통과하는 유프라테스 강변에 있었다. 함무라비 법전(Hammurapi Code)으로 유명해진 함무라비 왕(주전 1793–1750년)이 통치할 무렵 근동의 슈

퍼 파워(super power)로 떠올랐지만 그 이후 급속히 쇠퇴해 주전 600년대까지 평범한 국가로 존재했다. 신바빌론 제국의 창시자인 나보폴라살이 주전 626년에 아시리아로부터 독립을 선언했으며 느부갓네살(주전 605-562)의 통치 아래 최고의 번영기를 맞았다.

바빌론은 사방이 습지로 둘러싸인 사각형 도시였으며 면적이 8000에이커(축구장 = 2.5에이커)에 달했다(ABD). 도시 전체가 두 겹의 성벽으로 둘러싸여 있었다. 안쪽 성벽은 도시의 중심부를 에워싸고 있었고 두께가 7미터에 달했으며, 20미터 간격으로 방어탑이 설치되어 있었다. 바깥 성벽은 4미터 두께로 이루어져 있었으며 감시탑들이 있었다. 느부갓네살은 여기에 두 번째 두 겹 성벽을 더했는데 두 성벽의 두께가 각각 8미터에 달했다. 이 성벽은 유프라테스 강 동쪽에 위치했으며 총 27킬로미터에 달했다. 이 두 성벽의 두께가 얼마나 두꺼웠는지 성 위에서 네 마리의 말이 끄는 마차가 달릴 수 있었다는 기록이 남아 있다(Wiseman). 성의 높이는 알려지지 않았지만 탑의 높이가 12미터에 달한 것을 보면 아마도 성의 높이도 이 정도였을 것이다. 이 외에도 느부갓네살은 많은 건물들을 건축했다. 바빌론에서 발견되는 대부분의 벽돌들에 그의 이름이 새겨져 있다(Free).

성의 출입은 여덟 개의 문으로 통제되었다. 이중 제일 유명한 문이 북쪽에 위치했던 이슈타르(Ishtar) 문이다. 이 문의 높이는 12미터에 달했으며 마르두크(Marduk) 신과 황소들이 그려져 있었다. 이슈타르 문을 통해 입성하면 곧장 1000미터에 달하는 행길이 펼쳐졌다. 이 길을 따라 내려가면 에사길라(Esagila) 초소, 마르두크 신전, 에테메난키 신전(Ziggurat Etemenanki)에 이르렀다. 이 신전은 7층으로 구성되어 있었으며 높이가 85미터에 달했다(Whitcomb). 바빌론 안에는 53개의 신전들이 있었으며, 도시의 동서를 잇는 120미터 길이의 다리가 유프라테스 강 위에 펼쳐져 있었다.

느부갓네살은 최소한 세 개의 궁전을 바빌론에 두었으며 그가 가장 많이 거처하던 곳은 남쪽에 위치한 것으로 넓이가 350미터, 폭이 200미터에 달했다. 바빌론은 '매달려 있는 정원'(hanging gardens)으로 유명했는데 이것을 목격한 고대 그리스 사람들은 이것을 세상의 일곱 가지 불가사의(不可思議) 중의 하나로 평가했다. 주전 3세기 바빌론 역사가 베로수스(Berosus)는 느부갓네살이 아내 아미티스(Amytis)를 위해 이 정원을 건축했다고 기록했다. 그녀는 메대의 산악 지방에서 바빌론의 평지로 시집을 왔다. 고향 산을 그리워하는 아내를 위해 왕이 도시 한가운데에 거대한 산을 조성했다. 성 밖에서도 이 산을 볼 수 있었다는 점을 감안하면 얼마나 높은 산이었는지 짐작할 수 있다. 이 인공 산에는 여러 개의 정원이 있었으며 각종 꽃들과 나무들로 가꾸어졌다. 이 높은 곳으로 유프라테스 강물을 끌어올리기 위한 기술도 대단했다.

이처럼 대단한 바빌론도 창조주 하나님 여호와의 심판을 받아야 한다. 하나님의 공의와 정의가 적용되는 기준에서 예외가 될 수 있는 나라는 없다. 심지어 하나님의 백성이라고 자부하던 이스라엘도 주님의 심판을 받지 않았는가!

바빌론에 대한 말씀 중 유일하게 날짜를 기록하고 있는 섹션은 51:59-64이며 시드기야 즉위 4년(주전 594/593년)이라고 밝히고 있다. 바빌론에 대해 선포되는 OAN 역시 다른 OAN과 마찬가지로 여호와 하나님이 바빌론을 멸할 새 나라를 세우실 것이라고 말한다(cf. Miller). 또한 하나님이 다른 나라들을 파멸에 이르게 하신 것처럼 이 교만한 나라를 직접 심판하실 것을 골자로 하고 있다. 바빌론 OAN을 형성하는 50-51장은 다음과 같이 구분될 수 있다.

A. 바빌론의 멸망 선포(50:1-10)
B. 바빌론의 죄(50:11-16)
C. 이스라엘의 회복(50:17-20)
D. 바빌론에 대한 하나님의 진노(50:21-32)

E. 바빌론의 황폐(50:33–40)
F. 바빌론의 무기력(50:41–46)
G. 여호와의 보복(51:1–19)
H. 하나님의 무기(51:10–26)
I. 열방이 바빌론을 침략함(51:27–35)
J. 바빌론의 최후(51:36–58)
K. 스라야의 상징적 행위(51:59–64)

XI. 열방에 대한 심판 선언(46:1–51:64)
I. 바빌론(50:1–51:64)

1. 바빌론의 멸망 선포(50:1–10)

1 여호와께서 선지자 예레미야에게 바벨론과 갈대아 사람의 땅에 대하여 하
신 말씀이라

2 너희는 나라들 가운데에 전파하라
공포하라 깃발을 세우라
숨김이 없이 공포하여 이르라
바벨론이 함락되고
벨이 수치를 당하며
므로닥이 부스러지며
그 신상들은 수치를 당하며
우상들은 부스러진다 하라
3 이는 한 나라가 북쪽에서 나와서
그를 쳐서 그 땅으로 황폐하게 하여
그 가운데에 사는 자가 없게 할 것임이라
사람이나 짐승이 다 도망할 것임이니라

4 여호와의 말씀이니라 그날 그때에 이스라엘 자손이 돌아오며 유다 자손도

함께 돌아오되 그들이 울면서 그 길을 가며 그의 하나님 여호와께 구할 것
이며 5 그들이 그 얼굴을 시온으로 향하여 그 길을 물으며 말하기를 너희는
오라 잊을 수 없는 영원한 언약으로 여호와와 연합하라 하리라 6 내 백성은
잃어버린 양 떼로다 그 목자들이 그들을 곁길로 가게 하여 산으로 돌이키게
하였으므로 그들이 산에서 언덕으로 돌아다니며 쉴 곳을 잊었도다 7 그들을
만나는 자들은 그들을 삼키며 그의 대적은 말하기를 그들이 여호와 곧 의로
운 처소시며 그의 조상들의 소망이신 여호와께 범죄하였음인즉 우리는 무죄
하다 하였느니라

8 너희는 바벨론 가운데에서 도망하라
갈대아 사람의 땅에서 나오라
양 떼에 앞서가는 숫염소같이 하라
9 보라 내가 큰 민족의 무리를 북쪽에서 올라오게 하여
바벨론을 대항하게 하리니
그들이 대열을 벌이고 쳐서 정복할 것이라
그들의 화살은 노련한 용사의 화살 같아서
허공을 치지 아니하리라
10 갈대아가 약탈을 당할 것이라
그를 약탈하는 자마다 만족하리라
여호와의 말씀이니라

위대한 바빌론, 여호와께서 범죄한 자기 백성 이스라엘을 치기 위해 사용하신 도구가 그를 사용하신 분에게 패대기를 당하고 있다. 창조주 이스라엘의 하나님께 사형선고를 받은 것이다. 때가 되면 바빌론과 그의 신들이 함께 포로가 되어 끌려갈 것이다(2절). 벨(בֵּל; lit., '주[主]')은 수메리아에서는 엔릴(Enlil)로 알려져 있고, 가나안에서는 바알로 알려지기도 한 태풍의 신을 뜻한다(ABD). 그러다 마르두크가 바빌론 신들의 우두머리로 추대되었을 때는 마르두크가 벨이라는 호칭을 갖기도

했다.

“그 신상들은 수치를 당하며 우상들은 부스러진다”(2절)에서 ‘우상’으로 번역된 히브리 단어(גִּלּוּל)는 원래 ‘변/똥 덩어리’를 뜻한다(HALOT). 선지자와 하나님이 우상들을 어떻게 생각하시는가를 효과적으로 묘사한다. 그런데 인간들은 왜 그렇게 열심을 다하여 ‘똥’을 추구한 것일까?

누가 바빌론을 칠 것인가? ‘북방의 한 나라’가 바빌론을 칠 것이다(3절). 선지자는 이 북방의 나라가 누구인지를 밝히지 않는다. 한 가지 재미있는 사실은 다른 OAN에서는 바빌론이 가나안 지역과 이집트를 치는 ‘북방의 나라’였다. 이제 바빌론 자신이 ‘북방 나라’에 의해 도륙을 당하는 것이다. 운명이란 이렇게 순식간에 돌변하기도 한다. “올라간 것은 반드시 내려온다”(What goes up must come down)라는 서양 격언이 생각난다. 한때는 다른 나라들을 치던 자가 이제는 맞고 있다.

일부 주석가들은 바빌론이 ‘북방 나라’에게 멸망할 것이라는 예언이 역사적으로 성취된 사례가 없다며 문제를 제기한다(Thompson). 그러나 언젠가는 다른 나라에 잔인하게 굴었던 바빌론이 같은 방법으로 멸망할 것이라는 취지의 예언으로 생각하면 별 문제가 없다(Brown). 그러므로 바빌론을 칠 ‘북방 나라’의 정체를 논하기보다는 ‘바빌론처럼 힘이 센 나라’에 바빌론이 망할 것을 의미한다고 해석하는 것이 바람직하다(Holladay). 일부 주석가들은 고레스의 페르시아가 이 북방 나라라고 주장한다(Fretheim).

바빌론이 멸망하는 것이 이스라엘과 유다에게는 회개하고 다시 본국으로 돌아가는 준비를 하게 하는 신호가 될 것이다(4-5절). 또한 그들은 여호와 하나님과 다시는 잊히지 않는 영원한 언약을 맺을 것이다. 바빌론의 멸망은 곧 이스라엘의 회복을 의미한다. 열방은 이스라엘이 회복되어 다시 하나님의 백성이 되는 것을 원하지 않기 때문이다.

그동안 이스라엘은 마치 길을 잃은 양들처럼 방황했다. 그들의 목자들이 잘못 인도하였기 때문이다(6-7절). 이제 그 방황의 시대가 막을 내릴 때가 왔다. 이 시대는 또한 바빌론의 종말을 고하는 시대이기도 하다. 선지자는 바빌론에 사는 사람들에게 심판이 임하기 전 빨리 그곳을 떠나라는 권면을 통해 앞으로 바빌론이 경험하게 될 파괴가 매우 참혹할 것을 암시하고 있다(8절). 저자가 사용하는 이미지는 양들을 가두어놓는 우리가 열리자마자 순식간에 뛰쳐나가는 숫양의 모습이다(8절). 숫양은 모험과 결단력이 강한 리더들의 상징으로 자주 사용된다(Brueggemann). 화를 피하고자 하는 사람은 속히 바빌론을 떠나야 한다. 괜히 옆에서 얼쩡거리다가 다치는 일이 없도록 하라는 것이다.

XI. 열방에 대한 심판 선언(46:1-51:64)
I. 바빌론(50:1-51:64)

2. 바빌론의 죄(50:11-16)

11 나의 소유를 노략하는 자여
너희가 즐거워하며 기뻐하고
타작하는 송아지같이 발굽을 구르며
군마같이 우는도다
12 그러므로 너희의 어머니가 큰 수치를 당하리라
너희를 낳은 자가 치욕을 당하리라
보라 그가 나라들 가운데의 마지막과
광야와 마른 땅과 거친 계곡이 될 것이며
13 여호와의 진노로 말미암아
주민이 없어 완전히 황무지가 될 것이라
바벨론을 지나가는 자마다
그 모든 재난에 놀라며 탄식하리로다
14 바벨론을 둘러 대열을 벌이고 활을 당기는 모든 자여
화살을 아끼지 말고 쏘라

그가 여호와께 범죄하였음이라
15 그 주위에서 고함을 지르리로다
그가 항복하였고
그 요새는 무너졌고
그 성벽은 허물어졌으니
이는 여호와께서 그가 행한 대로 그에게 내리시는 보복이라
그가 행한 대로 그에게 갚으시는도다
16 파종하는 자와 추수 때에 낫을 잡은 자를
바벨론에서 끊어버리라
사람들이 그 압박하는 칼을 두려워하여
각기 동족에게로 돌아가며 고향으로 도망하리라

바벨론 사람들이 여호와의 진노를 피할 수 없는 것은 그들이 '하나님의 산업'을 노략하는 것을 즐거워했기 때문이다(11절). 하나님이 그의 백성에게 허락하신 땅을 약탈했다는 것이다. 그러므로 그들의 '어미' 바빌론이 온 세상에서 수치를 당하고 열방의 조롱거리가 될 것이며 땅은 광야와 마른 땅과 사막이 될 것이다. 또한 한때는 열방의 으뜸이었던(높이 솟았던) 그들이 꼴찌가 될 것이다(12절). 하나님의 분노의 심판이 바빌론에 임하니 바빌론은 더 이상 아무것도 살 수 없는 폐허의 땅으로 변한다(13절).

하나님이 바빌론을 치려고 이미 성을 둘러싸고 있는 적에게 공격을 명령하신다(14절). 바빌론의 멸망 역시 하나님이 직접 하시는 일이다. 바빌론이 공격을 받고 곤경에 처하니 씨를 파종할 수 없고, 씨를 파종하지 못하니 추수할 자도 없다. 그리고 바빌론이 처한 역경은 포로로 끌려온 자들에게 그곳을 탈출할 수 있는 절호의 찬스를 허락한다(16절).

3. 이스라엘의 회복(50:17-20)

17 이스라엘은 흩어진 양이라
사자들이 그를 따르도다
처음에는 앗수르 왕이 먹었고
다음에는 바벨론의 느부갓네살 왕이 그의 뼈를 꺾도다
18 그러므로 만군의 여호와 이스라엘의 하나님이 이와 같이 말하노라
보라 내가 앗수르의 왕을 벌한 것같이
바벨론의 왕과 그 땅을 벌하고
19 이스라엘을 다시 그의 목장으로 돌아가게 하리니
그가 갈멜과 바산에서 양을 기를 것이며
그의 마음이 에브라임과 길르앗 산에서 만족하리라
20 여호와의 말씀이니라
그날 그때에는 이스라엘의 죄악을 찾을지라도 없겠고
유다의 죄를 찾을지라도 찾아내지 못하리니
이는 내가 남긴 자를 용서할 것임이라

이 말씀은 이스라엘의 험난했던 역사를 요약하고 있다. 이스라엘은 마치 사자들에 쫓기는 양과 같았다. 먼저 아시리아의 왕이 그들을 먹었고, 바빌론의 느부갓네살이 뼈까지 씹어 먹었다(17절). 그러나 하나님이 옛적에 아시리아에게 이스라엘을 공격한 죗값을 물은 것처럼, 이제 바빌론에게 이스라엘을 씹은 죗값을 물으실 것이다(18절). 여호와 하나님이 바로 그들이 씹은 양 떼 이스라엘의 목자이시기 때문이다(cf. 6절).

바빌론이 가두어두었던 이스라엘은 바빌론을 떠나 본국으로 돌아갈

수 있는 기회를 얻었다. 하나님이 목자가 되어 그들을 직접 가나안 땅으로 인도하실 것이기 때문이다(19절). 뿐만 아니라 죄의 용서도 약속하신다. 그때가 되면 아무리 이스라엘을 뒤져보아도 죄를 발견할 수 없을 것이다. 하나님이 남은 자들을 용서하실 것이기 때문이다(20절).

XI. 열방에 대한 심판 선언(46:1–51:64)
I. 바빌론(50:1–51:64)

4. 바빌론에 대한 하나님의 진노(50:21–32)

21 이는 여호와의 말씀이니라
너희는 올라가서 므라다임의 땅을 치며
브곳의 주민을 쳐서 진멸하되
내가 너희에게 명령한 대로 다하라
22 그 땅에 싸움의 소리와 큰 파멸이 있으리라
23 온 세계의 망치가 어찌 그리 꺾여 부서졌는고
바벨론이 어찌 그리 나라들 가운데에 황무지가 되었는고
24 바벨론아
내가 너를 잡으려고 올무를 놓았더니
네가 깨닫지 못하여 걸렸고
네가 여호와와 싸웠으므로 발각되어 잡혔도다
25 여호와께서 그의 병기창을 열고 분노의 무기를 꺼냄은
주 만군의 여호와께서 갈대아 사람의 땅에 행할 일이 있음이라
26 먼 곳에 있는 너희는 와서
그를 치고 그의 곳간을 열고
그것을 곡식 더미처럼 쌓아 올려라
그를 진멸하고 남기지 말라
27 그의 황소를 다 죽이라

그를 도살하려 내려보내라
그들에게 화 있도다
그들의 날, 그 벌 받는 때가 이르렀음이로다
28 바벨론 땅에서 도피한 자의 소리여
시온에서 우리 하나님 여호와의 보복하시는 것,
그의 성전의 보복하시는 것을 선포하는 소리로다
29 활 쏘는 자를 바벨론에 소집하라
활을 당기는 자여
그 사면으로 진을 쳐서 피하는 자가 없게 하라
그가 일한 대로 갚고 그가 행한 대로 그에게 갚으라
그가 이스라엘의 거룩한 자 여호와를 향하여 교만하였음이라
30 그러므로 그날에 장정들이 그 거리에 엎드러지겠고
군사들이 멸절되리라
여호와의 말씀이니라
31 주 만군의 여호와의 말씀이니라
교만한 자여
보라 내가 너를 대적하나니
너의 날 곧 내가 너를 벌할 때가 이르렀음이라
32 교만한 자가 걸려 넘어지겠고
그를 일으킬 자가 없을 것이며
내가 그의 성읍들에 불을 지르리니
그의 주위에 있는 것을 다 삼키리라

본문의 내용은 지금까지 바빌론에 대해 선포된 메시지를 대부분 그대로 반복하고 있다. 내용 면에서 새로운 것은 없다는 의미다. 하나님이 바빌론을 포위하고 있는 군사들에게 "므라다임(מְרָתַיִם)의 땅을 치며 브곳(פְּקוֹד)의 거민을 쳐서 진멸하라"는 명령을 내리신다(21절). 므라다

임은 바빌론 남쪽 티그리스와 유프라테스 강 사이에 있었던 지역의 이름이었으며 브곳은 바빌론 동쪽에 거하던 지파의 이름이었다(겔 23:23).

한때는 온 세상을 무너뜨렸던 바빌론이 무너져 내리고 있다(22–23절). 특히 "세상을 쳐부수던 쇠망치가 어쩌다가 이렇게 깨지고 부서지게 되었는가?"(23절; 새번역)는 매우 아이러니하게 들린다. 바빌론은 세상 만민이 놀랄 정도로 비참해졌다. 모두 그들이 '여호와와 다투었으므로' 일어난 일이었다(24절). 하나님께 대항해서 승리할 자가 어디 있겠는가!

XI. 열방에 대한 심판 선언(46:1–51:64)
I. 바빌론(50:1–51:64)

5. 바빌론의 황폐(50:33–40)

33 만군의 여호와께서 이와 같이 말씀하시니라
이스라엘 자손과 유다 자손이 함께 학대를 받는도다
그들을 사로잡은 자는 다 그들을 붙들고 놓아주지 아니하리라
34 그들의 구원자는 강하니 그의 이름은 만군의 여호와라
반드시 그들 때문에 싸우시리니
그 땅에 평안함을 주고 바벨론 주민은 불안하게 하리라
35 여호와의 말씀이니라
칼이 갈대아인의 위에와 바벨론 주민의 위에와
그 고관들과 지혜로운 자의 위에 떨어지리라
36 칼이 자랑하는 자의 위에 떨어지리니
그들이 어리석게 될 것이며
칼이 용사의 위에 떨어지리니
그들이 놀랄 것이며
37 칼이 그들의 말들과 병거들과

그들 중에 있는 여러 민족의 위에 떨어지리니
그들이 여인들같이 될 것이며
칼이 보물 위에 떨어지리니 그것이 약탈되리라
38 가뭄이 물 위에 내리어 그것을 말리리니
이는 그 땅이 조각한 신상의 땅이요
그들은 무서운 것을 보고 실성하였음이니라
39 그러므로 사막의 들짐승이
승냥이와 함께 거기에 살겠고
타조도 그 가운데에 살 것이요
영원히 주민이 없으며 대대에 살 자가 없으리라
40 여호와의 말씀이니라 하나님께서 소돔과 고모라와 그 이웃 성읍들을 뒤엎었듯이 거기에 사는 사람이 없게 하며 그 가운데에 머물러 사는 사람이 아무도 없게 하시리라

바빌론의 확실한 멸망을 선언한 다음, 선지자는 현실로 돌아와 이스라엘과 유다가 학대를 받고 있음을 시인한다(cf. 7:6; 21:12). 이스라엘과 유다를 학대하고 있는 자들은 결코 그들에게 자유를 주지 않을 것이다. 그러나 바빌론을 정복하는 자는 이스라엘에게 자유를 줄 것이다. 모든 것이 그들의 강한 구속자이신 만군의 여호와께서 하시는 일이다(34절).

이 일을 위하여 하나님은 칼(חֶרֶב)을 동원하신다(35-38절). 35-38절은 '칼의 노래'(cf. 겔 21:1-17)로 불릴 정도로 '칼'에 대한 언급이 많다. 35-38절에서 다섯 번이나 언급되고 있다. 바빌론의 모든 것이 이 칼에 의하여 파괴된다. 바빌론이 '칼'(חֶרֶב)에 의해 망하게 되는 것처럼 도시의 물이 '가뭄'(חֹרֶב)으로 마르게 될 것이다. 하나의 언어유희가 구상되고 있다.

바빌론의 죄 목록에 우상숭배가 더해지고 있다. "그 땅[바빌론]이 조각한 신상의 땅이요 그들은 우상에 미쳤음이니라"(38절). 바빌론이 완

전히 황폐하여 사람들과 짐승들이 살기 어려울 것이라고 확신하는 39–40절은 이사야 선지자가 에돔을 향해 선포한 메시지와 비슷하다(사 13:19–22).

XI. 열방에 대한 심판 선언(46:1–51:64)
I. 바빌론(50:1–51:64)

6. 바빌론의 무기력(50:41–46)

41 보라 한 민족이 북쪽에서 오고
큰 나라와 여러 왕이 충동을 받아 땅 끝에서 일어나리니
42 그들은 활과 투창을 가진 자라
잔인하여 불쌍히 여기지 아니하며
그들의 목소리는 바다가 설레임 같도다
딸 바벨론아 그들이 말을 타고
무사같이 각기 네 앞에서 대열을 갖추었도다
43 바벨론의 왕이 그 소문을 듣고
손이 약하여지며 고통에 사로잡혀
해산하는 여인처럼 진통하는도다
44 보라 사자가 요단의 깊은 숲에서 나타나듯이 그가 와서 견고한 처소를 칠
것이라 내가 즉시 그들을 거기에서 쫓아내고 택한 자를 내가 그 자리에 세
우리니 나와 같은 자 누구며 출두하라고 나에게 명령할 자가 누구며 내 앞
에 설 목자가 누구냐 45 그런즉 바벨론에 대한 여호와의 계획과 갈대아 사람
의 땅에 대하여 품은 여호와의 생각을 들으라
양 떼의 어린 것들을 그들이 반드시 끌어가고
그들의 초장을 황폐하게 하리니
46 바벨론이 약탈당하는 소리에 땅이 진동하며
그 부르짖음이 나라들 가운데에 들리리라 하시도다

밀물처럼 급습해오는 침략자들 앞에 바빌론은 대책이 없다. 그저 두려움과 공포에 휩싸여 마치 산통을 겪는 여인처럼 괴로워할 뿐이다(43절). 하나님은 마치 요단 강변 숲에서 먹이를 찾아 나오는 배고픈 사자처럼 이들을 덮치실 것이다(44-46절).

요단 강변 숲에서 먹이를 찾아 나오는 사자 이미지는 이미 49:19-21에서 에돔 OAN에서 사용되었다. 바빌론과 에돔의 죄가 비슷하기 때문에 징계도 비슷하게 묘사되고 있다.

XI. 열방에 대한 심판 선언(46:1-51:64)
I. 바빌론(50:1-51:64)

7. 여호와의 보복(51:1-9)

1 여호와께서 이와 같이 말씀하시되
보라 내가 멸망시키는 자의 심령을 부추겨 바벨론을 치고
또 나를 대적하는 자 중에 있는 자를 치되
2 내가 타국인을 바벨론에 보내어
키질하여 그의 땅을 비게 하리니
재난의 날에 그를 에워싸고 치리로다
3 활을 당기는 자를 향하며 갑옷을 입고
일어선 자를 향하여 쏘는 자는 그의 활을 당길 것이라
그의 장정들을 불쌍히 여기지 말며
그의 군대를 전멸시켜라
4 무리가 갈대아 사람의 땅에서 죽임을 당하여 엎드러질 것이요
관통상을 당한 자가 거리에 있으리라
5 이스라엘과 유다가 이스라엘의 거룩하신 이를 거역하므로
죄과가 땅에 가득하나
그의 하나님 만군의 여호와에게 버림받은 홀아비는 아니니라

6 바벨론 가운데서 도망하여 나와서
각기 생명을 구원하고
그의 죄악으로 말미암아 끊어짐을 보지 말지어다
이는 여호와의 보복의 때니 그에게 보복하시리라
7 바벨론은 여호와의 손에 잡혀 있어
온 세계가 취하게 하는 금잔이라
뭇 민족이 그 포도주를 마심으로 미쳤도다
8 바벨론이 갑자기 넘어져 파멸되니 이로 말미암아 울라
그 상처를 위하여 유향을 구하라 혹 나으리로다
9 우리가 바벨론을 치료하려 하여도 낫지 아니한즉
버리고 각기 고향으로 돌아가자
그 화가 하늘에 미쳤고 궁창에 달하였음이로다

선지자는 하나님의 보복이 바벨론에 속히 임할 것을 계속 선포하고 있다. 동시에 바벨론에 거하고 있는 이스라엘 사람들에게 그곳을 속히 떠나갈 것을 권한다. 바벨론이 죄로 심판을 받을 때, 이스라엘 사람들이 그곳에 함께 있다가 피해를 보지 않도록 말이다. 1절은 하나님이 바벨론을 치시고 또 '나를 대적하는 자 중에 있는 자'(개역개정)를 치시겠다고 하는데, 이러한 표현은 해석이지 번역이 아니다. 이 히브리어 문구(יֹשְׁבֵי לֵב קָמָי)의 문자적 의미는 고유명사로 취급하면 '레브 카마이에 거하는 자들' 혹은 일반명사로 간주하면 '나를 대적하는 자들의 마음'이다(cf. 새번역 각주). 대부분 주석가들은 이 단어들(לֵב קָמָי)을 고유명사로 취급한다(cf. Brown; Fretheim; Miller). 그렇다면 '레브 카마이'는 어디를 의미하는가? 거의 모든 학자들이 이 표현이 바벨론을 뜻하는 암호문이라는 점에 동의한다(Lundbom; Holladay; McKane). 예레미야는 25:25-26에서도 바벨론을 '세삭'이라는 암호문으로 불렀다.

한때는 바벨론이 여호와의 손에 쥐여진 금잔이었다. 금잔은 부와 권

력을 상징한다. 하나님은 온 열방이 이 컵으로 징벌을 마시게 하셨다. 바빌론의 진노를 맛보아야 했던 것이다. 그러나 바빌론은 자신들이 열방에 먹인 '독주'를 스스로 마셔야 한다. 그러고 난 후 그 금잔은 산산조각이 날 것이다. 그렇다면 앞으로 바빌론이 이렇게 처참하게 당할 것을 무엇이 보장한단 말인가? 바로 온 우주를 창조하고 통치하는 주권자 하나님이 보증하신다(15-19절).

XI. 열방에 대한 심판 선언(46:1-51:64)
I. 바빌론(50:1-51:64)

8. 하나님의 무기(51:10-26)

10 여호와께서 우리 공의를 드러내셨으니
오라 시온에서 우리 하나님 여호와의 일을 선포하자
11 화살을 갈며 둥근 방패를 준비하라
여호와께서 메대 왕들의 마음을 부추기사
바벨론을 멸하기로 뜻하시나니
이는 여호와께서 보복하시는 것
곧 그의 성전을 위하여 보복하시는 것이라
12 바벨론 성벽을 향하여 깃발을 세우고 튼튼히 지키며
파수꾼을 세우며 복병을 매복시켜 방비하라
이는 여호와께서 바벨론 주민에 대하여 말씀하신 대로
계획하시고 행하심이로다
13 많은 물가에 살면서 재물이 많은 자여
네 재물의 한계 곧 네 끝이 왔도다
14 만군의 여호와께서 자기의 목숨을 두고 맹세하시되
내가 진실로 사람을 메뚜기같이 네게 가득하게 하리니
그들이 너를 향하여 환성을 높이리라 하시도다

15 여호와께서 그의 능력으로 땅을 지으셨고
그의 지혜로 세계를 세우셨고
그의 명철로 하늘들을 펴셨으며
16 그가 목소리를 내신즉 하늘에 많은 물이 생기나니
그는 땅 끝에서 구름이 오르게 하시며
비를 위하여 번개를 치게 하시며
그의 곳간에서 바람을 내시거늘
17 사람마다 어리석고 무식하도다
금장색마다 자기가 만든 신상으로 말미암아 수치를 당하나니
이는 그 부어 만든 우상은 거짓이요 그 속에 생기가 없음이라
18 그것들은 헛된 것이요 조롱거리이니
징벌하시는 때에 멸망할 것이나
19 야곱의 분깃은 그와 같지 아니하시니
그는 만물을 지으신 분이요
이스라엘은 그의 소유인 지파라
그의 이름은 만군의 여호와시니라
20 여호와께서 이르시되 너는 나의 철퇴 곧 무기라
나는 네가 나라들을 분쇄하며 네가 국가들을 멸하며
21 네가 말과 기마병을 분쇄하며
네가 병거와 병거대를 부수며
22 네가 남자와 여자를 분쇄하며
네가 노년과 유년을 분쇄하며
네가 청년과 처녀를 분쇄하며
23 네가 목자와 그 양 떼를 분쇄하며
네가 농부와 그 멍엣소를 분쇄하며
네가 도백과 태수들을 분쇄하도록 하리로다
24 너희 눈앞에서 그들이 시온에서 모든 악을 행한 대로

내가 바벨론과 갈대아 모든 주민에게 갚으리라
여호와의 말씀이니라
25 여호와의 말씀이니라
온 세계를 멸하는 멸망의 산아 보라
나는 네 원수라
나의 손을 네 위에 펴서
너를 바위에서 굴리고
너로 불 탄 산이 되게 할 것이니
26 사람이 네게서 집 모퉁잇돌이나
기촛돌을 취하지 아니할 것이요
너는 영원히 황무지가 될 것이니라
여호와의 말씀이니라

하나님이 열방을 파괴하실 때 사용하는 철퇴/병기에 대한 노래다. 이 철퇴를 사용해 온 세상의 모든 나라와 민족들 그리고 그들의 군대들을 파괴하실 것이다. 그런데 과연 누가 바로 하나님의 손에 쥐여진 철퇴란 말인가? 바빌론이 망치로 불린 것(cf. 50:23)에 근거해 바빌론으로 해석되기도 한다(Calvin; Duhm; Volz; Cornill; Rudolph). 그러나 본문에서 산산조각 나는 나라가 바빌론인 점을 고려할 때 별로 설득력이 없어 보인다(24절). 이스라엘이라는 해석도 있다(Holladay). 이 해석에 의하면 예레미야는 이스라엘이 온 세상을 부수는 철퇴로 사용될 날을 상상하고 있는 것이다. 바빌론을 멸망시켰던 페르시아의 고레스라고 해석하는 사람들도 있다(Fretheim; Huey). 아마도 가장 가능성이 있는 해석으로 생각된다.

XI. 열방에 대한 심판 선언(46:1–51:64)
I. 바빌론(50:1–51:64)

9. 열방이 바빌론을 침략함(51:27–35)

27 땅에 깃발을 세우며
나라들 가운데에 나팔을 불어서
나라들을 동원시켜 그를 치며
아라랏과 민니와 아스그나스 나라를 불러모아 그를 치며
사무관을 세우고 그를 치되
극성스런 메뚜기같이 그 말들을 몰아오게 하라
28 뭇 백성 곧 메대 사람의 왕들과 그 도백들과 그 모든 태수와
그 관할하는 모든 땅을 준비시켜 그를 치게 하라
29 땅이 진동하며 소용돌이치나니
이는 여호와께서 바벨론을 쳐서
그 땅으로 황폐하여 주민이 없게 할 계획이 섰음이라
30 바벨론의 용사는 싸움을 그치고
그들의 요새에 머무르나
기력이 쇠하여 여인같이 되며
그들의 거처는 불타고 그 문빗장은 부러졌으며
31 보발꾼은 보발꾼을 맞으려고 달리며
전령은 전령을 맞으려고 달려가
바벨론의 왕에게 전하기를
그 성읍 사방이 함락되었으며
32 모든 나루는 빼앗겼으며
갈대밭이 불탔으며
군사들이 겁에 질렸더이다 하리라
33 만군의 여호와 이스라엘의 하나님께서 이와 같이 말씀하시되

딸 바벨론은 때가 이른 타작 마당과 같은지라
멀지 않아 추수 때가 이르리라 하시도다
34 바벨론의 느부갓네살 왕이 나를 먹으며
나를 멸하며 나를 빈 그릇이 되게 하며
큰 뱀같이 나를 삼키며
나의 좋은 음식으로 그 배를 채우고
나를 쫓아내었으니
35 내가 받은 폭행과 내 육체에 대한 학대가
바벨론에 돌아가기를 원한다고 시온 주민이 말할 것이요
내 피 흘린 죄가 갈대아 주민에게로 돌아가기를 원한다고
예루살렘이 말하리라

세상 각지에서 많은 나라의 군대들이 바벨론을 향해 진군해온다. 모두 바벨론을 파괴하기 위해 하나님의 부르심을 받고 오는 것이다. 이 군대의 행렬에는 끝이 없는 듯하다. 매우 많은 군대가 오고 있다. 그들은 바벨론에 보복하기 위해 오고 있다. 바벨론이 열방에게 한 것처럼 갚아주기 위해 오는 것이다. 특히 시온에 거하는 사람들에게 행한 폭력과 피흘림을 그대로 갚아주기 위해 온다(35절). 열방이 이스라엘의 원수를 갚는 데 도구로 사용되고 있다.

XI. 열방에 대한 심판 선언(46:1-51:64)
I. 바빌론(50:1-51:64)

10. 바빌론의 최후(51:36-58)

36 그러므로 여호와께서 이와 같이 말씀하시되
보라 내가 네 송사를 듣고 너를 위하여 보복하여
그의 바다를 말리며 그의 샘을 말리리니

37 바벨론이 돌무더기가 되어서
승냥이의 거처와 혐오의 대상과
탄식거리가 되고 주민이 없으리라
38 그들이 다 젊은 사자같이 소리지르며
새끼 사자같이 으르렁거리며
39 열정이 일어날 때에 내가 연회를 베풀고
그들이 취하여 기뻐하다가 영원히 잠들어 깨지 못하게 하리라
여호와의 말씀이니라
40 내가 그들을 끌어내려서
어린 양과 숫양과 숫염소가 도살장으로 가는 것 같게 하리라
41 슬프다 세삭이 함락되었도다
온 세상의 칭찬받는 성읍이 빼앗겼도다
슬프다 바벨론이 나라들 가운데에 황폐하였도다
42 바다가 바벨론에 넘침이여
그 노도 소리가 그 땅을 뒤덮었도다
43 그 성읍들은 황폐하여
마른 땅과 사막과 사람이 살지 않는 땅이 되었으니
그리로 지나가는 사람이 없도다
44 내가 벨을 바벨론에서 벌하고
그가 삼킨 것을 그의 입에서 끌어내리니
민족들이 다시는 그에게로 몰려가지 아니하겠고
바벨론 성벽은 무너졌도다
45 나의 백성아 너희는 그중에서 나와
각기 여호와의 진노를 피하라
46 너희 마음을 나약하게 말며
이 땅에서 들리는 소문으로 말미암아 두려워하지 말라
소문은 이 해에도 있겠고 저 해에도 있으리라

그 땅에는 강포함이 있어
다스리는 자가 다스리는 자를 서로 치리라
47 그러므로 보라 날이 이르리니
내가 바벨론의 우상들을 벌할 것이라
그 온 땅이 치욕을 당하겠고
그 죽임 당할 자가 모두 그 가운데에 엎드러질 것이며
48 하늘과 땅과 그 안에 있는 모든 것이
바벨론으로 말미암아 기뻐 노래하리니
이는 파멸시키는 자가 북쪽에서 그에게 옴이라
여호와의 말씀이니라
49 바벨론이 이스라엘을 죽여 엎드러뜨림같이
온 세상이 바벨론에서 죽임을 당하여 엎드러지리라
50 칼을 피한 자들이여
멈추지 말고 걸어가라
먼 곳에서 여호와를 생각하며
예루살렘을 너희 마음에 두라
51 외국인이 여호와의 거룩한 성전에 들어가므로
우리가 책망을 들으며 수치를 당하여
모욕이 우리 얼굴을 덮었느니라
52 보라 날이 이르리니
내가 그 우상들을 벌할 것이라
부상자들이 그 땅에서 한숨을 지으리라
여호와의 말씀이니라
53 가령 바벨론이 하늘까지 솟아오른다 하자
높은 곳에 있는 피난처를 요새로 삼더라도
멸망시킬 자가 내게로부터 그들에게 임하리라
여호와의 말씀이니라

54 바벨론으로부터 부르짖는 소리가 들리도다
갈대아 사람의 땅에 큰 파멸의 소리가 들리도다
55 이는 여호와께서 바벨론을 황폐하게 하사
그 큰 소리를 끊으심이로다
원수는 많은 물같이 그 파도가 사나우며
그 물결은 요란한 소리를 내는도다
56 곧 멸망시키는 자가 바벨론에 이르렀음이라
그 용사들이 사로잡히고 그들의 활이 꺾이도다
여호와는 보복의 하나님이시니 반드시 보응하시리로다
57 만군의 여호와라 일컫는 왕이 이와 같이 말씀하시되
내가 그 고관들과 지혜 있는 자들과 도백들과 태수들과 용사들을 취하게 하리니
그들이 영원히 잠들어 깨어나지 못하리라
58 만군의 여호와께서 이와 같이 말씀하시니라
바벨론의 성벽은 훼파되겠고
그 높은 문들은 불에 탈 것이며
백성들의 수고는 헛될 것이요
민족들의 수고는 불탈 것인즉 그들이 쇠잔하리라

저자는 그동안 바빌론에 대해 선포했던 메시지와 동일한 맥락에서 그들의 종말에 대해 다시 한 번 확신에 찬 메시지를 선포하며 이스라엘에게 속히 바빌론을 떠나라고 권면한다. 바빌론의 멸망을 묘사하는 데 매우 다양한 이미지들이 사용되고 있다(36–44절). (1) 바빌론의 모든 물을 말리실 것이다(36절); (2) 바빌론을 아무도 살 수 없는 폐허로 만드실 것이다(37절); (3) 바빌론 사람들이 먹이를 앞에 두고 포효하는 젊은 사자들처럼 흥분해 있지만, 하나님은 그들에게 다시는 깨어날 수 없는 독주를 먹이실 것이다(38–39절); (4) 바빌론 사람들은 도살장으로 끌려

가는 양과 같다(40절); (5) 바빌론은 거센 파도에 휩쓸리는 것처럼 파괴될 것이다(42절); (6) 바빌론의 도시들은 광야와 사막처럼 삭막하고 생기를 잃게 될 것이다(43절); (7) 바빌론의 신들은 사람들에게서 취한 모든 것을 토해내야 할 것이다(44절).

바빌론에 있는 것은 마치 하나님의 진노를 자청하는 것과 같다. 그러므로 주의 백성은 그곳에 하나님의 진노의 잔이 쏟아지기 전에 탈출해야 한다. 주의 백성들은 바빌론에 걷잡을 수 없는 소문이 나돌 때 마지막 날이 임했음을 깨달아야 한다(46절). 이때를 놓치면 탈출이 어려워질 것이다.

이 섹션을 마무리하면서 선지자는 한 번 더 경고한다. “바빌론은 망한다!”(49–58절). 선지자는 바빌론이 꼭 멸망해야 하는 이유 또 한 가지를 말하고 있다. 그들이 이스라엘 사람들을 살육했기 때문이다(49절). 남을 해한 자들이 이제는 해를 당할 위치에 서 있다.

XI. 열방에 대한 심판 선언(46:1–51:64)
I. 바빌론(50:1–51:64)

11. 스라야의 상징적 행위(51:59–64)

59 유다의 시드기야 왕 제사년에 마세야의 손자 네리야의 아들 스라야가 그
왕과 함께 바벨론으로 갈 때에 선지자 예레미야가 그에게 말씀을 명령하니
스라야는 병참감이더라 60 예레미야가 바벨론에 닥칠 모든 재난 곧 바벨론
에 대하여 기록한 이 모든 말씀을 한 책에 기록하고 61 스라야에게 말하기를
너는 바벨론에 이르거든 삼가 이 모든 말씀을 읽고 62 말하기를 여호와여 주
께서 이곳에 대하여 말씀하시기를 이 땅을 멸하여 사람이나 짐승이 거기에
살지 못하게 하고 영원한 폐허가 되리라 하셨나이다 하라 하니라 63 너는 이
책 읽기를 다한 후에 책에 돌을 매어 유브라데 강 속에 던지며 64 말하기를
바벨론이 나의 재난 때문에 이같이 몰락하여 다시 일어서지 못하리니 그들

이 피폐하리라 하라 하니라 예레미야의 말이 이에 끝나니라

선지자는 지금까지 그가 바빌론에 대해 선포한 메시지를 책으로 정리해서 시드기야 즉위 4년(주전 594년)에 마세야의 손자 네리야의 아들 스라야를 통해 바빌론으로 보냈다. 이때 스라야는 시드기야를 보좌해 바빌론을 방문하고 있었다. 예레미야는 스라야에게 바빌론에 도착하면 이 메시지를 큰 소리로 읽고 나서 두루마리에 돌을 달아 유프라테스 강에 던지라고 했다. 돌의 무게 때문에 두루마리가 강바닥에 가라앉는 것처럼 바빌론도 역사의 강물 속으로 가라앉을 날이 멀지 않았다는 것을 상징하는 행위였다.

64절은 "예레미야의 말이 이에 마치니라"라는 문장으로 바빌론에 대한 예언을 끝내고 있다. 이 문장은 1:1의 "예레미야의 말이니라"와 포괄법(inclusio)을 형성하고 있으며 책에 일종의 통일성을 주는 것으로 이해된다(Lundbom). 또한 50-51장에 기록된 바빌론에 대한 심판 선언은 유다를 향해 기울어진 가마솥(1:11-19)이 암시했던 바빌론과 포괄법을 형성하고 있다(Huey). 하나님이 유다를 멸하는 데 도구로 사용하신 바빌론이 이제 그분께 파괴되고 있다. 바빌론의 멸망에 대한 메시지는 포로민들에게 미래에 대한 소망을 갖게 했을 것이다.

XII. 역사적인 자료 추가
(52:1-34)

예레미야서의 결론 역할을 감당하고 있으며 책의 마지막 장인 52장은 내용 면에서 열왕기하 24:18-25:30과 거의 같다. 다만 두 가지의 중요한 차이가 있을 뿐이다(cf. 대하 36:11-21).[22] 첫째, 52장은 그다랴 총독의 임명과 암살(41:1-3; cf. 왕하 25:22-26)에 대한 내용을 삭제하고 있다. 둘째, 52:28-30은 바빌론 군이 유다 사람들을 대상으로 시행한 세 차례 강제 이송에 몇 명이 끌려갔는가를 밝히고 있는 반면, 열왕기하는 숫자를 언급하고 있지 않다.

예레미야서와 열왕기의 관계는 어떤 것일까? 어느 책이 어느 책을 인용한 것일까? 랍비들의 전승에 따르면 예레미야 선지자가 예레미야서뿐만 아니라 열왕기도 저작했다고도 하지만, 대부분의 학자들은 예레미야서 저자/편집자가 열왕기하 24:18-25:30을 인용한 것으로 생각한다(Holladay; McKane; Lundbom). 그러나 어느 책이 어느 책을 인용하고 있는가를 결정하는 것은 그렇게 쉬운 일은 아니다(cf. Dearman). 다행히 이 이슈는 메시지를 해석하는 데 중요하지도 않다. 시드기야의 최

22 열왕기와 비교했을 때 본문은 (1) 열왕기 내용을 더 자세하게 설명하기도 하고(10-11절은 왕하 25:7을, 21-23절은 왕하 25:17); (2) 열왕기 내용을 삭제하기도 했으며(왕하 25:22-26); (3) 열왕기에 없는 부분을 추가하기도 했다(28-30절; Fretheim).

후에 대한 이야기는 이미 39:1-10에서 언급되었다. 왜 이곳에서 다시 반복되는 것일까? 왜 그다랴의 암살에 대한 이야기가 본체에서 구분되어 40:7-41:18에 따로 등장하는 것일까? 이러한 질문들은 두 책의 관계가 쉽게 설명될 수 없음을 시사한다. 어떤 결론을 내리기에는 아직도 많은 자료들이 추가되어야 한다.

예레미야서 마지막 부분에 이 역사적 자료가 추가된 의도는 쉽게 파악할 수 있다. 선지자가 40여 년 동안 사역을 하면서 선포했던 심판이 이스라엘의 역사에 그대로 임했다는, 즉 예레미야는 하나님의 참 선지자였음을 역설하는 것이다. 또한 예레미야가 바빌론에게 대항하는 것은 하나님의 뜻을 거역하는 것이기 때문에 무모한 짓이므로 항복하라고 권고했던 것이 얼마나 옳았는가를 입증하기도 한다. 본문은 다음과 같이 구분된다.

A. 시드기야의 최후(52:1-11)
B. 예루살렘 파괴(52:12-27)
C. 포로들의 숫자(52:28-30)
D. 여호야긴의 자유(52:31-34)

XII. 역사적인 자료 추가(52:1-34)

A. 시드기야의 최후(52:1-11)

1 시드기야가 왕위에 오를 때에 나이가 이십일 세라 예루살렘에서 십일 년
동안 다스리니라 그의 어머니의 이름은 하무달이라 립나인 예레미야의 딸이
더라 2 그가 여호야김의 모든 행위를 본받아 여호와 보시기에 악을 행한지라
3 여호와께서 예루살렘과 유다에게 진노하심이 그들을 자기 앞에서 쫓아내
시기까지 이르렀더라 시드기야가 바벨론 왕을 배반하니라 4 시드기야 제구

년 열째 달 열째 날에 바벨론 왕 느부갓네살이 그의 모든 군대를 거느리고
예루살렘을 치러 올라와서 그 성에 대하여 진을 치고 주위에 토성을 쌓으
매 5 그 성이 시드기야 왕 제십일년까지 포위되었더라 6 그해 넷째 달 구일
에 성중에 기근이 심하여 그 땅 백성의 양식이 떨어졌더라 7 그 성벽이 파괴
되매 모든 군사가 밤중에 그 성에서 나가 두 성벽 사이 왕의 동산 곁문 길로
도망하여 갈대아인들이 그 성읍을 에워쌌으므로 그들이 아라바 길로 가더니
8 갈대아 군대가 그 왕을 뒤쫓아가서 여리고 평지에서 시드기야를 따라잡으
매 왕의 모든 군대가 그를 떠나 흩어진지라 9 그들이 왕을 사로잡아 그를 하
맛 땅 리블라에 있는 바벨론 왕에게로 끌고 가매 그가 시드기야를 심문하니
라 10 바벨론 왕이 시드기야의 아들들을 그의 눈앞에서 죽이고 또 리블라에
서 유다의 모든 고관을 죽이며 11 시드기야의 두 눈을 빼고 놋사슬로 그를 결
박하여 바벨론 왕이 그를 바벨론으로 끌고 가서 그가 죽는 날까지 옥에 가
두었더라

본문에 기록된 이야기는 유다의 마지막 왕이었던 시드기야의 11년 통치(주전 597-586년)를 요약하고 있다. 시드기야는 요시야의 아들로는 세 번째로 유다의 왕이 된 사람이다. 시드기야는 무능하고 분별력이 없는 왕이었을 뿐만 아니라 하나님의 분노를 샀던, 종교적으로도 별로 바람직하지 못한 왕이었다. 바벨론이 예루살렘 성을 포위하고 있던 주전 598년 말에 여호야김이 죽었다. 학자들은 이유는 밝혀지지 않았지만 예루살렘의 정치인들이 쳐들어온 느부갓네살의 마음을 진정시키기 위해 암살한 것으로 추정한다.

여호야김이 죽자 그의 아들 여호야긴이 뒤를 이어 왕이 되었지만 3개월 만에 바벨론 군에게 항복했다. 예루살렘의 식량이 바닥나서 더 이상 버틸 수도 없는 상황이었다. 느부갓네살은 여호야긴을 바벨론으로 끌어가고 여호야긴의 아저씨(숙부) 맛다니야를 왕으로 세우고 그의 이름을 시드기야로 바꾸어주었다. 그때 시드기야는 스물한 살이었고 그의 조카 여호야긴은 열여덟 살이었다(왕하 24:8-18). 시드기야의 어머니는 하무달이었다(왕하 23:31; 24:18). 하무달은 예레미야(선지자가 아닌 다른 인물)의 딸이었으며 립나 출신이었다. 립나는 유다의 주요 도시에 속했지만 정확한 위치는 알 수 없다.

저자는 시드기야가 여호야김처럼 여호와 보시기에 악을 행했다고 기록하고 있다(2절). 그러나 그가 구체적으로 어떤 일을 했는가는 밝히지 않는다. 열왕기 저자가 형식화시킨 표현(stereotypical formula)을 그대로 인용하는 것에서 비롯된다. 하나님의 분노는 극에 달했고 결국 유다와 예루살렘 사람들이 끌려갈 때까지 징계하셨다(3절).

하나님의 주의 백성에 대한 징계의 클라이맥스는 바빌론 군의 침략이었으며, 바빌론 군에게 유다를 침략할 수 있는 빌미를 준 사람은 시드기야 자신이었다. 그가 하나님의 뜻을 거역하고, 예레미야의 권면을 무시하며 바빌론에 반역했기 때문이다(3절). 히스기야는 임박했던 하나님의 심판을 개인적인 믿음으로 보류시킨 적이 있다. 시드기야는 그런 믿음의 소지자가 아니었으며, 오히려 하나님의 분노를 부추기는 자였다. 이런 지도자가 나오면 당연히 나라는 망한다.

시드기야가 반역하자 바빌론 왕 느부갓네살은 군대를 이끌고 유다를 징계하러 왔다. 이때가 시드기야 즉위 9년 10월 10일이라고 기록하고 있다(4절). 오늘날의 달력으로는 주전 587년 1월쯤 되는 시기다. 바빌론 군은 천연적인 요새였던 예루살렘 성 주변에 갖가지 함락 무기들을 배치했다. 예루살렘은 시드기야 즉위 11년(주전 586년) 때까지 포위된 상태로 지내야 했다. 11년 넷째 달(주전 586년 7월)에 이르러서는 성읍의 모든 식량이 바닥났다(6절). 뿐만 아니라 혹독한 기근도 그들을 괴롭혔다. 하늘의 비를 주관하시는 하나님이 이들을 돕지 않으셨으며, 예루살렘은 바빌론 군의 손에 함락되기 전에 내부적으로 허물어져 갔다.

곧바로 바빌론의 공격이 시작되었고 그렇게 기세당당해 보이던 예루살렘의 성벽은 허무하게 무너져 내렸다(7절). 성벽이 무너지자 제일 먼저 시드기야와 군인들이 성을 빠져나갔다(8절). 그들은 아라바(사해 남쪽에 위치한 지역) 쪽으로 향했다. 일단은 여리고 쪽으로 가고자 한 것이다. 그러나 바벨론 군은 그들을 내버려두지 않았다. 바벨론 군이 시드기야 일행을 추격하자 왕을 호위하던 군사들은 뿔뿔이 흩어졌고 시드기야는 여리고 성 앞에서 사로잡혔다(8절). 그가 사로잡힌 장소는 약 600여 년 전에 그의 선조들이 가나안에 처음으로 발을 들여놓은 곳이다. 그는 포로가 되어 립나(리블라)에 있던 느부갓네살에게 끌려갔다. 느부갓네살은 시드기야가 지켜보는 앞에서 그의 아들들과 유다의 방백들을 모두 처형했으며, 시드기야는 두 눈을 빼고 사슬에 묶어 바벨론으로 끌고 갔다. 그는 평상시에 영적인 맹인이었는데, 이제는 육체적으로도 맹인이 된 것이다.

시드기야는 느부갓네살의 전쟁 승리를 알리는 '트로피'가 되어 바벨론의 거리를 행진해야 했을 것이다. 그는 죽는 날까지 바벨론의 감옥에서 살았다(11절). 시드기야의 비참한 종말은 첫째는 그를 왕으로 세운 바벨론 사람들의 은혜를 배반한 행위에 대한 대가요, 둘째는 하나님의 경고를 무시한 자의 예고된 운명이었다.

XII. 역사적인 자료 추가(52:1–34)

B. 예루살렘 파괴(52:12–27)

12 바벨론의 느부갓네살 왕의 열아홉째 해 다섯째 달 열째 날에 바벨론 왕의
어전 사령관 느부사라단이 예루살렘에 이르러 13 여호와의 성전과 왕궁을 불
사르고 예루살렘의 모든 집과 고관들의 집까지 불살랐으며 14 사령관을 따르
는 갈대아 사람의 모든 군대가 예루살렘 사면 성벽을 헐었더라 15 사령관 느
부사라단이 백성 중 가난한 자와 성중에 남아 있는 백성과 바벨론 왕에게
항복한 자와 무리의 남은 자를 사로잡아 갔고 16 가난한 백성은 남겨두어 포

도원을 관리하는 자와 농부가 되게 하였더라 17 갈대아 사람은 또 여호와의
성전의 두 놋기둥과 받침들과 여호와의 성전의 놋대야를 깨뜨려 그 놋을 바
벨론으로 가져갔고 18 가마들과 부삽들과 부집게들과 주발들과 숟가락들과
섬길 때에 쓰는 모든 놋그릇을 다 가져갔고 19 사령관은 잔들과 화로들과 주
발들과 솥들과 촛대들과 숟가락들과 바리들 곧 금으로 만든 물건의 금과 은
으로 만든 물건의 은을 가져갔더라 20 솔로몬 왕이 여호와의 성전을 위하여
만든 두 기둥과 한 바다와 그 받침 아래에 있는 열두 놋 소 곧 이 모든 기구
의 놋 무게는 헤아릴 수 없었더라 21 그 기둥은 한 기둥의 높이가 십팔 규빗
이요 그 둘레는 십이 규빗이며 그 속이 비었고 그 두께는 네 손가락 두께이
며 22 기둥 위에 놋머리가 있어 그 높이가 다섯 규빗이요 머리 사면으로 돌
아가며 꾸민 망사와 석류가 다 놋이며 또 다른 기둥에도 이런 모든 것과 석
류가 있었더라 23 그 사면에 있는 석류는 아흔여섯 개요 그 기둥에 둘린 그
물 위에 있는 석류는 도합이 백 개이었더라 24 사령관이 대제사장 스라야와
부제사장 스바냐와 성전 문지기 세 사람을 사로잡고 25 또 성안에서 사람을
사로잡았으니 곧 군사를 거느린 지휘관 한 사람과 또 성중에서 만난 왕의
내시 칠 명과 군인을 감독하는 군 지휘관의 서기관 하나와 성안에서 만난
평민 육십 명이라 26 사령관 느부사라단은 그들을 사로잡아 립나에 있는 바
벨론의 왕에게 나아가매 27 바벨론의 왕이 하맛 땅 립나에서 다 쳐 죽였더라
이와 같이 유다가 사로잡혀 본국에서 떠났더라

예루살렘 성이 함락된 지 한 달 후에 느부갓네살의 어전 시위대 장관 느부사라단이 성에 입성했다. 본문은 유대인 달력으로 10월 10일(우리 달력으로 8월)이라 하고 열왕기하 25:8은 10월 7일이라 기록하고 있다. 아마도 예루살렘 지역 도착 날짜와 입성 날짜의 차이일 것이다. 그의 임무는 예루살렘이 다시는 바빌론에 반역할 수 없도록 철저히 파괴하고 남은 사람들을 바빌론으로 끌고 가는 것이었다.

바빌론 사람들은 성전을 비롯한 예루살렘 주요 건물에 불을 질렀다.

도시의 기능을 완전히 마비시키겠다는 의도였을 것이다. 또한 성전의 도구들과 값이 나가는 물건들은 모두 바빌론으로 가져갔다. 예레미야는 이미 이스라엘 사람들에게 바빌론 왕이 주전 597년에 가져가지 않은 물건들을 추가로 가져갈 날이 올 것이라는 예언을 한 적이 있다(27:19-22).

느부사라단은 예루살렘의 성벽을 모두 허물도록 지시했다. 무너진 성벽은 앞으로 140여 년 동안 방치될 것이다. 이 기간 동안 에스라를 비롯한 몇 명이 복구를 시도하지만 모두 실패할 것이다. 주전 440년대에 페르시아의 아닥사스 왕의 술 관원이었던 느헤미야에 의해 재건될 것이다. 그때까지 무너진 성벽은 군주에게 반역한 자들이 받은 응징의 상징으로, 여호와의 뜻에 거역한 사람들이 치러야 하는 대가의 상징이 되어 폐허로 남아 있어야 한다.

바빌론 군은 유다 사람들을 바빌론으로 끌고 갔다. 가장 가난하거나 특별한 기술이 없어 제국의 경제에 도움이 되지 못할 사람들은 남겨두었지만, 조금이라도 이용 가치가 있는 사람들은 거의 모두 바빌론으로 끌고 갔다. 조금이라도 다시 반역을 선동할 수 있는 능력이 있는 사람들(viz., 인텔리 혹은 지식인들)은 모두 끌어다가 립나에서 처형함으로써 반역을 꾀할 자들에게 경고로 사용했다.

XII. 역사적인 자료 추가(52:1-34)

C. 포로들의 숫자(52:28-30)

28 느부갓네살이 사로잡아 간 백성은 이러하니라 제칠년에 유다인이 삼천이
십삼 명이요 29 느부갓네살의 열여덟째 해에 예루살렘에서 사로잡아 간 자가
팔백삼십이 명이요 30 느부갓네살의 제이십삼년에 사령관 느부사라단이 사
로잡아 간 유다 사람이 칠백사십오 명이니 그 총수가 사천육백 명이더라

이 말씀은 열왕기에서 언급되지 않은 중요한 정보를 제공한다. 바빌론이 세 차례를 통해 이스라엘 사람들을 강제로 바빌론까지 끌고 갔는데 그때마다 몇 명이 끌려갔는가를 기록하고 있다. 느부갓네살이 주전 597, 586, 582년에 끌고 간 유다 사람들의 숫자는 다음과 같다. 주전 597년에 3,023명, 주전 586년에 832명, 그리고 주전 582년에 745명 등 총 4,600명에 달했다. 일부 학자들은 주전 582년에 유다 사람들이 압송된 것은 이스마엘이 총독 그다랴와 바빌론 주둔병들을 죽인 것에 대한 보복이라고 주장하지만, 시기적으로 그다랴의 죽음은 4-5년을 앞서기 때문에 이 사건에 대한 보복으로 보기에는 너무 늦다(Brown; cf. Holladay; Lundbom).

다니엘 1:1-3이 기록하고 있는 제4의 강제 이송은 여기에 언급되어 있지 않다. 그러나 본문이 언급하고 있는 숫자는 우리가 기대했던 것보다 훨씬 적다. 열왕기하 24:14-16은 주전 597년에 끌려간 숫자를 18,000명으로 기록하고 있다. 본문이 언급하고 있는 3,023명과 18,000명의 차이에 대한 학자들의 설명은 크게 세 가지다. (1) 3,023명은 성인 남자들만의 숫자이며 18,000명은 여자들과 자녀들을 포함한 숫자다(Fretheim; Holladay; Brown); (2) 597년에 유다는 한 차례가 아니라 두 차례 끌려갔다. 3,023명은 처음에 끌려간 사람의 숫자이며, 18,000명은 이 해에 끌려간 두 번째 그룹의 숫자다(Malamat); (3) 3,023명은 이때 끌려간 유다 사람들의 숫자를, 18,000명은 이스라엘 사람들의 숫자를 뜻한다(Rashi).

이 세 가지 중 첫 번째 설명이 가장 설득력이 있어 보인다. 또한 바빌론 군이 끌고 간 사람 수보다는 처형한 사람들이 훨씬 더 많았다(Brown). 바빌론 사람들은 제국의 번영에 도움이 될 수 있는 능력 있는 사람들만 끌고 갔다. 그렇기 때문에 본문이 끌려간 사람의 숫자로 기록하고 있는 규모가 기대치보다 낮을 수밖에 없다.

XII. 역사적인 자료 추가(52:1–34)

D. 여호야긴의 자유(52:31–34)

31 유다 왕 여호야긴이 사로잡혀 간 지 삼십칠 년 곧 바벨론의 에윌므로닥 왕
의 즉위 원년 열두째 달 스물다섯째 날 그가 유다의 여호야긴 왕의 머리를
들어주었고 감옥에서 풀어주었더라 32 그에게 친절하게 말하고 그의 자리를
그와 함께 바벨론에 있는 왕들의 자리보다 높이고 33 그 죄수의 의복을 갈아
입혔고 그의 평생 동안 항상 왕의 앞에서 먹게 하였으며 34 그가 날마다 쓸
것을 바벨론의 왕에게서 받는 정량이 있었고 죽는 날까지 곧 종신토록 받았
더라

여호야긴이 바벨론으로 끌려가 감옥에 감금된 지 37년이 되던 해인 주전 560년에 새로 즉위한 바벨론 왕 에윌므로닥(Evil–Merodach)의 선처로 감옥에서 풀려났다. 이때 여호야긴의 나이가 54/55세쯤 되었다(왕하 24:8). 뿐만 아니라 바벨론 왕은 여호야긴이 죽는 날까지 양식을 공급해주었다(cf. ANET, 308). 에윌므로닥은 방탕과 사치를 일삼다가 불과 즉위 2년 만에 암살을 당했다. 그의 친척이었던 네리글리사르(Neriglissar)가 그를 죽이고 왕이 되었다.

예레미야서의 저자/편집자가 이 이야기를 마지막 사건으로 첨부해 책의 막을 내리는 이유는 무엇일까? 아마도 포로 생활을 하고 있는 유다 사람들에게 소망을 제시하기 위함일 것이다. 예레미야가 선포했던 메시지대로 하나님의 징계가 현실로 임해 그들은 바벨론으로 끌려왔다. 그처럼 언젠가는 선지자의 예언대로 여호와의 은혜로 다시 본국으로 돌아갈 날이 있을 것이니 소망을 접지 말라는 것이다.

이스라엘의 멸망을 선포했던 예레미야는 동시에 언젠가는 다윗 왕조가 다시 회복될 것이라는 메시지도 함께 선포했다(23:5–6; 30:8–9, 21; 33:14–17). 그리고 이러한 여호와의 원대한 구원 계획과 의지가 여호야긴의 삶에서 한 예로 드러나고 있다. 37년의 감옥 생활 후에 그는 상상도 못했던 은혜를 입고 있다. 이처럼 여호와를 의지하는 자는 결코 실망하지 않을 것이며, 견뎌 내면 언젠가는 그분의 놀라운 구원을 입게 될 것을 시사한다. 이것은 또한 어려운 시대를 살아가는 모든 주의 백성에게 주시는 메시지이기도 하다. 현실을 견디며 살다 보면 언젠가는 주님의 구원이 우리에게 임할 날이 올 것이라는 소망이다. 선지자가 예언했던 심판이 이미 현실로 드러났던 것처럼, 그가 예언했던 회복도 때가 되면 현실이 되어 포로민을 찾아올 것이다.

엑스포지멘터리

예레미야애가

Lamentations

EXPOSItory comMENTARY

선별된 참고문헌

(Select Bibliography)

Ackroyd, P. *Exile and Restoration: A Study of Hebrew Thought of the Sixth Century B.C.* OTL. Philadelphia: Westminster, 1968.

Albrektson, B. *Studies in the Text and Theology of the Book of Lamentations.* Studia Theologica Lundensia 21. Lund: Gleerup, 1963.

Anderson, G. A. *A Time to Mourn, A Time to Dance: The Expression of Grief and Joy in Israelite Religion.* University Park, Pa.: Pennsylvania State University Press, 1991.

Bergant, D. *Lamentations.* AOTC. Nashville: Abingdon Press, 2003.

Berlin, A. *Lamentations: A Commentary.* OTL. Louisville: John Knox, 2002.

Bettan, I. *The Five Scrolls: A Commentary on the Song of Songs, Ruth, Lamentations, Ecclesiastes, Esther.* Cincinnati: Union of American Hebrew Congregations, 1950.

Biddle, M. E. "The Figure of Lady Jerusalem: Identification, Deification and Personification of Cities in Ancient Near East." Pp. 173–

94 in *The Biblical Canon in Comparative Perspective*. Ed. by K. Lawson Younger et al. Lewiston, N. Y.: Edwin Mellen, 1991.

Cross, F. M. "Studies in the Structure of Hebrew Verse: The Psosody of Lamentations 1: 1–22." Pp.129–155 in *Word of the Lord Shall Go Forth: Essays in Honor of David Noel Freedman in Celebration of His Sixtieth Birthday*. Ed. by C. L. Meyers & M. O'Connor. Winona Lake, IN: Eisenbrauns, 1983.

Davidson, R. *Jeremiah and Lamentations*. DSB. Philadelphia: Westminster John Knox, 1985.

Dearman, J. A. *Jeremiah/Lamentations*. NIVAC. Grand Rapids: Zondervan, 2002.

Dahood, M. "New Readings in Lamentations." *Bib* 59 (1978): 174–97.

De Hoop, R. "Lamentations: The Qinah–Metre Questioned." Pp. 80–104 in *Delimitation Criticism. A New Took in Biblical Scholarship*. Ed. by M. C. A. Korpel and J. M. Oesch. Assen: Van Gorcum, 2000.

Dobbs–Allsopp, F. W. *Weep, O Daughter of Zion: A Study of the City Lament Genre in the Hebrew Bible*. BibOr 44. Rome: Editrice Pontifico Istituto Biblico, 1993.

______. *Lamentations*. Interpretation. Louisville: John Knox Press, 2002.

______. "Tragedy, Tradition, and Theology in the Book of Lamentations." *JSOT* 74 (1997): 29–60.

Dorsey, D. A. "Lamentations: Communicating Meaning through Structure." *EJ* 6 (1988): 83–90.

Ferris, P.W. *The Communal Lament in the Bible and the Ancient Near East*. Atlanta: Scholars, 1992.

______. "Lamentations." Pp. 573–640 in *The Expositor's Bible*

Commentary Revised Edition, vol. 7. Ed. by Tremper Longman III & David E. Garland. Grand Rapids: Zondervan, 2010.

Freedman, D. N. "Acrostic Poems in the Hebrew Bible. Alphabetic and Otherwise." *CBQ* 48 (1986): 408–31.

Fuerst, W.J. *The Books of Ruth, Esther, Ecclesiastes, the Song of Songs, Lamentations*. CBC. Cambridge, 1975.

Garr, W.R. "The Qinah: A Study of Poetic Meter, Syntax, and Style." *ZAW* 95 (1983): 54–75

Garrett, D.; P. R. House. *Song of Songs/Lamentations*. WBC. Nashville: Nelson, 2004.

Gersenberger, E. S. *Psalms, Part 2, and Lamentations*. FOTL. Grand Rapids: Eerdmans, 2001.

Gordis, R. "The Conclusion of the Book of Lamentations (5:22)." *JBL* 93 (1974): 289–93.

_____. *The Song of Songs and Lamentations*. New York: Ktav, 1974.

Gottwald, N. K. *Studies in the Book of Lamentations*. SBT. London: SCM, 1954.

Graetz, N. "Jerusalem the Widow." *Shofar* 17/2 (1999): 16–24.

Guest, D. "Hiding Behind the Naked Women in Lamentations: A Recriminative Response." *BibInt* 7 (1999): 413–48.

Harrison, R. K. *Jeremiah & Lamentations: An Introduction & Commentary*. TOTC. Downers Grove, Ill.: InterVarsity Press, 1973.

Heater, H. "Structure and Meaning in Lamentations." *BibSac* 149 (1992): 304–315

Heim, K. "The Personification of Jerusalem and the Drama of Her Bereavement in Lamentations." Pp. 129–69 in *Zion, City of Our*

God. Ed. by R. S. Hess and G. J. Wenham. Grand Rapids: Eerdmans, 1999.

Hillers, D. *Lamentations*. 2nd ed. AB. 7A. Garden City, NY: Doubleday, 1992.

Huey, F. B. *Jeremiah, Lamentations*. NAC. Nashville: Broadman, 1993.

Hunter, J. *Faces of a Lamenting City: The Development and Coherence of the Book of Lamentations*. Frankfurt and Main: Peter Lang, 1996.

Kaiser, W. C. *A Biblical Approach to Personal Suffering*. Chicago: Moody, 1982.

Krasovek, J. "The Source of Hope in the Book of Lamentations." *VT* 42 (1992): 223–33.

Lanahan, W. F. "The Speaking Voice in the Book of Lamentations." *JBL* 93 (1974): 41–49.

Linafeldt, T. *Surviving Lamentations: Catastrophe, Lament, and Protest in the Afterlife of a Biblical Book*. Chicago: University of Chicago Press, 2000.

Martin-Achard, R.; S. P. Re'emi. *Amos and Lamentations: God's People in Crisis. A Commentary on the Book of Amos. A Commentary on the Book of Lamentations*. ITC. Grand Rapids: Handsel, 1984.

McDaniel, T. F. "Alleged Sumerian Influence on Lamentations." *VT* 18 (1968): 198–209.

Mintz, A. "The Rhetoric of Lamentations and the Representation of Catastrophe." *Prooftexts* 2 (1982): 1–17.

Moore, M. S. "Human Suffering in Lamentations." *Révue Biblique* 90 (1983): 544–55

Neusner, J. *Israel after Calamity: The Book of Lamentations*. Valley Forge, Pa.: Trinity Press International, 1995.

O'Connor, K. "Lamentations." Pp. 1011–72 in *The New Interpreter's Bible*, vol. 6. Nashville: Abingdon, 2001.

Ollenburger, B. C. *Zion the City of the Great King: A Theological Symbol of the Jerusalem Cult*. JSOTSup 41. Sheffield: JSOT Press, 1987.

Pham, X. H. T. *Mourning in the Ancient Near East and the Hebrew Bible*. JSOTSS. Sheffield: Sheffield Academic Press, 1999.

Provan, Iain. *Lamentations*. NCB. Grand Rapids: Eerdmans, 1991.

Renkema, J. "The Meaning of the Parallel Acrostics in Lamentations." *VT* 45.3 (1995): 379–383.

______. *Lamentations. Historical Commentary on the Old Testament*. Leuven: Peeters, 1998.

Reyburn, W. D. *A Handbook on Lamentations*. New York: United Bible Societies, 1992.

Salters, R. B. *Lamentations*. ICC. London: T. & T. Clark, 2010.

______. *Jonah and Lamentations*. OTG. Sheffield: JSOT Press, 1994.

Savitt, D. R. *The Book of Lamentations: A Meditation and Translation*. Baltimore: The Johns Hopkins University Press, 2001.

Shea, W. H. "The Qinah Structure of the Book of Lamentations." *Biblica* 60 (1979): 103–7.

Westermann, C. *Lamentations: Issues and Interpretation*. Trans. by C. Muenchow. Minneapolis: Fortress, 1994.

서론

여호와여 보시옵소서
내가 환난을 당하여 나의 애를 다 태우고
나의 마음이 상하오니 나의 반역이 심히 큼이니이다
밖에서는 칼이 내 아들을 빼앗아가고
집 안에서는 죽음 같은 것이 있나이다
(1:20)

내 고초와 재난 곧 쑥과 담즙을 기억하소서
내 마음이 그것을 기억하고 내가 낙심이 되오나
이것을 내가 내 마음에 담아두었더니
그것이 오히려 나의 소망이 되었사옴은
여호와의 인자와 긍휼이 무궁하시므로
우리가 진멸되지 아니함이니이다
이것들이 아침마다 새로우니
주의 성실하심이 크시도소이다
내 심령에 이르기를 여호와는 나의 기업이시니

그러므로 내가 그를 바라리라 하도다
기다리는 자들에게나 구하는 영혼들에게
여호와는 선하시도다
사람이 여호와의 구원을 바라고
잠잠히 기다림이 좋도다
(3:19–26)

1. 소개

가시나무새(thorn bird)에 대한 전설을 들어본 적이 있는가? 이른 봄에 알에서 깨어난 가시나무새는 둥지를 떠난 뒤 한순간도 가지에 앉아 쉬지 않는다. 이른 봄부터 가을이 여물어갈 때까지 새는 온 세상을 돌아다니며 가장 큰 가시를 찾아다닌다. 드디어 가장 큰 가시를 발견한 새는 온 힘을 다하여 그 가시를 향해 질주한다. 가시에 찔린 새는 두려울 정도로 슬프고 아름다운 노래를 부르며 죽어간다. 예레미야 애가는 주의 백성 이스라엘이 건국 이래 경험한 최고로 슬프고 충격적인 일(주전 586년에 바빌론 군에 의해 나라가 멸망한 일)에 대해 주체할 수 없는 슬픔으로 짓이겨진 가슴을 안고 하염없이 노래하며 죽어가는 가시나무새와 같다. 예레미야 애가는 우리의 마음을 한없이 슬프게 하며 절망의 늪으로 빠져들게 한다. 그러면서도 하나님의 은혜의 전율에 사로잡히게 하는 반전을 지닌 책이다.

2. 역사적 정황

책이 곳곳에서 제공하는 여러 가지 정보를 고려할 때 애가는 주전 586년에 있었던 예루살렘 멸망을 역사적 배경으로 삼는다. 바빌론의 느부갓네살 왕은 예루살렘을 포위한 지 18개월 만인 주전 586년 여름에 성을 함락시킨다. 유다의 멸망은 갑작스러운 일은 아니다. 이스라엘 건국 이래 하나님은 수많은 경고와 권면을 통해 이런 날이 올 것을 예고하셨다. 예루살렘의 함락은 이스라엘이 하나님의 지속적인 경고를 귀담아 듣지 않은 결과다. 그럼에도 불구하고 바빌론의 공격에서 살아남은 사람들은 매우 고통스러워하고 괴로워한다. 얼마나 고통스러운지 생존자들은 과거를 회상하거나 미래를 계획할 여유가 없다. 그래서 애가는 오직 생존자들이 당면한 현재의 고통에만 초점을 맞추어 애가를 부른다(Berlin). 하나님의 도성이자 유다의 수도였던 예루살렘이 침략자들에게 함락된 일이 얼마나 충격적이고 중요한 사건이었는지, 구약 성경은 최소한 네 곳에서 이 일을 상세하게 기록한다. (1) 열왕기하 25장; (2) 예레미야 39:1-11; (3) 예레미야 52장; (4) 역대하 36:11-21. 이 사건에 대해 각 책이 제공하는 정보를 종합해보면 다음과 같다(Kaiser).

	정보	왕하 25장	예레미야서	애가
1	예루살렘 포위 시작	1-2절	39:1-3; 52:4-5	2:20-22; 3:5, 7
2	기근이 엄습함	3절	37:21; 52:6	1:11, 19; 2:11-12, 19-20; 4:4-5; 9-10; 5:9-10
3	왕과 군대가 도주함	4-7절	39:4-7; 52:8-11	1:3, 6; 2:2; 4:19-20
4	왕궁, 성전, 성이 불탐	8-9절	39:8; 52:13	2:3-5; 4:11; 5:18
5	성벽이 허물어짐	10절	33:4-5; 52:7	2:7-9
6	거주민이 끌려감	11-12절	28:3-4, 14; 39:9-10	1:1, 4-5, 18; 2:9, 14; 3:2, 19; 4:22; 5:2
7	성전 약탈	13-15절	51:51	1:10; 2:6-7
8	지도자들 처형	18-21절	39:6	1:15; 2:2, 20
9	유다가 종속국이 됨	22-25절	40:9	1:1; 5:8-9
10	오지 않은 외국의 도움	24:7	27:1-11; 37:5-10	4:17; 5:6

3. 저자와 저작 연대

유대인들의 가장 오래된 전통에 따르면 애가의 저자는 선지자 예레미야다. 바빌론 탈무드(B. Bat. 15a), 요세푸스 그리고 여러 교부들도 이 전통을 그대로 수용해 이 책을 예레미야의 저작으로 간주했다. 그래서 대부분의 번역본들은 책을 시작하는 1:1 앞에 "이스라엘이 포로로 끌려가고 예루살렘이 폐허가 된 후 예레미야가 앉아서 예루살렘에 대하여 슬픈 애가를 불렀다. 그가 이르기를"이라는 말을 붙인다(Provan; cf. LXX). 라틴어 역본인 불가타(Vulgate) 역시 이러한 입장을 취하고 있다. 아마도 이 책의 저자로 예레미야가 가장 적합하다는 생각에서 이 같은 전통이 시작되었을 것이다.

애가는 주전 586년에 바빌론 군에게 완전히 파괴된 예루살렘의 모습을 옆에서 지켜본 증인이 저작한 것이 거의 확실하다. 그렇다면 우리가 아는 인물 중에서 예레미야보다 더 적합한 후보가 누가 있겠는가! 뿐만 아니라, 역대하 35:25에 의하면 예레미야는 요시야 왕의 죽음을 슬퍼하는 애가를 지었다. 만일 그가 왕의 죽음을 애도하며 노래를 지을 수 있다면, 하나님의 도성 예루살렘의 파괴에 대하여는 더욱더 슬픈 노래를 지을 수 있었을 것이라는 추측도 이 전승이 형성되는 데 한몫했을 것이다. 전통적인 입장을 고수하는 학자들은 예레미야서와 애가에 대해 다음과 같은 공통/평행적 구절들을 증거로 제시했다. 애 2:14과 렘 5:31; 애 2:22과 렘 6:25; 애 3:14과 렘 20:7; 애 3:53과 렘 38:6; 애 4:17과 렘 2:36(Cannon; Wisemann).

예레미야의 저작권에 문제를 제기한 비평학의 첫 시도는 1712년에 있었다. 하르트(H. von der Hardt)는 애가가 다니엘, 사드락, 메삭, 아벳느고와 여호야긴의 저술이라는 주장을 내놓았다. 그 이후 몇몇 학자들이 다양한 학설을 제기했지만, 예레미야의 저작권을 인정하거나 부인할 근거는 어느 쪽도 충분하지 않다(cf. Hillers).

이 책에 대한 예레미야 저작권을 부인하는 사람들은 다음과 같은 문제를 제기한다. 첫째, 선지자를 비난하는 2:9c, 통치자를 칭찬하는 4:7, 예루살렘 멸망에 대한 슬픔을 노래하는 5:7 등은 예레미야서의 내용과 메시지에 잘 어울리지 않으며, 오히려 에스겔서, 제2이사야서, 시편 등과 더 어울린다는 것이다(Löhr). 그래서 학자들 중에는 이 책이 바빌론에서 주전 586년에 유다에서 끌려온 포로민에 의해 쓰였다고 주장하는 사람들도 있다(Hillers). 둘째, 애가의 처음 네 장은 알파벳 시(acrostic poem)로 구성되어 있는데, 예레미야처럼 슬픔에 잠긴 사람이 어떻게 자신의 슬픔을 알파벳 시로 표현할 여유가 있었겠느냐는 주장이다(Haller). 셋째, 예레미야는 바빌론을 하나님이 백성을 징계하기 위해 사용하신 도구로 간주하고 있는데(렘 24:5; 32:5; 38:18), 애가는 예루살렘의 고통에 대해 바빌론에 보복해달라고 외친다는 사실(3:64–66)도 예레미야의 저작권을 부인하는 증거로 제시되었다. 넷째, 애가에서 느껴지는 저자의 모습이 예레미야와는 많이 다르다는 주장이다(Kraus). 그러나 이 모든 문제 제기는 별 어려움 없이 설명될 수 있다(cf. Provan).

이미 언급한 것처럼 만일 성경에 언급된 사람이 이 책을 저작했다면 예레미야는 가장 가능성이 높은 후보다. 그러나 책은 예레미야의 저작권에 대해 구체적인 언급을 하지 않는다. 더 나아가 누가 이 책을 기록했는지 도무지 힌트를 주지 않는다. 아마도 저자가 자신에게 독자의 관심이 집중되는 것을 피하고, 책의 메시지에 모든 관심을 쏟도록 하기 위해서일 것이다. 결론적으로 말하자면, 아직까지는 저작권에 대하여 논할 만한 증거가 충분하지 않다(Provan). 그래서 대부분의 학자들은 책의 저자로 특정한 인물을 제안하지 않는다. 그러면서도 학자들은 예레미야가 이 책을 쓰지 않았다고 결론짓는다(Salters; cf. Dobbs–Allsopp). 이렇다 할 증거도 없으면서 전통적인 견해는 부인하는 것이다. 이러한 정황에서 그래도 가장 합리적인 입장은 설득력이 있는 새로운 제안이 제시될 때까지 전통적인 견해, 곧 예레미야의 저작권을 고수하는 것이다.

저자는 언제 이 책을 저작했는가? 저자가 예루살렘의 멸망에 대해 절제할 수 없는 슬픔에 잠겨 있음을 감안할 때, 그는 아마도 도성의 함락을 가까운 곳에서 목격했던 사람이었을 것이다. 그러므로 거의 모든 학자들이 애가는 주전 586년에 예루살렘이 바빌론의 손에 멸망한 것을 옆에서 지켜본 사람이 그 사건에 대한 기억이 생생하게 살아 있는 동안에 저작한 것으로 본다. 애가의 내용과 역사적 정황을 고려할 때 이 책은 아무리 늦어도 주전 550년 이전에 저작된 것이 확실하며(Harrison), 주전 580년대도 충분히 가능하다(cf. Hillers). 만일 예레미야가 저작했다면, 주전 586년 사건 직후에 예루살렘에서 이 책을 집필했을 것으로 생각된다. 물론 예레미야가 애가를 저작하지 않은 것으로 보는 사람들은 다른 시대를 제시한다. 그러나 그들도 이 책이 귀향민들이 성전을 재건하기 시작한 주전 520년 이전에 완성되었을 것으로 생각한다(cf. Salters).

4. 신학과 메시지

예루살렘은 여러 가지 이유 때문에 불가침한(inviolable) 도성으로 알려졌다(cf. Ollenburger). 첫째, 예루살렘은 3면이 절벽으로 둘러싸여 있던 지형적인 여건 때문에 적은 수로도 많은 군사들을 쉽게 대적할 수 있었다. 역사적인 예를 들자면 주전 586년에 바빌론이 대군을 이끌고 왔지만, 포위한 지 18개월 만에야 겨우 성을 함락할 수 있었다. 사실은 바빌론 군이 예루살렘을 함락했다기보다는 먹고 마실 것이 부족한 도성 스스로 붕괴했다고 하는 것이 더 정확하다. 둘째, 예루살렘은 여호와의 성전이 있는 곳이다. 그러므로 하나님은 자신의 명예를 지키기 위해서라도 절대 이 도성이 함락되도록 허락하지 않으실 것이라는 주장이 널리 퍼져 있었다. 셋째, 하나님은 다윗과 언약을 맺고 다윗의 후손들이 영원히 이스라엘을 통치할 것을 선언하셨다. 예루살렘은 다윗의 통치의 상징이기 때문에 하나님은 다윗과의 약속을 지키기 위해서라도 결코 예루살렘을 파멸에 이르게 하시지 않을 것이라는 주장도 있었다. 특히 주전 701년에 산헤립이 대군을 이끌고 와 예루살렘을 공략했지만, 결국 정복하지 못하고 큰 군대만 잃고 돌아간 일(cf. 사 37장)도 시온 불가침설을 굳건히 하는 데 한몫했다.

문제는 예루살렘의 파괴가 주전 586년에 역사적인 사실로 드러났다는 것이다. 믿기 어려운 일을 당한 그들에게 가장 받아들이기 힘든 것은 하나님이 자기 백성으로 선택한 사람들을 스스로 버리셨다는 사실이었다. 이 같은 현실은 주의 백성의 죄로 빚어진 결과이며(cf. 1:5; 2:14; 3:42; 4:13; 5:16), 진노한 하나님이 내리신 심판의 결과다(cf. 1:12; 2:1; 3:1; 4:11; 5:22). 백성은 자신들이 저지른 죄에 대한 대가를 받았음을 인정하면서도, 정작 자신들이 저지른 죄가 이처럼 가혹하게 처벌될 정도로 심각한 것인가에 대해서는 혼란스러워한다(Renkema). 그래서 저자는 예루살렘 멸망과 연관된 모든 파괴와 고통을 상세히 기록할 뿐만 아니라 영원히 기념하고자 하는 목적에서 이 책을 집필했다(Berlin). 아마도 후세대 사람들은 저자의 기념물에서 다시는 여호와를 진노케 하는 일은 없도록 하기 위해서일 것이다. 다행히 하나님이 범죄한 이스라엘을 버리셨다고 해서 모든 것이 절망적인 것은 아니다. 아직도 소망은 있다. 하나님은 의롭고(1:21-22) 자비로우신 분이기 때문이다(3:21-33).

그럼에도 불구하고 하나님께 버림받은 주의 백성은 신학적인 위기와 정신적 붕괴를 경험하고 있다. 그동안 그들이 영원불변의 진리로 여겼던 것들이 한순간에 무너져 내렸기 때문이다. 그래서 백성들은 통곡한다. 그들은 마치 자신들이 욥이 된 것처럼 고통스러워한다. 애가는 요시야 시대에 대대적인 종교개혁을 통해 하나님께 나아가려 했던 노력에도 불구하고 버림받은 주의 백성의 슬픈 노래다(Gottwald). 백성은 유다의 멸망이라는 역사적 현실과 그들이 믿어왔던 시온 불가침설의 관계에 대해 혼란스러워하며 눈물을 흘린다(Albrektson). 이런 상황에서 저자는 이 모든 일이 하나님의 은혜를 선하게 사용하지 못한 죄 때문에 일어난 일이라는 사실을 강조한다. 또한 비록 모든 것이 비관적이고 절망적이지만, 주의 백성이 진정으로 회개하고 죄의 길에서 돌이킨다면 하나님은 자비로 그들을 돌아보실 것을 확신한다.

저자는 이 모든 일을 여자의 음성을 통해 회고하는 기법을 사용한다. 예루살렘은 한때 공주였지만, 강간당하고 창녀로 전락한 비참한 여자다. 또한 예루살렘은 굶어 죽는 자식을 품에 안은 비극적인 여인이다. 일부 여성 신학자들은 이러한 저자의 기법을 맹렬히 비난한다(Guest; Graetz). 이러한 기법이 여자를 비하할 뿐만 아니라 여자에 대한 성폭력을 증강시킨다는 것이다. 그러나 어느 책이 성폭행을 당한 여자의 비극을 묘사했다 해서 여자에 대한 성폭력을 증강시킨다는 주장은 억측이다. 게다가 성경과 근동에서는 성읍을 여자로 의인화해 이야기를 진행하는 방식은 흔한 일이었다(cf. Berlin). 예루살렘을 성폭행당한 여자로 묘사하는 것은 이때 있었던 일의 비극과 참담함을 충격적으로 묘사하고자 하는 것뿐이다. 저자는 이 일을 성공적으로 해낸다(Berlin).

2600여 년 전에 근동에서 일어났던 사건을 배경으로 하는 이 책은 오늘날 우리에게 어떤 의미와 교훈을 주는가?

첫째, 우리가 의롭게 살지 못하면 우리 자신은 물론이요, 우리가 구성하고 있는 사회까지도 파멸의 길을 걷게 된다는 사실을 경고한다. 사회가 타락하는 것에 대한 책임은 그 사회를 구성하고 있는 각 개인에게 있다. 개혁도 마찬가지다. 각 개인이 개혁될 때, 사회가 개혁되는 것이다. 세상이 아무리 형편없고 윤리가 타락해도 우리 각 개인에게는 의를 행할 책임이 있다. 하나님은 소수를 통해서 세상을 바꾸어 가기도 하시기 때문이다.

둘째, 과거에 하나님이 부어주셨던 축복이 결코 오늘날 우리가 죄의 길을 걷는 것을 정당화할 수는 없다. 사람들 중에는 '내가 옛날에는'이란 말을 하며 허세를 부리는 자들이 있다. 꼴불견이다. 그리스도인도 마찬가지다. '한 번 구원, 영원한 구원'을 외치며 이미 하나님의 구원을 받은 사람은 오늘 이 순간 어떻게 살아가든 상관없이 천국에 가서 하나님과 행복하게 살 것이라는 생각으로 살아간다면, 자신의 머리 위에 숯불만 쌓아갈 뿐이다. 하나님의 은혜는 결코 죄를 합리화하는 면제부로 사용할 수 없기 때문이다.

셋째, 교회를 포함한 세상에 존재하는 모든 기독교 기관들이 하나님께 신실하지 못할 때는 하나님의 심판을 피해갈 수 없다. 하나님이 세상을 공정하게 심판하려면 무엇보다도 그분의 백성들을 공평하게 대하셔야 한다. 그래야 정의로운 심판주로서 죄 지은 세상에 할 말이 있지 않겠는가? 그러므로 성경은 하나님의 심판이 세상에 임할 때, 주님이 세우신 공동체들부터 먼저 심판을 받게 될 것을 선언한다. 교회, 선교 단체에 속한다는 사실 자체가 결코 그리스도인에게 구원을 줄 수도, 보장할 수도 없다는 사실을 기억해야 한다. 오히려 제구실 못하는 믿음의 단체들은 하나님의 진노의 대상이 될 뿐이다.

넷째, 하나님은 선포하신 말씀을 성취하시는 분이다. 하나님은 주전 586년의 멸망이 이들에게 임하기 전에 수차례 선지자들을 통해 경고하셨다. 지속된 경고를 무시한 것이 화근이 되었다. 그들은 '경고 불감증'을 앓고 있었다. 하나님의 말씀이 때로는 더디게 성취되는 경우도 있다. 그러나 확실한 것은 그분의 말씀은 꼭 성취된다는 사실이다.

다섯째, 우리의 모든 고통은 오직 하나님에 대한 믿음 안에서만 진정한 의미를 찾는다. 세상의 그 무엇도 우리를 치유할 수 없으며, 고통의 의미를 설명할 수 없다. 오직 하나님을 의지하는 믿음으로만 가능한 일이다. 그러므로 호세아는 하나님이 찢으신 사람이라도 주님께 돌아가는 것이 유일한 소망이라고 말한다(호 6:1). 저자는 살기 위해 몸부림치는 영혼의 노래들 중 애가를 가장 강력한 것으로 승화시킨다(Dobbs-Allsopp).

여섯째, 때로는 회개와 회심이 너무 늦을 때도 있다는 것을 경고한다. 이들은 끊임없이 주어졌던 경고에 별 반응을 보이지 않았다. 그리고 드디어 사건이 터진 날, 비로소 주님께 소리쳤지만, 재앙을 돌이킬 수는 없었다. 너무 늦게 깨달았고, 너무 늦게 반응한 것이다. 평소에 후회할 일은 하지 않는 것이 벌을 예방하는 최선의 방법이다.

5. 애가의 정경적 위치

이 책의 히브리어 이름은 원래 '퀴노트'(Qinot)로, 문자적으로 풀이하면 '애가들'(lamentations)이라는 뜻이다(Provan). 그러다가 유대인들은 이 책의 이름을 책을 시작하는 첫 단어인 '에이카'(אֵיכָה; 우리말 성경에서 '어찌하여', '아이고', '슬프다' 등으로 해석됨; 1:1; 2:1; 4:1)로 부르기 시작했다. 이 단어는 주로 장송곡/애가(哀歌)에서 사용되는 전문적인 용어이기도 하다. 즉 애가는 첫 단어에서부터 책의 성향을 잘 암시해주고 있다.[1]

기독교 정경과 칠십인역에서 애가는 예레미야서 다음에 등장하는 책이다. 아마도 정경의 순서를 정한 사람들이 예레미야가 이 책을 저술한 것으로 생각했기 때문에 애가는 예레미야서와 묶어 취급했을 것이다. 그러나 율법, 선지서, 성문서 등 세 가지로 분류되는 유대인 성경에서 애가는 세 번째 부분인 성문서에 포함되어 있다.[2] 성문서에서도 애가는 룻기, 아가, 전도서, 에스더서와 함께 어우러져 메길롯(Megilloth; viz., 문자적으로 풀이하면 '두루마리들')을 구성하고 있다.

메길롯은 이스라엘의 각 종교적 절기 때 읽히던 책들을 모아놓은 것이다(cf. 다음 도표). 그중 애가는 주전 586년에 바빌론 군에 폐허가 된 예루살렘을 기념하는 날에 읽히다가, 주후 70년 로마군에 다시 예루살

1 애가의 장르에 대해서는 버르린(Berlin)을 참조하라.

2 거의 모든 히브리어 정경이 이 같은 현상을 보이지만, 때로는 메길롯이 오경과 선지서 사이에 위치하기도 하고, 오경을 구성하고 있는 책들 사이에 나누어져 등장하기도 한다(Barton).

렘이 파괴된 후에는 이 두 사건을 함께 기념해 읽히게 되었다.

절기	히브리어 호칭	일자	관련된 성경구절	읽히는 책	기념 사건
유월절 (무교절)	פֶּסַח	니산월 14일	출 12장 레 23:4-8	아가서	애굽으로부터 구속
오순절	שָׁבֻעוֹת	시완월 6일	신 16:9-12 레 23:9-14	룻기	추수 감사
아브월 제9일	תִּשְׁעָה בְּאָב	아브월 9일	직접적인 언급 없음	애가	성전 파괴 586 BC, 70 AD
속죄일	יוֹם כִּפֻּר	티쉬리월 10일	레 16장; 23:26-32		민족의 범죄를 위한 제사
장막절	סֻכּוֹת	티쉬리월 15-21일	느 8장 레 23:33-36	전도서	광야에서의 방랑 생활
수전절	חֲנֻכָּה	기슬르월 25	요 10:22		164 BC의 성전 건축
부림절	פּוּרִים	아다르월 13-14	에 9장	에스더	하만의 음모 실패

6. 개요

애가는 다섯 개의 노래로 구성되어 있으며 각 노래의 범위는 각 장이 구별하고 있다. 각 노래는 흐름에 있어서 앞, 뒤 노래와는 거의 연관성이 없는 독립성을 유지한다.[3] 그래서 양식 비평가들은 각 장의 장르에 대해 다양하게 제시했다. 한 예로, 궁켈(Gunkel)은 1, 2, 4장을 국가적 장송곡(national funeral songs)으로, 5장은 공동체 탄식시(communal lament)로, 3장은 개인 탄식시(indivual lament)로 규정했다. 그러나 다른 학자들은 3장이 개인 탄식시가 아니라 공동체 탄식시로 간주되어야 한다고 주장했다. 한 학자는 3장을 '억울하게 고통당하는 사람의 법적 상

3 각 노래의 핵심 내용 분석과 다섯 노래의 연관성에 대하여는 버르린을 참조하라.

소'(Legal complaint of the innocent sufferer)라고 부르기도 한다(Brandscheidt). 또한 학자들은 애가 전체가 '성전 파괴에 대한 탄식'(Lament over the ruined sanctuary)이라며 아카디아와 수메르에서 발굴된 파괴된 도시에 대한 탄식과 비교하기도 했다(Kraus; cf. Harrison).

각 장의 장르뿐만 아니라 애가가 정확히 몇 명의 음성(voice)으로 구성되어 있는가도 학자들의 논쟁거리가 되었다(cf. Bergant). 책에서 가장 많은 음성을 구분한 학자는 다음과 같이 여섯 개의 고유한 음성이 반영되어 있다고 한다(Wiseman). (1) 시온(1:9c, 11c–15b; 16, 18–22; 2:11–12, 20–22; 3:48–51, 59–66; 4:3–6, 7–10); (2) 진행자(1:1–6, 7–9b, 10–11b, 15c, 17; 2:1–10, 13–17; 4:1–2, 11–12; 5:11–14); (3) 백성(2:18–19; 3:34–38, 42–47; 4:17–20); 예레미야(3:1–33, 39–41, 52–58; 4:13–16, 21–22); (5) 찬양대 1(5:1–5, 15–18); (6) 찬양대 2(5:6–10, 18–22). 다른 학자는 다섯 개의 음성을 구분한다(Lanahan). (1) 보고자(1:1–11b, 15a, 17; 2:1–19); (2) 시온(1:9c, 11c–22; 2:20–22); (3) 패배한 군인(3장); (4) 부르주아(bourgeois; 4장); (5) 공동체 전체(5장). 이 외에도 진행자, 시온, 공동체 전체 등 책이 세 가지 음성으로 구성되었다는 견해도 있다(Provan).

이처럼 책을 구성하고 있는 각 섹션의 장르에 대해 학자들 사이에 의견 차이가 있기는 하지만, 두 가지는 분명하다. 첫째, 애가는 슬픈 노래라는 사실이다. 둘째, 3장이 물리적으로도 책의 가장 중심에 있을 뿐만 아니라, 책의 메시지 구성에서 핵심적인 역할을 하고 있다는 점이다. 전반적으로 애가는 예루살렘의 패망에 대해 노래하고 있다. 책을 구성하고 있는 노래들은 때로는 개인적인 슬픔을, 때로는 범국가적인 탄식을 표현한다. 애가는 장송곡의 기본 성향인 키나(Qinah) 음률을 사용해 노래를 이어가고 있는데, 이 음률은 듣는 자들의 감정을 매우 극적으로 자극하는 소리를 구사하는 것으로 알려졌다.

1–2장은 히브리어에 22알파벳이 있는 것처럼 각기 22절로 구성되어 있으며, 각 절은 첫 단어를 시작할 때 히브리어 알파벳을 순서대로 사

용함으로써 시를 엮어가고 있다.[4] 중앙에 위치한 3장은 66절로 구성되어 있으며, 세 절이 한 그룹이 되어 히브리어 알파벳을 순서대로 사용한다. 4장은 1–2장처럼 22절로 형성되어 있으며, 히브리어 알파벳을 순서대로 사용하고 있다. 저자는 슬픔을 노래하면서 왜 이렇게 일률적이고 규칙적인 알파벳 형태를 취하는 것일까? 모든 알파벳을 사용하는 유희시는 무엇보다도 완벽함을 강조한다(cf. Hillers). 저자는 예루살렘의 파괴를 통해 주의 백성에게 임한 고통의 '완전함과 철저함'(complete and exhaustive)을 묘사하고자 한다. 동시에 철저한 회개와 고백을 통해서 온전히 정결하게 될 것을 갈망하고 있다(Gottwald).

5장 역시 22절로 구성되어 있으나, 알파벳을 순서대로 사용하는 유희시 형태를 취하지 않는다. 또한 5장은 키나 음률도 사용하지 않고 있다. 5장이 1–4장에서 보편화된 틀을 깨는 것은 혼란과 좌절을 강조하기 위해서일 것이다(Huey). 하나님께 버림받은 도성은 아무리 균형과 리듬을 유지하려 해도 혼란과 절망밖에는 없다는 것이다(cf. Dobbs-Allsopp). 책의 마지막 장은 '죄 지은 다음날'의 혼란과 비통함을 강조하고 있다. 애가는 다음과 같이 정리될 수 있다.

- I. 예루살렘의 참담함과 황폐(1:1–22)
  - A. 파괴된 하나님의 도성(1:1–11)
  - B. 파괴된 도성의 탄식(1:12–22)
- II. 도성에 임한 하나님의 심판(2:1–22)
  - A. 파괴된 유다(2:1–10)
  - B. 내레이터의 상황 보고(2:11–19)
  - C. 시온의 간구(2:20–22)
- III. 구원에 대한 소망(3:1–66)

---

4 1장은 오늘날 우리가 알고 있는 알파벳 순서대로 전개되지만, 2–4장은 16번째 알파벳인 아인(ע)과 17번째 알파벳인 페(פ)의 순서를 바꾸어 사용하고 있다. 이 같은 순서는 흔하지는 않지만, 성경 외 문서에서도 종종 사용되었던 것으로 알려졌다(Cross).

A. 하나님의 자비와 언약에 대한 소망(3:1-24)
B. 심판에 대한 묵상(3:25-39)
C. 용서와 구원에 대한 간구(3:40-66)
IV. 포위에서 비롯된 백성의 슬픔(4:1-22)
A. 포위된 예루살렘(4:1-20)
B. 소망과 확신(4:21-22)
V. 자비와 구원을 위한 기도(5:1-22)
A. 공동체의 탄식(5:1-18)
B. 공동체의 구원 호소(5:19-22)

I. 예루살렘의 참담함과 황폐
(1:1–22)

죄의 성향에 대해 오해하고 있는 사람들을 종종 만난다. 그들은 죄가 추하고 흉악하며 냄새가 난다고 생각한다. 물론 죄를 짓고 나서야 이러한 통찰력이 생기겠지만 죄를 짓기 전이나 짓는 동안에는 죄가 추하거나 흉악하다는 생각이 들지 않는다. 만일 죄를 짓기 전에, 혹은 죄를 지으면서 이런 생각을 할 수 있다면, 이 세상에는 죄 짓는 사람이 그렇게 많지는 않을 것이다. 오히려 "먹음직도 하고, 보암직도 하고, 지혜롭게 할 만큼 탐스럽기도 한" 것이 죄다(cf. 창 3:6). 죄인에게 매력적으로 보일 뿐만 아니라 이성도 잃게 한다. 죄의 영향력 아래 있는 사람은 사리판단을 잘할 수 없게 된다. 죄인은 남의 죄는 비난하면서 자신의 죄는 정당화시키려 한다. 오죽하면 "남이 하면 불륜이고, 내가 하면 로맨스"라는 말이 나왔겠는가! 이 외에도 여러 가지 이유로 일부 사람들은 죄 짓는 것을 즐긴다. 심지어는 죄를 통해 짜릿함과 쾌감까지 느낀다.

그러나 죄가 가져다 주는 흥분과 짜릿함은 오래가지 못한다. 잠시 동안의 쾌감 후에 치러야 하는 대가는 너무 크고 고통스럽다. 짜릿함 대신에 죄책감이, 쾌감 대신에 좌절감이 죄인을 엄습한다. 지은 죄에 대해 후회도 해보지만 이미 엎질러진 물이다. 과거를 되돌릴 수는 없다. 예루살렘이 붕괴된 후의 유다 백성에게 죄인이 겪는 절박함과 좌절감이 엄습했다. 본문은 하나님의 심판을 받아 폐허가 된 예루살렘의 참담한 실상과 죄인의 뒤늦은 후회와 탄식을 묘사하고 있다.

애가는 예루살렘이 바빌론의 손에 멸망했던 주전 586년 사건을 주제로 삼고 있다는 것이 학자들의 일반적인 견해다(O'Connor; Huey; Berlin; Provan). 그럼에도 불구하고 성전 파괴, 백성이 지은 죄, 침략 군대 등에 대해 구체적으로 밝히지 않는다. 그 이유는 저자가 책의 메시지가 시간과 장소를 초월해 모든 죄인들에게 선포되는 경고로 적용되기를 원했기 때문이다(Bracke).

애가를 형성하고 있는 다섯 개의 노래 중 첫 번째인 본문은 히브리어를 구성하고 있는 22개의 알파벳을 순서에 따라 하나씩 사용한다. 이 노래의 핵심 주제는 수치와 슬픔과 고통이다(Berlin). 예루살렘은 자신이 지은 죄에 대해 매우 큰 죄책감에 휩싸여 있다. 죄책감은 수치로 이어진다. 그러나 예루살렘이 경험하고 있는 고통이 얼마나 큰지 모든 생각이 마비되어 수치와 죄책감을 생각할 겨를이 없다.

이 노래는 예루살렘 성을 통곡하는 여성으로 묘사하는데, 도성이 여인으로 묘사되는 것은 선지서에서 흔히 발견된다. 그러나 애가의 첫 번째 노래인 본문은 가장 효과적이면서도 비극적인 이미지로 예루살렘을 신음하는 여인으로 의인화하고 있다(Berlin). 자식을 잃고 망연자실한 어머니; 외로운 과부; 몰락한 공주; 창녀; 강간당한 여자; 배신당한 연인; 버림받은 아내. 예루살렘은 최근에 경험한 재앙으로 인해 매우 슬퍼한다. 더 안타까운 것은 이 여인은 자신이 가장 사랑하는 이의 장례식에 와 있는 듯하다. 1장 전체가 온갖 장례식과 연관된 소리와 이미지로 가득하기 때문이다(cf. Dobbs-Allsopp).

비참한 상황에 처한 예루살렘은 마치 부정한 여인처럼 취급을 받는다(8-9, 13, 17절). 더 안타까운 것은 그 누구도 그녀와 함께 슬퍼해주지 않으며, 그녀의 형편에 동정해주지 않는다는 것이다. 하나님은 그녀를 버렸고, 벗들은 원수가 되었기 때문이다. 외부와의 단절이야말로 가장 고통스러운 부분인데, 예루살렘은 그 누구에게도 위로받지 못한다는 분위기가 이 노래에 통일성을 더한다(cf. 2, 9, 16, 17, 21절). 특히 예루살렘의 고난에 대해 하나님이 관심을 보이지 않는다는 사실이 예루살렘에게는 가장 견디기 힘든 일이다(Huey).

이 노래는 위로받지 못하는 여인이 그녀를 위로할 자를 찾는 절박한 노래다. '위로'(comfort)라는 것은 '슬퍼하는 자와 함께 있으면서 같이 슬퍼하는 것'이다(Anderson). 그러나 아파하는 예루살렘 주변에는 아무도 없다. 결국 내레이터와 애가를 읽는 독자들만이 예루살렘의 위로자가 될 수 있다(Berlin). 구약의 애가들은 대체적으로 하나님이 도우실 것이라는 긍정적인 기대와 소망으로 끝을 맺는다(Provan). 반면에 이 노래가 마지막에 제시하는 유일한 소망은 예루살렘에 고통과 수치를 안겨준 원수들이 예루살렘이 당하는 고통에 버금가는 고통을 경험하게 될 것을 바라는 것이다(cf. 21-22절).

책의 첫 번째 노래는 두 부분으로 나뉘어 있다. (1) 1-12절은 3인칭 내레이터의 음성으로 전개된다; (2) 12-22절에서 예루살렘은 1인칭을 사용해 자신의 아픔을 회고한다. 이 두 섹션을 지나면서 말하는 자가 내레이터에서 예루살렘으로 변하는 것은 이미 9절과 11절의 마지막 부분에 암시되어 있다. 1-11절이 모두 3인칭으로 진행되는데 이 두 절의 마지막 행에서만 예루살렘이 1인칭으로 말하고 있기 때문이다. 분위기는 마치 9절 마지막 부분에서 끼어들려는 예루살렘을 내레이터가 일단 막았다가, 11절 마지막 부분에 가서는 매우 강력하게 아픔을 토로하는 여인을 막을 길이 없어 자리를 그녀에게 내어주는 형태를 취한다(Provan). 드디어 무대의 중앙을 장악한 예루살렘이 1인칭을 사용해 자신의 슬픈 이야기를 펼치는 것이 12-22절이다. 두 음성 모두 주의 백성이 경험하고 있는 잔혹한 현실에 대해 증언한다(O'Connor). 이 같은 이해를 바탕으로 1장은 다음과 같이 두 부분으로 나눌 수 있다.

A. 파괴된 하나님의 도성(1:1-11)
B. 파괴된 도성의 탄식(1:12-22)

I. 예루살렘의 참담함과 황폐(1:1-22)

A. 파괴된 하나님의 도성(1:1-11)

예루살렘은 여러 가지 이유 때문에 침략할 수 없는(inviolable) 도성으로 알려져 있었다(Ollenburger).

첫째, 예루살렘은 삼면이 절벽으로 둘러싸여 있는 지형적인 여건 때문에 적은 숫자로도 많은 침략군에게 쉽게 대항할 수 있었다. 적은 숫자로 많은 침략자들을 상대할 수 있는 천연적인 요새였던 것이다. 한 예로 주전 588년에 바빌론이 대군을 이끌고 예루살렘 정복에 나섰지만, 포위한 지 18개월 만에야 겨우 성을 함락했다. 예루살렘이 여호수아 시대에 베냐민 지파(수 18:28)와 유다 지파(수 15:8)에게 기업으로 분배되었지만, 다윗 시대에 가서야 이스라엘의 영구적인 소유가 된 것도 지형적인 여건이 큰 것으로 생각된다(삼하 5:6-12; cf. 수 15:63).

둘째, 예루살렘은 여호와의 성전이 있는 곳이기 때문에 하나님이 자기 명예를 지키기 위해서라도 결코 예루살렘이 침략자들의 손에 함락되도록 내버려두지 않으실 것이라는 생각이 당시 시대를 지배했다.

셋째, 하나님은 다윗과 언약을 맺고 다윗의 후손들이 영원히 이스라엘을 통치할 것을 약속하셨다. 이것이 일명 '다윗 언약'의 골자다(cf. 삼하 7장). 예루살렘은 다윗 통치의 상징이기 때문에 하나님이 다윗과의 약속을 지키기 위해서라도 결코 예루살렘을 파멸에 이르게 하시지 않을 것이라는 신학적 이해가 당시 사회에 팽배해 있었다(cf. Block).

문제는 예루살렘의 파괴가 역사적인 현실로 드러났다는 사실이다. 믿기 어려운 일을 당한 이스라엘 사람들이 가장 받아들이기 힘든 것은 하나님이 자기 백성으로 선택하신 그들을 스스로 버리셨다는 현실이었다. 주의 백성은 그동안 자신들의 믿음의 근간이 되었던 신학이 뿌리째 뽑히는 위기를 맞고 있었다. 이러한 상황을 배경으로 저자는 이 섹션에서 한때는 열방의 대열에 자신만만하게 서 있었지만 이제는 완전히 몰락해버린 예루살렘의 참담함을 저자는 다음과 같은 순서로 묘사하고 있다.

A. 인적이 끊긴 도성(1:1–4)
B. 대적의 조롱거리가 된 도성(1:5–7)
C. 버림받은 도성의 기도(1:8–11)

I. 예루살렘의 참담함과 황폐(1:1–22)
A. 도성의 파괴(1:1–11)

1. 인적이 끊긴 도성(1:1–4)

1 (א) 슬프다 이 성이여
전에는 사람들이 많더니 이제는 어찌 그리 적막하게 앉았는고
전에는 열국 중에 크던 자가 이제는 과부같이 되었고
전에는 열방 중에 공주였던 자가 이제는 강제 노동을 하는 자가 되었도다
2 (ב) 밤에는 슬피 우니 눈물이 뺨에 흐름이여
사랑하던 자들 중에 그에게 위로하는 자가 없고
친구들도 다 배반하여 원수들이 되었도다
3 (ג) 유다는 환난과 많은 고난 가운데에 사로잡혀 갔도다
그가 열국 가운데에 거주하면서 쉴 곳을 얻지 못함이여
그를 핍박하는 모든 자들이 궁지에서 그를 뒤따라 잡았도다

4 (ד) 시온의 도로들이 슬퍼함이여
절기를 지키려 나아가는 사람이 없음이로다
모든 성문들이 적막하며 제사장들이 탄식하며
처녀들이 근심하며 시온도 곤고를 받았도다

애가 혹은 예레미야 애가로 불리기도 하는 이 책의 히브리어 이름은 작품의 첫 단어인 '에이카'(אֵיכָה; '어찌하여', '아이고', '슬프다' 등으로 해석; 1:1; cf. 2:1; 4:1)로 불린다.[5] 전혀 예측하지 못한 황당하고 충격적인 일이 일어났음을 표현한다(Ferris). 무엇이 그렇게 충격적인가? 이스라엘의 신학적 정체성과 생존 자체를 파괴하는 일이 일어났다. 또한 이 단어는 장송곡/애가에서 사용되는 전문적인 표현이기도 하다. 즉 애가는 첫 단어에서부터 책의 성향을 잘 암시해주고 있다. 이 절망적인 표현은 옛 영화에서 현재의 비참함으로의 변화를 알리는 신호다(Berlin; cf. 사 1:21; 렘 48:17; 겔 26:17).

비록 책의 성향과 내용을 파악하는 것은 쉽지만, 각 구절의 연결과 흐름을 논하는 것은 쉬운 일이 아니다. 예레미야애가 1-4장이 알파벳 시라는 특징을 지녔기 때문이다. 즉 히브리어 알파벳을 처음(א)부터 끝(ת)까지 순서대로 나열하며 노래를 이어가다 보니 각 절들의 흐름과 연결이 매끄럽지 못할 때가 있다.

알파벳 시를 섹션으로 나눈다는 것은 시의 특성상 여간 어려운 일이 아니다. 다행히 이 섹션은 일종의 괄호(inclusion)로 시작과 끝이 규정되

5 바빌론 탈무드(B. Bat. 15a), 요세푸스(Josephus), 그리고 여러 초대교회 교부들과 유대인들의 오랜 전통에 따라 애가는 선지자 예레미야가 기록한 것으로 생각했다. 그래서 많은 번역본들이 책을 시작하는 1:1 앞에 "이스라엘이 포로로 끌려가고 예루살렘이 폐허가 된 후 예레미야가 앉아서 예루살렘에 대하여 슬픈 애가를 불렀다. 그가 이르기를…"라는 말을 붙였다(Provan; cf. LXX). 라틴어 역본인 불가타(Vg.) 역시 이러한 입장을 취하고 있다. 아마도 이 책의 저자로 예레미야가 가장 적합하다는 생각에서 이 같은 전통이 시작되었을 것이다. 그러나 오늘날에 와서는 예레미야 선지자를 애가의 저자로 생각하는 학자는 거의 없다.

어 있는 듯하다. 텅 빈 도성 예루살렘에 대한 묘사로 시작해(1절) 예루살렘으로 가는 순례길이 텅 비었다는 이미지로 마감하고 있다(4절). 섹션의 중심적 주제는 신분과 지위가 한순간에 몰락해버린 여인(예루살렘)이 친구들과 연인들로부터 버림받아 가눌 수 없는 슬픔에서 헤어나오지 못하는 모습이다. 도대체 이 여인은 어떤 변을 당했단 말인가?

열방의 으뜸이었으며, 나라들 중에 여왕이었던 예루살렘이 종의 신분으로 몰락해버렸다(1절). 사실 '열방의 으뜸'이란 말은 예루살렘이 함락되던 주전 586년 이전의 유다에게 잘 어울리지 않는 표현이다. 지난 200여 년간 유다는 강대국의 통치 아래 갖은 수난을 당했기 때문이다. 그러므로 이 표현은 유다가 약소국가임에도 불구하고 강대국들과 관계를 잘 유지하여 이날까지 독립 국가로 존재하다가 드디어 멸망을 맞았다는 뜻으로 이해하는 편이 바람직하다(cf. Provan). 저자는 3절에서 이런 현실을 노래하고 있다.

그렇다면 1절은 어느 때를 염두에 두고 있는가? 저자는 다윗—솔로몬 시대에 이스라엘이 누렸던 영화를 회상하고 있다(Huey). 이스라엘은 한때 가나안 지역의 군주로 자리 잡고 주변 국가들로부터 조공을 받던 나라였다(cf. 삼하 8; 왕상 4:21-25). 이집트도 이 나라를 무시하지 못했고, 심지어 공주를 솔로몬에게 아내로 주었다(왕상 3:1). 예루살렘의 부유함 역시 대단했다(왕상 10:27). "예루살렘에는 은이 돌처럼 흔하였고, 백향목은 세펠라 평원지대의 뽕나무만큼이나 많았다"(새번역).

지금은 어떤가? 열방 중에 여왕이던 이 여인은 모든 화려함과 빼어난 자태를 빼앗기고 처량한 과부가 되었다(1절). 그녀의 남편이었던 하나님이 떠났기 때문이다. 보호자인 남편이 없는 과부는 외로움과 취약함의 상징이다(O'Connor; Huey; Berlin; cf. 신 24:19-21; 왕상 17:9-24; 사 10:2; 47:8; 54:4-5; 겔 22:7). 성경은 과부, 고아, 이방인을 가장 연약한 사회적 약자로 취급한다. 고대 근동에서 '과부' 비유는 정치적인 의미를 지니기도 했다. 침략자들에게 정복당해 자치권을 잃고 종속 국가가 된 나라를 '과부'로 표현하기도 했기 때문이다(Berlin).

이러한 상황은 1절과도 잘 어울린다. 과부가 된 여인은 모든 재산을 잃은 것도 부족하여 강제 노동을 하는 자로 전락했기 때문이다. "강제 노동을 하는 자"(개역개정)는 이 히브리 단어(מַס)의 정확한 번역이지만(HALOT; cf. 삿 1:30, 35; 대하 8:8), 본문에서는 '노예/종'을 의미한다(Provan; cf. NIV; 아가페). 이 구절은 유다가 경험한 신분 변화의 '전과 후'(before and after)를 효과적으로 표한다(Huey).

한때는 거느리던 식솔들과 방문객으로 붐비던 그녀의 처소는 찾는 이의 발걸음이 끊겼다. 고대 사회에서 밤은 하루 중 가장 슬픈 시간으로 여겨졌다(Berlin; cf. 시 6:6-7; 30:5; 77:2-6). 여인은 이 슬픈 시간에 조용히 흐느끼지 않고 소리내 슬피 운다(2절). 누군가가 그녀의 울음소리를 듣고 다가와 위로해 주기를 기대한 것이다. 그러나 찾아오는 이가 아무도 없다! 심지어 연인들도 그녀를 떠났다. '연인들'(אֹהֲבִים)은 이스라엘이 숭배하던 우상들(Targ.) 혹은 정치적 우방국들(Hillers; cf. Berlin)로 해석된다.

말씀의 정황은 유다가 숭배한 우상들을 의미하는 것으로 생각된다. 게다가 강대국들은 지배하는 나라들에게 그들의 신을 숭배할 것을 요구하기 일쑤였다. 그러므로 정치적인 우방국은 곧 우상숭배와도 밀접한 관계가 있다(Ferris). 고대 근동 사회에서 여자들은 남편 외에 다른 남자를 연인으로 둘 수 없었다. 그러므로 그녀에게 '연인들'(אֹהֲבִים)이 있었다는 것은 이 부적절한 관계에 대한 벌이 그녀가 당하고 있는 고통의 원인임을 암시한다(O'Connor). 이스라엘은 여호와와 결혼하고도 수많은 '연인들'(viz., 바알 등 우상)을 두었다.

앞으로의 상황도 좋지 않다. 한때는 그녀의 처소를 찾던 순례자들로 붐비던 길에도 인적이 끊어졌다(4절). 그러므로 시온으로 가는 도로들이 슬퍼한다. 순례자가 없으니 이들을 대신해 하나님께 제물을 드리던 제사장들도 탄식한다. 본문에서 슬픔과 기쁨은 단순히 인간의 감정을 의미하는 것이 아니라, 종교적인 개념이다(Anderson). 기쁨은 예배와 제물을 드릴 수 있는 때를 의미하며, 슬픔은 예배와 제물을 드릴 수 없게 된 상황을 상징한다.

남자들은 전쟁에서 희생되고 살아남은 자들은 뭇 나라로 끌려갔으니(3절), 결혼을 앞둔 처녀들도 괴롭다. 처녀 총각이 만나 결혼해야 미래 세대가 태어날 텐데, 결혼하는 사람이 없는 세상이 되었다. 하나님의 심판을 받아 고통스러운 나날을 보내고 있는 예루살렘의 고통이 현재로 끝나지 않고 미래까지 지속될 것이다. 총체적으로 매우 어두운 미래가 드리워져 있다.

그러나 이 여인을 가장 힘들게 하는 것은 사랑하는 벗들(רֵעִים)마저도 그녀를 버렸다는 사실이다(2절). 유다는 하나님보다는 주변 국가들, 특히 강대국들을 많이 의지했다(왕상 15:16-20; 왕하 16:5-7; 호 2:7; 7:11; 8:9-10; 렘 22:20; 겔 23:1-48). 벗들은 이들을 의미한다(Huey). 부귀와 영화를 누리던 때에는 그렇게 많던 친구들과 연인들이 지금은 어디로 갔는지 도대체 위로하는 사람 하나 찾기가 힘들다. 도와주겠다던 이집트는 도움이 되지 않았고(cf. 렘 37:5-8), 형제 나라라던 에돔은 예루살렘을 공격하는 적군의 일부였다(옵 11-14). 원래 친구란 좋은 일이 있으면 함께 기뻐하고, 슬픈 일이 있으면 함께 슬퍼하는 사람이다(사 66:10). 그러나 어려운 시간에 의지할 벗이 하나도 없는 것을 보면 여인은 친구를 잘못 사귀고 인생을 헛살았나 보다.

더 이상 연인들이 찾아오지 않자 여인은 외로움 속에서 괴로워한다. "나의 친구들이 모두 원수가 되었단 말인가!" 예루살렘이 바빌론 군에 의해 함락되던 날, 이스라엘의 형제 나라라 할 수 있던 에돔이 침략군의 선봉대로 나서서 성을 공략했던 사실을 연상시킨다(cf. 시 137편). 적에게 당하는 것도 상처가 되는데, 친구들이나 아군에게 배반당하는 것은 더 큰 상처를 남긴다. 지금 이 여인은 자신이 믿었던 심복 브루투스(Brutus)가 가담한 쿠데타 일당의 칼에 찔려 죽으며 "브루투스, 너도

냐?"(*et tu, Brute?*)라며 좌절했던 율리우스 카이사르(Julius Caesar)의 심정이 다. 죄를 지으며 사귄 친구들과 벗들의 본성이 드러나는 순간이다.

I. 예루살렘의 참담함과 황폐(1:1-22)
A. 도성의 파괴(1:1-11)

2. 대적의 조롱거리가 된 도성(1:5-7)

5 (ה) 그의 대적들이 머리가 되고
그의 원수들이 형통함은
그의 죄가 많으므로 여호와께서 그를 곤고하게 하셨음이라
어린 자녀들이 대적에게 사로잡혔도다
6 (ו) 딸 시온의 모든 영광이 떠나감이여
그의 지도자들은 꼴을 찾지 못한 사슴들처럼
뒤쫓는 자 앞에서 힘없이 달아났도다
7 (ז) 예루살렘이 환난과 유리하는 고통을 당하는 날에
옛날의 모든 즐거움을 기억하였음이여
그의 백성이 대적의 손에 넘어졌으나
그를 돕는 자가 없었고 대적들은 그의 멸망을 비웃는도다

이 섹션은 대적들에 대한 언급으로 시작해(5절) 대적들에 대한 언급으로 끝을 맺는다(7절). 그 중간에 있는 말씀은 여호와께서 허락하지 않으셨다면 이스라엘의 대적들이 이렇게 할 수 없었을 것이라는 취지의 탄식이다(O'Connor). 이스라엘이 경험하고 있는 재앙에 대한 원인—결과(cause-effect) 관계가 확실하게 정리되고 있다(Ferris). 바로 이스라엘의 하나님 여호와가 그들이 경험하고 있는 고난의 원인이라는 것이다. 내레이터는 유다의 죄가 이런 재앙을 초래한 것을 인정하면서도 하나님에 대한 서운함을 숨기려 하지 않는다(Berlin). 특히 자식을 잃은 부모의 슬픔을 생각하면 어찌 이런 일을 허락하신 하나님이 서운하지 않겠는가!

예루살렘이 처량해진 만큼이나 시온의 원수들은 상대적으로 더 번성한다(5절). 저자는 원수들이 시온의 '머리'(רֹאשׁ)가 되었다고 한다(5절). 이스라엘이 하나님께 불순종할 때 그들에게 임할 것이라고 경고한 신명기 28:44에 기록된 저주인 "그는 네게 꾸어줄지라도 너는 그에게 꾸어주지 못하리니 그는 머리가 되고 너는 꼬리가 될 것이라"고 하는 말씀이 그대로 성취된 것이다. 주의 백성을 정복하여 그들의 '머리'가 된 원수들은 '형통하다/평안하다'(שׁלה). 원래 주의 백성이 누려야 할 복을 그들이 누리고 있다. 그러므로 도성의 대적들은 시온의 몰락을 기뻐한다(7절).

반면에 예루살렘은 곤고하다(5절). 부모들의 죄로 인하여 자녀들도 원수들에게 잡혀갔다(cf. 출 20:5). 내레이터와 시온은 앞으로 계속 이 주제를 언급할 것이다. 여인에게 가장 큰 비극은 자식을 잃은 일이기 때문이다(Linafelt). 시온이 침략자들에게 자식을 잃었다는 것은 "네가 자녀를 낳을지라도 그들이 포로가 되므로 너와 함께 있지 못할 것"(신 28:41)이라는 언약의 저주가 실현된 것이라 할 수 있다.

예루살렘이 이 지경이 되기까지 리더들은 무엇을 했단 말인가? 그들은 침략군들에게 대응해 볼 엄두도 내지 못했다. 오직 목숨을 구하기 위해 모든 것을 버리고 도주했다. 저자는 이처럼 형편없는 지도자들을 도망치는 사슴에 비유한다(6절). 유다의 최후의 날에 자기만 살겠다고 예루살렘 성을 버리고 야밤에 도주했던 시드기야 무리와 잘 어울리는 표현이다(Huey). 원래 리더들은 목숨을 다해 백성을 보살펴야 하는데, 위험이 닥치자 이 리더들의 본색이 드러났다. 결국 이럴 거였다면 시드기야는 바빌론이 예루살렘을 포위하던 날 항복하는 게 더 나았다. 그렇게 했더라면 함락될 때까지 18개월 동안 고립된 성에 갇혀 온갖 고난을 겪지 않았을 것이다. 또한 함락되던 날 처형된 사람들의 숫자도 많이 줄었을 것이다.

무모하게 대치하는 것보다는 신속하게 항복하는 것도 현명한 리더의 몫이다. 특히 예레미야 선지자는 바빌론에게 항복하는 것이 하나님의 뜻이고 살길이라는 메시지를 수십 년 동안 외치지 않았던가! 하늘같이 믿었던 리더들에게 버림받고, 침략자들의 공격에 몰락한 예루살렘은 고통 속에서 지난날의 영화를 생각해 보지만, 모두 부질없는 일이다. 시온이 무너지고 백성이 모두 적들에게 잡혀가도 돕는 사람이 없다(7절). 폐허 더미에 앉아 있는 여인은 자신이 누렸던 지난날의 영광과 이 순간 그녀를 짓누르고 있는 원수들의 비웃음을 번갈아가며 생각해본다(7절). 영원할 줄 알았던 영화와 평화가 이처럼 한순간에 무너질 줄이야!(Huey; cf. 잠 16:18).

지도자들마저 도성을 버리고 도주한 마당에 시온은 그 누구에게 도움을 청할 것인가? 이 세상에서 시온을 도와줄 사람은 아무도 없다. 오히려 온 세상이 예루살렘을 비웃고 있다. 그렇다면 시온의 남편이신 여호와 하나님은 어떤가? 하나님의 도움을 기대하는 것도 무리다. 이 재앙은 바로 여호와께로부터 왔기 때문이다(5절). 시온이 대적들의 조롱거리가 되도록 몰락한 것은 도성의 남편인 하나님이 하신 일이었다. 이 사실이 예루살렘에게는 가장 견디기 힘든 부분이다. 그렇다면 남편의 징계를 받아 파멸에 이른 예루살렘에게는 소망이 있는가? 시인은 분명히 있다는 점을 암시하며 이 노래를 부르고 있다.

I. 예루살렘의 참담함과 황폐(1:1–22)
A. 도성의 파괴(1:1–11)

3. 버림받은 도성의 기도(1:8–11)

8 (ח) 예루살렘이 크게 범죄함으로 조소거리가 되었으니
전에 그에게 영광을 돌리던 모든 사람이

그의 벗었음을 보고 업신여김이여
그는 탄식하며 물러가는도다
9 (ט) 그의 더러운 것이 그의 옷깃에 묻어 있으나
그의 나중을 생각하지 아니함이여
그러므로 놀랍도록 낮아져도 그를 위로할 자가 없도다
여호와여 원수가 스스로 큰 체하오니 나의 환난을 감찰하소서
10 (י) 대적이 손을 펴서 그의 모든 보물들을 빼앗았나이다
주께서 이미 이방인들을 막아
주의 성회에 들어오지 못하도록 명령하신
그 성소에 그들이 들어간 것을 예루살렘이 보았나이다
11 (כ) 그 모든 백성이 생명을 이으려고
보물로 먹을 것들을 바꾸었더니
지금도 탄식하며 양식을 구하나이다
나는 비천하오니 여호와여 나를 돌보시옵소서

수치와 멸시를 받은 여인은 고개를 들지 못한다(8절). 여인이 월경의 부정한 피로 얼룩진 치마를 입고 있는지(Bracke; Provan; Hillers; O'Connor), 아니면 강간당해 더러워진 치마를 입고 있는지(Kaiser; Mintz) 확실하지 않지만, 어떤 조치를 취할 만한 여유가 없다(9절; cf. 레 15:16-24). 유다 여인들의 피로 얼룩진 치마는 성적인 부적절한 행동과 영적인 외도를 동시에 상징한다(Ferris; cf. 겔 16:36).

그녀를 가장 슬프게 하는 것은 아무도 그녀를 위로하는 이가 없다는 사실이다(9절). 한때는 사람들의 선망의 대상이었던 귀부인이 이제는 모든 사람이 피하는 부정한 여인이 되었다. 친구도, 연인도 모두 등을 돌렸다(2절). 우정과 사랑은 원래 우리가 곤경에 처했을 때 가장 큰 빛을 발해야 하는데, 일을 당해보니 현실은 그렇지 않다. 오히려 연인들과 벗들은 신음 속에 있는 여인의 원수들로 변했다.

전에 이 여인에게 영광을 돌리던 사람들도 그녀의 벌거벗음을 보고 업신여긴다(8절). 고대 근동 사회에서 벌거벗음은 여인에게 최고의 수치였다(O'Connor).[6] 만일 그들이 진정한 벗이었다면, 벌거벗은 그녀를 모른 체하지는 않았을 것이다. 최악의 수치를 경험하고 있는 친구를 모른 체하고 지나칠 사람은 없기 때문이다. 그러므로 그녀는 외롭다. 아무도 위로하는 이가 없기 때문이다(9절). 저자는 이미 시온을 위로하는 자/돕는 자가 없다는 것을 두 차례나 회고했다(2, 7절). 그 누구도 돕는 자가 없는 시온의 형편이 매우 절박하다.

이 세상에서는 아무도 위로하는 이가 없다는 것을 깨달은 여인이 그녀를 징계한 남편을 향해 절규한다(9b-11절). 그녀의 기도는 고통을 헤아려 달라는 호소로 시작해서 같은 호소로 끝을 맺는다(9b, 11b절). 예루살렘이 포위된 지 18개월 만에 바빌론 군에 함락되자 성안에서 상상할 수 없는 참극이 벌어졌다. 여인은 자신과 자식들의 처량한 신세도 문제지만, 이방인들이 남편의 거처지인 성소를 드나드는 것이 더 마음에 걸렸다(10절). 이방인들이 성전을 짓밟은 것은 이스라엘 역사에서 최악의 수치이자 혐오스러운 일이다(Huey). 사람들이 닥치는 대로 보물들을 가져다 식량과 바꾸는 현실이 안타깝다(11절). 모든 것이 총체적인 위기에 처해 있다.

절박해진 여인은 자신을 내친 남편에게 호소한다. 이 섹션을 마무리하는 "여호와여 나를 돌보시옵소서"(11절)는 마치 하나님께 명령하는 듯한 분위기를 조성한다(O'Connor). 여인은 자신이 당한 일이 너무 가혹하다고 생각하기 때문에 이렇게 말한다. 또한 여호와께서 자기가 겪고 있는 일을 헤아리시면 당장 개입할 것이라는 기대를 갖고 이렇게 외친다. 시온은 남편 하나님께 죄를 짓기는 했지만, 이처럼 혹독한 벌을 받을 정도의 죄는 아니었다고 생각한다. 그러므로 하나님이 자기

6 벌거벗음은 창녀로 전락한 여인이 손님을 끌기 위해 취하는 행동으로 해석될 수도 있다(Huey).

형편을 헤아리고 벌을 감해주실 것이라고 기대한다.

I. 예루살렘의 참담함과 황폐(1:1-22)

B. 파괴된 도성의 탄식(1:12-22)

앞에서 내레이터가 주로 발언을 했다면, 이 섹션에서는 여성으로 의인화된 시온이 직접 노래한다. 내레이터가 만들어준 분위기를 바탕으로 여인이 직접 나서서 고통을 토로한다. 여인의 음성에는 내레이터에게서 찾아볼 수 없는 격렬한 감정과 다급함이 서려 있다(O'Connor). 그녀는 지난날의 영광을 회상하는 일에는 관심이 없다. 오직 이 순간 시온이 당면하고 있는 고통에만 사로잡혀 있다.

여인이 눈물지으며 드리는 기도의 초점은 이 모든 재앙이 하나님이 하신 일이라는 것을 시인하는 데 맞추어져 있다. 이스라엘에게 환란이 닥칠 때 방패가 되어주어야 할 분이 직접 내린 징벌이기에 이 재앙을 피해갈 수는 없다. 여인은 이 모든 일이 자신의 죄 때문이라는 사실을 인정한다. 그러면서도 자신이 당하는 고통을 기뻐하는 자들을 벌해달라고 간구한다. 징계를 받아 신음하는 것도 감당하기 힘든데, 처량해진 그녀의 모습을 기뻐하며 반기는 사람들을 보니 울화통이 터진 것이다. 어떤 이유에서라도 남의 재앙을 기뻐하며 즐기는 것은 옳지 않다. 본문은 다음과 같이 구분될 수 있다.

A. 도성의 호소(1:12-17)
B. 도성의 고백(1:18-20)
C. 도성의 간구(1:21-22)

I. 예루살렘의 참담함과 황폐(1:1-22)
B. 파괴된 도성의 탄식(1:12-22)

1. 도성의 호소(1:12-17)

12 (ל) 지나가는 모든 사람들이여
너희에게는 관계가 없는가
나의 고통과 같은 고통이 있는가 볼지어다
여호와께서 그의 진노하신 날에 나를 괴롭게 하신 것이로다
13 (מ) 높은 곳에서 나의 골수에 불을 보내어 이기게 하시고
내 발 앞에 그물을 치사 나로 물러가게 하셨음이여
종일토록 나를 피곤하게 하여 황폐하게 하셨도다
14 (נ) 내 죄악의 멍에를 그의 손으로 묶고
얽어 내 목에 올리사 내 힘을 피곤하게 하셨음이여
내가 감당할 수 없는 자의 손에 주께서 나를 넘기셨도다
15 (ס) 주께서 내 영토 안 나의 모든 용사들을 없는 것같이 여기시고
성회를 모아 내 청년들을 부수심이여
처녀 딸 유다를 내 주께서 술틀에 밟으셨도다
16 (ע) 이로 말미암아 내가 우니
내 눈에 눈물이 물같이 흘러내림이여
나를 위로하여 내 생명을 회복시켜줄 자가 멀리 떠났음이로다
원수들이 이기매 내 자녀들이 외롭도다
17 (פ) 시온이 두 손을 폈으나 그를 위로할 자가 없도다
여호와께서 야곱의 사방에 있는 자들에게 명령하여
야곱의 대적들이 되게 하셨으니
예루살렘은 그들 가운데에 있는 불결한 자가 되었도다

다급한 호소(11절)에도 불구하고 하나님이 침묵하시자, 여인은 길 가

는 사람들을 붙잡고 자신의 어려운 형편에 대해 하소연한다(12절). 성경에서는 고통당하는 사람이 지나가는 사람을 붙잡고 하소연하는 모습이 자주 등장한다(cf. 왕상 9:8; 대하 7:21; 렘 18:16; 19:8). 하나님은 여인이 있는 세상을 초월한 높은 곳에 계시지만, 마음만 먹으면 그녀를 때릴 만큼 가까이 계신다(13절). 하나님은 그녀를 벌하기 위해 불을 보냈고, 그물을 쳐 그녀를 물러가게 했으며, 피곤하고 황폐하게 하셨다(13절). 도와 달라는 여인의 부르짖음을 무시한 채 하나님은 오히려 여인의 죄를 줄로 묶고 얽어 그녀의 목에 걸어주셨다(14절). 저자는 예루살렘이 하나님께 벌을 받은 모습을 이렇게 묘사하고 있다(O'Connor).

여인은 주변 사람들에게 위로받고 싶어서 하나님이 자기를 이렇게 대하셨다고 말해주었다. 그러나 주위를 둘러보니 냉정한 시선만이 그녀를 정죄한다. 여호와께서 이스라엘의 주변 국가들에게 이스라엘의 원수가 되도록 명령하셨기 때문이다(17절). 그러므로 열방은 위로를 구하는 이스라엘을 불결한 사람으로 취급한다. '불결한 사람'(נִדָּה)은 월경하는 여인을 뜻한다(HALOT). 결국 그녀를 위로하는 사람이 아무도 없다는 현실을 인정하는 것으로 이 섹션은 끝을 맺는다(17절). 자신이 사랑하는 하나님께 징계를 받은 것 자체만도 인정하기 힘든데, 주변의 냉담한 시선이 그녀의 고통을 가중시키고 있다.

한때는 전능자의 도성이라고 자부하던 예루살렘의 고통이 어느 정도인가? 여인은 자신의 슬픔이 세상에 유래가 없는 것이며(12절), 뼈 속까지 타는 듯한 아픔을 체험하고 있다고 토로한다(13절). 총체적인 무력함으로 아무것도 할 수 없으므로(13-14절), 그저 넋을 잃고 탄식하며 한없이 눈물을 흘릴 뿐이다(16절).

도대체 예루살렘에서 어떤 일이 있었기에 도성이 이처럼 좌절한단 말인가? 유다는 마치 술틀 안에서 으깨어진 포도 알처럼 망가졌다(15절). 더 큰 문제는 이 술틀을 하나님이 밟으셨다는 것이다. 여인의 자녀들(예루살렘 거민들)은 하나님이 그들을 치려고 일으키신 군대에 대항하다가 풍비박산이 났다(15-16절). 인간 군대에 대항해 싸우는 것도 버거운 연약한 시온에게 하나님이 보내신 군대에 맞서 싸운다는 것은 더욱더 무모한 대항이 아니었겠는가! 하나님의 백성이라고 자부하던 이스라엘 사람들이 이런 재앙을 당하고 있다. 심판하시는 하나님은 믿지 않는 사람뿐만 아니라 믿는 사람들도 심판하신다는 사실을 기억해야 한다.

여인은 일이 이렇게 된 것이 자신의 죄 때문이라는 것을 잘 안다. 하나님이 진노해 이방인들을 침략자로 보내신 것은 자신이 감당해야 할 죄의 멍에라는 것을 인정한다(14절). 그러면서도 그녀는 위로를 구한다(12절). 자신의 처량한 신세를 헤아려 주고 넋두리 아닌 넋두리를 들어줄 사람을 찾고 있다. 불행하게도 여인은 아무도 찾지 못했다. 그러므로 이 섹션에서 여인은 위로해 줄 사람이 아무도 없다는 것을 두 차례나 탄식한다(16, 17절). 저자가 사용하는 이미지는 절박한 상황에서 도와 달라고 내미는 손을 지나가는 사람들이 외면하는 모습니다. 여인은 그 어떤 징계보다도 하나님께 버림받고 세상에서 따돌림당한 것을 가장 가혹한 처벌로 간주하고 있다. 좋은 날에는 함께하던 친구들, 죄 지을 때 벗이 되었던 사람들도 모두 등을 돌리며 그녀를 외면했다. 여인은 세상에서 혼자라는 사실에 괴로워하고 있다.

I. 예루살렘의 참담함과 황폐(1:1-22)
B. 파괴된 도성의 탄식(1:12-22)

2. 도성의 고백(1:18-20)

18 (צ) 여호와는 의로우시도다
그러나 내가 그의 명령을 거역하였도다
너희 모든 백성들아
내 말을 듣고 내 고통을 볼지어다

나의 처녀들과 나의 청년들이 사로잡혀 갔도다
19 (ק) 내가 내 사랑하는 자들을 불렀으나
그들은 나를 속였으며
나의 제사장들과 장로들은
그들의 목숨을 회복시킬 그들의 양식을 구하다가
성 가운데에서 기절하였도다
20 (ר) 여호와여 보시옵소서
내가 환난을 당하여 나의 애를 다 태우고
나의 마음이 상하오니
나의 반역이 심히 큼이니이다
밖에서는 칼이 내 아들을 빼앗아가고
집 안에서는 죽음 같은 것이 있나이다

여인을 엄습하는 고통, 말로 형언할 수 없는 외로움은 죄의 대가다. 여인도 이 점을 인정한다. 하나님의 옳은 말씀을 거역하여 이렇게 되었다는 것이 그녀의 고백의 시작이다(18절). 여인은 이 섹션을 끝내면서 다시 한 번 자신이 하나님을 얼마나 거역하였던가를 생각하면 심장이 터질 것같이 아프다고 고백한다(20절). 11절에서 위로를 요구하던 여인은 본문에서 더 이상 위로를 요구하지는 않고, 위로가 필요하다고 말할 뿐이다(O'Connor).

죄로 인해 미래를 상징하는 처녀 총각들이 모두 포로가 되어 끌려갔다(18절). 주변의 벗들에게 도움을 청했지만, 그들마저도 여인을 배신했다(19절). 이집트가 유다를 돕겠다고 약속을 해놓고 끝내 돕지 않은 일을 연상시킨다(Huey). 동맹국에게 배신당하고 포위된 성에 남은 자들의 형편은 어떤가? 리더들(장로들, 제사장들)마저도 기아에 허덕인다. 그렇다면 평민들의 고충은 더욱더 심각했을 것이다. 예루살렘 거리에서는 약탈이 자행되고 집 안에는 죽음이 가득하다(20절).

이 섹션이 부각시키는 것들 중 가장 중요한 포인트는 여인의 자책과 고백이다. 지금까지 여인은 자신의 죄를 인정하기는 했지만, 벌을 내리신 하나님을 원망의 눈초리로 바라보았으며, 곤경에 빠진 그녀를 돕지 않은 주변 국가들에 대한 실망을 토로했다. 이제 여인은 초점을 자신에게 돌리며 마음속 깊은 곳에서 우러나는 고백을 한다. "주님, 나의 절망을 살펴주십시오. 애간장이 다 녹습니다. 내가 주님을 얼마나 자주 거역하였던가를 생각하면, 심장이 터질 것같이 아픕니다"(20절; 새번역). 여인은 이제 당면한 고통을 뒤로하고, 죄를 지어 하나님을 괴롭게 했던 것에 대해 괴로워하고 있다. 여인은 자책함으로써 하나님의 자비를 기대하기에 합당한 자세로 한 걸음 더 나아가게 되었다.

I. 예루살렘의 참담함과 황폐(1:1–22)
B. 파괴된 도성의 탄식(1:12–22)

3. 도성의 간구(1:21–22)

21 (ש) 그들이 내가 탄식하는 것을 들었으나
나를 위로하는 자가 없으며
나의 모든 원수들은 내가 재난 당하는 것을 듣고
주께서 이렇게 행하신 것을 기뻐하나이다
그러나 주께서 그 선포하신 날을 이르게 하셔서
그들이 나와 같이 되게 하소서
22 (ת) 그들의 모든 악을 주 앞에 가지고 오게 하시고
나의 모든 죄악들로 말미암아 내게 행하신 것같이
그들에게 행하옵소서
나의 탄식이 많고 나의 마음이 병들었나이다

여인은 다시 한 번 외로움을 토로하며 이 섹션을 시작한다. "사람들

은 나의 신음을 듣지만, 아무도 나를 위로하지 않습니다"(21절; 새번역). 주변을 돌아보니 위로해 줄 사람은 하나도 없고 모두 여인의 몰락을 즐거워하는 원수들뿐이다(21절). 1장은 "아무도 위로할 자가 없다"는 말을 다섯 차례나 사용해 여인의 외로움을 수차례 토로했다(1:2, 9, 16, 17, 21절). 모든 이에게 버림받아 외톨이가 되었다는 사실을 여인은 가장 견디기 힘들어한다(Dearman). 화가 난 여인이 부르짖는다. "주여, 저들도 나와 같은 꼴이 되게 해주십시오!"(21-22절). 속히 그들에게도 재앙의 날이 임해서 자신이 당한 것처럼 혹독한 징벌을 받도록 해달라는 간구다. 기도를 통해 여인은 하나님이 자기를 심판하신 기준에 따라 원수들에게도 심판을 내리실 것을 요구한다. 고대 근동에서 원수들에게 저주를 비는 것은 흔한 일이었다. 여인도 이런 정서에서 침략자들에게 저주가 임할 것을 기대한다.

여인의 저주 서린 울부짖음이 우리의 심금을 울린다. 오죽이나 속상하고 분했으면 주변 국가들에게 이런 저주를 퍼부어대겠는가! 원수를 사랑하라는 예수님의 말씀과 이 여인의 간구는 서로 상반되지 않는가? 예수님의 말씀을 통해서 정립된 신약의 윤리가 더 합당하다고 여기는 일부 기독교인들은 이런 기도를 드려서는 안 된다고 주장한다(Huey). 그러나 상당수의 시편이 여인의 정서를 반영하고 있는 일명 '저주 시'들이다(cf. 시 35편; 109편). 뿐만 아니라 선지서(특히 예레미야서)의 일부도 이러한 성향을 반영하고 있다(렘 11:18-20; 18:19-23). 이 노래들이 정경에 보존된 이유가 단순히 원시적인 '구약 윤리'와 발달한 '신약 윤리'의 대조를 보여주기 위해서란 말인가? 그렇지는 않은 듯하다.

본문을 포함해 원수들을 처벌해달라고 하는 구약의 본문들은 상당한 치유 효과를 유발한다. 기독교는 용서의 종교다. 서로를 용서하고 용납하는 일은 우리가 선택할 수 있는 사항이 아니고 하나님의 백성이라면 모두 준수해야 하는 주님의 명령이다. 그러나 남을 용서한다는 말은 쉽게 할 수 있을지 몰라도 마음으로부터 우러나는 진정한 용서는 쉽지 않다. 이미 용서했다고 선언하더라도 오랫동안 마음속에 앙금을 지니고 살기도 한다. 이러한 정황 속에서 본문과 같은 텍스트는 진정한 용서의 첫걸음이라고 생각된다. 심리학자들은 우리의 감정이 어느 정도 정리가 되어야 진정한 용서가 가능하다고 말한다. 자신에게 상처를 입힌 자에 대한 분노와 서운함을 심적으로 추스른 다음에야 용서할 수 있다는 것이다.

우리에게 상처를 입힌 자들에 대한 분노와 서운함을 토로하는 데 본문과 같은 성경 말씀은 매우 효율적으로 활용된다. 성경 저자들의 글을 읽어 내려가며 우리는 내재해 있는 분노와 서운함을 유감없이 표현할 수 있다. 어느덧 성경 저자들의 탄식과 원망이 우리의 것이 되는 것이다. 많은 경우에 사람들은 마음을 누군가에게 털어놓으면서 스스로 치유되고 위로를 받는다. 관심을 가지고 들어주는 것(empathy)을 상담의 가장 기본적인 기술로 부각시키는 데 이런 사실이 중요한 역할을 했다.

사람들은 대체적으로 감정을 표현하고 난 후에는 감정을 추스르기 시작한다. 감정을 추스르기 시작하면서 가해자에 대한 용서가 가능해진다. 본문과 같은 성경 말씀은 잘 활용하면 다른 사람을 진정으로 용서하는 첫걸음이 될 수 있다. 그러므로 본문과 같은 말씀은 예수님의 가르침을 반영한 신약 윤리와는 상반되므로 주의 백성에게는 적용해서는 안 된다는 견해는 옳지 않다.

오히려 예수님이 요구하시는 진정한 용서로 가는 첫걸음 역할을 톡톡히 해낼 수 있다. 다만 한 가지 주의해야 할 점은, 절대로 가해자 앞에서 이러한 말씀을 읽지 말라는 것이다! 특별한 경우가 아니면 대중 앞에서도 읽지 않는 것이 좋다. 우리의 상한 감정과 원수들에 대한 증오까지도 다 헤아리고 계시는 하나님 앞에서 홀로 기도할 때 사용하는 것이 바람직하다. 또한 우리의 형편을 모두 헤아리시는 하나님은, 우리가 끓어오르는 분노를 억제하며 낮은 목소리로 차분하게 기도하는 것보다 이런 말씀을 통해서 솔직하게 분노하는 마음과 상처입은 심경을 토로하는 것을 더 기뻐하지 않으실까?

II. 도성에 임한 하나님의 심판 (2:1-22)

애가의 두 번째 노래를 형성하고 있는 본문도 첫 번째 노래(1:1-22)처럼 내레이터와 시온 등 둘의 음성으로 구성되어 있다. 노래의 전반적인 분위기는 첫 번째 노래가 시온이 당면한 수치와 절망을 묘사했다면, 본문에서는 분노와 원망으로 바뀌어 있다. 하나님이 죄 지은 이스라엘에 분노하셨다. 죄를 멈추지 않는 주의 백성에게 재앙을 내리신 것이다. 하나님의 심판으로 이스라엘은 풍비박산이 났고, 내레이터와 시온은 하나님의 혹독한 심판에 대해 서운함을 감추지 않는다(Berlin). 벌 받을 짓을 하기는 했지만, 심판의 정도가 너무 가혹하다고 생각한 것이다.

첫 번째 노래(1:1-22)처럼 이 노래도 내레이터와 시온 두 음성으로 구성되어 있지만, 내레이터의 음성(2:1-19)이 시온의 음성(2:20-22)보다 훨씬 더 큰 비중을 차지한다. 첫 번째 노래에서는 과부처럼 되어버린 시온의 처량함이 부각되었던 것에 반해, 이 노래에서는 어쩌다 시온이 이렇게 되었는가에 대한 원인이 부각되고 있다(O'Connor). 노래의 초점이 피해자(예루살렘)에서 가해자(하나님)로 옮겨가고 있다(Berlin).

내레이터의 스피치를 구성하고 있는 1-19절 중 1-12절은 내레이터가 독자들에게 예루살렘이 경험한 파괴에 대해 설명하고 있고, 13-19절은 내레이터가 시온에게 하는 말을 반영하고 있다. 예루살렘이 처한 상황은 매우 절망적이다. 하나님이 직접 유다의 힘과 능력을 파괴하고, 요새화된 도성들을 무너뜨리셨기 때문이다. 내레이터는 하나님이 직접, 혹은 침략자를 통해 유다를 '삼키셨다'(בלע)고 말한다(2, 5[2x], 8, 16절). 이 동사는 책의 다른 곳에서는 사용되지 않고 2장에서만 네 차례 사용된다.

하나님께 삼킴을 당한 유다는 사회적으로, 정치적으로, 종교적으로 모든 기능을 상실했다. 한때 풍요와 생명이 있던 곳에 굶주림과 죽음이 있을 뿐이다. 내레이터가 시온에게 하는 말(13-19절)의 초점은, 그녀가 하나님이 내리신 벌을 경험하고 있다는 것이다. 적들이 유다를 삼켰지만(16절), 실제로는 하나님이 하신 일이다(17절). 하나님이 유다의 '원수'가 되신 것이다(Berlin). 그러므로 내레이터는 시온에게 하나님께 기도하기를 권면한다(18-19절).

시온은 내레이터의 말에 전적으로 동의하며 그가 제안하는 대로 하나님께 기도한다(20-22절). 그러나 시온은 하나님의 자비를 구하며 자신의 죄를 고백하지 않는다. 오히려 자신이 당한 고난이 너무 가혹하며 하나님이 어떻게 이렇게까지 하실 수 있냐며 원망 섞인 음성으로 하나님께 자기가 처한 어려움을 알린다(Dobbs-Allsopp; cf. 20절). 이 두 번째 노래는 다음과 같이 구분될 수 있다.

A. 파괴된 유다(2:1-10)
B. 내레이터의 상황 보고(11-19)
C. 시온의 간구(2:20-22)

II. 도성에 임한 하나님의 심판(2:1-22)

A. 파괴된 유다(2:1-10)

이스라엘은 한때 요새화된 도성들과 높은 성벽들로 가득했으며 백성들에게 보금자리를 제공했다. 이러한 상황을 묘사하기 위해 저자는 다음과 같은 단어들을 사용한다. '도성'(1, 2, 4, 5, 8, 10절); '성채'(2, 5절); '성벽'(8[3x]); '망대'(8절); '성문'(9절); '빗장'(9절). 그러므로 그 누구도 쉽게 공략할 수 없는 상황이었다. 안타깝게도 이스라엘의 모든 요새와 성벽이 무너져 내렸다. 이스라엘은 더 이상 이 성들의 보호를 받을 수 없게 된 것이다. 모두 하나님이 하신 일이다. 그러므로 본문은 '하나님을 원수'(the Lord as Enemy)로 묘사하는 일에 심혈을 기울인다(Dobbs-Allsopp). 저자는 이러한 상황을 묘사하며 혼돈으로 시작해서(1-2절), 혼돈으로 마무리한다(20-22절; Huey).

이 모든 일이 하늘에서부터 시작되었다. 하나님이 이스라엘의 영광을 하늘에서 땅으로 던지셨다(1절). 하늘에서 시작된 일이 땅을 거쳐 땅 밑까지 내려가는 것이 이 시의 흐름이다(Berlin). 이스라엘이 당면한 어려운 상황을 묘사하고 있는 본문은 매우 강력한 동사들을 사용해 이스라엘의 파멸과 버림받음을 묘사한다. '던지다'(1절); '삼키다'(2, 5, 16절); '노하다'(2절); '허물다'(2, 5, 6, 13, 17절); '[뒤집어] 엎다'(2절); '자르다'(3, 11절); '사르다'(3절); '죽이다'(4절); '폐하다'(6절); '부수다'(9절); '파괴하다'(9절). 이 이미지들은 대부분 여호와의 날을 연상시키는 것들이며 구약 말씀 중 분위기가 가장 어둡다(Dobbs-Allsopp).

더 큰 문제는 이 모든 일을 하나님이 주관하고 계시다는 사실이다. 하나님은 건축하기 위해서가 아니라, 부수기 위해서 다림줄을 시온의 성벽에 대셨다(8절). 이스라엘은 남편인 하나님께 버림받았다. 이스라엘을 심판하시는 일에 하나님은 어떤 감정도 보이지 않으신다. 그저 묵묵히 해야 할 일을 하신다. 그래서 한 주석가는 저자가 본문에서 여호와를 마치 광기만 부리는 것으로 묘사한다고 말한다(O'Connor). 본문은 다음과 같이 나누어질 수 있다.

A. 파괴된 나라(2:1-5)
B. 파괴된 성전(2:6-7)
C. 파괴된 도성(2:8-9a)
D. 파괴된 백성(2:9b-10)

II. 도성에 임한 하나님의 심판(2:1-22)
A. 파괴된 예루살렘(2:1-10)

1. 파괴된 나라(2:1-5)

1 (א) 슬프다 주께서 어찌 그리 진노하사
딸 시온을 구름으로 덮으셨는가
이스라엘의 아름다움을 하늘에서 땅에 던지셨음이여
그의 진노의 날에 그의 발판을 기억하지 아니하셨도다
2 (ב) 주께서 야곱의 모든 거처들을 삼키시고
긍휼히 여기지 아니하셨음이여
노하사 딸 유다의 견고한 성채들을 허물어 땅에 엎으시고
나라와 그 지도자들을 욕되게 하셨도다
3 (ג) 맹렬한 진노로 이스라엘의 모든 뿔을 자르셨음이여
원수 앞에서 그의 오른손을 뒤로 거두어들이시고
맹렬한 불이 사방으로 불사름같이 야곱을 불사르셨도다
4 (ד) 원수같이 그의 활을 당기고
대적처럼 그의 오른손을 들고
서서 눈에 드는 아름다운 모든 사람을 죽이셨음이여
딸 시온의 장막에 그의 노를 불처럼 쏟으셨도다

5 (ה) 주께서 원수같이 되어 이스라엘을 삼키셨음이여
그 모든 궁궐들을 삼키셨고
견고한 성들을 무너뜨리사
딸 유다에 근심과 애통을 더하셨도다

'구름으로 덮다'(עוב; 1절)라는 동사는 성경에서 딱 한 번 이곳에서 사용되는데(HALOT), 의미가 확실하지는 않다(Provan). 그래서 영어 번역본들은 '수치/수모를 당하게 하다'(TNK; NRS; 아가페)로 번역하기도 하고, '분노의 구름 아래 두다'(NIV; NAS)로 번역하기도 한다. 어느 번역을 선호하던 간에 기본적인 의미는 확실하다. 한때는 하나님의 축복의 빛 아래 거하던 시온이 이제는 하나님의 심판/저주의 구름 아래 있다는 것이다. 예전에 구름은 하나님이 이스라엘과 교통하는 수단이었는데(cf. 출 19:9; 34:5-6; 왕상 8:10-13), 어느덧 저주가 되어 주의 백성에게 임하고 있다. 왜 이렇게 되었는가? 하나님과의 특별한 관계를 통해 온갖 특권을 누리면서도 정작 하나님이 요구하시는 영적—도덕적 기준은 무시하면서 살아온 결과다(Huey).

하나님의 심판이 얼마나 혹독한지 '이스라엘의 아름다움'을 하늘에서 땅에 던지고, '자기 발판'을 기억하지 아니하셨다(1절). 그런데 '이스라엘의 아름다움'은 무엇을 의미하는가? 일부 주석가들은 이스라엘의 위상, 왕권 등 다양하게 말하지만, 가장 설득력이 있는 해석은 예루살렘 성전, 특히 성전 안에 있는 법궤다(Provan; Dobbs-Allsopp). 이스라엘이 열방에 자랑할 만한 것은 성전밖에는 별로 다른 것이 없기 때문이다. 게다가 성경은 종종 성전이나 법궤를 '[하나님의] 발판'이라고 하는데(cf. 대상 28:2; 사 60:13; 겔 43:7; 시 99:5; 132:7), 본문에서도 발판이 언급된다. 하나님의 이스라엘에 대한 분노가 얼마나 극에 달했는지, 자신의 처소이자 이스라엘의 자랑인 성전과 자기 발판인 법궤를 혐오스러운 것들로 만드셨다(Berlin). 예루살렘 성전이 불에 타고 법궤가 바빌

론으로 이송된 것은 심판하시는 하나님이 바빌론을 통해 하신 일이라는 것이다.

하나님이 그분의 거처인 성전마저도 파괴한 상황에서 죄인들의 소굴이 되어버린 예루살렘을 가만히 두실 리 없다. 주의 백성의 모든 '거처들'(נְאוֹת)을 파괴하셨다(2절). 개역개정이 '거처들'로 번역하고 있는 히브리 단어(נְאוֹת)의 기본적인 의미는 '초장'(grazing place)이다(HALOT; cf. Provan). 그래서 일부 주석가들은 저자가 구상하고 있는 이미지가 파괴된 시골의 풍경에서 도시로 옮겨가고 있음을 포착한다(Pham). 그러나 '주거지/거처지'도 좋은 번역이다(cf. NIV; NAS; NRS). 저자는 이러한 상황을 하나님이 그들의 거처들을 '삼키셨다'(בלע)고 한다(2, 5[2x], 8, 16절). 이 동사는 책의 다른 곳에서는 사용되지 않으며 2장에서만 네 차례 사용된다. 요나를 물고기가 삼킨 일도 이 단어로 묘사된다(욘 1:17). 하나님이 온 나라를 파괴하시니 통치자들도 수치를 당한다. 백성을 억압하고 잘못 인도한 자들에게 임하는 당연한 형벌이다.

하나님이 자기 거처지인 성전과 발판인 법궤를 버리고 온 유다를 파괴하셨으니 이스라엘이 자랑할 만한 것이 하나도 남지 않았다. 유다가 하나님이 더 이상 특별하게 생각하지 않는 곳으로 전락했다면, 이제부터는 이방인들이 유다를 짓밟아도 별 탈이 없을 것이다(Berlin). 그러므로 저자는 하나님이 이스라엘의 뿔을 자르셨다고 탄식한다(3절). '뿔'(קֶרֶן)은 힘과 영광을 상징하기도 하고(렘 48:25; 시 75:11; 삼상 2:1; 시 112:9), 다윗 왕권을 상징하기도 한다(시 89:25; 132:17). 일부 주석가들은 2절이 '나라와 지도자들'(מַמְלָכָה וְשָׂרֶיהָ)을 언급하는 것을 근거로 본문이 유다의 왕권(다윗 왕조)이 꺾인 것을 묘사한다고 주장한다(cf. Berlin).

적들의 침략이 있을 때 이스라엘을 방어하지 않으실 뿐만 아니라, 이스라엘이 방어하지 못하도록 그들의 뿔을 자르셨다. 뿔이 잘린 이스라엘은 그 누구를 상대로도 싸울 수 없다. 그러므로 이스라엘은 적들 앞에서 무방비 상태로 당한다(3절). 하나님이 도우심을 상징하는 오른손을 뒤로 거두어들이고 야곱을 맹렬한 불에 타게 하셨기 때문이다. 출애굽 때 불은 이스라엘에게는 보호막이었고, 적들을 태우는 하나님의 은혜였다(Provan). 본문에서 이러한 불 이미지가 반전되고 있다. 이 책에서는 불이 하나님의 분노와 파괴만 상징할 뿐, 그 어떠한 긍정적인 효과(viz., 정결, 정제 등)로 묘사되지 않는다(O'Connor). 하나님은 오직 이스라엘을 파괴하기 위해 불을 사용하신다(Dobbs-Allsopp). 하나님 없이는 아무것도 할 수 없는 자들이 자만하다가 이 꼴이 났다. 우리도 혹시 이런 오류를 범하고 있지 않는지 성찰해보아야 한다. 하나님 없이 우리는 아무것도 아니며, 아무것도 할 수 없다는 사실을 고백해야 한다.

하나님은 구원의 상징인 오른손을 거두어들인 것(3절)에 그치지 않고 그 손을 내밀어 이스라엘을 치신다!(4절). 과거에 유다를 도우심을 상징한 하나님의 손이 심판의 상징이 되었다는 것은 가히 충격적이다(Huey). 하나님의 오른손은 평상시에 그 은혜가 컸던 만큼이나 파괴력도 대단하다. 저자는 마치 주의 백성이 원수나 되는 것처럼 하나님의 손이 활을 당겨 사람들을 다 죽이셨다고 탄식한다. 본문에 묘사된 하나님은 일상적으로 교회나 회당에서 선포되는 사랑과 용서의 하나님과는 전혀 다른 신이다(Dobbs-Allsopp).

저자는 여호와께서 이스라엘의 원수처럼 그들을 치셨다는 말을 4절에서 두 차례, 5절에서 한 차례 등 4-5절에서 총 세 차례나 한다. 하나님이 이스라엘의 원수가 되어 '아름다운 사람들'을 치셨다고 하는데(4절), '아름다운 사람들'로 번역되고 있는 히브리 단어(מַחְמָד)의 기본적인 의미는 '소중한 것'이다(HALOT; cf. 1:7, 10). 그러므로 '건장한'(새번역)이나 '아름다운'(개역개정)보다는 '소중한[죽이기 아까운] 사람'으로 번역하는 것이 바람직하다(Provan; Berlin).

저자는 예루살렘에서 일어나고 있는 일을 지켜보면서 이 모든 현상들의 유일하고 합리적인 설명은 '주께서 이스라엘의 원수가 되신 것'이라고 한다(5절). 만일 하나님이 유다의 원수가 되어 그들을 치지 않으셨다면, 1–4절에 묘사된 일들이 이스라엘을 괴롭혔을 리 없기 때문이다. 한때는 이스라엘만 사랑하시던 하나님이 이스라엘의 원수가 되셨다. 그러므로 이스라엘의 고통은 더욱더 가중된다. 저자는 이러한 상황을 하나님이 유다에 '근심과 애통'(תַּאֲנִיָּה וַאֲנִיָּה)을 더하셨다고 묘사한다. 하나님이 그들의 슬픔에 슬픔을 더하신 것이다.

II. 도성에 임한 하나님의 심판(2:1–22)
A. 파괴된 예루살렘(2:1–10)

2. 파괴된 성전(2:6–7)

6 (ו) 주께서 그의 초막을 동산처럼 헐어버리시며
그의 절기를 폐하셨도다
여호와께서 시온에서 절기와 안식일을 잊어버리게 하시며
그가 진노하사 왕과 제사장을 멸시하셨도다
7 (ז) 여호와께서 또 자기 제단을 버리시며
자기 성소를 미워하시며
궁전의 성벽들을 원수의 손에 넘기셨으매
그들이 여호와의 전에서 떠들기를 절기의 날과 같이 하였도다

앞(1–5절)에서 유다가 경험한 파괴를 전반적으로 회고한 저자는 본문에서는 성전의 황폐함을 설명한다. 본문을 구성하고 있는 일부 히브리어 텍스트는 번역하기가 매우 난해하지만(cf. Provan; Pham), 전반적인 의미는 파악하기가 어렵지 않다. 하나님이 자기 처소(viz., 성전)를 허무는데 별 고민을 하지 않고 쉽게 결정하고 허무신다. 마치 농부가 곡식이나 과일을 지키기 위해 지어놓은 임시 처소가 수확이 끝나면 더 이상 필요하지 않아 쉽게 허물 듯 가벼운 마음으로 하셨다는 것이다(Provan;

Dobbs-Allsopp). 물론 성전이 무너지는 날, 하나님의 마음도 무너졌을 것이다. 그러나 하나님은 전혀 내색하지 않으신다. 저자는 이 노래에서 하나님의 심판이 너무 혹독하다며 원망한다(Berlin). 피해를 입고 하나님을 원망하는 사람의 입장에서는 하나님이 너무 쉽게 성전이 무너지도록 허락하셨다고 할 수 있다. 하나님이 성전을 파괴하셨다는 것은 하나님과 이스라엘의 교통이 완전히 단절되었음을 의미한다(Dobbs-Allsopp).

하나님은 왜 스스로 성소를 허무셨을까? 이스라엘은 성소에서 하나님께 예배드리는 일을 짐으로 느꼈을 것이다. 그러나 성소에서의 예배는 하나님이 그들에게만 허락하신 특권이었다. 하나님이 다른 민족에게는 성소를 허락하지 않으셨기 때문이다. 그래서 선지자들은 하나님의 심판이 주의 백성에게 임하면 제일 먼저 성소와 예배를 폐하신다고 한다. 이스라엘은 성소에서 드리는 예배를 통해 하나님과의 특별한 관계를 지속적으로 확인할 수 있었다. 하나님이 성소를 허무셨다는 것은 이스라엘과 하나님의 관계가 위기를 맞았다는 의미다.

성전이 폐허가 된 마당에 종교적 절기와 안식일이 무슨 의미가 있겠는가? 그러므로 모든 예배와 절기도 없애셨다(6절). 이 같은 종교적 행위가 하나님이 성도들에게 요구하시는 순종과 윤리적인 삶을 대신할 수는 없다는 사실을 암시한다(Huey). 각종 종교적 절기와 예식이 없어지니 당연히 제사장들도 할 일이 없어진다. 그러므로 제사장들도 하나님께 멸시를 받는다(6절). 평소에 예배하고 경배했던 분에게 멸시를 받은 제사장들의 마음은 어땠을까? 또한 성도들에게는 무슨 말을 할 수 있었을까? 성전 파괴는 그곳에서 사역하던 제사장들에게 고개를 들지 못하도록 한 일이다.

한때는 하나님이 그토록 기뻐하던 성소를 이제는 역겨워하신다(7절). 성전이 거룩한 것은 성전이 세워졌던 공간이 거룩해서가 아니라, 그곳에 하나님이 계셨기 때문이다. 이제 하나님이 그 공간을 싫어하신다.

교회도 마찬가지다. 만일 교회가 이 땅에서 해야 할 일을 하지 않고 죄의 온상이 된다면, 하나님은 교회를 기뻐하지 않으신다. 하나님께 버림받은 성전과 제단은 침략자들의 잔치 마당으로 변한다(7절). 원래 하나님의 백성의 찬양과 음악으로 가득해야 할 성전 뜰에 이방인들의 함성과 교만한 말로 가득 찬 것이다.

II. 도성에 임한 하나님의 심판(2:1–22)
A. 파괴된 예루살렘(2:1–10)

3. 파괴된 도성(2:8–9a)

8 (ח) 여호와께서 딸 시온의 성벽을 헐기로 결심하시고
줄을 띠고 무너뜨리는 일에서 손을 거두지 아니하사
성벽과 성곽으로 통곡하게 하셨으매
그들이 함께 쇠하였도다
9a (ט) 성문이 땅에 묻히며
빗장이 부서져 파괴되고

탄식의 초점이 파괴된 성전과 예배에서 허물어진 성벽으로 옮겨가고 있다. 저자는 이번에도 예루살렘의 성벽을 허무신 분은 하나님이라 말한다(8절). 바빌론이 예루살렘을 함락시킨 것이 아니라, 하나님이 그들을 사용하셨다는 것이다. 예루살렘 성벽을 헐기로 결정한 후 성벽에 줄을 띠우셨다. '줄'(קָו)은 벽을 세울 때 바르게 벽돌이 무너지지 않도록 수직을 유지하기 위해 사용하는 다림줄이다(HALOT). 원래는 성벽 건축을 위해 사용하는 도구가 성벽을 무너뜨리는 일에 사용되고 있는 것이다. 이러한 이미지 반전에 대해 문제를 제기하는 학자들도 있지만(cf. Hiller), 애가는 많은 이미지의 반전을 바탕으로 진행된다.

하나님의 다림줄이 제시하는 기준에 미치지 못한 성벽과 성벽이 무

너져 내린다. 저자는 이런 상황을 성벽과 성곽이 통곡했다고 말한다. 성벽과 성곽이 통곡한다는 표현은 메소포타미아 지역의 애가에서 자주 등장했다(Dobbs-Allsopp; cf. 렘 14:2). 성벽과 성곽의 보호를 받아야 하는 백성들의 슬픔을 함께 담은 표현이다. 성벽이 무너져 내릴 때 성문도 땅에 묻히며(폐허 더미에 파묻히며) 성문을 잠그던 빗장도 파괴된다(9절). 성문은 그 성의 보호를 상징하며, 상업적, 법적, 사회적 거래가 이루어지는 장소다. 그러므로 성문이 무너졌다는 것은 단순히 물리적 파괴를 의미하는 것이 아니라, 그 성에 자리 잡고 있던 사회도 무너졌음을 의미한다(Berlin). 도성은 재건이 불가능할 정도로 파괴되었다. 만일 성벽을 재건하려면 기초공사부터 다시 해야 한다는 것을 암시한다. 주전 586년에 무너진 성벽은 150년 후에 느헤미야에 의해 재건된다(cf. 느 1:1-6:16).

II. 도성에 임한 하나님의 심판(2:1-22)
A. 파괴된 예루살렘(2:1-10)

4. 파괴된 백성(2:9b-10)

9b (נ) 왕과 지도자들이 율법 없는 이방인들 가운데에 있으며
그 성의 선지자들은 여호와의 묵시를 받지 못하는도다
10 (י) 딸 시온의 장로들이 땅에 앉아 잠잠하고
티끌을 머리에 덮어쓰고
굵은 베를 허리에 둘렀음이여
예루살렘 처녀들은 머리를 땅에 숙였도다

애가의 초점이 무너진 예루살렘 성벽에서 백성의 멸망으로 옮겨가고 있다. 하나님의 심판을 받은 사회의 가장 큰 문제는 리더십의 몰락이다. 정치적 지도자들은 침략자들에게 사로잡혔고(9절), 종교적 지도자들은 하나님과의 교통이 단절된다. 저자는 이런 상황을 이스라엘 종교에서 가장 중요한 두 가지 단어인 율법(תּוֹרָה)과 묵시(חָזוֹן)를 사용해 묘사한다(9절). 리더들이 하나님의 율법을 그처럼 등한시하더니, 이제는 율법 없는 이방인들 사이에 흩어지게 되었다! 선지자들이 묵시라며 자기 생각으로 백성을 현혹하더니 그나마 더 이상 묵시가 없다. 여호와 종교의 가장 기본인 율법과 묵시가 사라진 것이다. 잠언 29:18의 "묵시(חָזוֹן)가 없으면 백성이 방자히 행하거니와 율법(תּוֹרָה)을 지키는 자는 복이 있느니라"는 말씀에 따르면, 예루살렘에는 어떤 소망도 없다.

그러므로 선지자들은 아무리 기도해도 하나님의 묵시를 받지 못한다. 아모스 선지자가 오래전에 경고했던 일이 현실로 드러나고 있다. "보라 날이 이를지라 내가 기근을 땅에 보내리니 양식이 없어 주림이 아니며 물이 없어 갈함이 아니요 여호와의 말씀을 듣지 못한 기갈이라"(암 8:11). 하나님의 말씀을 바탕으로 세워진 사회에 말씀이 기갈되었으니 사회가 몰락하는 건 필연이다. 하나님의 말씀으로 사회의 질서와 조직을 유지해야 할 지도층이 완전히 무너져 내렸기 때문이다(Provan).

결국 망연자실한 유지들(장로들)은 유다가 경험하고 있는 수치와 슬픔의 상징으로 티끌을 머리에 덮어쓰고 굵은 베옷을 허리에 두르고는 땅에 주저앉아 침묵한다(cf. 수 7:6; 겔 27:28-31; 욥 2:12-13). 장로들은 원래 사회에서 지혜를 가르치고, 재판에서 판결하고, 조언을 구하는 사람들에게 권면하는 일을 도맡아 하는 계층을 형성한 사람들이다(Ferris). 이들은 일상적으로 말을 많이 하는 사람들인데, 상황이 상황인지라 할 말을 잃고 침묵한다. 장로들의 이 같은 모습을 보고 예루살렘 처녀들(백성)도 머리를 땅에 처박고 괴로워한다(10절). 머리를 땅에 숙이는 것도 수치와 슬픔의 상징이다(cf. 사 58:5; 욥 10:15). '장로들과 처녀들'은 우리말로 '남녀노소'—사회의 모든 구성원들을 총체적으로 표현하는 쌍 단어(merismus)다(Huey; cf. Dobbs-Allsopp). 온 사회가 수치와 수모를 경험하며 절망했다.

II. 도성에 임한 하나님의 심판(2:1-22)

B. 내레이터의 상황 보고(2:11-19)

상황을 옆에서 지켜본 사람처럼 3인칭 언어로 유다와 예루살렘의 몰락을 회고한 저자가 이 섹션에서는 1인칭 언어를 사용해 유다와 예루살렘의 멸망에 대한 개인적인 감정을 표현한다. 저자는 예루살렘이 처한 곤경에 대해 11-12절에서 슬픔을 매우 강력하게 표현한 후 곧바로 시온에게 스피치를 시작한다(13-19절). 내레이터가 시온에게 하는 말의 초점은 하나님이 유다의 '원수'가 되셨다는 사실이다(Berlin). 내레이터가 예루살렘이 처한 상황에 보이는 반응을 바탕으로 구성된 본문은 다음과 같이 구분된다.

A. 내레이터의 개인적 반응(2:11-12)
B. 내레이터의 탄식(2:13-17)
C. 내레이터의 권면(2:18-19)

II. 도성에 임한 하나님의 심판(2:1-22)
B. 내레이터의 상황 보고(2:11-19)

1. 내레이터의 개인적 반응(2:11-12)

11 (כ) 내 눈이 눈물에 상하며
내 창자가 끊어지며
내 간이 땅에 쏟아졌으니
이는 딸 내 백성이 패망하여
어린 자녀와 젖 먹는 아이들이 성읍 길거리에 기절함이로다
12 (ל) 그들이 성읍 길거리에서
상한 자처럼 기절하여

그의 어머니들의 품에서 혼이 떠날 때에 어머니들에게 이르기를 곡식과 포도주가 어디 있느냐 하도다

지금까지 마치 모든 것을 옆에서 지켜보던 사람처럼 이야기를 진행하던 저자가 이곳에서부터는 본격적으로 자신의 솔직한 심정과 감정을 드러낸다. 그는 예루살렘의 멸망에 대해 굉장히 마음 아파한다. 폐허 더미에 서 있는 유다 사람들만 아픈 것이 아니라, 내레이터도 말로 표현할 수 없는 아픔을 경험하고 있다. 그는 징벌을 받아 끌려가는 예루살렘 주민들과 하나가 되어 있는 것이다.

예루살렘의 절박한 상황을 보고 있자니 눈이 눈물로 짓무르고, 창자가 끊어지도록 아프고 간이 녹아 땅에 쏟아지는 것처럼 고통스럽다고 저자는 말한다(11절). 구약에서 사람의 배와 창자는 감정의 장소로 여겨졌다(Provan; Berlin). 그러므로 사람의 창자가 끊어진다는 것은 그 사람의 감정이 매우 혼란스럽다는 의미다(Provan). 간 역시 사람의 감정을 좌우하는 기관이다. 간이 땅에 쏟아진다는 것은 저자가 매우 혼란스러운 감정을 경험하고 있다는 것을 의미한다. 그는 예루살렘의 고통을 지켜보면서 온갖 감정적인 혼돈과 혼란을 경험하고 있다.

무엇이 저자의 감정을 이렇게 혼란스럽게 하고 있는가? 아무 잘못이 없는 사람의 고통을 지켜보는 일이다(Ferris). 내레이터는 매우 안타까운 상황을 예로 들며 이 질문에 답한다. 기근과 전쟁으로 먹을 것이 떨어진 도성에서 오랫동안 먹지 못한 아이들과 젖먹이들이 거리에서 탈진해 쓰러진다(11절). 거리는 원래 어머니들의 보호를 받으며 아이들이 뛰노는 곳이다(Berlin). 평상시에 아이들이 놀던 '놀이터'에서 쓰러진 것이다(Dobbs-Allsopp). 놀란 어머니들이 그들을 안아보지만, 해 줄 수 있는 것이 없다. 결국 아이들은 어머니의 품에서 음식을 그리워하며 숨을 거둔다(12절).

아무것도 모른 채 굶어 죽는 아이의 참담함은 예루살렘의 멸망으로 경험한 모든 비극 중 가장 안타까운 일이다(Westermann). 또한 독자들을 애가에 심취하게 하는 가장 인상적인 구절이다(Dobbs-Allsopp). 부모들이 죄를 회개하고 주님을 찾았으면 이런 일은 없었을 것이다. 부모들의 반역과 죄가 아이들을 죽였다. 본문은 한 사회가 죄를 지으면 가장 큰 피해를 입는 자들은 가장 힘이 없고 연약한 어린아이들이라는 사실을 상기시킨다(Huey).

엄마의 품은 자식에게 평안과 풍요를 주는 곳이다(룻 4:16; 왕상 3:20). 그러나 이제는 죽음을 맞이하는 곳이 되었다. 죽어가는 아이를 품에 안았지만 아무것도 해 줄 수 없어서 아이의 죽음을 바라보아야만 하는 어머니의 심정이 어떠할까? 저자는 이 이야기 하나로 자신의 혼란스러운 감정을 표현한다. "아무리 하나님의 공의와 정의가 이 땅에 이루어져야 한다지만, 정작 이 방법밖에는 없다는 말인가?" 참으로 절망적인 상황이다. 저자는 책을 시작한 이후 30여 절의 글로 다른 이야기를 하다가 이곳에서 겨우 이 이야기를 할 수 있었다(O'Connor). 그만큼 이 이야기는 그에게 부담이었다. 그 부담을 털어 버린 저자는 이제부터 굶어 죽은 아이들을 품에 안았던 어미 시온과 함께 아파하고 울며 이 책을 진행한다(O'Connor). 더 안타까운 것은 시온이 처한 절망적인 상황에 대해 그 누구도 아무런 일을 할 수 없다는 사실이다. 우리도 때로는 남을 위해 아무 일도 해 줄 수 없는 날이 올 것이라는 사실을 깨달아야 한다. 그러므로 할 수 있을 때 사랑하고 베푸는 것이 좋다.

II. 도성에 임한 하나님의 심판(2:1-22)
B. 내레이터의 상황 보고(2:11-19)

2. 내레이터의 탄식(2:13-17)

13 (מ) 딸 예루살렘이여

내가 무엇으로 네게 증거하며 무엇으로 네게 비유할까

처녀 딸 시온이여
내가 무엇으로 네게 비교하여 너를 위로할까
너의 파괴됨이 바다같이 크니 누가 너를 고쳐줄쏘냐
14 (נ) 네 선지자들이 네게 대하여 헛되고 어리석은 묵시를 보았으므로
네 죄악을 드러내어서 네가 사로잡힌 것을 돌이키지 못하였도다
그들이 거짓 경고와 미혹하게 할 것만 보았도다
15 (ס) 모든 지나가는 자들이 다 너를 향하여 박수치며
딸 예루살렘을 향하여 비웃고 머리를 흔들며 말하기를
온전한 영광이라,
모든 세상 사람들의 기쁨이라 일컫던 성이 이 성이냐 하며
16 (פ) 네 모든 원수들은 너를 향하여 그들의 입을 벌리며 비웃고
이를 갈며 말하기를 우리가 그를 삼켰도다
우리가 바라던 날이 과연 이날이라
우리가 얻기도 하고 보기도 하였다 하도다
17 (ע) 여호와께서 이미 정하신 일을 행하시고
옛날에 명령하신 말씀을 다 이루셨음이여
긍휼히 여기지 아니하시고 무너뜨리사
원수가 너로 말미암아 즐거워하게 하며
네 대적자들의 뿔로 높이 들리게 하셨도다

예루살렘 멸망에 대해 어떻게 느끼고 있는가를 표현한 저자가 예루살렘을 위로하려 하지만, 할 말이 없다. 예루살렘이 경험한 일은 전에도 없었고, 앞으로도 없을 정도로 크고 충격적이기 때문이다. 그가 유일하게 떠올릴 수 있는 것은 바다의 넓고 큰 규모다(13절). 유다가 얼마나 심하게 파괴되었는지 그 범위가 바다처럼 광범위해 그 누구도 유다를 도울 수 없다고 탄식한다(13절). 13절을 마무리하고 있는 "누가 너를 고쳐줄쏘냐?"는 고쳐줄 사람이 없다는 사실을 강조하는 수사학적인

질문이다(Berlin).

일이 이렇게 되는 동안 선지자들이라는 사람들은 헛되고 어리석은 묵시를 보았다(14절; cf. 렘 14:13-16; 23:13; 겔 12:24; 13:3-23). '어리석은'(תָּפֵל)은 눈가림을 위해 석회를 발라놓은 상황을 묘사하는 단어다(Provan; cf. 겔 13:8-16). 선지자들이 하나님의 계시라며 말한 것들은 내용이 없거나 거짓인 헛된 말이며, 마치 잘못된 것(viz., 건물, 집)을 가리기 위해 표면에 회칠을 해놓은 것과 같다는 것이다. 물론 그들이 말하는 모든 것이 잘못된 것은 아니다. 일부는 진리다. 그들이 전하는 모든 것이 거짓이면 아예 처음부터 그들을 믿을 사람이 없기 때문이다. 이제 드디어 하나님의 심판을 통해 그들이 회칠로 가리고자 했던 것들이 얼마나 잘못되었는지가 온 세상에 드러났다.

저자는 아울러 참 선지자가 해야 할 일을 지적하고 있다. 참 선지자는 백성의 "죄악을 드러내야" 한다는 것이다(14절). 죄악이 드러나면 백성은 회개할 것이고, 회개하면 하나님이 그들을 용서하고 자비를 베푸셨을 것이다. 선지자들이 제 역할을 하지 않았기 때문에 예루살렘은 심판을 받아 파괴되었다. 그렇다면 예루살렘의 멸망에 분명 거짓 선지자들도 일조했다는 것이다(cf. Provan). 오늘날 성도들이 들어야 할 가장 중요한 말씀이다. 자기가 듣기 원하는 메시지를 찾는 시대이다 보니 정작 들어야 하는 메시지와 회개를 권면하는 메시지를 회피하는 사람들이 주변에 참 많다. 그렇게 살면 하나님의 심판을 피할 수 없을 것이다. 목회자는 잘못에 대해 경고하고(cf. 겔 3:17-21), 바른길을 선포할 책임이 있다. 그렇지 않으면 성도들은 거짓 소망에 현혹되기 일쑤다.

한 사람의 슬픔이 다른 사람의 기쁨이 된다는 말이 현실로 드러났다. 유다의 멸망에 대해 주변 나라들이 모두 기뻐한다(15-16절). 신음하고 있는 주의 백성의 상처에 소금을 뿌리고 있는 것이다. 그러나 이것이 세상의 이치다. 저자는 이스라엘의 멸망을 지켜보고 기뻐하는 사람들의 범위를 우연히 지나다가 이 일을 목격한 사람(15절)에서부터 원수들(16절)까지라고 말한다. 길을 가던 사람이 예루살렘의 폐허를 목격하는 것은 성경에서 자주 등장하는 테마이며(cf. 렘 18:13-17), 이스라엘의 멸망으로 인한 수치가 온 천하에 드러났음을 강조한다(Berlin). 예루살렘 멸망 뉴스를 들은 사람들은 하나도 빼놓지 않고 모두 기뻐한다. 심지어 그들이 학수고대하며 바라던 날이 왔다며 즐거워한다. "우리가 바라던 날이 과연 이날이라"(16절). 한 백성의 슬픔이 다른 민족들의 기쁨이자 '기도의 응답'이라는 것이 참 씁쓸하다. 진정한 친구는 우리가 곤경에 처할 때 진가를 발휘한다고 하는데, 괴로워하는 이스라엘에게는 친구가 없다.

가장 안타까운 것은 유다가 하나님께 도움을 청할 수 없다는 사실이다. 하나님이 이 일을 오래전부터 계획하고 행하셨기 때문이다(17절). 저자는 예루살렘의 함락, 원수들의 기뻐함, 대적들의 비아냥, 이 모든 일들이 하나님이 계획하고 이루신 일이라고 선언한다. 심지어 하나님은 이스라엘의 뿔은 꺾고(3절) 반대로 원수들의 뿔은 높이셨다(17절). 이스라엘의 편이어야 할 하나님이 어느덧 원수들의 편에 서 있으신 것이다. 하나님이 이스라엘의 원수들을 사랑하고 이스라엘을 버리셨기 때문이 아니다. 이스라엘을 벌하신 것뿐이다. 끝까지 주님이 요구하시는 윤리적 기준에 따라 살기를 거부한 민족의 비참한 종말이다. 하나님의 선택적 사랑은 더 높은 윤리와 도덕성을 요구한다는 사실을 기억해야 한다.

II. 도성에 임한 하나님의 심판(2:1-22) B. 내레이터의 상황 보고(2:11-19)

3. 내레이터의 권면(2:18-19)

18 (צ) 그들의 마음이 주를 향하여 부르짖기를
딸 시온의 성벽아

너는 밤낮으로 눈물을 강처럼 흘릴지어다
스스로 쉬지 말고 네 눈동자를 쉬게 하지 말지어다
19 (ק) 초저녁에 일어나 부르짖을지어다
네 마음을 주의 얼굴 앞에 물 쏟듯 할지어다
각 길 어귀에서 주려 기진한 네 어린 자녀들의 생명을 위하여
주를 향하여 손을 들지어다 하였도다

예루살렘이 당한 고통이 너무 잔인하고 혹독해서 위로할 말을 잃어버린 내레이터가 시온에게 권면한다. 묵묵히 고통을 당하고만 있지 말고 하나님께 부르짖으라는 것이다. 특히 한때 세상의 선망의 대상이었던 이스라엘이 어느덧 멸시와 비웃음으로 전락해버린 상황에 대해 울부짖으라고 한다. "그들의 마음이 주를 향하여 부르짖기를"(18절)이라는 말이 18절의 나머지 부분과 잘 어울리지 않는다. 그래서 많은 번역본들이 이 문구를 수정한다. (1) "큰 소리로 주님께 부르짖어라"(새번역; cf. NRS); (2) "참 마음으로 주께 부르짖어라"(공동); (3) "너희 성벽이 주께 울부짖게 하여라"(현대인). 적절한 조치라 생각된다. 저자가 이스라엘에게 권면하는 눈물은 신세가 처량해서 흘리는 눈물이 아니라, 회개의 눈물이다. 죄에 대한 진심 어린 회개가 있어야만 문제가 해결될 수 있기 때문이다.

저자는 상황이 어려운 만큼 더 애절하고 간곡하게 그리고 꾸준히 하나님께 호소하라고 권한다. 온 성벽이 밤낮으로 눈물을 강처럼 흘리며 쉬지 말고 간구해야 한다(18절). 유다 사람들은 하루의 시작인 초저녁부터 하루 종일(밤새 내내) 부르짖되 하나님 앞에 마음을 물 쏟듯이 쏟으라고 한다(19절). 열심히 많은 기도를 드리는 것도 중요하지만, 상한 심령으로 기도하는 것도 중요하다는 것이다. 이렇게 해야만 굶주림으로 죽어가는 아이들의 생명을 보존할 수 있다(19절). 하나님이 기도를 들어주실 것이라는 소망이 암시되고 있다.

II. 도성에 임한 하나님의 심판(2:1–22)

C. 시온의 간구(2:20–22)

20 (ר) 여호와여 보시옵소서
주께서 누구에게 이같이 행하셨는지요
여인들이 어찌 자기 열매 곧 그들이 낳은 아이들을 먹으오며
제사장들과 선지자들이 어찌 주의 성소에서 죽임을 당하오리이까
21 (שׁ) 늙은이와 젊은이가 다 길바닥에 엎드러졌사오며
내 처녀들과 내 청년들이 칼에 쓰러졌나이다
주께서 주의 진노의 날에 죽이시되
긍휼히 여기지 아니하시고 도륙하셨나이다
22 (ת) 주께서 내 두려운 일들을 사방에서 부르시기를
절기 때 무리를 부름같이 하셨나이다
여호와께서 진노하시는 날에는 피하거나 남은 자가 없나이다
내가 낳아 기르는 아이들을 내 원수가 다 멸하였나이다

본문의 기도를 누가 하는 것인지는 확실하지 않지만(cf. Huey), 내레이터의 권면을 받은 시온이 거의 확실하다. 큰 충격으로 인해 아무 말도 못하던 여인이 자신을 추스르고 '가해자'인 하나님께 호소한다. 시온의 탄식과 서운함이 극에 달하고 있다(Dobbs–Allsopp). 이번에도 1장에서처럼 다급함과 절박함으로 하나님을 찾는다(O'Connor). 여인은 자신이 경험하고 있는 온갖 재앙은 하나님이 하신 일이라고 탄식한다. 먹을 것이 없어도 너무 없다 보니 어머니가 자식의 살코기를 먹는다! 어미가 자식을 보호하는 것은 자연의 이치. 이스라엘에서 일어나고 있는 식인은 자연의 이치에 어긋날 뿐만 아니라 신명기가 선언한 언약의 저주가 현실로 일어난 것이다(cf. 신 28:53). 열왕기하 6:26–30에도 포위된 사마리아에서 어미가 자식을 잡아먹은 이야기가 나온다. 시온은

하나님이 어떤 개입도 하지 않으시고 어찌 이런 일을 지켜만 보고 있으실 수 있냐고 원망한다(Lunafelt).

제사장들과 선지자들이 다른 곳도 아닌 성전에서 죽어가고 있다(20절). 생명의 근원인 성전이 죽음의 장소로 변했으며, 하나님이 제사장들과 선지자들을 버린 것이다. 거리에는 적들의 칼에 맞아 죽거나 굶어 죽은 늙은이와 젊은이들의 시체가 널려 있다. 처녀들과 청년들의 시체도 즐비하다(21절). 결혼해 자녀들을 생산해야 할 청년, 처녀들이 모두 죽었다는 것은 이 백성의 미래도 매우 불투명하다는 것을 의미한다. 심지어는 아이들까지 모두 원수들에게 죽임을 당했다(22절). 한 민족이 멸망의 기로에 서 있는 것이다.

더 슬픈 사실은 이 모든 일을 하나님이 하셨다는 것이다. 그래서 여인은 자신이 경험한 이 잔인한 재앙이 하나님께로부터 온 것이라는 사실을 매 절에서 반복적으로 강조한다. 또한 하나님이 자기 백성에게 이처럼 큰 재앙을 내리실 때 개인적인 감정을 실어서 하셨다. "죽이시되 긍휼히 여기지 아니하시고 도륙하셨다"(21절). 하나님이 자기 백성에게 이렇게까지 하셨다는 것이 믿기지 않는다. 그래서 그녀는 "여호와여 보시옵소서. 주께서 누구에게 이같이 행하셨는지요?"라는 말로 탄식을 시작한다(20절). 일부 주석가들은 시온이 하나님의 무관심을 원망하고 있다고 하는데(O'Connor), 예루살렘에 임한 재앙은 하나님의 철저한 계획과 섭리로 이루어졌다. 그래서 시온은 주께서 종교적 절기에 온 사방에서 무리를 부르심같이 재앙을 부르셨다고 말한다(22절). 여인은 하나님에 대한 충격과 배신감에서 헤어 나오지 못하고 있다.

III. 구원에 대한 소망
(3:1-66)

다섯 장으로 구성된 책의 중앙에 위치한 이 세 번째 노래는 오래전부터 학자들 사이에 애가에서 가장 중요한 장으로 취급되었다(cf. Mintz). 이 노래는 책이 시작된 이후 처음으로 소망을 넌지시 제시한다. 하나님의 "한결같은 사랑이 다함이 없고 그 긍휼이 끝이 없기 때문"(22절)에 이 절망적인 순간에도 소망의 끈을 놓지 않는 것이다. 저자가 이 장에서 소망을 노래해서인지 노래를 시작하는 첫 단어도 다르다. 처음 두 노래(1, 2장)와 다음 노래(4장) 모두 애가를 시작하는 전문 용어 '슬프다/아이고'(אֵיכָה)로 시작하는데(cf. 1:1; 2:1; 4:1), 이 노래는 다른 단어로 시작한다. 그러나 이 '소망 장'을 지나면 다시 절망이 현실을 메운다.

학자들은 이 세 번째 노래에 몇 명이 참여하는가에 대해 논쟁을 벌여왔다. 무엇보다도 1절이 남성 명사인 '[그] 사람'(גֶּבֶר)의 고백으로 시작되기 때문이다(cf. 27, 35, 39절). 일부 학자들(Alberkson; Gottlieb; cf. Provan)은 이 '사람'이 시온이라고 하지만, 시온/예루살렘은 항상 여성이며 처음 두 노래에서도 여성의 모습을 취했다. 그러므로 갑자기 이제 와서 남성의 모습으로 애가를 부를 이유가 없다. 더욱이 1절이 '여호와의 분노'에 대해 말하고 있는데, 이것은 2:22에 기록된 하나님의 분노를 회고하는 말이며, 더 나아가 2장 전체가 묘사하고 있는 하나님의 진노를 배경으로 하고 있음이 확실하다(Provan). 저자가 이곳에서 남성의 음성을 들려주는 것은 아마도 그동안 여성인 시온이 예루살렘이 경험한 일에 대해 회고한 것에 성적(gender) 균형을 더하기 위해서일 것이다(Dobbs-Allsopp).

학자들은 남성 명사 '사람'(גֶּבֶר)이 누구를 뜻하는가에 대해 많은 해석을 제시했다. (1) 예레미야, 여호야긴, 시드기야 같은 역사적 인물(Sæbø); (2) 예루살렘 파괴를 경험한 이름 모를 생존자(O'Connor); (3) 온 백성을 대표하는 사람(Albrektson; Gordis); (4) 유력한 예루살렘 주민(Renkema); (5) 모든 사람(Hillers; Dobbs-Allsopp); (6) 바빌론으로 끌려간 포로민들(Berlin); (7) 내레이터(Provan). 이중 내레이터라는 해석이 가장 설득력이 있어 보인다. 그동안 저자는 폐허 더미에 앉아서 탄식하는 예루살렘(시온) 주민과 자신을 구별해 이야기를 진행했다. 그렇기 때문에 때로는 1인칭 단수로 자기 자신의 슬픔을 표현하기도 하고(cf. 2:11), 시온을 향해 2인칭으로 권면하기도 했다(cf. 2:13-19). 이 시에서는 내레이터가 시련을 경험하고 있는 '한 사람'이 되어 슬픔의 노래를 이어간다. 저자가 처음에는 시온의 고통에 공감하더니 어느덧 예루살렘 주민들과 하나가 된 것이다. 그러므로 본문에서 신음하고 괴로워하는 사람은 욥에 비교될 수 있는 인물이다(Berlin).

실제로 본문은 욥기와 비슷한 언어와 이미지들을 구상하고 있다(cf. Berlin). 본문에서 스피치를 시작하는 저자는 마치 욥이 친구들에게 부르는 첫 노래에서 자신을 '사람'(גֶּבֶר)이라고 말하는 것처럼(욥 3:3) 자신을 '사람'(גֶּבֶר)이라고 말한다(1절). 욥이 짐승들에게 쫓기는 경험을 회고하는 것처럼, 내레이터도 같은 경험을 회고한다(3:10; 욥 10:16). 저자가 하나님의 화살을 경험하는 것처럼, 욥도 하나님의 과녁이 된다(3:12; 욥 16:12-13). 욥과 내레이터 모두 쓴맛을 경험하고(3:15; 욥 9:18), 하나님께로부터 차단된 느낌을 받고(3:44; 욥 3:23), 원수들의 조롱거리가 되고

(3:63; 욥 30:9), 하나님이 분명히 정의를 굽게 하지 않으실 것이라고 확신하는 것(3:33–36; 욥 8:3) 등도 이 두 책의 공통점이다. 심지어는 하나님께 징벌을 받았지만, 그가 다시 회복시키실 것이라는 기대감도(3:32; 욥 5:18) 내레이터와 욥의 공통적인 확신이다.

처음 두 노래에서 저자는 히브리어 알파벳 22개를 순서대로 사용해 한 절씩 제시했다. 이 노래에서는 각 알파벳으로 한꺼번에 세 절씩 제시한다. 이 노래는 히브리어 알파벳에 따라 22절이 아니라, 66절로 구성되어 있다. 이 노래 역시 이스라엘이 경험한 물리적 폭력을 묘사하는 단어들로 가득하다(cf. Berlin). 본문은 다음과 같이 구분될 수 있다.

A. 하나님의 자비와 언약에 대한 소망(3:1–24)
B. 심판에 대한 묵상(3:25–39)
C. 용서와 구원에 대한 간구(3:40–66)

A. 하나님의 자비와 언약에 대한 소망(3:1–24)

본문, 특별히 1–13절의 배경이 되고 있는 것은 목자와 양에 대한 이미지와 언어다(Albrektson; Hillers). 성경에 의하면 선한 목자는 지팡이로 양을 먹기 좋은 풀과 쉴 만한 물가로 인도한다(cf. 시 23편). 또한 맹수들로부터 양들을 지켜주며 어둡고 험난한 길을 갈 때 지표가 되어준다. 본문에서 목자로 묘사하는 하나님은 전혀 다른 분이다(cf. Hillers). 그분은 지팡이로 양들을 치고, 어둡고 무서운 곳으로 양들을 몰아가신다. 양들은 보호를 받기보다는 감금당하고 억압당한다는 느낌을 받는다. 맹수들에게서 양을 보호하는 목자와는 달리 하나님이 사자와 곰 등 맹수가 되어 양들을 괴롭히신다. 양을 보호하기 위해 공격하는 맹수들을 치는 목자와는 달리 목자 하나님이 직접 자기 양 떼를 공격하신다. 끝에 가서는 목자 하나님이 직접 자기 양 떼를 타국으로 보내신다. 본문에 묘사된 모든 이미지가 시편 23편의 반전인 것이다(Huey). 참으로 안타까운 상황이 제시되고 있다. 그러나 저자는 마지막으로 하나님의 신실하심을 기대하며 이 섹션을 마무리한다(19–24절). 본문은 다음과 같이 두 부분으로 구분될 수 있다.

A. 여호와의 징벌(3:1–18)
B. 하나님의 신실하심(3:19–24)

III. 구원에 대한 소망(3:1–66)
A. 하나님의 자비와 언약에 대한 소망(3:1–24)

1. 여호와의 징벌(3:1–18)

1 (א) 여호와의 분노의 매로 말미암아 고난당한 자는 나로다
2 나를 이끌어 어둠 안에서 걸어가게 하시고
빛 안에서 걸어가지 못하게 하셨으며
3 종일토록 손을 들어 자주자주 나를 치시는도다
4 (ב) 나의 살과 가죽을 쇠하게 하시며
나의 뼈들을 꺾으셨고
5 고통과 수고를 쌓아 나를 에우셨으며
6 나를 어둠 속에 살게 하시기를
죽은 지 오랜 자 같게 하셨도다
7 (ג) 나를 둘러싸서 나가지 못하게 하시고
내 사슬을 무겁게 하셨으며
8 내가 부르짖어 도움을 구하나
내 기도를 물리치시며

9 다듬은 돌을 쌓아 내 길들을 막으사
내 길들을 굽게 하셨도다
10 (ד) 그는 내게 대하여 엎드려 기다리는 곰과
은밀한 곳에 있는 사자 같으사
11 나의 길들로 치우치게 하시며
내 몸을 찢으시며
나를 적막하게 하셨도다
12 활을 당겨 나를 화살의 과녁으로 삼으심이여
13 (ה) 화살통의 화살들로 내 허리를 맞추셨도다
14 나는 내 모든 백성에게 조롱거리
곧 종일토록 그들의 노랫거리가 되었도다
15 나를 쓴 것들로 배불리시고
쑥으로 취하게 하셨으며
16 (ו) 조약돌로 내 이들을 꺾으시고
재로 나를 덮으셨도다
17 주께서 내 심령이 평강에서 멀리 떠나게 하시니
내가 복을 내어버렸음이여
18 스스로 이르기를
나의 힘과 여호와께 대한 내 소망이 끊어졌다 하였도다

"내가 그 사람이다"(אֲנִי הַגֶּבֶר; 1절)라는 말로 시작하는 이 노래는 이 섹션을 회고하는 자가 남자임을 강조한다(Berlin). 내레이터의 이 선언은 또한 "나는 이스라엘이 경험한 모든 재앙을 지켜본 사람이다"라는 의미를 지니고 있다. 상황을 목격한 사람으로서 지금부터 전개될 이야기를 회고할/증언할 자격이 있음을 암시한다(O'Connor). 성경에서는 하나님이 자기 백성의 고난을 보시는 것이 일상적인데, 이 노래에서는 이 사람이 주의 백성의 고난을 지켜보고 있다(Provan).

번역본들은 1절에 '여호와/하나님'을 삽입해 저자가 하나님이 내리신 고난을 당한 것처럼 말하지만(개역개정; 새번역; 아가페; NIV; NRS), 마소라 사본에는 1절에 '여호와/하나님'이 없다. 실제로 이 노래가 한참 진행된 후인 18절에 가서야 처음으로 여호와의 이름이 등장한다. 하나님을 원망하는 노래에서 저자가 이처럼 최대한 하나님의 이름을 언급하는 것을 보류하는 까닭은 하나님에 대한 망언을 최대한 피하기 위해서며(O'Connor), 서먹해진 이스라엘과 하나님 사이의 불편한 관계를 암시하기 위해서다(Huey). 하나님이 가해자가 되어 주의 백성에게 고통을 주셨기 때문이다. 내레이터는 고통당하고 있는 백성의 한 사람이 되어 아픔을 토로한다. 이런 사실을 강조하기 위해 저자는 본문에서 1인칭 대명사 '나'(אֲנִי)를 자주 사용한다.

내레이터는 자신이 '[여호와의] 분노의 매'로 말미암아 고난을 당하고 있다는 말로 이 섹션을 시작한다(1절). 목자의 지팡이/막대는 양을 보호하는 도구다. 이와는 대조적으로 본문에서는 목자의 지팡이가 분노의 매가 되어 있다. 이사야는 예전에 아시리아가 하나님이 자기 백성을 징계하기 위해 사용하신 '분노의 막대'라고 했다(사 10:5). 본문에서는 바빌론이 이스라엘을 친 하나님의 분노의 몽둥이임을 전제한다.

하나님이 주의 백성을 이끄셨다(נהג; 2절). 성경에서 하나님이 이끄신다는 말은 일상적으로 긍정적인 의미를 지녔는데, 이번에는 다르다. 하나님이 주의 백성을 빛도 없는 캄캄한 곳으로 이끌고는 그곳에서 헤매게 하실 뿐만 아니라(2절), 온종일 분노의 막대를 들어 그들을 치고 또 치시기 때문이다(3절). 얻어맞은 백성의 살점이 떨어져 나가며 뼈가 꺾인다(4절). 주의 백성의 고통은 끝날 기미를 보이지 않으며(5절), 결국 죽은 자처럼 어두움에 방치되어 있다(6절). 백성이 살아보겠다고 아무리 몸부림쳐도 소용없다. 그를 묶고 있는 사슬이 너무 무거워 뿌리칠 수가 없다(7절). 6-7절은 사슬에 묶인 채 감옥(viz., 물탱크)에 감금된 포로의 모습을 묘사한다(Berlin; cf. Huey). 하나님은 또한 체계적으로 그의 길을 굽게 하신다(9절). 한 주석가는 1-9절이 시편 23편의 모든 내용을 반전시키고 있다고 말한다(Hillers).

하나님은 주의 백성이 아무리 울부짖어도 듣지 않으시며(8절), 심지어는 이스라엘을 해하는 맹수가 되어 그들을 찢으신다(10-11절). 보호하는 목자가 찢는 사자가 되신 것이다. 하나님이 공격하시니 그 누구도 간섭하거나 개입할 수 없다. 결국 내레이터는 하나님께로 나오지도 못하고 홀로 외롭게 괴로워한다(11절; cf. Berlin). 그뿐만이 아니다. 하나님은 이스라엘을 과녁으로 삼으셔서 화살로 쏘신다(12-13절).

자기 하나님에게 보호와 복을 받기는커녕 오히려 해를 당하고 공격을 당하니 이스라엘은 온 세상의 조롱거리가 되었다(14절). 그런데도 하나님의 심판은 끝날 기미를 보이지 않는다. 주께서 주의 백성을 온갖 쓴 물로 채우고(15절), 돌로 그들의 이빨을 부수고(16절), 재로 그들을 덮으셨다(16절). 이 모든 일이 진행되는 동안 이스라엘의 하나님은 그 어디에도 모습을 보이지 않으신다.[7] 결국 주의 백성은 남편에게 버림받은 아내처럼 어떤 소망도 없다는 사실을 깨닫는다(17-28절). 저자가 제시하는 이스라엘의 고난은 그 누구도 감당하기 어려운 고통이다.

III. 구원에 대한 소망(3:1-66)
A. 하나님의 자비와 언약에 대한 소망(3:1-24)

2. 하나님의 신실하심(3:19-24)

19 (ז) 내 고초와 재난 곧 쑥과 담즙을 기억하소서
20 내 마음이 그것을 기억하고 내가 낙심이 되오나
21 이것을 내가 내 마음에 담아두었더니
그것이 오히려 나의 소망이 되었사옴은

7 마소라 사본에는 1-20절(18절은 예외)에 하나님의 이름이 없다. 저자는 시온의 고통에 대해 마치 하나님이 절대적으로 무관심하신 것처럼 묘사하기 위해 이런 기법을 사용한다.

22 (ח) 여호와의 인자와 긍휼이 무궁하시므로
우리가 진멸되지 아니함이니이다
23 이것들이 아침마다 새로우니
주의 성실하심이 크시도소이다
24 내 심령에 이르기를
여호와는 나의 기업이시니
그러므로 내가 그를 바라리라 하도다

저자는 이 혹독한 시련을 쑥과 담즙에 비교한다(19절). ‘쑥’(לַעֲנָה; wormwood)은 매우 쓴 기름을 생산하는 재료다(HALOT). ‘담즙’(רֹאשׁ)은 독초나 독약을 생산하는 식물이다(HALOT). 저자는 유다가 경험하는 고난을 상상할 수 있는 것들 중에 최고로 쓰고, 독한 것에 비교하고 있다. 그렇기 때문에 이 고통을 생각할 때마다 낙심이 된다고 고백한다(20절). 이스라엘이 당면한 현실은 매우 절망적이라는 뜻이다.

내레이터는 가장 절망적인 순간을 위해 한 가닥 희미한 소망을 마음에 담아두었다(21절). 바로 여호와의 무궁하신 인자와 긍휼이다(22절). 일부 주석가들은 1–20절의 절망이 21절 이후로 급격하게 반전되는 현상을 서로 다른 내용의 시들이 별 생각 없이 갑자기 하나로 묶인 결과라고 한다(Gottwald). 큰 설득력이 없는 주장이다. 이 시에서 갑자기 분위기가 절망에서 소망으로 반전되는 것은 중심을 잡지 못하고 순간적으로 흔들리는 저자의 마음을 효과적으로 묘사한다(O'Connor). 저자가 무엇을 생각하느냐에 따라 한순간에는 절망감이, 다음 순간에는 희망이 그를 사로잡는다. 그러므로 이런 갑작스러운 변화는 저자의 신학적 딜레마를 표현해주는 기법이다(O'Connor).

무궁한 인자와 긍휼의 하나님은 시내 산에서 이스라엘과 언약을 맺으셨다. 저자는 이 시내 산 언약과(Berlin) 다윗에게 허락하신 언약(cf. 삼하 7:15; 왕상 8:23)에 기대하고 있다(Dobbs-Allsopp). 선하신 하나님이 결코 주의 백성의 고난을 끝까지 지켜보지만은 않으실 것이라는 소망이다. 이스라엘 역사에서 가장 어둡고 절망적인 순간에도 소망의 끈을 놓지 않는 것은 바로 하나님의 인자와 긍휼 때문이다. 하나님의 인자와 긍휼은 아침마다 새롭다(23절). 저녁이 되면 그다음에는 꼭 아침이 찾아오는 것을 기대할 수 있는 것처럼, 하나님의 심판 뒤에는 꼭 용서와 은혜가 찾아올 것을 기대할 수 있다는 것이다. 그러므로 저자는 하나님의 성실하심이 크다고 찬양한다. 중요한 것은 저자가 새로운 상황을 접한 것이 아니라, 상황을 바라보는 관점/시야가 바뀐 것뿐이라는 사실이다. 이스라엘이 당면한 상황을 보면 절망밖에 없지만, 하나님을 보니 소망이 생긴다. 대부분 사람들은 삶이 완전히 '밑바닥을 칠 때'까지 하나님의 인자와 신실하심이 유일한 소망이라는 사실을 깨닫지 못한다(Huey).

내레이터는 이렇게 성실하신 하나님이 자기의 기업이라며 스스로를 위로한다(24절). 레위 사람들의 유일한 기업이 하나님이었던 것처럼 말이다(Hillers). 하나님의 신실하심을 바라고 기다리는 것이 할 수 있는 유일한 일이다. 아무리 자신과 자신이 처한 상황을 살펴보아도 소망의 근거로 삼을 만한 것이 없다. 그래서 하나님이 어떤 분이신가를 묵상하다가 소망의 근거를 얻게 된 것이다. 바로 하나님의 성실하심이다. '성실'(אֱמוּנָה)은 '신뢰, 신실함'으로 번역될 수도 있으며, 변하지 않는 꾸준함을 강조하는 단어다(HALOT). 여기서 비롯된 단어가 우리가 흔히 사용하는 '아멘'이다.

창세기 이후로 성경은 하나님이 절대 심판을 위한 심판(죽이는 것만을 목적으로 하는 심판)은 하시지 않는다는 사실을 강조한다. 심판 뒤에는 항상 회복과 구원이 임한다. 그래서 온 인류를 물로 심판한 후에 노아와 가족들을 통해 새 인류를 창조하셨다. 선지자들이 하나님의 심판을 절망적으로만 보지 않는 것이 바로 이러한 이유 때문이다. 하나님은 회복과 구원을 염두에 둔 심판을 하신다. 저자도 이러한 사실에 소망을 두고 있다. 하나님의 신실하심이 곧 자비와 긍휼로 임할 것이라는 확신이 그의 소망이 된 것이다. 믿을 만한 소망인가? 만일 저녁이 지나면 아침이 올 것을 확신할 수 있다면(cf. 23절), 하나님의 구원과 은혜도 꼭 임할 것이라고 믿어도 된다. 그러므로 이스라엘이 유일하게 할 수 있는 일이자 반드시 해야 할 일이 하나님의 신실하심이 곧 임할 것이라는 사실을 믿고 기다리는 것이다.

III. 구원에 대한 소망(3:1-66)

B. 심판에 대한 묵상(3:25-39)

저자는 유다에 임한 하나님의 심판의 의미에 대해 묵상한다. 그리고 그는 두 가지 결론을 내린다. 하나님이 이 재앙을 통해 선을 이루실 것이라는 기대와, 심판이 끝이 아니며 더 좋은 일이 있을 것이라는 기대감이다. 이러한 소망은 바로 앞 섹션(19-24절)에서 확신한 하나님의 신실하심에 근거를 둔 것이기 때문에 믿을 수 있다. 심판이 임하는 날은 어둡고 두려운 날이지만, 심판이 끝나면 소망의 빛이 임한다. 이 섹션은 다음과 같이 두 부분으로 구분될 수 있다.

A. 선을 창조하는 하나님의 징계(3:25-30)
B. 희망을 동반한 하나님의 징계(3:31-39)

III. 구원에 대한 소망(3:1-66)
B. 심판에 대한 묵상(3:25-39)

1. 선을 창조하는 하나님의 징계(3:25-30)

25 (ט) 기다리는 자들에게나

구하는 영혼들에게
여호와는 선하시도다
26 사람이 여호와의 구원을 바라고
잠잠히 기다림이 좋도다
27 사람은 젊었을 때에 멍에를 메는 것이 좋으니
28 (י) 혼자 앉아서 잠잠할 것은
주께서 그것을 그에게 메우셨음이라
29 그대의 입을 땅의 티끌에 댈지어다
혹시 소망이 있을지로다
30 자기를 치는 자에게 뺨을 돌려대어
치욕으로 배불릴지어다

3:25–27은 같은 알파벳(ט)으로 시작할 뿐만 아니라, 아예 같은 단어 '좋다'(טוב)로 시작한다. 저자는 여호와는 '선하시다'(טוב)는 말로 이 섹션을 시작한다(25절). 여호와는 선하시기 때문에, 고통을 당하면 힘들다고 울부짖는 것보다 오히려 조용히 그분의 구원을 바라며 기다리는 것도 '좋은 일'(טוב)이다(26절). 만일 피할 수 없는 고통이라면 소리를 질러도 소용이 없을 것이며, 하나님의 신실하심이 꼭 그를 구원할 것이기 때문이다(cf. Wiseman; Gottlieb).

만일 사람에게 선택권이 있다면 늙어서보다는 젊었을 때 [고통의] 멍에를 메는 것도 좋다(טוב; 27절). 고통은 사람에게 옳고 그름에 대해 교훈을 주는 효과를 발휘하며 멍에는 짐승이 가야 할 길로 바르게 가도록 유도하는 도구이기 때문이다(Provan). 그러므로 젊었을 때 고통의 멍에를 진다는 것은 의에 대한 교육도 받고 옳은 길을 분별할 수 있는 분별력을 준다. 이러한 효과들을 감안하면 젊었을 때 고통의 멍에를 메면 노년기는 상대적으로 평탄할 것이라는 소망을 준다.

정리를 하자면 25–27절은 참 신앙에 대해 다음과 같이 세 가지 성향을 제시한다(Huey). (1) 하나님의 선하심을 믿고 신뢰하는 것; (2) 불만을 토하지 않고 확신을 가지고 하나님의 도움을 기다리는 것; (3) 고통과 연단이 믿음을 강화시킨다는 사실을 알고 고난을 과감히 받아들이는 것. 참 신앙의 진가는 삶에 고통이 임할 때 하나님께로부터 멀어지는 것이 아니라, 오히려 더 의지하고 신뢰하게 한다.

환란이 이처럼 긍정적인 효과를 동반한다면, 환란을 당할 때 우리는 어떻게 반응해야 하는가? 저자는 고난이 주께서 온 것임을 인정하고 조용히, 그러나 슬퍼하며 하나님을 기다리라고 한다(28절). 개역개정이 '잠잠히'로 번역하고 있는 히브리 단어(דמם)는 침묵한다는 뜻이다. 이사야는 천사들이 '거룩, 거룩, 거룩'을 외치는 것을 보고는 부정한 자신이 거룩하신 하나님 앞에 무슨 말을 할 수 있겠냐며 낙심할 때 이 단어를 사용한다(사 6:5). 입이 열 개라도 할 말이 없어 침묵하는 상황을 묘사한다(cf. Berlin).

내레이터는 또한 함부로 말하지 말고 그저 겸손하게 낮은 자세로 땅에 머리를 대라고 한다(29절). 고대 사회에서 땅에 머리를 대는 것은 상대방에게 완전한 순종을 상징하는 행위였다(cf. 시 72:9; 미 7:17). 저자의 마지막 조언은 치는 자와 다투거나 그의 매를 피하지 말고, 한쪽 뺨을 치면 다른 뺨을 내주어 수치와 모멸감으로 자기를 채우라고 한다(30절). 다른 뺨을 내주는 것은 상대방에게 완전히 항복하는 것을 상징하는 행위다(욥 16:10; 사 50:6; 미 5:1; cf. 마 5:39; 26:67; 벧전 2:20-23). 저자가 말하는 '치는 자'는 하나님이 아니라, 하나님이 들어 쓰시는 인간적 도구, 곧 '진노의 막대기'다(cf. 1절).

저자가 28-30절에서 제안하는 고통에 대한 세 가지 반응은 약한 것에서 강한 것으로 이어지고 있다. 첫 번째 단계는 조용히 고통의 멍에를 지는 것이다(28절). 자신이 죄를 지었고, 이 고통이 자신의 죄 때문에 임했음을 겸허하게 받아들이는 행위다. 두 번째 단계는 머리를 땅에 대는 것이다(29절). 벌을 내리시는 자에게 온전히 복종하겠다는 의지를 표현하는 행위다. 세 번째 단계는 물리적인 폭행을 수용하는 것이다(30절). 벌을 내리시는 분에게 백기를 들고 항복하겠다는 상징적인 행위다. 그러나 가장 바람직한 것은 애초에 고통(벌)을 당하지 않도록 경건한 삶을 사는 것이다.

저자는 왜 가해자들이 빰을 때리거든 피하지 말고 오히려 다른 빰을 내밀라고 하는 것일까? 그가 본문에서 권면하는 것은 겸손하고 조용히 고난을 받는 것이다. 고난이 삶에 임할 때 분명 바르게 그 고난을 받는 방법이 있다(Huey). 치는 자들에게 반항하지 않고 오히려 더 때리라며 다른 빰을 내미는 것은 자신이 맞을 만한 죄를 지었음을 하나님 앞에 고백하는 행위다. 특히 고난이 하나님께로부터 온 것이라면 묵묵히 그 고난을 받아야 한다는 것이 저자의 논리다. 그러나 설사 하나님이 이 모든 일을 계획하셨다 할지라도 자기 백성이 무참하게 당하는 것을 보면 결코 가만히 지켜보고만 계시지 않을 것이라는 바람이 동반한 조언이다.

III. 구원에 대한 소망(3:1–66)
B. 심판에 대한 묵상(3:25–39)

2. 희망을 동반한 하나님의 징계(3:31–39)

31 (כ) 이는 주께서 영원하도록 버리지 아니하실 것임이며
32 그가 비록 근심하게 하시나
그의 풍부한 인자하심에 따라 긍휼히 여기실 것임이라
33 주께서 인생으로 고생하게 하시며
근심하게 하심은 본심이 아니시로다
34 (ל) 세상에 있는 모든 갇힌 자들을 발로 밟는 것과
35 지존자의 얼굴 앞에서
사람의 재판을 굽게 하는 것과

36 사람의 송사를 억울하게 하는 것은
다 주께서 기쁘게 보시는 것이 아니로다
37 (מ) 주의 명령이 아니면
누가 이것을 능히 말하여 이루게 할 수 있으랴
38 화와 복이 지존자의 입으로부터 나오지 아니하느냐
39 살아 있는 사람은 자기 죄들 때문에 벌을 받나니
어찌 원망하랴

저자는 본문에서 하나님의 두 가지 성품을 강조한다.

첫째, 하나님은 치료하시는 분이다(31-33절). 하나님은 유다를 영원히 버려두지 않으실 것이며(31절) 그들에게 긍휼을 베푸실 것이다(32절). 사람들이 계속 고통스러워하고 절망하는 것은 하나님의 뜻이 아니다(33절). 선한 것들로 자기 백성의 삶을 채우기를 원하시는 하나님이 이러한 상황을 오랫동안 내버려두실 리 없다. 그러므로 하나님은 분명 주의 백성을 치료하고 회복시키실 것이다. 이러한 확신과 믿음을 가지면 삶에 고통과 아픔이 찾아와도 이겨낼 수 있는 용기와 힘이 생긴다. 하나님과 이스라엘의 특별한 관계를 생각하면 회복에 대한 확신이 더 분명해진다(Berlin).

둘째, 하나님은 공의와 정의에 따라 세상을 운영하시는 분이다(34-39절). 세상에서 일어나는 온갖 불의를 기뻐하지 않으신다(34-36절). 그러므로 사람이 심판을 받는다는 것은 그가 어떤 죄를 지었음을 의미한다(39절). 이것이 욥의 세 친구들이 욥을 죄인으로 몰아가는 논리의 바탕이었다. 안타깝게도 그들은 사람이 당하는 고통에는 이유를 알 수 없는 신비로운 것들도 있다는 사실을 인정하지 않았다. 만일 사람이 심판을 받아 고통을 당한다면, 그 사람은 하나님을 원망할 만한 자격도 없다. 모든 것이 그의 죄 때문에 비롯된 일이기 때문이다.

하나님의 공의와 정의를 논하면서 한 가지 생각해야 할 것은 하나님이 이스라엘과 언약을 맺으신 사실이다. 하나님은 분명 이 언약을 공의롭고 정의롭게 이행하실 것이다. 주의 백성에게는 여기에 소망이 있다. 하나님이 공의와 정의를 생각해서라도 언약을 통해 자기 백성으로 맞이하신 이스라엘을 파괴와 절망 속에 내버려 두실 수 없기 때문이다. 하나님께는 다시 이스라엘을 회복시켜서 자기 백성으로 삼으셔야 할 책임이 있다. 하나님의 공의와 정의가 이스라엘의 회복을 기대하는 근거가 되는 것이다.

C. 용서와 구원에 대한 간구(3:40-66)

지금까지 저자는 예루살렘에 임한 심판에 대해 최대한으로 긍정적으로 생각해보려고 노력했다. 모든 재앙이 끝나면 분명 좋은 날이 올 것이며, 하나님의 심판은 장기적인 안목에서 이스라엘에게 큰 은혜가 될 것이라는 등 여러 가지로 희망을 노래했다. 그러나 그는 다시 한계에 부딪힌다. 유다가 당면한 현실로 눈을 돌리니 절망감이 그를 엄습한 것이다. 그래서 나름 소망적인 노래를 부르던 내레이터가 다시 애가를 부르기 시작한다. 본문은 다음과 같이 두 부분으로 구분된다.

A. 고백과 회개(3:40-48)
B. 구원에 대한 호소(3:49-66)

III. 구원에 대한 소망(3:1-66)
C. 용서와 구원에 대한 간구(3:40-66)

1. 고백과 회개(3:40-48)

40 (נ) 우리가 스스로 우리의 행위들을 조사하고
여호와께로 돌아가자
41 우리의 마음과 손을 아울러
하늘에 계신 하나님께 들자
42 우리의 범죄함과 우리의 반역함을
주께서 사하지 아니하시고
43 (ס) 진노로 자신을 가리시고
우리를 추격하시며 죽이시고
긍휼을 베풀지 아니하셨나이다
44 주께서 구름으로 자신을 가리사
기도가 상달되지 못하게 하시고
45 우리를 뭇 나라 가운데에서
쓰레기와 폐물로 삼으셨으므로
46 (פ) 우리의 모든 원수들이 우리를 향하여
그들의 입을 크게 벌렸나이다
47 두려움과 함정과 파멸과 멸망이
우리에게 임하였도다
48 딸 내 백성의 파멸로 말미암아
내 눈에는 눈물이 시내처럼 흐르도다

내레이터는 지금까지 개인적인 관심사와 감정에 초점을 두어 스피치를 진행해왔다. 그는 유다가 경험하고 있는 모든 재앙이 하나님께로부터 왔지만, 아직도 소망은 있다고 했다. 하나님의 신실하심과 자비하심이 결코 주의 백성을 영원히 내버려 두지 않을 것이라는 확신과 믿음을 주었기 때문이다. 그러나 세월이 흐른다고 해서 하나님의 은총이 자연적으로 오는 것은 아니다. 주의 백성이 회개하고 주님께 돌아와야만 용서와 회복이 가능하다.

그러므로 저자는 유다 사람들에게 회개하라고 권면한다. 저자는 이스라엘 사람들에게 이 재앙을 견뎌내고 생존할 수 있는 지혜를 주고 있다. 하나님께 회개하고 돌아오는 것이 그들을 살릴 수 있는 지혜라는 사실을 강조하기 위해 저자는 지혜 문헌에서 자주 사용되는 '조사하다'의 의미를 지닌 두 동사(חקר와 חפשׂ; cf. 잠 2:4; 20:27; 욥 5:27; 28:3, 27)를 사용해 이 섹션을 시작한다(40절; cf. Westermann; Berlin).

저자는 고난을 당하고 있는 사람들에게 제3자의 입장에서 권유하는 것이 아니다. 저자는 고통당하고 있는 유다 사람 중 한 사람으로 이렇게 제안하고 있다. 이런 사실을 강조하기 위해 그동안 1인칭 단수 '나'로 노래를 불러왔던 내레이터가 본문에서는 1인칭 복수 '우리'의 입장에서 노래를 한다(40-47절; cf. Berlin). 회개를 권면하는 저자의 마음은 어느 정도의 불안감과 불확실성으로 흔들리고 있다. 유다가 경험하고 있는 고통이 너무나도 혹독해서 하나님의 용서와 회복에 대한 확신이 조금 흔들리고 있는 것이다.

내레이터는 하나님의 심판을 받아 고통 속에 있는 백성들에게 지난날 저지른 죄를 생각하고 하나님께 돌아가자고 호소한다(40절). 하나님을 원망하는 것은 문제의 해결책이 아니니, 원망을 회개와 기도로 바꾸자는 것이다. 그런데 이스라엘은 어떤 죄로 하나님의 벌을 받고 있는가? 저자가 구체적으로 밝히지 않지만, 선지자들의 전통적인 가르침을 근거로 생각해보면 우상숭배와 도덕적으로 부패한 사회가 가장 큰 문제였다(O'Connor). 저자는 이 죄를 회개하기 위해 마음과 손을 하나님께 들자고 하는데(41절), 하늘을 향해 손을 드는 것은 기도하는 모습이다(NIDOTTE). 온 마음을 다해 회개의 기도를 드리자는 의미다.

백성에게 여호와께 돌아가자고 호소한 저자는 42-47절에서 이렇게 기도하라며 하나님께 드려야 할 기도의 내용도 제안한다(Provan). 그가 제안하는 기도는 매우 비관적이며 절망적이다. 하나님은 이스라엘의 반역을 용서하지 않고(42절), 범죄한 주의 백성을 추적해 죽이신다(43절). 심지어 백성의 기도를 듣지 않으려고 구름으로 자신을 가리셨다(44절). 백성의 기도가 하나님께 상달되는 것을 구름이 막고 있는 것이다.

하나님께 버림받은 백성은 결국 열방 중에 쓰레기와 오물 신세가 되었다(45절). 한때는 세상의 선망이었던 나라, 여호와께서 보호하시던 나라가 버림을 받으니 열방도 그들을 학대하고 세상에서 없애버리려고 달려든다(46-47절). 저자는 이 같은 내용을 바탕으로 하나님께 기도하라고 권면한다. 이스라엘이 처한 정황을 최대한 절박하게 묘사해 하나님의 자비와 긍휼을 구하라는 취지에서다.

이어 내레이터는 다시 개인적인 감정을 묘사한다(48-49절). 주님의 심판을 받아 멸망에 이른 백성을 생각할 때마다 눈에서 눈물이 멈출 줄 모른다. 저자는 개인적인 고통을 아파하는 것이 아니라, 백성이 당면한 어려움으로 인해 눈물짓는다. 어느덧 그는 고통받는 백성의 일원이 되어 있다.

III. 구원에 대한 소망(3:1-66)
C. 용서와 구원에 대한 간구(3:40-66)

2. 구원에 대한 호소(3:49-66)

49 (ע) 내 눈에 흐르는 눈물이
그치지 아니하고 쉬지 아니함이여
50 여호와께서 하늘에서 살피시고
돌아보실 때까지니라
51 나의 성읍의 모든 여자들을 내 눈으로 보니

내 심령이 상하는도다

52 (צ) 나의 원수들이 이유 없이

나를 새처럼 사냥하는도다

53 그들이 내 생명을 끊으려고

나를 구덩이에 넣고 그 위에 돌을 던짐이여

54 물이 내 머리 위로 넘치니

내가 스스로 이르기를 이제는 멸절되었다 하도다

55 (ק) 여호와여 내가 심히 깊은 구덩이에서

주의 이름을 불렀나이다

56 주께서 이미 나의 음성을 들으셨사오니

이제 나의 탄식과 부르짖음에 주의 귀를 가리지 마옵소서

57 내가 주께 아뢴 날에 주께서 내게 가까이 하여 이르시되

두려워하지 말라 하셨나이다

58 (ר) 주여 주께서 내 심령의 원통함을 풀어주셨고

내 생명을 속량하셨나이다

59 여호와여 나의 억울함을 보셨사오니

나를 위하여 원통함을 풀어주옵소서

60 그들이 내게 보복하며

나를 모해함을 주께서 다 보셨나이다

61 (שׁ) 여호와여 그들이 나를 비방하며

나를 모해하는 모든 것

62 곧 일어나 나를 치는 자들의 입술에서 나오는 것들과

종일 나를 모해하는 것들을 들으셨나이다

63 그들이 앉으나 서나 나를 조롱하여

노래하는 것을 주목하여 보옵소서

64 (ת) 여호와여 주께서 그들의 손이 행한 대로

그들에게 보응하사

[65] 그들에게 거만한 마음을 주시고
그들에게 저주를 내리소서
[66] 주께서 진노로 그들을 뒤쫓으사
여호와의 하늘 아래에서 멸하소서

내레이터는 하늘에 계신 하나님이 주의 백성의 기도를 듣고 그들을 돌아보실 때까지 눈물을 멈추지 않을 것이라고 다짐한다(49–50절). 예루살렘이 처한 상황을 생각해보면 하나님 앞에 용서해달라고 통곡하는 일밖에는 할 수 있는 일이 없기 때문이다. 저자는 전쟁과 기근으로 남편을 잃은 여인들로 가득 차 있는 성읍을 볼 때마다 마음이 아프다(51절). 그들을 보면 더욱더 하나님께 기도해야 한다는 생각이 든다.

가뜩이나 아파하는 사람을 원수들은 가만히 두려고 하지 않는다. 그들은 내레이터를 새를 사냥하듯이 사냥한다(52절).[8] 그들은 사로잡은 저자를 죽이기 위해 구덩이(물탱크)에 밀어넣고 위에 돌을 덮는다(53절). 마른 구덩이는 사람을 감금할 때 자주 사용되었던 일종의 감옥이었다. 저자는 죽음과 감금(포로 생활) 사이를 오가고 있다(Berlin). 그는 살기 위해서 안간힘을 써보지만, 구덩이의 물에 떠 있는 것만도 버겁다. 원수들은 구덩이의 입구를 큰 돌로 막는다. 탈출을 예방하기 위해서다(Provan). 결국 그는 모든 것을 체념하고 가라앉기 시작한다(54절). 죽어가면서 하나님께 억울함을 헤아려달라고 호소한다(55–56, 58–62절). 예전에 하나님을 뵈었을 때 주께서 두려워하지 말라고 하셨던 말씀을 의지해 하나님께 아뢰었다(57절). 사람들의 조롱거리가 된 내레이터는(63절) 오직 주만 의지할 뿐이다. 주께서 그의 억울함을 헤아리고 그를 미워하는 원수들에게 저주를 내려 그들을 멸해 주시기를 간곡히 바랄 뿐이다(64–66절).

---

8 많은 학자들이 52–66절에서 사용되는 동사들이 과거에 있었던 일을 회고하는 것으로 간주한다(cf. Hillers). 그러나 내레이터가 당면한 현재의 경험을 묘사하고 있는 것으로 보는 것이 바람직하다(Hillers; Provan; Berlin).

예레미야애가 1-4장의 각 장이 모두 보복을 구하는 것으로 마무리되지만 이 노래가 하나님께 보복을 구하는 이유는 다른 장들과 다르다. 다른 노래들은 피해를 입은 자들의 입장에서 보복을 바라지만, 이 노래에서는 하나님의 공의와 정의를 근거로 보복을 구한다(Berlin). 이스라엘과 그들을 친 원수들은 별로 다르지 않다. 창조주 하나님 앞에서 죄인이기는 마찬가지다. 그러므로 이스라엘이 지은 죄로 벌을 받았다면, 그들을 친 원수들도 당연히 창조주의 심판을 받아야 한다는 원리로 보복을 구하고 있다.

본문이 주님의 구원을 경험한 이야기로 끝나지 않는 것으로 보아 결국 그는 죽음을 맞았다. 이 모든 것이 실제로 있었던 일은 아니고 비유적인 언어다. 저자는 자신이 경험한 어려움을 예술로 승화시킨 것이다. 또한 저자는 자신의 경험을 통해 이스라엘을 대표하고 있다. 그가 본문에서 회고하는 이야기는 곧 이방인들의 조롱거리가 되고, 그들의 손에 죽어 간 이스라엘의 이야기다.

IV. 포위에서 비롯된 백성의 슬픔
(4:1-22)

희망의 노래를 부르려고 안간힘을 썼던 내레이터가(cf. 3장) 다시 슬픈 노래를 부른다. 책을 구성하고 있는 다섯 노래 중 네 번째 노래인 본문 역시 1-2장처럼 '슬프다/아이고'(אֵיכָה)로 시작하는 전형적인 애가다(cf. 1절). 처음 두 노래는 조금이나마 소망을 지닌 사람들의 애가였다면, 이 애가는 그나마 그 소망을 유지하는 것에 지쳐버린 사람의 애가다(O'Connor). 인간의 경험 중 가장 낮은 곳까지 내려간 사람들의 절망의 노래다(Dobbs-Allsopp). 한 가지 인상적인 것은 저자는 끝(22절)에 가서는 새로운 소망을 다시 품게 된다는 사실이다. 더 이상 내려갈 수 없는 데까지 내려갔기 때문에 더 이상 절망할 수 없게 된 것일까? 처음 세 노래에서처럼 이 노래에서도 우리는 두 음성을 듣는다. 내레이터(1-16절)—예루살렘 사람들(17-20절)—내레이터(21-22절).

책의 네 번째 노래를 구성하고 있는 본문은 다른 노래들에 비해 상대적으로 짧다. 지금까지 저자가 부른 노래의 각 시구(stanza)가 세 줄로 구성되어 있었던 것과는 대조적으로 이 노래에서는 각각 두 줄로 구성되어 있다. 또한 이전 세 노래에서는 하나님께 드리는 기도가 포함되었던 것에 반해, 이 노래에는 하나님께 드리는 기도가 없다. 본문에서 하나님은 3인칭으로 언급될 뿐이며 기도나 탄식의 직접적인 대상이 아니다.

이 노래가 하나님의 구원에 대한 확신으로 마무리되는 것도(22절), 지금까지 접한 세 노래와 다르다. 그러므로 본문을 처음 세 노래와 연결해 생각해보면 내레이터는 처음 세 노래에서 하고 싶은 말은 거의 다 했기 때문에 말을 아끼는 것처럼 생각된다(Provan). 말을 아끼는 저자의 모습은 마치 모든 것을 체념했기에 부르던 노래를 빨리 마치려고 서두르는 사람처럼 보일 수도 있다(cf. O'Connor).

이 노래는 새로운 이야기를 회고하는 데 목적이 있지 않다. 마치 1-3장에서 이미 언급한 것들을 요약해 놓는 듯한 느낌을 받는다(cf. Dobbs-Allsopp). 아마도 다음 장(5장)에서 생존자들의 '우리' 음성을 들려주기 위한 준비 과정으로 보인다. 앞부분을 요약해 정리하고 다음 노래의 시작을 준비하는 이 노래는 중간(transition) 역할을 충실히 하는 노래다(Dobbs-Allsopp). 처음 세 노래에서는 하나님이 기도를 듣지 않으신다는 절망적인 분위기가 압도적이었지만, 이 노래에서는 하나님이 그동안 내레이터와 유다 사람들이 드린 기도를 들으셨다는 확신이 어느 정도는 생긴 것으로 보인다. 그래서 책에서는 처음으로 머지않아 하나님의 구원이 이스라엘에 임할 것이라는 기대감으로 마무리되고 있다. 이 노래는 다음과 같이 두 부분으로 구분될 수 있다.

A. 포위된 예루살렘(4:1-20)
B. 소망과 확신(4:21-22)

IV. 포위에서 비롯된 백성의 슬픔(4:1-22)

A. 포위된 예루살렘(4:1-20)

본문의 핵심 테마는 수모(degradation)다(Berlin). 유다가 지녔던 모든 아름다움과 위상이 한순간에 훼손되고 추락했다. 고귀한 가치들은 쓸모없어진 지 오래다. 진귀한 보석처럼 여겨졌던 사람들도 버려진 항아리 조각 취급을 받는다(1-2절). 주의 백성에게 수모는 포위와 기근 두 가지를 통해 임했다. 예루살렘은 적들의 손에 포위되어 오랜 세월을 보냈다. 포위된 성안에서는 먹을 것이 떨어져 사람들이 굶어 죽었다. 결국 부자들도 거리에서 쓰레기를 뒤지며(5절), 산호와 청옥같이 빛나던 지도자들은 가죽이 뼈들에 붙어 막대기같이 말랐다(7-8절). 이스라엘은 건국 이래 최고의 수모와 수치를 당하고 있다.

저자는 바로 앞 노래(3장)에서 개인적인 관점에서 지켜본 유다의 환란을 묘사했다. 이 노래에서는 공동체적인 관점에서 예루살렘이 침략자들에게 포위된 상황을 묘사한다. 적들에게 포위된 채로 오랜 시간을 지내며 굶주린 유다의 모습은 절박하다. "젖먹이가 목말라서 혀가 입천장에 붙음이여 어린아이들이 떡을 구하나 떼어줄 사람이 없도다"(4절); "그들의 얼굴이 숯보다 검고 그들의 가죽이 뼈들에 붙어 막대기같이 말랐으니"(8절); "우리가 헛되이 도움을 바라므로 우리의 눈이 상함이여 우리를 구원하지 못할 나라를 바라보고 바라보았도다"(17절).

이러한 상황을 지켜보는 내레이터의 마음이 너무 아프다. 자신의 감정이 더 이상 이입되면 견딜 수 없을 것 같다. 이 어려움을 해결하기 위해 저자는 예루살렘의 고통과 자신 사이에 거리감을 두려고 한다. 그러므로 앞 노래에서는 1인칭으로 노래를 불렀지만, 본문에서는 3인칭을 사용해 이야기를 이어간다. 어느 정도의 거리감을 유지하고 있기에 겨우 노래를 이어갈 수 있었던 것이다(cf. Berlin). 본문은 다음과 같이 구분될 수 있다.

A. 포위 결과(4:1-10)
B. 포위된 이유(4:11-16)
C. 체념(4:17-20)

IV. 포위에서 비롯된 백성의 슬픔(4:1-22)
A. 포위된 예루살렘(4:1-20)

1. 포위 결과(4:1-10)

1 (א) 슬프다 어찌 그리 금이 빛을 잃고 순금이 변질하였으며
성소의 돌들이 거리 어귀마다 쏟아졌는고
2 (ב) 순금에 비할 만큼 보배로운 시온의 아들들이
어찌 그리 토기장이가 만든 질항아리같이 여김이 되었는고
3 (ג) 들개들도 젖을 주어 그들의 새끼를 먹이나
딸 내 백성은 잔인하여 마치 광야의 타조 같도다
4 (ד) 젖먹이가 목말라서 혀가 입천장에 붙음이여
어린아이들이 떡을 구하나 떼어줄 사람이 없도다
5 (ה) 맛있는 음식을 먹던 자들이 외롭게 거리거리에 있으며
이전에는 붉은 옷을 입고 자라난 자들이 이제는 거름 더미를 안았도다
6 (ו) 전에 소돔이 사람의 손을 대지 아니하였는데도 순식간에 무너지더니
이제는 딸 내 백성의 죄가 소돔의 죄악보다 무겁도다
7 (ז) 전에는 존귀한 자들의 몸이 눈보다 깨끗하고 젖보다 희며
산호들보다 붉어 그들의 윤택함이 갈아서 빛낸 청옥 같더니
8 (ח) 이제는 그들의 얼굴이 숯보다 검고 그들의 가죽이 뼈들에 붙어
막대기같이 말랐으니 어느 거리에서든지 알아볼 사람이 없도다
9 (ט) 칼에 죽은 자들이 주려 죽은 자들보다 나음은
토지소산이 끊어지므로 그들은 찔림 받은 자들처럼 점점 쇠약하여감이로다
10 (י) 딸 내 백성이 멸망할 때에 자비로운 부녀들이
자기들의 손으로 자기들의 자녀들을 삶아 먹었도다

지금까지 예루살렘 멸망과 성전 파괴를 기정사실로 여기며 진행해 왔던 내레이터가 잠시 과거로 눈을 돌린다. 예루살렘이 함락되기 바로

전, 곧 바빌론 군이 도성을 에워싼 시대에 굶주림으로 인해 성안에서 빚어진 비극적인 일들을 회고한다. 기록에 의하면 주전 586년에 예루살렘이 함락될 때까지 바빌론 사람들은 1년 반 동안 성을 포위하고 대치 상태를 유지했다. 물론 아무에게도 포위된 예루살렘의 출입을 허락하지 않았다.

예루살렘처럼 많은 사람들이 모여 사는 성은 거의 매일 물자가 외부에서 조달되어야 한다. 아마도 1주일만 외부와의 왕래가 끊어지면 성안에 사는 사람들의 식량 구입이 어려워질 것이다. 게다가 바빌론 군의 침략 소식을 듣고 성 주변에 살던 사람들 중 상당수가 예루살렘으로 피신했을 것이다. 이런 정황에서 포위가 1년 이상 지속되었다는 것은 곧 예루살렘에 굶주림과 전염병이 창궐했음을 의미한다.

저자는 굶주린 사람들의 흉측한 모습을 묘사하는 것으로 노래를 시작한다(1-2절). 한때는 순금만큼이나 고귀했던 사람들, 특히 어린아이들이 질그릇 조각처럼 비천한 대접을 받는다(3절). 죄 없는 아이들의 고난을 중심으로 구성된 2-4절은 애가에서 가장 충격적이고 안타까운 이야기다(O'Connor).

전에는 '성소의 돌들'처럼 귀한 대접을 받던 사람들이 마치 거리에 나뒹구는 돌처럼 푸대접을 받는다(1절). 개역개정이 '성소의 돌들'로 번역하고 있는 히브리어 문구(אַבְנֵי־קֹדֶשׁ)의 의미가 '성전에 소장된 보석들'로 해석되기도 하지만(cf. Provan), 이 문구를 성전과 연관하지 않고 단순히 '거룩한 돌들'(보석들)로 번역하는 것이 바람직하다(NIV; TNK; NAS; NRS). 저자가 강조하는 것은 언급하고 있는 물건들의 가치가 변했다는 것이 아니라, 존귀하게 여겨졌던 것들이 내팽개쳐진다는 뜻이다(Berlin). 사람들이 굶어 죽어가고 있는데 보석이 무슨 의미가 있냐는 취지다. 이스라엘 사람들의 가치가 추락해 쓰레기 취급을 받는 시대가 되었다는 것이다. 먹을 식량과 마실 물이 바닥난 도성에서 가장 가치가 없는 것이 바로 사람이 아니겠는가!

한때는 금처럼 빛나던 사람들이 빛을 잃었다(1절). 한 주석가는 금은 빛을 잃을 수 없다면서 본문을 수정할 것을 제안하는데(Hillers), 이것은 비유이기 때문에 그럴 필요가 없다. 마치 절대 짠맛을 잃을 수 없는 소금이 짠맛을 상실한 것처럼 말이다(마 5:13). 오히려 빛을 잃은 금이 저자가 전달하고자 하는 메시지를 잘 표현하고 있는 듯하다. 상식적으로 불가능한 일이 일어났다는 것이다. 원래 이스라엘은 하나님의 복을 누리며 존귀하고 빛나는 금과 같은 존재였는데, 그들의 죄로 인하여 금이 빛을 잃는 것처럼 도저히 있을 수 없는 일이 임했다는 것이다. 혹은 금이 묻은 먼지, 흙 등으로 인해 빛을 잃었다는 의미로 풀이할 수도 있다(Berlin).

예루살렘의 상황이 얼마나 절박한지 사람들이 짐승보다도 못한 존재로 몰락했다(3-4절). 들개(= 승냥이; jackal)들도 새끼들에게 젖을 먹이고 보호하는데, 예루살렘 사람들은 그렇게 하지 못한다. 엄마가 먹지 못해 젖이 말랐다(4절). 더 나아가 그들은 자식들 대하기를 타조가 새끼를 대하듯 잔인하게 대한다(3절). 타조들은 품던 알을 버리는 동물로 알려져 있다(욥 38:13-17). 또한 짝짓기 철이 되면 키우던 새끼들을 방치하거나 그룹에서 아예 추방한다고 한다(Provan). 저자는 이점을 염두에 두고 그들이 타조처럼 잔인해졌다고 말한다. 정상적인 상황에서 아이들은 추가적인 노동력이었기 때문에 환영받는 존재였다(Berlin). 그러나 성이 포위된 상황에서는 짐만 될 뿐이다. 자기 몸도 추스르기가 어렵다고 생각한 부모들이 자식들을 쓰레기 버리듯이 버리고 있다.

평상시에는 귀한 음식만 먹던 사람들(viz., 귀족과 상류층)이 거리에서 구걸을 하고 먹을 것을 찾기 위해 쓰레기 더미를 뒤진다(5절). 전에는 좋은 옷을 입고 얼굴에서 광채가 나던 자들이 굶주림으로 얼굴이 숯처럼 검고 살가죽이 뼈에 들어붙은 몰골을 하고 거리를 횡보한다(7-8절). 귀족들의 몰골이 얼마나 변했는지 알아보는 사람도 없다. 예루살렘 사람들이 소돔과 고모라보다 더 많고 심각한 죄를 지었기 때문이다(6절).

내레이터는 살아 있는 사람들이 이미 칼에 맞아 죽은 사람들을 부러워한다고 말한다(9절). 먹을 것은 동이 났고, 상황은 변하지 않으니 생존자들은 굶주림으로 고통을 당하다가 결국 죽게 될 것이라고 생각한다. 이러한 상황이니 생존자들이 이미 죽은 자들을, 그것도 굶주림의 고통을 경험하지 않고 죽은 사람들을 부러워하는 것은 가능한 일이다. 세월이 얼마나 악한지 생명보다 죽음이 더 아름답게 보이는 것이다.

저자는 가장 충격적인 이야기로 이 섹션을 마무리한다. 평상시에는 자식들을 사랑하고 보살피던 어머니들이 자식들을 잡아먹고 있다!(10절). 굶주림에 눈이 뒤집혀 인간의 가장 기본적인 본질인 모성(母性)에 역행하는 일을 하고 있는 것이다. 굶주림은 존엄성을 잃게 할 뿐만 아니라 인간을 정의하는 가장 기본적인 가치들을 버리게 한다. 부모가 자식의 살코기를 먹는 것은 이미 모세를 통해 하나님이 경고하신 언약의 저주다(cf. 신 28:53). 이 모든 일이 주의 백성이 하나님의 말씀에 순종하지 않았기 때문에 빚어졌다.

IV. 포위에서 비롯된 백성의 슬픔(4:1–22)
A. 포위된 예루살렘(4:1–20)

2. 포위된 이유(4:11–16)

[11] (כ) 여호와께서 그의 분을 내시며
그의 맹렬한 진노를 쏟으심이여
시온에 불을 지르사 그 터를 사르셨도다
[12] (ל) 대적과 원수가 예루살렘 성문으로 들어갈 줄은
세상의 모든 왕들과 천하 모든 백성이 믿지 못하였었도다
[13] (מ) 그의 선지자들의 죄들과 제사장들의 죄악들 때문이니
그들이 성읍 안에서 의인들의 피를 흘렸도다
[14] (נ) 그들이 거리거리에서 맹인같이 방황함이여

그들의 옷들이 피에 더러워졌으므로 그들이 만질 수 없도다
15 (ㅁ) 사람들이 그들에게 외쳐 이르기를
저리 가라 부정하다, 저리 가라, 저리 가라, 만지지 말라 하였음이여
그들이 도망하여 방황할 때에 이방인들이 말하기를
그들이 다시는 여기서 살지 못하리라 하였도다
16 (ㅍ) 여호와께서 노하여 그들을 흩으시고
다시는 돌보지 아니하시리니
그들이 제사장들을 높이지 아니하였으며
장로들을 대접하지 아니하였음이로다

이 노래가 시작된 이후 지금까지 포위된 예루살렘 성안에 전개되었던 처절한 상황을 회고한 저자는 본문에서 왜 이런 일이 일어나게 되었는가에 대해 설명하기 시작한다. 재앙에 대한 이유를 설명하는 본문은 자연스럽게 신학적인 묵상으로, 노래가 시작된 이후 처음으로 하나님에 대해 언급한다. 하나님이 예루살렘이 경험하는 모든 재앙의 근원이시기 때문이다.

예루살렘이 적에게 포위되어 외부와 고립되고 온갖 환란을 당하는 것은 하나님이 분노하셨기 때문이다(11절). 하나님은 이스라엘을 대적들의 손에 넘겨서 그들이 예루살렘을 함락시키고 입성하도록 허락하셨다(12절). 하나님이 원수들에게 자기 도성을 넘기신 것은 세상 그 누구도 상상할 수 없는 충격적인 일이었다. 하나님은 왜 이렇게 하셨는가?

저자가 제일 먼저 예루살렘 멸망의 이유로 제시하는 것은 제사장들과 선지자들의 죄악이다(13절). 저자는 선지자와 제사장들이 의로운 사람들을 살해했다고 말한다. 이런 표현을 문자적으로 해석하기보다는(cf. Provan) 해야 할 일을 제대로 하지 않아(viz., 다가오는 심판과 멸망을 알려주지 않아) 그들을 하나님의 대언자로 믿고 의지하던 사람들을 많이 죽게 했다는 것으로 이해하는 것이 바람직하다. 선지자와 제사장들은

하나님의 말씀을 가르치는 사명을 받았다. 그들이 제대로 가르치지 않아서 이런 일이 벌어졌다. 이스라엘의 가장 큰 문제는 종교적인 죄였다. 무지함은 죽음에 이르게 한다.

내레이터는 맹인들처럼 거리를 헤매는 자들의 부정함도 예루살렘의 멸망을 초래한 이유로 지목한다(14-15절). 그런데 저자는 누구를 두고 맹인들처럼 거리를 헤매는 자들이라 하는가? 크게 세 가지 가능성이 있다.

첫째, 바로 앞에서 언급한 제사장들과 선지자들이다(Berlin). 이렇게 해석할 경우 14-15절은, 이 종교 지도자들에게 속았다는 사실을 깨달은 백성이 그들을 부정한 사람 취급하는 것으로 해석될 수 있다. 문맥을 고려하면 가장 잘 어울리는 해석이다.

둘째, 예루살렘 사람 전체를 의미한다(Hillers; Provan). 이 해석에 따르면 백성 모두가 맹인처럼 방황하다가 부정해진다. 그러나 만일 '그들'이 예루살렘에 갇혀 있는 모든 사람이라면, 15절을 설명하기가 쉽지 않다. 사람들이 부정해진 '그들'을 보고 가까이 오지 말라고 야단치기 때문이다.

셋째, 위에서 언급한 종교적 지도자들을 제외한 사회적 지도자 모두를 두고 하는 말이다(새번역; 현대인). 16절에서 제사장들과 장로들을 함께 언급하는데, 앞에서는 제사장들만을 언급한 것으로 보아, 이 해석이 가장 가능성이 있어 보인다. 선지자들은 리더십을 비난할 때 보통 종교적인 리더십과 사회적인 리더십을 비난한다. 본문에서는 종교적인 리더십만 비난했기 때문에 사회적인 리더십을 비난할 차례가 되었다. 또한 사람들이 그들을 속였다고 생각하는 사회의 지도층을 부정한 사람처럼 취급하는 15절과도 잘 어울린다.

예루살렘을 몰락하게 만든 지도자들은 그들을 정복한 이방인들에게도 환영받지 못한다. 정복자들은 그들을 성에서 모두 내쫓는다(15절). 이러한 상황을 지켜보던 하나님은 온 백성을 흩으신다(16절). 그들이 제사장들과 장로들을 귀하게 여기지 않았기 때문이다. 이 부분이 앞의 내용과 잘 어울리지 않는다. 앞에서 제사장들과 지도자들의 잘못된 리더십을 책망했기 때문이다. 아마도 저자는 지도자들의 잘못이 크지만, 종교적—사회적 지도자들의 말을 귀담아듣지 않은 백성에게도 죄가 있음을 이렇게 표현하는 것 같다.

IV. 포위에서 비롯된 백성의 슬픔(4:1–22) A. 포위된 예루살렘(4:1–20)

3. 체념(4:17–20)

17 (ע) 우리가 헛되이 도움을 바라므로 우리의 눈이 상함이여
우리를 구원하지 못할 나라를 바라보고 바라보았도다
18 (צ) 그들이 우리의 걸음을 엿보니 우리가 거리마다 다 다닐 수 없음이여
우리의 끝이 가깝고 우리의 날들이 다하였으며 우리의 종말이 이르렀도다
19 (ק) 우리를 뒤쫓는 자들이 하늘의 독수리들보다 빠름이여
산꼭대기까지도 뒤쫓으며 광야에서도 우리를 잡으려고 매복하였도다
20 (ר) 우리의 콧김 곧 여호와께서 기름 부으신 자가 그들의 함정에 빠졌음이여
우리가 그를 가리키며 전에 이르기를
우리가 그의 그늘 아래에서 이방인들 중에 살겠다 하던 자로다

노래를 부르는 음성이 1인칭 복수로 바뀌고 있다. 예루살렘의 최후를 지켜본 생존자들의 음성이다(Berlin; cf. 왕하 25장). 포위된 상황에서 생존자들은 혹시 다른 나라가 도와주지 않을까 기대했다(17절). 에돔은 애가가 유일하게 밝히는 나라였다(cf. 21절). 그래서 유다가 에돔의 도움을 기대했다고 해석하는 주석가가 있지만(Provan), 당시 상황을 고려하면 그들은 이집트의 도움을 바랐을 것이다(Hillers; Huey). 이집트와 바빌론은 두 왕국의 중간에 위치한 전략적인 지역이었다. 두 나라는 이 완

충 지역에 영향력을 행사하려고 무던히도 노력했다. 그래서 예루살렘 정계는 항상 친바빌론파와 친이집트파의 견제와 세력 다툼이 끊이지 않았다. 이런 상황에서 바빌론이 왕으로 세운 시드기야는 '바빌론에 반역하면 도와주겠다'는 이집트의 말을 믿고 주전 587년 초에 반역한 것이다. 문제는 본문이 회고하는 것처럼 이집트는 유다를 돕지 못했다.

예루살렘이 함락된 상황에서 유다 사람들의 일거수일투족은 바빌론 사람들에게 철저한 감시를 받았다(18절). 억압과 통제와 감시는 계속되었기 때문에 숨이 막힐 지경이다. 결국 백성은 종말에 이르렀다고 절망한다(18절). 그렇다면 도망하면 되지 않는가? 감시와 통제가 삼엄할 뿐만 아니라, 그들을 제압하고 있는 바빌론 군대는 독수리보다 더 민첩함으로 끝까지 그들을 쫓을 것이 확실하다(19절). 또한 곳곳에 매복해 이탈자들을 잡아내고 있다.

유다의 마지막 왕이었던 시드기야는 어떻게 되었는가? 그는 함정에 빠졌다(20절). 그가 바빌론 사람들에게 잡혔다는 것을 의미한다. 기록에 의하면 시드기야는 예루살렘이 함락될 때 몇 명의 부하들을 데리고 야밤에 성을 탈출했다. 그는 아라바 쪽으로 가고자 요단 계곡 쪽으로 도주했지만, 여리고 성 근처에서 잡혔다. 그는 리블라로 이송되었고 느부갓네살은 시드기야가 지켜보는 앞에서 그의 아들들을 죽였다. 그러고는 시드기야의 눈알을 뽑아 맹인으로 만들어 바빌론으로 이송했다. 저자는 생존자들이 이방 나라로 끌려가 그와 함께 살게 되었다고 한다(20절).

IV. 포위에서 비롯된 백성의 슬픔(4:1-22)

B. 소망과 확신(4:21-22)

21 (ש) 우스 땅에 사는 딸 에돔아 즐거워하며 기뻐하라

잔이 네게도 이를지니 네가 취하여 벌거벗으리라
22 (ת) 딸 시온아 네 죄악의 형벌이 다하였으니
주께서 다시는 너로 사로잡혀 가지 아니하게 하시리로다
딸 에돔아 주께서 네 죄악을 벌하시며 네 허물을 드러내시리로다

예루살렘 함락의 마지막 순간을 회고했던 내레이터가 에돔에 대한 비난으로 노래를 마무리한다. 저자는 이 순간 에돔이 예루살렘의 멸망을 기뻐하지만, 언젠가는 그들도 하나님의 심판을 받아 이스라엘처럼 멸망할 날이 올 것이라고 경고한다. '딸 에돔'(בַּת־אֱדוֹם; 21절)은 저자가 그 동안 예루살렘을 불렀던 호칭 '딸 시온'(בַּת־צִיּוֹן)과 흡사한 표현이다. 저자는 이제까지 시온이 당한 고통에 버금가는 고통을 에돔이 당하게 될 거라고 경고한다(O'Connor; Berlin).

에돔은 하나님이 주시는 진노의 잔을 마시게 될 것이라고 저자는 말한다(21절). 하나님의 진노의 잔은 성경에서 자주 사용되는 비유다(렘 25:15-29; cf. 사 51:17, 22; 렘 49:12; 51:7; 겔 23:31-34; 시 75:9). 사실 다른 민족은 몰라도 에돔은 이스라엘의 멸망을 기뻐해서는 안 된다. 이스라엘과 에돔은 같은 조상(에돔의 조상 에서와 이스라엘의 조상 야곱은 쌍둥이로 이삭의 아들들이었다)을 지닌 형제 나라였기 때문이다.

안타깝게도 에돔에게는 이 같은 역사의식이 없었다. 이스라엘과 에돔의 대립과 갈등은 오랜 세월 동안 지속되었다. 그래서 에돔은 선지자들의 비난 대상으로 자주 등장한다(사 34:5-17; 63:1-6; 겔 25:12-14; 35:3-15; 욜 4:19; 옵; 말 1:2-5). 유다의 최후의 날, 그들은 예루살렘을 공략하는 바빌론 군을 도왔으며, 예루살렘 함락을 그 누구보다도 기뻐했다. 훗날 바빌론에서 이 소식을 들은 한 시편 기자는 주님께 기도하기를 "여호와여 예루살렘이 멸망하던 날을 기억하시고 에돔 자손을 치소서 그들의 말이 헐어버리라 헐어버리라 그 기초까지 헐어버리라 하였나이다"라고 했다(시 137:7). 유다 사람들의 에돔에 대한 서운함은 극

에 달했으며, 그럴 만한 충분한 이유가 있었다.

내레이터는 유다의 회복에 대한 소망으로 이 노래를 마무리한다. "딸 시온아 네 죄악의 형벌이 다하였으니 주께서 다시는 너로 사로잡혀 가지 아니하게 하시리로다"(22절). 대부분 번역본은 이 문장이 언급하고 있는 형벌을 이스라엘이 모두 받아 더 이상 받을 벌이 없는 것으로 해석한다(개역개정; 새번역; 공동; 아가페; TNK; NRS; NAS). 그러나 NIV처럼 "딸 시온아, 너의 벌이 곧 끝날 것이다. 그가 너의 포로 생활을 오래 지속시키지 않으실 것이다"(Your punishment will end, Daughter Zion; he will not prolong your exile)로 번역해야 저자의 의도를 더 정확하게 반영한다(Provan). 드디어 올 것이 왔다. 유다가 수백 년 동안 저지른 죄에 대해 벌을 받았으니 머지않아 좋은 날이 올 것이라는 희망을 이야기한다. 이 책에서 처음이자 마지막으로 확신에 찬 소망이 제시되고 있다(Provan; Berlin).

V. 자비와 구원을 위한 기도 (5:1-22)

지금까지 제시된 네 편의 노래에서는 두 음성이 번갈아가며 노래를 했는데, 애가의 마지막 노래인 본문에서는 1인칭 복수 '우리'라는 한 음성만 들린다. 예루살렘 성의 함락을 지켜본 생존자들이다(O'Connor). 이 노래는 세 번째와 네 번째 노래와는 달리 소망에 대한 기대를 포함하지 않았다. 책의 마지막 노래는 처음부터 끝까지 절망이다. 저자는 이 같은 절망적인 분위기를 지연되고 있는 하나님의 개입에 대한 질문(20절)과 하나님이 영영 주의 백성을 버리셨다는 절망감을 표현하는 질문(22절)으로 책을 마무리한다.

이 노래는 다른 노래들에 비해 제일 짧으며 각 절마다 한 문장으로 이루어져 있다. 이 노래도 다른 노래들처럼 22절로 구성되어 있지만, 알파벳 시는 아니다. 지금까지 모든 히브리어 알파벳을 구성하고 있는 글자의 순서에 따라 노래를 불렀던 저자가 왜 책을 마무리하는 노래에서는 돌연 원칙을 준수하지 않는 것일까? 아마도 이때까지 부른 애가와 드린 기도에도 불구하고 하나님의 반응을 얻지 못한 것에 대한 좌절의 표현일 것이다(Provan).

내레이터는 최대한으로 슬픈 노래를 불러 하나님의 마음을 움직이려

했고, 간절한 기도를 통해 이스라엘의 참담한 현실에 하나님의 개입을 유도했다. 심지어는 마음을 가득 채운 절망을 억누르면서 억지로 소망을 노래해보기도 했다(cf. 3, 4장). 그러나 하나님이 어떤 반응도 보이지 않자 저자는 다시 절망의 구덩이로 들어가 마지막 노래를 부른다. 저자는 혼란스러운 마음과 절망을 묘사하기 위해 지금까지 유지했던 질서(알파벳에 따라 부른 노래)를 모두 파괴하고 혼란과 절망의 노래로 책을 마무리하고 있다.

이런 혼란에 대한 암시는 책의 앞부분에서 세 차례나 발견된다. 첫 번째 노래(1장)는 히브리어 알파벳의 순서를 그대로 따라 진행된다. 그러나 둘째(2장), 셋째(3장), 넷째(4장) 노래는 페(פ)와 아인(ע)의 위치를 의도적으로 바꾸고 있다. 학자들은 히브리어 문서들에서 이 두 글자의 순서가 바뀌는 것이 종종 목격된다는 사실을 지적한다(Cross). 정확한 관찰이다. 그러나 애가처럼 한 사람이 저작한 책에서 서로 다른 알파벳 순서가 사용될 때에는 무언가 메시지가 있는 듯하다. 첫 번째 노래에서 알파벳 순서를 바꾸지 않고 그대로 사용하는 것을 보면 저자가 이 책을 저작한 때에는 히브리어 알파벳의 순서가 이미 확정되었던 것이 확실하다.[9] 그렇다면 왜 나머지 세 노래에서는 이 두 글자의 순서를 바꾼 것일까? 마지막 노래가 제시하고자 하는 혼란과 불안감을 암시하기 위해서일 것이다. 이 노래는 다음과 같이 구분될 수 있다.

A. 공동체의 탄식(5:1-18)
B. 공동체의 구원 호소(5:19-22)

9 2005년에 피츠버그 대학 발굴 팀이 예루살렘에서 남서쪽으로 약 55킬로미터에 위치한 텔 자잇(Tel Zayit)에서 주전 10세기 유물을 발견했다. 일명 '자잇 돌'(Zayit Stone)이라고 불리는 이 돌에는 히브리어 알파벳 22개가 순서에 따라 새겨져 있는데, 이 순서는 오늘날 우리에게 익숙한 히브리어 순서와 같다.

V. 자비와 구원을 위한 기도(5:1-22)

A. 공동체의 탄식(5:1-18)

이 마지막 노래는 애가라기보다는 기도문이다(Berlin). 실제로 일부 헬라어와 라틴어 버전을 포함한 여러 고대 번역본들이 이 노래에 '기도문' 혹은 '선지자 예레미야의 기도'라는 표제를 달아주었다(cf. Hillers; Dobbs-Allsopp). 내용과 성향도 시편에서 자주 등장하는 공동체 탄식 시와 비슷하다(cf. 시 44, 60, 74, 79, 80, 83편). 하나님의 벌을 받아 함락된 예루살렘의 생존자들이 바빌론으로 끌려가며 함께 이 노래를 부르고 있다.

본문의 유일한 음성인 '우리'가 부르는 노래의 핵심은 수치와 수모다. 한때는 당당하고 자유로웠던 백성이 이제는 그들을 억압하는 자들을 의존해야 살 수 있다(4, 6절). 성이 함락될 때 여자들은 강간당했고, 장정들은 죽임당했고, 젊은이들은 모멸적인 일을 하도록 강요당했다(11-13절).

주의 백성이라고 자부하던 이스라엘이 이처럼 치욕적인 삶을 살게 된 것은 그들의 하나님 여호와가 약속을 지키지 않았기 때문이라는 정서가 이 노래의 배경이 되고 있다(Provan). 물론 하나님은 이스라엘을 이렇게 대하신 적이 없다. 그러나 불행에 대해 누군가를 원망하고 싶은 것이 고난을 당하는 사람들의 본능이다. 그들이 하나님에 대한 서운함을 표현하는 것은 당연한 일이다. 본문은 다음과 같이 구분된다.

A. 파괴된 가정(5:1-3)
B. 파괴된 사회(5:4-10)
C. 파괴된 삶(5:11-15)
D. 죄에 대한 고백(5:16-18)

V. 자비와 구원을 위한 기도(5:1-22)
A. 공동체의 탄식(5:1-18)

1. 파괴된 가정(5:1-3)

1 여호와여 우리가 당한 것을 기억하시고
우리가 받은 치욕을 살펴보옵소서
2 우리의 기업이 외인들에게,
우리의 집들도 이방인들에게 돌아갔나이다
3 우리는 아버지 없는 고아들이오며
우리의 어머니는 과부들 같으니

나라는 망했고 자신들은 타국으로 끌려가지만, 생존자들은 끝까지 하나님의 개입에 대한 소망을 버리지 않는다. 그래서 이 마지막 노래를 "주여 우리가 당한 일을 기억하옵소서"라는 말로 탄식을 시작한다(1절). 하나님이 그들을 기억하시면 구원의 은혜가 임할 것을 알기 때문이다. '기억하다'는 잊고 있었던 일을 생각한다는 의미가 아니라, '관심을 가지라' 혹은 '형편을 헤아려달라'는 뜻이다(Berlin).

그동안 저자는 하나님께 여러 차례 유다의 형편을 직접 살펴달라고 간구했다(1:9, 11; 20; 2:20; 3:63). 하나님이 자기 백성이 당하고 있는 치욕과 고통을 보면 분명 개입하실 것이라고 확신했기 때문이다(cf. 출 3:7-10). 세상에 어떤 왕이 자기 백성의 고통과 치욕을 못 본 체하겠는가? 능력이 안 되면 몰라도, 능력이 된다면 왕은 자기 백성을 구원할 것이다. 이스라엘의 왕은 전능하신 분이다. 그러므로 마음만 먹으면 자기 백성을 구하시는 것은 일도 아니다. 사실 이스라엘에게는 이것이 유일한 소망이기도 하다.

하나님이 이스라엘에게 기업으로 주신 땅이 모두 이방인들에게 넘어갔다(2절). 그들이 살던 집들도 모두 침략자들의 소유가 되었다. 이스라엘은 원래 지주로부터 땅을 빌려 경작하는 소작민 같았다. 하나님이 바로 그들이 거하는 땅의 진정한 주인이시기 때문이다. 침략자들이 이스라엘의 땅을 빼앗았다는 것은 곧 하나님의 소유권을 침해한다는 의미다. 이스라엘을 벌하기 위해 하나님이 이방인들을 진노의 막대기로 불러들이신 것은 사실이지만, 그들에게 자기 땅까지 넘길 생각은 하지 않으셨을 것이라는 논리가 이 기도의 배경이다.

침략자들이 이 땅을 착취하는 과정에서 많은 아버지들이 죽었다. 결국 각 가정마다 가장들이 죽어 온 세상이 고아들 천지가 되었다(3절). 남편을 잃은 여자들은 과부로 전락했다. 저자가 이 노래에서 하나님께 호소하는 첫 번째 이유는 파괴된 가정에 있다(Berlin). 가정은 고대 사회를 구성하는 가장 기본적인 요소였다. 그런데 그 기본이 파괴된 것이다. 3절은 유다의 각 가정에 과부와 고아들뿐이라고 말하는데, '고아와 과부'는 구약이 가장 소외되고 힘없는 자들을 묘사할 때 자주 사용하는 표현이다(cf. 출 22:22). 이스라엘이 고아와 과부의 나라가 되었다는 것은 그들의 궁핍과 고난을 효과적으로 설명한다.

V. 자비와 구원을 위한 기도(5:1-22)
A. 공동체의 탄식(5:1-18)

2. 파괴된 사회(5:4-10)

4 우리가 은을 주고 물을 마시며
값을 주고 나무들을 가져오며
5 우리를 뒤쫓는 자들이 우리의 목을 눌렀사오니
우리가 기진하여 쉴 수 없나이다
6 우리가 애굽 사람과 앗수르 사람과 악수하고
양식을 얻어 배불리고자 하였나이다
7 우리의 조상들은 범죄하고 없어졌으며

우리는 그들의 죄악을 담당하였나이다
8 종들이 우리를 지배함이여
그들의 손에서 건져낼 자가 없나이다
9 광야에는 칼이 있으므로
죽기를 무릅써야 양식을 얻사오니
10 굶주림의 열기로 말미암아
우리의 피부가 아궁이처럼 검으니이다

나라를 잃은 백성은 침략자들이 빼앗아간 우물물을 돈을 주고 사야 하며, 자신들의 소유였던 야산에서 생산된 장작개비까지 사서 쓰게 되었다(4절). 물과 장작개비는 일상에서 없어서는 안 될 것들로 공짜 혹은 가장 저렴하게 구할 수 있는 흔한 것들이었다(Huey). 그래서 고대 사회에서는 물 긷는 자와 장작을 패는 자들이 사회의 가장 낮은 계층이었다(Berlin). 그러나 가장 흔했던 물과 나무마저도 품귀 현상이 생겼다. 평상시에 공짜로 구하던 것들을 돈을 주고 사서 써야 한다! 또한 이러한 현상은 침략자들이 물과 장작개비의 유통을 장악했음을 암시한다(Dobbs-Allsopp). 침략자들이 지배하는 세상에 사는 것이 얼마나 힘든지 주의 백성이 '목을 짓눌린 것 같다'고 호소한다(5절). 목을 짓누른다는 것은 숨도 제대로 쉬지 못하도록 하는 것이다. 바빌론 정복자들이 유다 백성을 억압하고 학대하는 것이 매우 심하다는 뜻이다(Renkema).

이어 백성은 자기 죄를 고백한다. 하나님을 의지하고 바라보기보다는 이집트와 아시리아를 의지했다(6절). 이스라엘의 참 왕은 여호와이시다. 따라서 상황이 어려우면 하나님께 아뢰고 도움을 청해야 하는데, 과거에 그들은 위기가 생기면 주변의 강대국에게 도움을 청했다(Hillers). 심지어 예루살렘이 함락되어 바빌론의 포로가 된 이 순간에도 그들은 이집트가 도와줄 것을 기대하고 있다(Provan; Berlin). 결국 그들의 삶에서 이집트와 아시리아가 하나님의 자리를 차지했다. 눈에 보이는 군주들이 눈에 보이지 않는 주인을 대신한 것이다. 이렇게 해서라도 잘 살았으면 좋았을 텐데, 배불리 먹고자 이집트와 아시리아를 의존했건만, 그들은 정작 굶고 있다! 영원하신 하나님이 아니라, 세상의 권세를 의지하면 이렇게 된다.

이어 백성은 자신들의 죄가 어제오늘의 일이 아니라, 조상 때부터 지어온 것임을 고백한다(7절). 조상들이 저지른 죄에 대해 벌을 받아 사라진 것처럼, 그들도 똑같은 상황을 반복하고 있다. 과거에 벌을 받아 죽어 간 조상들의 죄에 비교할 때 그들의 죄가 결코 가볍지 않다는 것을 인정하는 것이다(Berlin). 그들은 자신들에게 임한 하나님의 징벌의 정당성을 인정한다. 그러면서도 자신들이 조상의 죗값을 치르는 면이 있다고 탄식한다. 성경은 자손들이 조상의 죗값을 치르는 부분이 있다고 말하지만, 동시에 모든 사람은 각자의 죄 때문에 죽는 것이라며 연좌제의 가능성을 배제한다(cf. 렘 31:29-30 주해).

하나님은 유다 사람들이 예전에 지배하던 자들의 지배를 받는 벌을 받게 하셨다(Berlin; 8절). 혁명이나 전쟁이 일어나면 종종 일어나는 현상이다. 침략자들은 사회의 약자들이나 소외된 자들을 통해 정복한 나라의 백성을 지배하기 때문이다. 저자는 이러한 상황을 "종들이 우리를 지배한다"라고 표현한다(8절). 어이없는 일이 벌어지고 있는 것이다. 그들이 하나님께 순종하지 않아서 빚어진 일이다. 하나님은 그들을 벌하려고 평상시에는 이스라엘의 지배를 받던 자들을 바빌론 군에 합류시켜 예루살렘을 정복하고 다스리게 하셨다. 하나님이 이렇게 하셨으니 이스라엘을 다스리는 종들에게서 그들을 구원해줄 자가 없다(8절).

생존자들이 먹을 것을 구하는 일이 만만치 않다. 생명을 잃을 각오로 구해야 겨우 얻을 수 있다(9절). 산적들같이 약탈과 폭력을 일삼는 자들이 곳곳에 도사리고 있다는 뜻이다(Dahood). 그나마 넉넉하게 구할 수도 없다. 결국 굶주림으로 몸이 마르고 혈색이 까맣게 변했다(10절;

cf. 4:8). 아사(餓死) 일보 직전의 모습이다(cf. Hillers; Huey). 상황이 이러니 차라리 적들의 칼에 맞아 죽은 사람이 더 부럽다는 말이 나왔다(cf. 4:9).

V. 자비와 구원을 위한 기도(5:1-22)
A. 공동체의 탄식(5:1-18)

3. 파괴된 삶(5:11-15)

11 대적들이 시온에서 부녀들을,
유다 각 성읍에서 처녀들을 욕보였나이다
12 지도자들은 그들의 손에 매달리고
장로들의 얼굴도 존경을 받지 못하나이다
13 청년들이 맷돌을 지며
아이들이 나무를 지다가 엎드러지오며
14 노인들은 다시 성문에 앉지 못하며
청년들은 다시 노래하지 못하나이다
15 우리의 마음에는 기쁨이 그쳤고
우리의 춤은 변하여 슬픔이 되었사오며

생존자들이 경험하고 있는 사회의 전반적인 상황을 묘사한 저자는 본문에서 사회를 구성하는 각 그룹의 참담한 경험을 회고한다. 이스라엘의 여자들은 침략자들에게 강간을 당하고 있다. 원수들은 결혼한 여자와 처녀를 가리지 않고 닥치는 대로 여자들을 겁탈한다(11절). 오늘날 전쟁터에서도 종종 일어나는 안타까운 일이다.

평상시에는 이런 일이 일어나지 않도록 치안을 유지했던 지도자들과 장로들도 전혀 도움이 되지 않는다. 침략자들은 지도층 사람들의 손을 매단다(12절). 본문이 정확하게 어떤 상황을 묘사하고 있는지 확실하지 않지만, 고문하거나 수모를 주기 위해(Berlin), 혹은 처형하기 위해 손을 묶어 나무에 매달아놓은 모습으로 보인다(Provan; cf. 새번역). 고대 사회에서 침략자들이 한 나라를 정복하면 많은 지도자들을 처형하는 것은 일상이었다. 함락된 예루살렘에서도 이런 일이 일어나고 있다. 침략자들은 장로들도 존경하지 않는다. '장로들'로 번역된 히브리어 단어(זְקֵנִים)는 사회의 유지 개념이 아니라, 나이가 많은 노인들을 뜻한다(HALOT). 성경은 노인들을 공경할 것을 요구한다(레 19:32). 사회의 질서를 유지하기 위한 필수 조건이기 때문이다. 그러나 침략자들은 노인들을 천대한다. 신명기 28:50이 경고한 언약의 저주가 이스라엘에 임한 것이다.

청년들은 맷돌을 돌리고 아이들은 나무를 줍는다(13절). 고대 사회에서 맷돌로 옥수수 같은 곡식을 갈고 나무를 줍는 것은 매우 천한 일이었다(Provan). 그래서 이러한 일은 노예들이 하거나, 노예가 없는 집에서는 아녀자들이 했다(Huey). 고대 근동에서는 곳곳에 정부가 운영하는 일종의 '방앗간'이 있어 큰 맷돌로 많은 곡식을 가공해 백성에게 제공했다. 이런 방앗간에서 일하는 사람들은 대부분 사회의 빈곤층이거나 전쟁 포로들이었다(ABD). 블레셋 사람들에게 붙잡힌 후 눈이 뽑힌 삼손이 이런 일을 했다(cf. 삿 16:21). 삼손이 한 일은 원래 나귀 같은 짐승들이 하는 일이었다. 이스라엘 청년들은 그들이 짐승에게나 걸맞은 일을 하고 있다며 탄식한다(Berlin). 맷돌질을 하고 나무를 줍는 것은 꿈도 있고 힘이 왕성한 청년들이나 소년들이 할 일이 아니다. 청년들과 아이들이 이런 일을 한다는 것은 자신들에게 걸맞지 않는 수치스러운 일을 하고 있음을 암시한다.

노인들은 성문 앞에 앉을 수 없으며, 청년들은 노래하지 못한다(14절). 고대 사회에서 성문 앞은 시장이었고, 온갖 거래가 진행되는 마켓이었다. 또한 노인(장로)들은 이곳에 앉아 사람들이 제기한 소송에 대한 판결을 내리곤 했다. 성문 앞은 법정이기도 했다. 정복자들이 지배하는 사회에서 노인들은 더 이상 그 자리에 앉을 수 없다. 침략자들이 그들의 모든 권위와 위엄을 인정하지 않는다는 뜻이다. 청년들의 노래도 멈추었다. 젊음은 쾌락과 즐거운 일로 가득 차는 때지만 유다 청년들의 삶에서 낙(樂)이 사라졌다. 생존자들의 마음에서 기쁨이 그쳤고, 그들의 춤이 변하여 슬픔이 되었기 때문이다(15절). 이 말씀은 또한 온갖 종교적인 절기와 축제로 인한 즐거움과 기쁨이 사라졌다는 의미로 해석할 수도 있다(Berlin). 성전에서 예배와 종교 예식이 멈추었다는 뜻이다.

V. 자비와 구원을 위한 기도(5:1–22)
A. 공동체의 탄식(5:1–18)

4. 죄에 대한 고백(5:16–18)

16 우리의 머리에서는 면류관이 떨어졌사오니
오호라 우리의 범죄 때문이니이다
17 이러므로 우리의 마음이 피곤하고
이러므로 우리 눈들이 어두우며
18 시온 산이 황폐하여
여우가 그 안에서 노나이다

생존자들은 자신들의 죄 때문에 머리에서 면류관이 떨어졌다고 탄식한다(16절). 성경에서 '면류관'(עֲטָרָה)은 영광과 명예의 상징이기도 하고(욥 19:9), 축제를 상징하기도 한다(아 3:11). 저자가 바로 앞 절(15절)에서 즐거움이 사라졌다고 한 문맥을 감안하면 본문에서도 기쁨과 영광을 상징한다고 볼 수 있다(Provan). 그러나 저자가 18절에서 성전이 있던 시온 산의 황폐를 언급하는 것으로 보아 면류관은 유다의 왕, 더 구체적으로 다윗 왕조가 끝이 났음을 의미하는 것으로 생각된다(Berlin; cf. Hillers). 이스라엘 정치의 상징인 왕권과 종교의 상징인 시온 산이 무너졌다는 것이다.

생존자들은 이 모든 것이 자신들의 죄 때문이라고 고백한다(16절). 자신들의 마음이 피곤하고 앞을 잘 볼 수 없게 된 것도 죄 때문이라고 인정한다(17절). 마음이 피곤하다는 것은 즐거움과 기쁨이 사라진 곳을 탄식과 슬픔이 채웠다는 뜻이다(O'Connor). 눈이 어둡다는 것은 아무런 소망도 없어 초점을 잃은 모습이다. 이들은 더 이상 흘릴 눈물도 없다. 왕이 사라지고 성전이 없어졌는데, 마음에 무슨 기쁨이 있겠는가! 그동안 책의 곳곳에서 성전 파괴가 암시되었지만, 구체적으로 언급되지는 않았다. 시온 산이 황폐해서 여우가 뛰노는 곳이 되었다고 말하는 18절은 성전 파괴를 처음으로 확인해 주는 말씀이다(Berlin). 생존자들은 그들이 겪고 있는 환란이 하나님이 그들의 죄를 응징하기 위해 내리신 정당한 벌이라는 사실을 인정한다.

B. 공동체의 구원 호소(5:19–22)

19 여호와여 주는 영원히 계시오며
주의 보좌는 대대에 이르나이다
20 주께서 어찌하여 우리를 영원히 잊으시오며
우리를 이같이 오래 버리시나이까
21 여호와여 우리를 주께로 돌이키소서
그리하시면 우리가 주께로 돌아가겠사오니
우리의 날들을 다시 새롭게 하사
옛적 같게 하옵소서
22 주께서 우리를 아주 버리셨사오며
우리에게 진노하심이 참으로 크시니이다

자신들의 죄로 인해 사회의 모든 구성 요소를 망가뜨리는 심판이 유다에 임했다고 고백한 생존자들은 마지막 기도로 책을 마무리한다. 이 기도는 희망을 가져보려고 안간힘을 쓰지만, 잘되지 않아 절망감만 엄습하고 있음을 호소하는 상황에서 드려진다. 이스라엘이 유일하게 소망을 걸어 보는 것은 하나님의 영원한 통치권이다(19절; 시 102:13). 세상은 끊임없이 변하지만, 하나님은 영원히 계시는 분이며, 주님의 왕권은 영원하다. 오늘 이 순간에 이스라엘은 감당할 수 없는 고통을 당하고 있지만, 이 또한 지나갈 것이며, 언젠가는 영원한 왕이신 하나님이 이스라엘을 다시 자기 백성으로 삼아주실 것이라는 기대가 담긴 외침이다.

본문과 연관된 한 가지 중요한 사실은 하나님이 어디에서 통치하시느냐 하는 문제다. 하나님의 보좌는 성전에 있는 법궤의 뚜껑인 속죄소(시은좌) 위에 있다. 주께서는 이곳에서 세상을 통치하신다. 그런데 예루살렘 성전의 함락과 함께 법궤와 속죄소도 사라졌다. 이런 상황에서 저자는 하나님의 보좌와 통치는 영원하다고 말한다. 하나님의 통치는 성전과 상관없이 진행된다는 의미다(Berlin). 그러므로 성전은 망해도 하나님은 세상을 다스리시는 영원한 왕이다.

생존자들은 한 걸음 더 나아가 하나님께 너무 오랫동안 자기들을 잊지 말기를 호소한다(20절). 하나님이 절대 자기 백성을 잊으시는 일은 없다. 그러나 고통을 당하고 있는 이스라엘에게 혹시라도 주께서 그들을 잊지는 않으셨는가 하는 점이 가장 불안하다. 그래서 그들은 다급한 마음으로 "하나님, 왜 우리를 한 번도 생각해주지 않습니까?"(Hillers)라고 탄식하고 있다.

이 기도는 성이 함락된 지 얼마 지나지 않아서 드린 것이다. 그러므로 주께서 그들을 '영원히 잊었다' 혹은 '오래 버리셨다'는 탄식은 상황과 잘 어울리지 않는 호들갑으로 들릴 수도 있다. 그러나 고난을 당하고 있는 사람에게는 한 시간도 너무 길다. 저자는 고통에 대한 솔직한 심경을 표현하고 있다.

이스라엘이 주님께 도와달라고 외치지만, 자신들은 그 무엇도 할 수 없다는 사실을 의식한다. 그래서 하나님께 기도하기를 '우리를 하나님께 돌이켜 달라'고 말한다(21절). 자신들의 의지와 능력으로는 하나님께 돌아갈 수 없으니 하나님이 강제로라도 그들을 붙들어주시기를 간절히 바라는 것이다. 하나님이 그들을 그분에게 돌이키시는 날, 그들은 하나님과의 관계가 옛날로 돌아가기를 소망한다(21절).

잠시 옛날로 돌아갈 것을 소망해보지만, 다시 절망적인 현실이 그들을 짓누른다. 그래서 생존자들은 "주께서 아주 우리를 버리셨다. 주님의 진노하심이 참으로 크다"라는 말로 책을 마무리한다(22절). 저자는 하나님이 주의 백성에게 용서와 자비를 베푸시기를 간곡히 바라지만, 정작 하나님이 그렇게 하실 것인지에 대해서는 확신하지 못한다. 그래서 애가는 절망과 불확실성 속에서 끝을 맺는다(Provan). 하나님이 백성의 간곡한 기도에 응답할지, 하시지 않을지는 공백/여백으로 남아 있다(Linafelt). 죄의 형벌이 이렇게 가혹하고 오래 지속될 줄 알았다면, 그들은 분명 죄짓기 전에 한 번 더 생각했을 것이다.

2600여 년 전에 근동에서 일어났던 사건을 배경으로 하는 애가는 오늘날 어떤 의미와 교훈을 주는가?

첫째, 우리가 의롭게 살지 못하면 우리 자신은 물론이요, 우리가 구성하고 있는 사회까지도 파멸의 길을 걷게 된다는 것을 경고한다. 사회의 타락에 대한 책임은 그 사회를 구성하고 있는 모든 개인에게 있다. 개혁도 마찬가지다. 개인이 개혁될 때, 사회가 개혁된다. 세상이 아무리 형편없고 윤리가 타락해도 우리는 의를 행할 책임이 있다. 하나님은 소수를 통해서 세상을 바꾸어가기도 하시기 때문이다.

둘째, 교회를 포함한 세상에 존재하는 모든 기독교 기관들이 하나님께 신실하지 못하면 하나님의 심판을 피할 수 없다. 하나님이 세상을 공정하게 심판하려면 무엇보다도 그분의 백성들을 공평하게 대하셔야 한다. 그래야 하나님도 세상에 할 말이 있지 않겠는가! 그러므로 성경은 하나님의 심판이 이 세상에 임할 때, 주님이 세우신 공동체들부터 먼저 심판을 받게 될 것을 선언한다. 교회, 선교 단체에 속한다는 신분이 결코 우리를 구원할 수도, 구원을 보장할 수도 없다. 오히려 제구실 못하는 단체들은 하나님의 진노의 대상이 될 뿐이다.

셋째, 하나님은 선포한 말씀을 이루시는 분이다. 하나님은 주전 586년의 멸망이 유다에게 임하기 전에 선지자들을 통해 끊임없이 경고하셨다. 지속된 경고를 우습게 여긴 것이 화근이 된 것이다. 그들은 '경고 불감증'을 앓고 있었다. 하나님의 말씀이 때로는 더디게 성취되는 경우도 있다. 그러나 그분의 말씀은 꼭 성취된다는 사실만큼은 확실하다.

넷째, 우리의 모든 고통은 오직 하나님에 대한 믿음 안에서만 진정한 의미를 갖는다. 세상의 그 무엇도 우리를 치유할 수 없으며, 고통의 의미를 설명할 수 없다. 오직 하나님을 의지하는 믿음으로만 가능하다.

다섯째, 때로는 회개와 회심이 너무 늦을 때도 있다는 것을 경고한다. 이들은 끊임없이 주어졌던 경고에 별 반응을 보이지 않았다. 그리고 드디어 사건이 벌어지자 주님께 소리쳤지만 이미 끝난 일이었다. 너무 늦게 깨달은 것이다. 나중에 후회할 일은 하지 말자.